Informatik-Fachberichte 168

Herausgegeben von W. Brauer
im Auftrag der Gesellschaft für Informatik (GI)

U. Kastens   F. J. Rammig (Hrsg.)

Architektur und Betrieb von Rechensystemen

10. GI/ITG-Fachtagung
Paderborn, 9.-11. März 1988
Proceedings

Springer-Verlag
Berlin Heidelberg New York
London Paris Tokyo

Herausgeber

U. Kastens
F. J. Rammig
Universität-Gesamthochschule Paderborn
Mathematik-Informatik (FB 17)
Warburger Straße 100, 4790 Paderborn

CR Subject Classifications (1987): C.1.1-3, C.2, D.4.1, D.4.4

ISBN-13: 978-3-540-18994-7   e-ISBN-13: 978-3-642-73451-9
DOI: 10.1007/ 978-3-642-73451-9

2145/3140 – 543210

Vorwort

Der vorliegende Tagungsband dokumentiert eine weitere Veranstaltung der erfolgreichen Tagungsreihe "Architektur und Betrieb von Rechensystemen", der wohl ältesten der Informatik in Deutschland. Die weit gespannte Thematik der Reihe von Betriebssystemfragen über Rechnerarchitekturen bis hin zu qualitativen und quantitativen Bewertungen von Einzel- und Systemlösungen hat immer ein breites Interesse bei Autoren und Teilnehmern gefunden. Die Tagungen wurden als Forum zur Präsentation und Diskussion aktueller Entwicklungen in Industrie und Wissenschaft gut angenommen.

Der Programmausschuß hat für die diesjährige Veranstaltung schon in seinem Aufruf zur Vortragsanmeldung aktuelle thematische Schwerpunkte im Bereich der Rechnerarchitektur angesprochen, ohne dabei allgemeine Themen zum Betrieb von Rechensystemen auszugrenzen. Die eingereichten Beiträge haben bestätigt, daß damit das aktuelle Interesse des Adressatenkreises gut getroffen wurde. Es fiel deshalb dem Programmausschuß nicht schwer, ein Programm mit thematisch zusammengehörigen Beiträgen zu recht ausgewogenen Sitzungen zusammenzustellen.

Dadurch, daß die Mikroelektronik ganz neue Möglichkeiten bietet, aber auch neue Restriktionen impliziert, wurden neuartige Architekturkonzepte möglich, aber auch notwendig. Diese Technologie eröffnet auch neue Anwendungsfelder in Gebieten, in denen bisher mit vertretbaren Kosten nicht die notwendige Rechenleistung angeboten werden konnte.

Dieser Trend wird in den ersten beiden Sitzungen der Tagung mit dem Thema Parallelrechner deutlich. Im Zusammenhang mit dem aktuellen deutschen Projekt, einen Supercomputer auf der Basis von handelsüblichen Bausteinen aufzubauen und gleichzeitig für bestimmte wichtige Anwendungsfelder (Mehrgitterverfahren) zu optimieren, sind mehrere Beiträge zu sehen. Aber auch Programmiermethoden, die im Feld der Rechnerarchitektur immer mehr an Bedeutung gewinnen, und der Ansatz der Systolischen Arrays werden behandelt.

Dem wichtigen Bereich der Prozeßkommunikation ist die dritte Sitzung gewidmet. Hier sieht man besonders deutlich die enge Verzahnung von parallelen Rechnerstrukturen und Programmierkonzepten.

Ursprünglich aus Flächenrestriktionen bei VLSI-Implementierungen geboren, hat sich das RISC-Konzept zu einer leistungsfähigen Realisierungsmethode für Universalprozessoren entwickelt. Dieser Entwicklung sind zwei weitere Sitzungen gewidmet. Auch hier ist der Programmierungsaspekt von besonderer Bedeutung, was durch Beiträge zu Übersetzungstechniken deutlich wird. Andere Beiträge diskutieren die verschiedenen Entwurfs-Freiheitsgrade, die auch beim Entwurf von RISC-Architekturen bestehen.

Fortgeschrittene Techniken der Mikroelektronik erlauben es, zu vertretbaren Kosten funktionsorientierte Architekturen anzubieten. Diese werden besonders im Bereich nichtimperativer Programmierung aber auch für Spezialanwendungen eingesetzt. Beides wird in Beiträgen der Sitzung über Funktionsorientierte Architekturen behandelt. Einen Spezialfall der Funktionsorientierten Architekturen stellen die Koprozessoren zu Universalsystemen dar. Ihnen ist eine weitere Sitzung gewidmet. Hier werden sowohl Konzepte zur Beschleunigung der Ein-/Ausgabe wie auch des Compiling beschrieben.

Monolithische Rechnersysteme werden mehr und mehr durch Rechnernetze abgelöst. Diesem Trend sind zwei Sitzungen gewidmet. Dabei behandeln die Beiträge schwerpunktmäßig Leistungs- aspekte und Probleme der Kommunikationsprotokolle. Auch hier ist wieder eine enge Verzahnung von Hard- und Softwarekonzepten zu beobachten.

Die letzte (aber nicht unwichtige) Sitzung beschäftigt sich mit dem Hardware-Entwurf. Hier können heute in kürzester Zeit sehr verschiedene Lösungskonzepte verfolgt und in Implementierungen umgesetzt werden. Neben der Diskussion dieser Möglichkeiten und spezieller Ansätze wird der Test der so erhaltenen Hardware in unterschiedlichen Ausprägungen in zwei Beiträgen behandelt.

Wir freuen uns besonders, daß anerkannte Fachleute aus dem In- und Ausland gewonnen werden konnten, mit eingeladenen Vorträgen in die behandelten Themenkreise einzuführen. Ihnen sowie allen Autoren eingereichter Beiträge gilt unser Dank für ihr Interesse an der Tagung.

Eine Tagung entsteht durch das Zusammenwirken vieler Einzelleistungen. Deshalb möchten wir allen jenen danken, die zum Gelingen beigetragen haben. Das sind insbesondere

- die Trägergesellschaften GI und ITG, vor allem deren Geschäftsstellen und Fachausschüsse, der Fachausschuß 3 "Architektur und Betrieb von Rechensystemen" der GI und der Fachausschuß 4 "Technische Informatik" der ITG,
- die Autoren, deren Beiträge die wesentliche Substanz der Tagung ausmachen,
- die übrigen Mitglieder des Programmausschusses, mit denen zusammenzuarbeiten ein Vergnügen war,
- alle unsere Mitarbeiter, die sich für die Abwicklung der Tagung tatkräftig eingesetzt haben,
- die Institutionen, die die Tagung finanziell unterstützen.

Wir denken, daß die "Jubiläumsveranstaltung" dieser Traditionstagung einen guten Überblick über die aktuellen Entwicklungen auf dem Gebiet der Architektur und des Betriebs von Rechenanlagen besonders im deutschsprachigen Raum gibt. Allen Teilnehmern der Tagung wünschen wir, daß ihre Erwartungen erfüllt werden und damit die Tagungsreihe 1988 in Paderborn erfolgreich fortgesetzt werden kann. Wir erwarten mit Spannung die nächsten zehn Veranstaltungen dieser Tagungsserie.

Paderborn, im Januar 1988   U. Kastens, F.J. Rammig

Inhaltsverzeichnis

RISC-Architekturen II

Funktionsorientierte Architekturen

Koprozessoren

Rechnernetze I

Rechnernetze II

Hardware-Entwurf

Das SUPRENUM-System:
Architektur, Software und Anwendungen

Hans P. Zima*
Universität Bonn
Institut für Informatik III
Römerstraße 164
D-5300 Bonn 1
West Germany

Inhaltsangabe

In dieser Arbeit wird die Zielsetzung und Realisierung des deutschen
Superrechnerprojekts SUPRENUM behandelt. Das SUPRENUM-System ist ein
hierarchisch strukturiertes, lose gekoppeltes Multiprozessorsystem mit
massiver Parallelität, das primär im Hinblick auf die Erfordernisse
rechenintensiver Aufgaben der numerischen Simulation konzipiert wurde.
Die Komponenten des Systems – Hardware, System-Software, Programmiersystem
und Anwendungen – werden parallel entwickelt, so daß zu dem für 1989
avisierten Zeitpunkt der Beendigung der ersten Projektphase ein
integriertes Gesamtsystem vorliegen wird.

Abstract

This paper discusses the primary design objectives of the German
supercomputer project SUPRENUM and their realization. The SUPRENUM system
is a loosely-coupled, massively parallel multiprocessing system with a
hierarchical structure. Its design is oriented towards large-scale
problems in numerical simulation and scientific supercomputing. The major
components of the system – hardware, system software, programming system,
and applications – are being developed in parallel so that an integrated
system will be available in 1989, at the time at which the first phase of
the project is scheduled to be completed.

Keywords: Multiprocessors, scientific supercomputing, multigrid
method, specification languages, automatic parallelization

1   Einleitung

Die Zielsetzung des SUPRENUM-Projekts (SUPerREchner für NUMerik) besteht
in der Entwicklung eines Höchstleistungsrechners für numerische
Anwendungen, die einen sehr hohen Rechenaufwand erfordern. Die
wichtigsten Entwurfskriterien lassen sich wie folgt konkretisieren:

1. Die Kernklasse der Anwendungen ist die Lösung großer Probleme der
   Numerischen Simulation

2. Die Entwicklung von Lösungsmethoden basiert auf neuen algorithmischen
   Prinzipien der Numerischen Analysis (**Mehrgittermethode**)

---

* Die diesem Bericht zugrundeliegenden Arbeiten wurden mit Mitteln des
Bundesministers für Forschung und Technologie (Förderkennzeichen
ITR 8502D0) gefördert. Die Verantwortung für den Inhalt liegt jedoch
allein beim Autor.

In Kapitel 2 wird die Architektur und das Betriebssystem von SUPRENUM
diskutiert. Kapitel 3 beschreibt die Kernklasse der Anwendungen und
effiziente Methoden für ihre Lösung. In Kapitel 4 werden die für den
Anwender verfügbaren Sprachen und Teile des Programmiersystems behandelt.
Abschließende Bemerkungen finden sich in Kapitel 5.

Abgesehen von dem Spezifikationssystem SUSPENSE und dem Parallelisierungssystem SUPERB, die beide in Kapitel 4 erörtert werden, gehören alle hier
diskutierten Komponenten des SUPRENUM-Systems zu SUPRENUM-1.

2   Architektur und Betriebssystem

2.1   Übersicht

Die SUPRENUM-Maschine besteht aus einem **Hochleistungskern (HLK)**, der
die eigentliche SUPRENUM-spezifische Rechenleistung erbringt und einem
Steuerrechnersystem, das globale Koordinationsaufgaben wahrnimmt und
den Zugang des Benutzers zum HLK regelt.

Der HLK ist ein hierarchisch strukturiertes, lose gekoppeltes
Multiprozessorsystem mit den Komponenten **Knotenrechner, Cluster** und
Hypercluster. Jeder Knotenrechner (im folgenden auch kurz **Knoten** genannt)
besitzt einen lokalen Speicher und enthält zusätzlich zum Skalarprozessor
eine Vektoreinheit. Bis zu 16 Knoten können über einen schnellen
parallelen Bus (**Clusterbus**) zu einem Cluster verbunden werden; bis zu
4 Clusters werden über einen seriellen Ringbus (**Suprenumbus**) zu einem
Hypercluster zusammengefaßt. Eine maximale Konfiguration besteht aus
einer 4x4-Matrix von Clusters, die jeweils durch Zeilen- und Spaltenbusse
verbunden sind.

Die Motive für die Wahl dieser Architektur lassen sich wie folgt
skizzieren [BGM 86]: Der Speicherengpaß in eng gekoppelten Multi-
prozessorsystemen führt zu einer relativ scharfen Beschränkung bei der
Zahl der Prozessoren. Eine flexible Erweiterbarkeit des Systems ist daher
nur durch Einführung lokaler Speicher in jedem Knoten und den Verzicht auf
globale Speicher zu erreichen. Diese Entwurfsentscheidung und die
prinzipielle Gleichrangigkeit der Knoten macht es erforderlich, die
Kommunikation zwischen beliebigen Knoten effizient zu realisieren. Da
eine direkte Verbindung zwischen beliebigen Paaren von Knoten durch ein
Crossbar-Netzwerk technisch für ein System der betrachteten Größenordnung
nicht machbar ist und andere Typen von Netzwerken die für Superrechner
erforderlichen Effizienzbedingungen nicht erfüllen können, wurde die
Entscheidung für eine hierarchische Systemstruktur mit einem zweistufigen
Verbindungssystem getroffen.

Aus der Sicht des Benutzers weist das SUPRENUM-System zwei Ebenen von
Parallelität mit unterschiedlicher Granularität auf: Die Multiprozessor-
struktur erlaubt die Formulierung paralleler Algorithmen mit unabhängigen,
asynchron ablaufenden Prozessen; die Vektoreinheit in den einzelnen Knoten
dagegen unterstützt die parallele Ausführung einer großen Zahl
gleichartiger Rechenvorgänge wie sie bei der Verarbeitung von Vektoren und
Matrizen auftreten.

Die hierarchische Architektur von SUPRENUM spiegelt sich in der Struktur
des Betriebssystems wider, das aus dem **Steuerrechnerbetriebssystem** und dem
Betriebssystem des HLK besteht. Letzteres realisiert eine
Anwenderschnittstelle, die als **abstrakte SUPRENUM-Maschine** bezeichnet
wird.

Inn den folgenden Abschnitten wird die Hardware, von kleineren zu größeren
Einheiten übergehend, diskutiert (2.2 Knoten, 2.3 Cluster und 2.4
Gesamtsystem). Die abstrakte Maschine und das Betriebssystem des HLK wird
in Abschnitt 2.5, das Steuerrechnerbetriebssystem in 2.6 behandelt.

2.2   <u>Knoten</u>

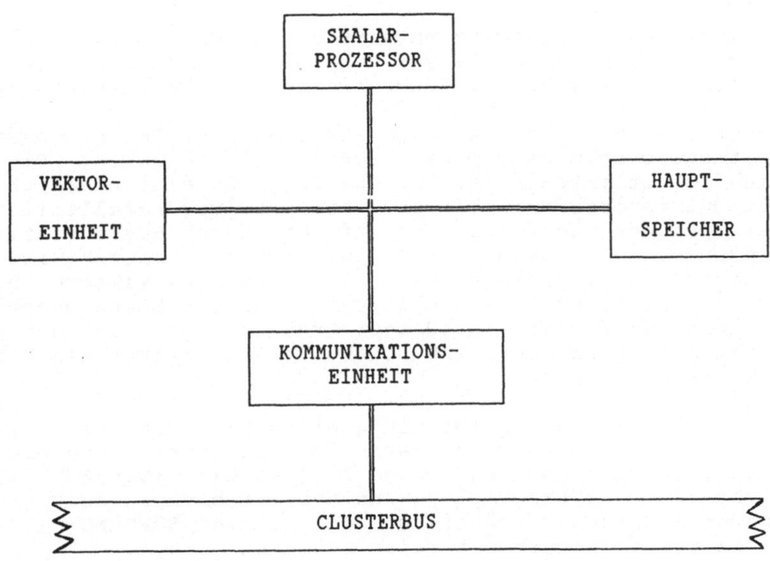

Fig.1: Aufbau des Knotens

Der Aufbau des Knotens ist in Fig.1 dargestellt. Seine wesentlichen Komponenten sind **Skalarprozessor**, **Speicher**, **Vektoreinheit** und **Kommunikationseinheit.**

Als **Skalarprozessor** wird ein Motorola MC 68020 32-bit Mikroprozessor mit einer Taktfrequenz von 20 MHz eingesetzt. Der Knoten besitzt einen lokalen Speicher mit einer Kapazität von 8 MByte. Ein 64 Bit breiter Speicherbus verbindet den Speicher mit den anderen Komponenten des Knotens.

Die **Vektoreinheit** ist ein Pipeline-Vektorprozessor auf der Basis von WEITEK WTL 2264/2265-Bausteinen. Sie führt Gleitkommaoperationen einfacher und doppelter Genauigkeit nach dem IEEE-Standard aus und bietet zusätzlich eine Reihe spezieller Funktionen wie zum Beispiel die Maskierung von Operationen sowie die Komprimierung und Expansion von Vektoren an. Operanden werden entweder aus einem Vektorspeicher oder aus dem lokalen Speicher des Knotens zugeführt. Die Vektoreinheit ist über eine Koprozessorschnittstelle mit dem Skalarprozessor verbunden, kann parallel zu diesem arbeiten und erreicht bei der Vektorverarbeitung ohne Chaining eine Leistung von 10 MFLOPS, mit Chaining für Triaden und Skalarprodukte 20 MFLOPS.

Die **Kommunikationseinheit** unterstützt mikroprogrammiert den botschaftenorientierten Kommunikationsmechanismus innerhalb eines Clusters durch Abwicklung des Kommunikationsprotokolls auf dem Clusterbus sowie durch Beschleunigung der für einen Transfer nötigen Kopiervorgänge.

3. Die SUPRENUM-Maschine ist ein flexibel konfigurierbares
   Multiprozessorsystem, dessen Architektur durch einen hohen Grad
   von **Parallelität** gekennzeichnet ist.

4. SUPRENUM ist als **Gesamtsystem** entworfen, in dem die Systemsoftware
   und das Programmiersystem die aus den vorstehenden Kriterien
   abgeleiteten Entwurfsentscheidungen weitestgehend unterstützen.

Das Projekt wurde nach einer etwa ein Jahr dauernden Definitionsphase
Mitte 1985 mit der ersten Hauptphase (**SUPRENUM-1**) begonnen. Die
Konzeptbildung resultierte in der Entscheidung für eine hierarchisch
strukturierte Multiprozessorarchitektur mit massiver Parallelität auf der
Basis lokaler Speicher und eines zweistufigen, durch Busse realisierten
Verbindungssystems. Die Kommunikation zwischen Prozessoren wird über
Botschaften abgewickelt; jeder Prozessor besitzt eine Vektoreinheit. Da
das System Parallelität hoher Granularität - auf der Ebene unabhängiger
Prozessoren - mit Parallelität niedriger Granularität - auf der Ebene der
Vektorverarbeitung - verbindet, läßt sich die Architektur als MIMD/SIMD
[Flynn 72] charakterisieren.

SUPRENUM-1 soll 1989 mit der Entwicklung eines Prototyp-Gesamtsystems
abgeschlossen werden. Im Anschluß daran ist die Initiierung einer
zweiten, stärker forschungsorientierten Projektphase (**SUPRENUM-2**)
geplant, welche die in SUPRENUM-1 gewonnenen Erfahrungen auswerten und das
Projekt in neuen Richtungen erweitern soll. Einige SUPRENUM-2
zuzuordnende Aktivitäten wurden bereits begonnen (s.u.).

Die komplexe Natur der Aufgabenstellung des SUPRENUM-Projekts, die
einerseits auf zahlreichen Gebieten in technisch-wissenschaftliches
Neuland vorstößt, andererseits die Entwicklung eines marktfähigen
Rechensystems innerhalb eines relativ kurzen Zeitraums vorsieht, legte es
nahe, Partner aus Universitäten, Forschungsinstituten und der Industrie in
das Projekt einzubeziehen. SUPRENUM ist ein vom Bundesminister für
Forschung und Technologie (BMFT) gefördertes Verbundprojekt mit insgesamt
14 beteiligten Institutionen. Zu den Kooperationspartnern gehören fünf
Hochschulen (Bonn, Braunschweig, Darmstadt, Düsseldorf und
Erlangen-Nürnberg), vier Großforschungseinrichtungen (DFVLR
Braunschweig/Göttingen, GMD Berlin/Karlsruhe/St.Augustin, KFA Jülich und
KfK Karlsruhe) und vier Industriefirmen (Dornier GmbH Friedrichshafen,
Kraftwerk Union AG Erlangen, Krupp Atlas Elektronik GmbH Bremen und
Stollmann GmbH Hamburg). Die Projektaktivitäten werden von der SUPRENUM
GmbH mit Sitz in Bonn koordiniert.

Das SUPRENUM-Projekt reiht sich ein in etwa 100 Projekte, die derzeit
weltweit die Entwicklung von Superrechnern zum Ziele haben. Dies ist vor
dem Hintergrund eines exponentiell steigenden Bedarfs an Rechenzeit auf
Supercomputern zu sehen. So schätzt die National Science Foundation
(NSF), daß allein im Zeitraum von Anfang 1986 bis Ende 1987 der Bedarf an
Supercomputer-Rechenzeit in den USA von etwa 50 000 Stunden/Jahr auf eine
Million Stunden/Jahr (Einheit: Cray 1) steigen wird [Conn 86]. Das
SUPRENUM-Projekt hebt sich durch seine spezifische Architektur, die
systematische Erfassung eines wichtigen Spektrums von Anwendungen und die
Konzeption als Gesamtsystem von anderen Projekten ab (vgl. etwa [Beete 87,
CleDe 87, Dene 81, Gottl 87, Gurd 85, Hilli 85, Kuck 86, Moto 83, Nicol
87, Pfist 85, Seitz 85] sowie [Donga 87, Fernb 86, HwaBr 84, Hwang 84]).

In dieser Arbeit wird ein Überblick über die Architektur und Software des
SUPRENUM-Systems (Stand: September 1987) gegeben, wobei der Schwerpunkt im
Vergleich zu bereits vorliegenden Abhandlungen (z.B. [BGM 86, Trott 86])
stärker im Bereich der Sprachen und Programmierumgebung liegt.

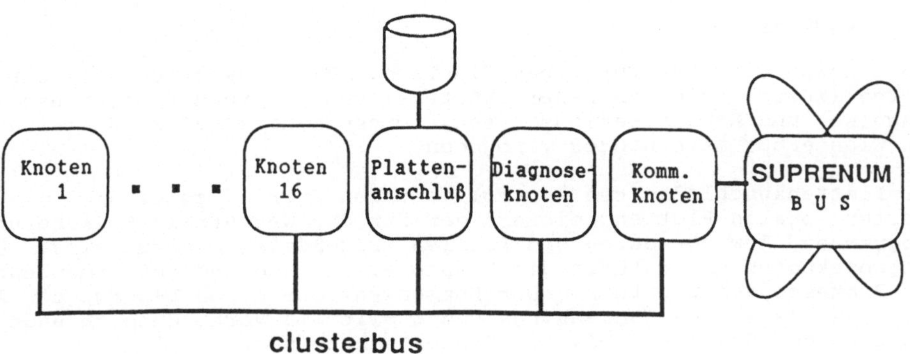

Fig.2: Aufbau eines Clusters

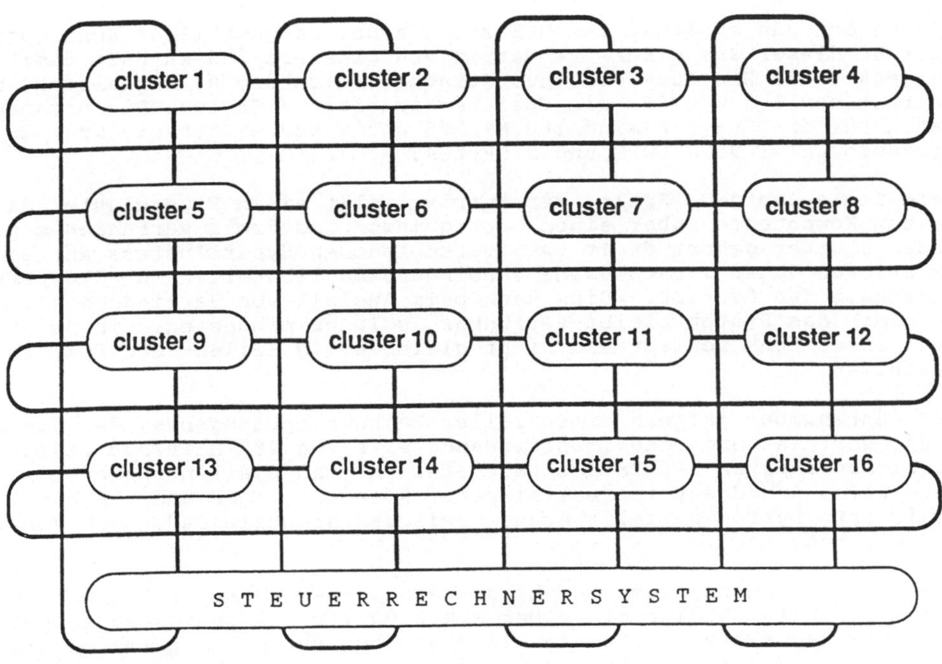

Fig.3: Struktur des Gesamtsystems

2.3 Cluster

Fig.2 zeigt die Struktur eines Clusters. Ein Cluster enthält bis zu 16
Knoten (zuzüglich eines Reserveknotens) und je einen Plattenanschluß-,
Diagnose- und Kommunikationsknoten. Diese maximal 20 Module sind durch
den Clusterbus miteinander verbunden.

Der Plattenanschlußknoten kontrolliert den Zugriff zu einem
cluster-lokalen Plattenspeicher, der für die dezentrale Speicherung von
Programmen, Anwenderdaten und lokalen Prozeßdaten benutzt wird. Der
Diagnoseknoten unterstützt die Diagnose, Wartung und Performanceanalyse
für Prozesse des Clusters. Der Kommunikationsknoten besorgt den Anschluß
des Clusters an den Suprenumbus und stellt die Verbindung zu anderen
Clusters des Systems sowie zum Steuerrechner her.

Die Kommunikation zwischen verschiedenen Knoten eines Clusters wird über
den Clusterbus abgewickelt. Dessen Leistung spielt damit eine wichtige
Rolle für die Leistung des Gesamtsystems. Der Clusterbus ist ein 64 Bit
breiter Parallelbus, der den gleichzeitigen Austausch von Botschaften für
mehrere Kommunikationspartner zuläßt. Er ist doppelt ausgelegt und
erlaubt eine maximale Kommunikationsbandbreite von 256 MByte/sec.

2.4 Das Gesamtsystem

Fig.3 zeigt den Aufbau eines SUPRENUM 1-Systems mit maximalem Ausbau. Ein
solches System besteht aus dem HLK und dem Steuerrechnersystem.

Wir wenden uns zunächst dem HLK zu. In der dargestellten Konfiguration
besteht dieser aus einer 4x4-Matrix von Clusters und enthält damit
insgesamt 256 Knoten. Die theoretisch erreichbare Rechenleistung des HLK
beträgt somit 5 GFLOPS, die Speicherkapazität 2 GBytes. Die entsprechenden
Daten für die Cray-1S sind 160 MFLOPS und 8 MByte, für die Cray 2 (mit 4
Prozessoren) 1.95 GFLOPS und 2 GBytes.

Jede Zeile und jede Spalte der Matrix stellt einen Hypercluster dar,
dessen Komponenten über einen Suprenumbus ringförmig verbunden sind.
Jeder Cluster gehört damit zwei verschiedenen Hyperclusters an; es
existieren daher verschiedene Verbindungsmöglichkeiten für Clusters
innerhalb des Systems. Dies kann beim Ausfall von Verbindungen genutzt
werden: das System bleibt verfügbar, solange mindestens ein Zeilen- oder
Spaltenbus funktioniert und nicht gleichzeitig Zeilen- und Spaltenbusse
ausfallen.

Der Suprenumbus ist ein bitserieller Rechnerkopplungsbus, der als Ringbus
ausgeführt ist und eine Transferbandbreite von 280 MBit/sec besitzt. Das
Verbindungssystem ist in der Lage, Zeilen- und Spaltenbroadcast sowie
generellen Broadcast zu realisieren. Dies ist unter anderem für eine
effiziente Systeminitialisierung sowie das schnelle Laden von Jobs auf den
HLK wichtig.

Das Steuerrechnersystem besteht aus einem oder mehreren Rechnern MPR 2300
von Krupp Atlas Elektronik. Der MPR 2300 ist ein speichergekoppeltes
Mehrprozessorsystem mit bis zu 16 gleichberechtigten, parallel arbeitenden
Prozessoren des Typs Motorola MC 68020. Das Steuerrechnersystem ist
untereinander und mit dem HLK über den Suprenumbus verbunden.

Die Funktionen des Steuerrechnersystems lassen sich in drei Gruppen
unterteilen. Wir gehen hier von dem Fall aus, in dem jede dieser
Funktionsgruppen auf genau einem MPR 2300 realisiert ist. Das generelle
Konzept sowohl der Hardware als auch des (einheitlichen) Betriebssystems
läßt eine geringere oder auch höhere Zahl von Steuerrechnern zu.

Der **Betriebsrechner** organisiert die Zuteilung des HLK an den Benutzer.
Er lädt, startet und beendet Anwenderprogramme, überwacht die Ein-/Ausgabe
von Jobs auf dem HLK und verwaltet die zentrale Peripherie sowie die
Kommunikation mit Fremdsystemen. Der **Programmierrechner** wird für die
Entwicklung von Anwendungssoftware eingesetzt; der **Wartungsrechner**
steuert die Testfunktionen des Systems beim Einschalten und im Betrieb,
sammelt die einlaufenden Fehlermeldungen und unterstützt die
Performanceanalyse.

Bestandteile des Steuerrechnersystems sind ein **Höchstleistungsplatten-
speicher** und ein **Graphiksystem**. Über den Plattenspeicher wird die
Ein- und Ausgabe von Programmen und Daten für den HLK abgewickelt. Das
Graphiksystem dient der benutzerorientierten Darstellung wichtiger
Kenngrößen des dynamischen Systemverhaltens sowie der Präsentation von
Rechenergebnissen.

2.5 Das Betriebssystem des Hochleistungskerns

Das Betriebssystem des HLK realisiert die **abstrakte SUPRENUM-Maschine**.
Diese dem Anwender zur Verfügung gestellte abstrakte Schnittstelle zum
SUPRENUM-System basiert auf dem Begriff des **Prozesses**, der die
logische Einheit der Verarbeitung darstellt. Ein Prozeß entsteht durch
Ausführung einer Programmeinheit; verschiedene Prozesse können im Prinzip
unabhängig voneinander parallel ablaufen. Die Ausführung eines
Benutzerprogramms auf dem SUPRENUM-System resultiert in der Generierung
eines verteilten Prozeßsystems, das sich hinsichtlich seiner Struktur und
der Anzahl der beteiligten Prozesse dynamisch ändern kann. Ein
ausgezeichneter Prozeß des Systems, der **initiale Prozeß**, läuft auf dem
Betriebsrechner ab, alle anderen Prozesse werden von Knoten des HLK
ausgeführt.

Die Prozesse eines verteilten Prozeßsystems arbeiten an einer gemeinsamen
Aufgabe und müssen daher in der Lage sein, durch den Austausch von Daten
zu kommunizieren. Jeder Prozeß kann nur auf die ihm gehörenden (lokalen)
Objekte direkt zugreifen, die Kommunikation mit anderen Prozessen kann
durch eine Form der asynchronen Botschaftenübertragung (SEND und RECEIVE
für nichtblockierendes Senden bzw. blockierendes Empfangen) herbeigeführt
werden. Prozesse sind grundsätzlich gleichberechtigt; sie können neue
Prozesse generieren und sich selbst, jedoch nicht andere Prozesse
terminieren (die letztere Einschränkung gilt nicht für den initialen
Prozeß).

Das Betriebssystem des HLK läßt sich in das **Knotenbetriebssystem** und
das **Clusterbetriebssystem** untergliedern.

Das Knotenbetriebssystem PEACE [Schrö 87] ist verteilt und
prozeßorientiert: Der Nukleus residiert zusammen mit einigen primitiven
Systemprozessen auf jedem Knoten des Systems. Diese Komponenten
realisieren die Prozeßverwaltung, die Verwaltung des lokalen Speichers und
die Prozeßkommunikation. Dienstleistungen des Nukleus werden direkt durch
Prozeduraufrufe aktiviert. Höhere Funktionen der Prozeßverwaltung wie zum
Beispiel die Unterstützung von Debugging, Diagnose, und Performanceanalyse
werden von höheren Systemprozessen wahrgenommen.

Das Clusterbetriebssystem ist für globale, den Cluster betreffende
Aufgaben verantwortlich. Hierzu zählen primär die im Zusammenhang mit dem
Plattenanschluß-, Diagnose- und Kommunikationsknoten durchzuführenden
Funktionen (s. 2.3).

2.6   Das Steuerrechnerbetriebssystem

Jeder Steuerrechner arbeitet unter einer Multiprozessorvariante von UNIX, die zu UNIX V.3 kompatibel ist. Für die drei in Abschnitt 2.4 erwähnten Funktionsgruppen existieren spezielle Dienstprogramme, die den UNIX-Kern als standardisierte Schnittstelle benutzen. Der HLK kann unter Kontrolle des Steuerrechnerbetriebssystems statisch unter mehreren Benutzern aufgeteilt werden.

Die Parallelisierung numerischer Anwendungen wird primär über die Aufteilung der Datenbereiche realisiert: der Datenbereich einer Anwendung wird in Segmente unterteilt, die im lokalen Speicher von Knoten alloziiert werden (s. 3.4). Der zugehörige Code muß in den Speicher des Knotens geladen werden. Eine wichtige Rolle bei der Realisierung der Aufteilungsstrategie spielen **Linker** und **Lader**: der Linker verbindet Objektmodule der verschiedenen im System verfügbaren Sprachen, die alle einheitlich auf UNIX-Basis formatiert sind und erzeugt ladefähigen Programmcode für die abstrakte SUPRENUM-Maschine. Der Lader bildet diese Struktur auf die reale Maschine ab, wobei Information über die Aufteilung des Programms in Funktionsmodule, die Partitionierung des Datenbereichs, die Art der Nachbarschaftsbeziehungen und die Belastung der einzelnen Prozesse berücksichtigt wird. Diese Information liefert Eingangsparameter für den Lader; die Resultate der vom Steuerrechnersystem durchgeführten Performanceanalyse erlauben eine entsprechende Anpassung.

In SUPRENUM-1 wird keine automatische Zuteilungsoptimierung angestrebt; es wird jedoch dem Benutzer eine Vielfalt von Werkzeugen in die Hand gegeben, um die Zuteilung gezielt steuern zu können.

Für die Entsorgung der im HLK produzierten Resultate werden unterschiedliche Benutzerprofile zugrundegelegt. Das erste Profil geht von der Annahme aus, daß der Anwender die Daten verteilt innerhalb der Cluster speichert (hierfür stehen ca. 100 MByte pro Cluster und Job zur Verfügung), um sie später weiterzuverarbeiten oder parallel zur Ausführung eines neuen Jobs auf den Steuerrechner zu transferieren. Die maximale Datenrate für den Transfer ist durch die cluster-internen Ressourcen bestimmt. Das zweite Benutzerprofil legt die laufende Entsorgung der Daten zur Platte des Steuerrechners oder zum Graphiksystem zugrunde. Die maximale Datenrate ist in diesem Fall durch das Ziel des Transfers begrenzt.

3   Anwendungen

3.1   Übersicht

Das SUPRENUM-Projekt räumt der Lösung von großen Problemen der numerischen Simulation ein besonders hohes Gewicht ein. Dies schließt nicht den effizienten Einsatz des Rechners für anders gelagerte Anwendungen aus (etwa in Richtung des Fifth Generation Computer Systems [Moto 83]); jedoch wurde die gesamte Konzeption von Hardware und Software mit dem Ziel entwickelt, die Kernklasse von Anwendungen optimal zu unterstützen. Dies manifestiert sich nicht nur in der eigentlichen Anwendungssoftware, sondern auch auch in speziellen Werkzeugen wie Kommunikationsbibliotheken, einer anwendungsorientierten Sprache und einem automatischen Parallelisierungssystem (s. Kapitel 4).

Strömungsmechanik, Aerodynamik, Meteorologie und Klimaforschung, Plasmaphysik, Quantenmechanik, Tomographie und Bildverarbeitung sind einige der Gebiete, die der Kernklasse von Anwendungen zuzurechnen sind. Diese Anwendungsklasse ist durch Systeme partieller Differentialgleichungen charakterisiert, deren Diskretisierung und Lösung auf einem Gitter zu großen Systemen algebraischer Gleichungen führt, die

im zweidimensionalen Fall 10^3 bis 10^6 und im dreidimensionalen
Fall 10^6 bis 10^9 Unbekannte enthalten. Ein wesentliches
Charakteristikum ist die Lokalität der Berechnungen auf solchen Gittern.
In diesem Kapitel gehen wir auf die Kernklasse der Anwendungen näher ein.
In 3.2 werden zwei Beispiele, der Flugzeugbau und die Entwicklung von
Verbrennungsmotoren, exemplarisch behandelt. Abschnitt 3.3 beschreibt das
Mehrgitterprinzip, ein Verfahren zur hocheffizienten Lösung großer Systeme
partieller Differentialgleichungen, und in Abschnitt 3.4 werden die
Grundelemente der Parallelisierungsstrategie skizziert.

3.2   Zwei Anwendungsbeispiele

Im **Flugzeugbau** ist die Form der Tragflügel von entscheidender Bedeutung
für Flugverhalten und Treibstoffverbrauch. Tragflügelberechnungen mit dem
Ziel der Minimierung des Luftwiderstands bei gegebener Geschwindigkeit und
Nutzlast sind daher ein wesentliches Element des Entwurfs. Als
Hilfsmittel für den Ingenieur beim Entwurf neuer Flügelformen stehen
Windkanalversuche, numerische Berechnungen der Strömungsverhältnisse, der
Prototypenbau und Testflüge zur Verfügung. Windkanalversuche sind teuer;
der Bau von Prototypen und Versuchsflüge sind zusätzlich mit hohem Risiko
behaftet. Mit derzeitig verfügbaren Rechenleistungen können
zweidimensionale Modelle mit etwa 10^4 Unbekannten gelöst werden.
Realistischere, dreidimensionale Modelle führen zu Gleichungssystemen für
10^6 Unbekannte, die auf konventionellen Rechenanlagen nicht in
vertretbarer Zeit lösbar sind.

Bei der Entwicklung neuer **Vergasermotoren** spielen die Minimierung des
Treibstoffverbrauchs und die Reduktion von Emissionen bei Erhaltung hoher
Leistungsfähigkeit eine dominierende Rolle. Eine Möglichkeit zur
Verbesserung von Motoren liegt in der Optimierung der Brennraumgeometrie
im Hinblick auf die Erzielung eines günstigen Strömungsverhaltens des
angesaugten Benzin-Luft-Gemischs. Zum Beispiel ist eine starke
Verwirbelung des Gemischs notwendig, um eine möglichst vollständige
Verbrennung zu erzielen. Die numerische Simulation kann dem Ingenieur
Hinweise über die Auswirkung einer Veränderung der Brennraumgeometrie auf
die Effizienz der Verbrennung geben. Das mathematische Modell faßt das in
den Brennraum einströmende Gemisch als ein kompressibles,
reibungsbehaftetes Gas an, dessen Zustand in jedem Raum- und Zeitpunkt
durch Geschwindigkeit, Dichte, Temperatur und Druck beschrieben wird.
Diese Variablen genügen den Navier-Stokes Gleichungen, die durch die
Spezifikation von Randbedingungen zu ergänzen sind. Das Gleichungssystem
enthält etwa 10^5 Unbekannte. Während die Lösung eines solchen
Systems auf einem Mainframe-Computer heute mehrere Tage in Anspruch nimmt,
läßt sich diese Zeit durch die Verwendung hocheffizienter numerischer
Verfahren auf dem SUPRENUM-Rechner auf die Größenordnung von Minuten
reduzieren.

3.3   Das Mehrgitterprinzip

Das Mehrgitterprinzip stellt den methodischen Kern der Lösungsverfahren
für die oben beschriebene Anwendungsklasse dar. Wir illustrieren in
diesem Abschnitt die Grundzüge der Methode [StüTr 82, TroWy 84].

Ein Charakteristikum der betrachteten Lösungsverfahren ist ihre **Lokalität**:
Die Diskretisierung des Kontinuums im d-dimensionalen Raum ($2 \leq d \leq 4$)
führt zu Gittern mit einer regulären Struktur, in deren Punkten die Werte
der gesuchten Funktionen bestimmt werden müssen. Diese Funktionswerte
sind die Unbekannten oder **Variablen** des Problems. Abgesehen von
relativ wenigen Gleichungen, die weit entfernte Variablen verknüpfen,
lassen sich die Beziehungen in der Regel auf natürliche Weise lokal, d.h.
durch ein System von Gleichungen beschreiben, die jeweils nur eine kleine
Zahl benachbarter Variablen in Relation zueinander setzen.

Zweidimensionale Gitter können als rechtwinkelig mit einer festen
Maschenweite angenommen werden: eine ungleichförmige Verteilung der
Maschenweite kann durch eine Hierarchie rechteckiger Gitter mit
unterschiedlichen Maschenweiten modelliert werden. Es entsteht auf diese
Weise im allgemeinen eine pyramidenförmige Gitterstruktur, deren Basis
durch das feinste Gitter gebildet wird. Für $d \geq 3$ lassen sich die
Überlegungen entsprechend verallgemeinern.

Schnelle Lösungsverfahren für Probleme dieser Art enthalten zwei Typen von
Prozessen: 1. Prozesse für die **lokale Verarbeitung**, und 2. Prozesse für
den **Transfer von Werten** über große Distanzen.

Prozesse für die lokale Verarbeitung (Relaxation) bestimmen mit Hilfe
eines der klassischen Verfahren aus einer gegebenen Approximation eine
neue, indem sie in einer geeigneten Reihenfolge die Gleichungen des
Systems abarbeiten und dabei für jede Variable abhängig von Werten in
ihrer Umgebung einen neuen Wert berechnen. Lokale Verarbeitung allein
reicht jedoch nicht aus, um Lösungen hinreichender Genauigkeit effizient
zu erhalten: um auch Einwirkungen zwischen weit entfernten Variablen zu
erfassen, müßte eine sehr hohe Zahl von Iterationsschritten (die linear
von der Anzahl der Variablen abhängen kann) durchgeführt werden. Die
angestrebte Reduktion der Iterationsschritte führt zum Kernpunkt des
Mehrgitterprinzips: sobald die Schnelligkeit der Konvergenz der
Relaxation nachläßt, geht man zu einem gröberen Gitter über; die Lösung
des Problems auf diesem Gitter wird anschließend interpoliert an das
feinere Gitter zurückgegeben. Mit dieser neuen Approximation kann die
lokale Verarbeitung fortgesetzt werden.

Das hier skizzierte Verfahren muß sich nicht auf zwei Gitter beschränken,
sondern kann als entsprechend verallgemeinerter rekursiver Prozeß auf eine
Hierarchie von Gittern angewandt werden. Standardmäßig wird hierbei die
Maschenweite beim Übergang zu einem gröberen Gitter um den Faktor 2
vergrößert. Das gröbere Gitter wird so über das feinere gelegt, daß jeder
seiner Punkte einem Punkt des feineren Gitters entspricht. Man beachte,
daß bei dieser Vorgehensweise im Prinzip die Lokalität der Prozesse
beibehalten wird, jedoch nun relativ zur Ebene des jeweiligen Gitters zu
verstehen ist.

Es läßt sich zeigen, daß die Mehrgittermethode asymptotisch optimal ist,
d.h. daß sich der Rechenbedarf in der Größenordnung $O(n)$ bewegt, wo n die
Zahl der Variablen ist.

Im folgenden wird die Struktur eines Iterationsschrittes für den Fall
einer Gitterhierarchie aus zwei Gittern präzisiert: Gegeben sei eine
Approximation u^j für die Lösung des Gleichungssystems G. Zu
bestimmen ist eine verbesserte Approximation u^{j+1}.

Schritt 1: Relaxation auf dem feinen Gitter: bestimme, ausgehend von
u^j, eine verbesserte Approximation u_1.

Schritt 2:
(a) Berechne den "Defekt" der Approximation u_1, d.h. die Differenz
    zwischen linker und rechter Seite bei Substitution der Approximation
    für die Variablen in G.
(b) Übertrage den Defekt auf das gröbere Gitter.
(c) Löse das entsprechende Gleichungssystem genau.
(d) Interpoliere die gefundene Lösung und übertrage sie auf das feinere
    Gitter.
(e) Bestimme daraus auf der Basis von u_1 eine verbesserte
    Approximation u_2.

Schritt 3: Relaxation auf dem feinen Gitter: bestimme, ausgehend von

u_2, eine verbesserte Approximation u_3. Diese Approximation ist das Resultat, u^{j+1}, des Iterationsschrittes.

3.4 Parallelisierung

Die oben beschriebenen Komponenten eines Iterationsschrittes des Mehrgitterverfahrens sind inhärent sequentiell. Die Parallelisierung des Verfahrens muß sich daher auf die Realisierung der einzelnen Komponenten, und hier vor allem auf die Relaxation, konzentrieren, die den größten Teil des Rechenaufwands erfordert. Klassische Verfahren wie etwa Gauß-Seidel Red-Black Relaxation sind von ihrer Abhängigkeitsstruktur her relativ einfach zu parallelisieren.

Die **MIMD-Parallelisierung** in SUPRENUM wird durch **Aufteilung des Datenbereichs** (domain splitting) realisiert. Wir betrachten zunächst die Parallelisierung auf dem feinsten Gitter. Sei D ein solches Gitter, und mögen die Prozesse p_1, ... p_N dem Anwendungsprogramm zugeordnet sein. D wird in **Segmente** D_1,...D_N so unterteilt (s.Fig.4), daß Prozeß p_i mit Segment D_i assoziiert wird ($1 \leq i \leq N$): alle Werte von Gitterfunktionen im Bereich von D_i werden im lokalen Speicher von p_i abgelegt und der Prozeß ist für die Bearbeitung dieses Bereichs zuständig. Bei der Berechnung von Werten am Rande eines Segments müssen im allgemeinen Werte benachbarter Segmente gelesen werden: diese befinden sich jedoch im lokalen Speicher eines anderen Prozesses und sind daher nicht direkt zugreifbar. Zur Lösung dieses Problems wird der lokale Bereich eines Prozesses an den Rändern des Segments um einen **Überlappungsbereich** erweitert, der für die Aufnahme von Kopien der benötigten Werte dient (s. Fig.4). Der Überlappungsbereich muß jeweils durch Botschaftenübertragung aktualisiert werden, wenn die Urbilder durch Aktionen des benachbarten Prozesses verändert wurden.

Bei der Parallelisierung von Mehrgittermethoden wird das oben beschriebene Schema dahingehend erweitert, daß ein Prozeß nicht nur den mit ihm assoziierten Teil des feinsten Gitters bearbeitet, sondern auch die entsprechenden Bereiche "darüber" liegender gröberer Gitter.

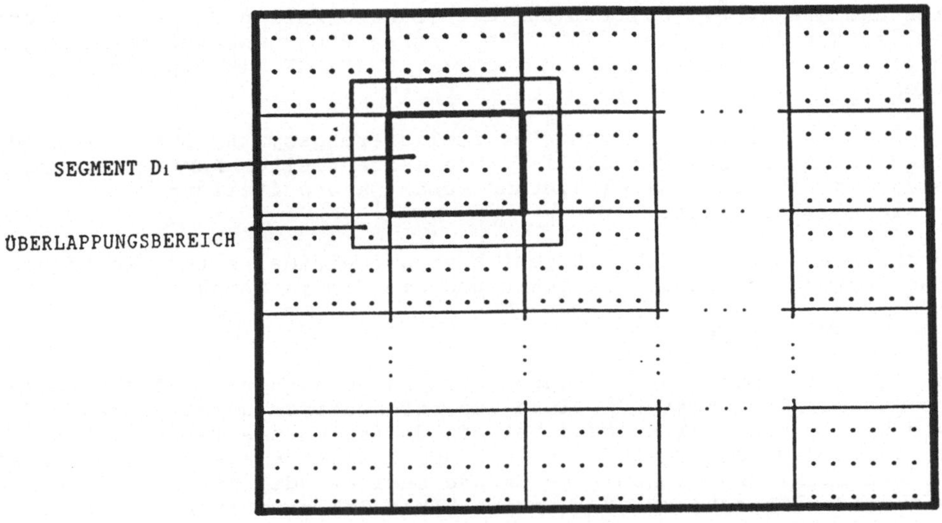

Fig.4: Aufteilung eines Datenbereichs in Segmente

4   Sprachen und Werkzeuge

4.1   Übersicht

Die Programmentwicklung für ein Multiprozessorsystem ist weitaus
schwieriger als für eine sequentielle Maschine oder einen Vektorrechner.
Das exponentielle Anwachsen der Zahl der Zustände in einem verteilten
Prozeßsystem macht es erforderlich, neue Mechanismen der Abstraktion
anzuwenden, um die Logik der parallelen Abläufe erfassen zu können. Aber
nicht nur die Korrektheit, sondern auch die Effizienz der Programme, vor
allem im Hinblick auf die möglichst gleichmäßige Auslastung der
Prozessoren und die Erzielung einer günstigen Relation zwischen Rechenzeit
und Aufwand für die Kommunikation, müssen bei der Programmierung
berücksichtigt werden. Eine ungünstige Datenaufteilung etwa, die zu einem
hohen Kommunikationsvolumen führt, kann die Leistung des Rechners um
mehrere Größenordnungen reduzieren.

Viele der im Zusammenhang mit der korrekten und effizienten parallelen
Programmierung zu treffenden Entwurfsentscheidungen sind zu komplex, als
daß sie allein durch den Anwender getroffen werden könnten: die
Unterstützung des Programmierers durch ausgefeilte Softwarewerkzeuge
stellt damit eine absolute Notwendigkeit dar. Beispiele für solche
Werkzeuge sind Systeme zur Performanceanalyse, Kommunikationsbibliotheken,
Routinen für Mapping (Pozeß-Prozessorzuordnung), Anwendungssprachen und
automatische Parallelisierungssysteme. Der Schwerpunkt dieses Kapitels,
das sich mit den im SUPRENUM-System zur Verfügung gestellten Sprachen und
Werkzeugen befaßt, liegt demgemäß auf dem Gebiet der Werkzeuge.

Die dem Anwender von SUPRENUM zur Verfügung gestellten Sprachen lassen
sich zwei Ebenen zuordnen: der prozeduralen und einer hohen,
anwendungsorientierten Ebene. Zur ersten Ebene gehören die Sprachen
Fortran und Modula-2, die durch Elemente zur Generierung und Koordinierung
paralleler Prozesse zu **SUPRENUM Fortran** bzw. **Concurrent Modula-2** erweitert
wurden. Eine entsprechende Erweiterung von C ist vorgesehen. Die zweite
Ebene ist durch das Spezifikationssystem **SUSPENSE** repräsentiert. SUSPENSE
erlaubt die Modellbildung auf der Basis von partiellen
Differentialgleichungen in einer an die Sprache der Mathematik angelehnten
Notation und stellt Hilfsmittel für die Transformation der spezifizierten
Problemlösungen in parallele SUPRENUM Fortran-Programme zur Verfügung.
Abschnitt 4.2 beschreibt SUPRENUM Fortran, SUSPENSE wird in 4.3
diskutiert.

In 4.4 wird das halbautomatische Parallelisierungssystem SUPERB behandelt,
das einen neuen Weg zur Parallelisierung sequentieller Fortran-Programme
einschlägt, der MIMD-Parallelisierung durch Datenaufteilung mit
Vektorisierung verbindet.

Der abschließende Abschnitt 4.5 geht kurz auf einige weitere Werkzeuge wie
Editoren, Kommunikationsbibliotheken und ein Simulationssystem ein.

4.2   SUPRENUM Fortran

Fortran ist die dominierende Programmiersprache im Bereich der Mathematik
und der Naturwissenschaften. Diese für Informatiker angesichts der
antiquierten Sprachstruktur zunächst oft überraschende Tatsache ist
weniger durch das zähe Festhalten an einer Tradition als durch handfeste
wissenschaftliche und ökonomische Gründe bedingt, die mit der weltweiten
Verbreitung der Sprache und der immens hohen Zahl existierender Programme
und Programmbibliotheken zusammenhängen.

Angesichts dieser Situation und des ins Auge gefaßten Anwendungsspektrums
ist Fortran die Sprache der ersten Wahl für SUPRENUM. Die sequentielle
Natur von Fortran 77 erlaubt es jedoch nicht, die parallelen
Strukturelemente der SUPRENUM-Architektur direkt auszunutzen. Aus diesem
Grunde wurde die Sprache **SUPRENUM Fortran** [EhsMe 86] als Erweiterung
von Fortran 77 durch parallele Sprachelemente auf zwei Ebenen definiert:

1. MIMD-Erweiterungen

Die MIMD-Erweiterungen von SUPRENUM Fortran modellieren die Struktur der
abstrakten SUPRENUM-Maschine. Es wird eine neue Programmeinheit, die
Task (Program Unit), eingeführt; ein **Prozeß** wird durch Aktivierung
einer Task generiert. Tasks können auch mehrfach aktiviert werden; die
resultierenden Prozesse sind separate dynamische Objekte mit disjunkten
lokalen Adreßräumen. Prozesse können nur auf ihren eigenen Adreßraum
direkt zugreifen; die Kommunikation mit anderen Prozessen kann durch SEND-
und RECEIVE-Anweisungen bewirkt werden (vgl. 2.5).

2. Arrayverarbeitung

Die Erweiterungen zur Arrayverarbeitung hängen mit dem Vorhandensein einer
Vektoreinheit in jedem Knoten des SUPRENUM-Systems zusammen (vgl. 2.2).
SUPRENUM Fortran enthält flexible Möglichkeiten zur Deklaration und
Verarbeitung von Arrays. Zum Beispiel können Operatoren wie die Addition
auf ganze Arrays angewandt werden und bezeichnen dann die parallele
Anwendung des skalaren Operators auf alle Elemente des Arrays. Die
Erweiterungen orientieren sich an den Standardisierungsvorschlägen des
ANSI-Komitees zur Definition der Sprache Fortran-8x [ANSI 87].

4.3   Das Spezifikationssystem SUSPENSE

Das Spezifikationssystem SUSPENSE (SUprenum SPEcification tool for
Numerical SoftwarE) unterstützt auf sehr hoher Sprachebene die
Formulierung von Lösungsverfahren für die Kernklasse der Anwendungen.
Detaillierte Beschreibungen des Systems finden sich in [WirRu 86, RupWi
87, RupWi 88]. Die wichtigsten Zielvorstellungen lassen sich wie folgt
zusammenfassen:

1.   Einfache Modellbildung mit Hilfe partieller Differentialgleichungen
      (PDE) unter Benutzung mathematischer Notation

2.   Schnelle und komfortable Entwicklung effizienter numerischer
      Algorithmen auf einem hohen Abstraktionsniveau

3.   Einfache Benutzung schon vorhandener Programme und Lösungskomponenten
      (d.h. Einbeziehung bestehender Bibliotheken)

4.   Einfache und effiziente Ausnutzung der MIMD-Struktur der
      SUPRENUM-Maschine

Die existierende Software zur Lösung von PDE's läßt sich vor diesem
Hintergrund grob in drei Klassen einteilen [MacSw 80]:

1.   Programme, die ein bestimmtes PDE-Problem lösen.

2.   Programmpakete zur Lösung von PDE-Problemklassen, die insbesondere die
      Art der zu behandelnden Gleichungen beschränken. Dem Benutzer wird
      eine Schnittstelle zu einer Programmiersprache (in der Regel Fortran)
      zur Verfügung gestellt, in der die Routinen des Programmpakets
      aufgerufen werden können.

3.   Programmpakete, die eine spezielle (höhere) Sprache als
      Benutzerschnittstelle anbieten.

Für SUSPENSE spielt neben der generellen Forderung nach Effizienz die
einfache Nutzung der MIMD-Struktur eine besonders wichtige Rolle. Die
hohen Kosten der Programmentwicklung machen es unmöglich, für jedes
Problem ein spezielles (sehr effizientes) Programm zu entwickeln, und die
besonderen Schwierigkeiten der Programmierung eines MIMD-Rechners mit
vielen Prozessoren steigern die Entwicklungskosten zusätzlich.

Diesem Problem tragen auch schon bestehende Systeme Rechnung. Ein
Beispiel dafür ist ELLPACK [Rice 81], bei dem durch Einbettung des Systems
in Fortran die Möglichkeit zur Erweiterung des Anwendungsspektrums gegeben
ist. Durch Kombination von ELLPACK-Komponenten mit Fortranprogrammen
können Lösungen von mit dem System nicht direkt bearbeitbaren Problemen
entwickelt werden [RicBo 83].

Der für SUSPENSE gewählte Ansatz führt in eine andere Richtung, die in
Teilen dem DEQSOL-Projekt von Hitachi [UmeTs 85] näherkommt, obwohl dort
das Problem der Formulierung verteilter Algorithmen nicht auftritt. Basis
der Spezifikationssprache ist der seit den 70er Jahren ausführlich
diskutierte Ansatz der Abstrakten Datentypen [Gogue 78], der die
theoretische Grundlage für eine objektorientierte Sprache liefert.
Kontrollstrukturen von hohem Abstraktionsniveau lassen sich in Anlehnung
an die Quantoren der Prädikatenlogik entwickeln. Die Beschreibung
paralleler Verfahren wird dadurch erleichtert, daß keine allgemeinen
parallelen Kontrollstrukturen in die Sprache aufgenommen werden, sondern
der Weg der anwendungsbezogenen Formulierung von Parallelität gewählt
wird. Für den Anwendungsbereich Numerische Mathematik bedeutet dies, daß
an den mathematischen Objekten orientierte Konstrukte zur Aufteilung von
Datenobjekten zur Verfügung gestellt werden, die dann automatisch in
parallele Kontrollstrukturen umgeformt werden (vgl. 3.4).

Die Spezifikationssprache wird durch ein System von Werkzeugen
unterstützt, welche die Programmentwicklung durch die Methodik der
schrittweisen Verfeinerung [Wirth 71] strukturieren, automatisch
Spezifikationen in parallele Programme der Zielsprache SUPRENUM Fortran
transformieren, und die Möglichkeit zur Einbindung existierender
Bibliotheksprogramme unterschiedlicher Granularität bieten. Der zuletzt
genannte Punkt ist wichtig für die Generierung effizienter Programme.

Die automatische Transformation von Spezifikationen in Programme ist ein
schwieriges, noch nicht allgemein gelöstes Problem. Im Rahmen von
SUSPENSE wird dieses Ziel durch die Einschränkung auf einen festen
Anwendungsbereich - die Numerik - und die Benutzung von
anwendungsbezogenen Bibliotheken erreicht. Dieser Ansatz kann als
Grundlage zu einem wissensbasierten Transformationssystem gewertet werden.

Abschließend ist noch zu erwähnen, daß SUSPENSE zusätzlich zu der fest
definierten Basissprache einen Erweiterungsmechanismus enthält, der eine
flexible Anpassung der Sprache an spezielle Anwendungen ermöglicht.

Das Beispiel in Fig.5 gibt einen Eindruck der Mächtigkeit von SUSPENSE.
Die erste Zeile spezifiziert die Vereinbarung des **Differenzensterns**
lapl1 durch:

$$\begin{bmatrix} 0 & 1 & 0 \\ 1 & 4 & 1 \\ 0 & 1 & 0 \end{bmatrix}$$

Die Anwendung von lapll auf den Punkt mit den Koordinaten (i,j) eines
Gitters oder einer Matrix g bewirkt die Generierung der folgenden
Berechnung:

g(i-1,j) + g(i,j-1) + 4*g(i,j) + g(i,j+1) + g(i+1,j)

Die zweite Zeile vereinbart den **Ordnungsstern lex**:

$$\begin{bmatrix} + & + & + \\ + & 0 & - \\ - & - & - \end{bmatrix}$$

Der Ordnungsstern schränkt die erlaubten Berechnungsreihenfolgen bei der
Anwendung von lapll auf alle inneren Punkte eines Gitters g in der letzten
Zeile ein: "+" bezeichnet die Anwendung auf neu berechnete Werte, "-"
bedeutet den Bezug auf "alte" Werte. Eine korrekte Realisierung dieser
Ordnung ist Gauß-Seidel Relaxation in lexikographischer Ordnung.

```
         .
         .
         .
    lapll  diffstar  ((0,1,0),  (1,4,1),  (0,1,0))
    lex    ordstar   ((+,+,+),  (+,0,-),  (-,-,-))
         .
         .
         .
    forall (i,j) of inner (g) by lex do

            u(i,j) = ... * lapll(u(i,j))
         .
         .
         .
```

Fig.5: Ausschnitt aus einer SUSPENSE-Spezifikation

4.4   Das halbautomatische Parallelisierungssystem SUPERB

Während zur Formulierung neuer paralleler Algorithmen für das
SUPRENUM-System die Sprachen SUPRENUM Fortran, Concurrent Modula-2 und das
Spezifikationssystem SUSPENSE herangezogen werden können, ist es auch von
großer Bedeutung, bereits existierende Fortran 77-Programme effizient zu
transferieren. Die manuelle Parallelisierung solcher Programme ist mit
einem hohen Aufwand verbunden.

Das halbautomatische Parallelisierungssystem SUPERB (SUprenum ParallelizER
Bonn) ist ein Werkzeug für die rechnergestützte Transformation
sequentieller Fortran 77-Programme in parallele Programme für das
SUPRENUM-System. Detaillierte Beschreibungen von SUPERB finden sich in
[ZBGH 86] und [ZBG 88].

Die Aufgabenstellung der Parallelisierung läßt sich dahingehend
konkretisieren, daß Fortran 77-Programme in semantisch äquivalente
SUPRENUM Fortran-Programme zu transformieren sind, welche die parallele
Struktur der SUPRENUM-Architektur effizient ausnutzen. Dies führt

zwangsläufig zur Forderung, MIMD-Parallelisierung und
SIMD-Parallelisierung in einem integrierten System zusammenzufassen. Im
Rahmen der Parallelisierung muß dem Benutzer die Möglichkeit gegeben
werden, in den Transformationsprozeß einzugreifen und Entscheidungen des
Systems zu revidieren; umgekehrt soll das System den Benutzer bei Bedarf
über die Resultate der automatischen Analyse informieren. Aus diesen
Gründen wird der Parallelisierer als ein interaktives System konzipiert.

Der für die MIMD-Parallelisierung in SUPERB gewählte Ansatz beruht auf
einer rechnergestützten Nachbildung derjenigen Verfahren, die im Projekt
zur manuellen Transformation von numerischen Programmen benutzt werden
(s.3.4).

Wir gehen nun auf die Struktur des Parallelisierers genauer ein (Fig.6).
Die einzelnen Schritte der Transformation lassen sich wie folgt
beschreiben:

Das **Front End** transformiert ein Fortran 77-Programm in eine interne
Repräsentation, welche aus einem attributierten Baum, der zugehörigen
Symboltabelle, einer abstrakten Darstellung der Kontrollstruktur
(interprozeduraler Aufrufgraph und intraprozedurale Flußgraphen) und
initialer Datenflußinformation besteht ([Hecht 77, Zima 82, Zima 83]).

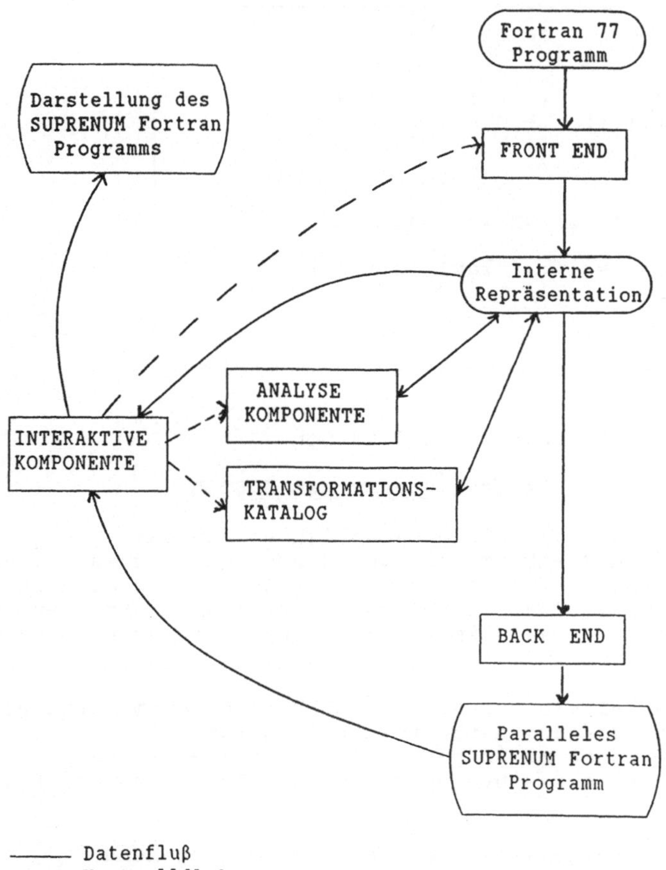

Fig.6: Struktur des Parallelisierungssystems

Der Kern des Systems enthält eine Menge von Routinen, die in der
Analysekomponente und dem **Transformationskatalog** zusammengefaßt
sind; diese Routinen arbeiten auf der internen Repräsentation von
Programmen.

Die Analysekomponente enthält Werkzeuge für die Bestimmung des
Kontrollflusses, Datenflusses und der Abhängigkeiten in einem Programm.
Ihre Resultate werden benötigt, um Anwendbarkeit und Effekt von
Parallelisierungstransformationen zu bestimmen. Als Grundlage werden der
Iterative Algorithmus [Hecht 77] für die Datenflußanalyse und die von
Kuck, Kennedy und anderen entwickelten Verfahren zur Abhängigkeitsanalyse
herangezogen [PadWo 86].

Vor Beginn der Parallelisierung wird das Programm einer **Normalisierung**
unterworfen. Diese Phase erzeugt eine standardisierte Version, welche die
darauffolgenden Transformationen einfacher und effizienter ablaufen läßt.
Die eigentliche Parallelisierung wird in zwei Schritten realisiert: Im
ersten Schritt, der **MIMD-Parallelisierung**, wird Parallelität auf der
globalen Ebene des Programms erkannt und dementsprechend die
Programmausführung als eine Menge von Prozessen strukturiert. Der zweite
Schritt (**SIMD-Parallelisierung** oder **Vektorisierung**) analysiert
Schleifen mit dem Ziel, Anweisungen zu bestimmen, die in Vektoroperationen
überführt werden können. Während zur automatischen Vektorisierung
etablierte Verfahren existieren, die bereits in der Praxis weitgehend
erprobt sind ([PadWo 86]), wurde MIMD-Parallelisierung unter realen
Randbedingungen in der Praxis bisher so gut wie ausschließlich manuell
durchgeführt. Das Problem der MIMD-Parallelisierung läßt sich für
SUPRENUM als die Aufgabe auffassen, ein sequentielles Programm so als ein
verteiltes prozeßsystem zu organisieren, daß die im Algorithmus implizit
enthaltene Parallelität effizient genutzt und der für Kommunikation und
Synchronisation erforderliche Aufwand minimiert wird. Der gewählte Ansatz
basiert auf der Datenaufteilung (s. 3.4) und setzt voraus, daß der
Benutzer in Zusammenarbeit mit dem System eine Partitionierung der
Datenbereiche vornimmt, welche sich an der Größe der Anwendung, der Zahl
der verfügbaren Prozessoren, der Bereiche von DO-Schleifen und der
Abhängigkeitsstrukturen in einer Schleife orientiert.

Zum Abschluß seien noch kurz die Aufgaben der Interaktiven Komponente und
des Back Ends skizziert: Die **Interaktive Komponente** stellt die
Verbindung zwischen dem Benutzer und dem Parallelisierungssystem her. Da
insbesondere im Bereich der MIMD-Parallelisierung eine vollautomatische
Transformation nicht realisiert werden kann, ist die Interaktivität eine
inhärente Systemeigenschaft des Parallelisierers. Das **Back End**
übersetzt die transformierte interne Repräsentation des Programms in ein
SUPRENUM Fortran-Programm. Zur Erhöhung der Effizienz des
nachgeschalteten Compilers können Direktiven in den erzeugten Code
eingefügt werden.

4.5 Weitere Werkzeuge

In diesem Abschnitt gehen wir kurz auf eine Reihe weiterer Werkzeuge ein,
welche die Programmentwicklung für SUPRENUM unterstützen.

Mit Hilfe des **Programmiersystemgenerators PSG** [BahSn 86], eines
Metawerkzeuges zur Generierung von Programmierumgebungen aus formalen
Sprachdefinitionen, werden sprachbezogene Editoren für SUPRENUM Fortran
und Concurrent Modula-2 entwickelt. Diese Editoren können sowohl als
Text- als auch als Struktureditoren eingesetzt werden und erlauben die
Editierung und Interpretation beliebiger, auch unvollständig
spezifizierter Programmbausteine.

Eine **Kommunikationsbibliothek** [HemSc 86] stellt auf der Basis von
SUPRENUM Fortran Routinen zur Verfügung, welche die standardisierte
Generierung der Prozesse und die Abwicklung der Prozeßkommunikation für
eine parallele Mehrgitteranwendung besorgen. Einem allgemeineren Zweck
dienen Bibliotheksroutinen für SUPRENUM Fortran und Concurrent Modula-2,
welche das Mapping und den Aufbau regulärer Kommunikationsstrukturen wie
z.B. Ring, Torus, Würfel und Baum unterstützen [Kräme 86].

Das **Simulationssystem**, das Teile der Hardware und Systemsoftware von
SUPRENUM modelliert, kann die Ausführung von in SUPRENUM Fortran oder
Concurrent Modula-2 formulierten Programmen auf unterschiedlichen
Hardwaretopologien simulieren, die Korrektheit der Kommunikation
überprüfen und den Zeitbedarf der simulierten Programme auf der
SUPRENUM-Maschine abschätzen. Der Simulator - der zum Beispiel auf einer
Workstation laufen kann - ist damit in der Lage, dem Benutzer wichtige
Information über die Laufzeiteigenschaften seines Programmms zu
vermitteln, ohne daß der Hochleistungskern benutzt werden muß.

5 Abschließende Bemerkungen

In diesem Papier wurden die Grundzüge des Superrechnersystems SUPRENUM auf
der Basis des für 1989 vorgesehenen Funktions- und Leistungsumfanges
(SUPRENUM-1) diskutiert. Das SUPRENUM-Projekt ist durch eine
systematische Entwicklungsstrategie charakterisiert, in deren Rahmen,
ausgehend von einer Kernklasse von Anwendungsproblemen und einer darauf
bezogenen Lösungsmethodik, Architektur, Software und Programmiersystem als
ein integriertes Gesamtsystem konzipiert und realisiert werden. Die
spezifische Wahl der Systemarchitektur erlaubt einerseits eine hohe
Leistung und flexible Ausbaufähigkeit, erfordert aber andererseits das
Beschreiten neuer Wege im Hinblick auf Programmiermethodik und
Softwarewerkzeuge.

Literaturverzeichnis

[ANSI 87]   American National Standards Institute X3J3: Fortran 8X Version
             104 (Jun 1987)
[BahSn 86]   Bahlke,R.,Snelting,G.: The PSG System: From Formal Language
             Definitions to Interactive Programming Environments
             ACM TOPLAS Vol.8,No.4,547-576 (Okt 1986)
[Beete 87]   Beetem,J.et al.: The GF11 Parallel Computer
             In: [Donga 87], 255-298
[BGM 86]   Behr,P.M.,Giloi,W.K.,Mühlenbein,H.: SUPRENUM: The German
             Supercomputer Architecture - Rationale and Concepts
             In: Hwang,K.et al.(Eds.): Proc.1986 Int.Conf.Parallel
             Processing, 567-575
             IEEE Computer Society (1986)
[CleDe 87]   Clementi,E.,Detrich,J.: Large-Scale Parallel Computation on a
             Loosely Coupled Array of Processors
             In: [Donga 87], 141-176 (1987)
[Conn 86]   Connolly,J.: Advanced Scientific Computing at the NSF
             Int.Conf.Vector and Parallel Computing, Loen (Jun 1986)
[Dene 81]   Denelcor,Inc.: Heterogeneous Element Processor:
             Principles of Operation (Apr 1981)
[Donga 87]   Dongarra,J.J.(Ed.): Experimental Parallel Computing
             Architectures
             Special Topics in Supercomputing Volume 1
             North Holland, Amsterdam (1987)
[EhsMe 86]   Ehses,E.,Mevenkamp,M.: MIMD-Fortran
             GMD-Bericht (Nov 1986)
[Fernb 86]   Fernbach,S.(Ed.): Supercomputers. Class VI Systems, Hardware
             and Software
             North Holland, Amsterdam (1986)

[Flynn 72]   Flynn,M.J.: Some Computer Organizations and Their Effectiveness
             IEEE Trans. Computers,C-21,No.9,948-960 (Sep 1972)
[Gogue 78]   Goguen,J.A.et al.: An Initial Algebra Approach to the
             Specification, Correctness and Implementation of Abstract Data
             Types
             In: Yeh,R.T.(Ed.): Current Trends in Programming Methodology
             (Vol.IV),80-149
             Prentice Hall, Englewood Cliffs (1978)
[Gottl 87]   Gottlieb,A.: An Overview of the NYU Ultracomputer Project
             In: [Donga 87], 25-95 (1987)
[Gurd 85]   Gurd,J.R.et al.: The Manchester Prototype Dataflow Computer
             Comm.ACM 28,34-52 (Jan 1985)
[Hecht 77]   Hecht,M.S.: Flow Analysis of Computer Programs
             North Holland (1977)
[HemSc 86]   Hempel,R.,Schüller,A.: Vereinheitlichung und Portabilität
             paralleler Anwendersoftware durch Verwendung einer
             Kommunikationsbibliothek
             GMD-Bericht, Bonn (Nov 1986)
[Hilli 85]   Hillis,W.D.: The Connection Machine
             MIT Press, Cambridge, Massachusetts (1985)
[Hwang 84]   Hwang,K.: Supercomputers: Design and Applications
             IEEE Tutorial (1984)
[HwaBr 84]   Hwang,K.,Briggs,F.A.: Computer Architecture and Parallel
             Processing
             McGraw-Hill, New York (1984)
[Kräme 86]   Krämer,O.: SUPRENUM Mapping Notation
             GMD-Bericht, Bonn (Sep 1986)
[Kuck 86]   Kuck,D.J. et al.: Parallel Supercomputing Today and the CEDAR
             Approach
             Science Magazine,Vol.231,967-974 (Feb 1986)
             Revidierte Version in [Donga 87],1-23
[MacSw 80]   Machura,M.,Sweet,R.A.: A Survey of Software for Partial
             Differential Equations
             In: ACM Transactions on Mathematical Software 6,4 (Dec 1980)
[Moto 83]   Moto-oka,T.: Overview to the Fifth Generation Computer System
             Project
             In: Proc.10th Annual Int.Symp.Comp.Architecture,417-422 (1983)
[Nicol 87]   Nicolau,A.: The Cornell Parallel Supercomputing Effort
             In: [Donga 87], 221-253 (1987)
[PadWo 86]   Padua,D.A.,Wolfe,M.J.: Advanced Compiler Optimizations for
             Supercomputers
             Comm.ACM 29,12,1184-1201 (Dec 1986)
[Pfist 85]   Pfister,G.F.: The IBM Research Parallel Processor Prototype
             (RP3): Introduction and Architecture
             In: Degroot,D.(Ed.): Proc.1985 Int.Conf.Parallel Processing,
             764-771
             IEEE Computer Society (1985)
[Rice 81]   Rice,J.R: ELLPACK Progress and Plans
             In: Elliptic Problem Solvers,135-161
             Academic Press, New York (1981)
[RicBo 83]   Rice,J.R.,Boisvert,R.F.: Solving Elliptic Problems Using
             ELLPACK
             CSD-TR414, Comp.Sci. Dept., Purdue University (Mai 1983)
[RupWi 87]   Ruppelt,Th.,Wirtz,G.: SUSPENSE Version 1.0.
             Eine Spezifikationssprache für SUPRENUM
             Research Report SUPRENUM 870605, Bonn University (Jun 1987)
[RupWi 88]   Ruppelt,Th.,Wirtz,G.: Automatic Transformation of High-Level
             Object-Oriented Specifications into Parallel Programs
             Parallel Computing (erscheint 1988)
[Schrö 87]   Schröder,W.: Concepts of a Distributed Process and
             Communication Environment (PEACE)
             GMD FIRST Bericht, Berlin (1987)

[Seitz 85] Seitz,C.L.: The Cosmic Cube
            Comm.ACM 28,22-33 (Jan 1985)
[StüTr 82] Stüben,K.,Trottenberg,U.: Multigrid Methods: Fundamental
            Algorithms, Model Problem Analysis and Applications
            Proc.Conf.Multigrid Methods, Lecture Notes in Mathematics,
            Vol.960, Springer Verlag, Berlin (1982)
[Trott 86] Trottenberg,U.: SUPRENUM - an MIMD Multiprocessor System for
            Multi-Level Scientific Computing
            In: Händler,W.et al.(Eds.): CONPAR 86. Conference on Algorithms
            and Hardware for Parallel Processing
            Lecture Notes in Computer Science 237,48-52, Springer Verlag,
            Berlin (1986)
[TroWy 84] Trottenberg,U.,Wypior,P.(Eds.): Rechnerarchitekturen für die
            numerische Simulation auf der Basis superschneller Lösungs-
            verfahren I
            GMD-Studien Nr. 88, Bonn (Sep 1984)
[UmeTs 85] Umetani,Y.,Tsuji,M.et al.: DEQSOL - A Numerical Simulation
            Language for Vector/Parallel Processors
            In: Proc.IFIP WG 2.5 Working Conference on Problem Solving
            Environments for Scientific Computing (1985)
[WirRu 86] Wirtz,G.,Ruppelt,Th.: Entwurf einer Spezifikationssprache für
            SUPRENUM
            Research Report SUPRENUM 861002, Bonn University (Okt 1986)
[Wirth 71] Wirth, N.: Program Development by Stepwise Refinement
            Comm.ACM 14, 221-227 (1971)
[ZBGH 86]   Zima,H.P.,Bast,H.-J.,Gerndt,M.,Hoppen,P.J.: SUPERB:
            The SUPRENUM Parallelizer Bonn
            Research Report SUPRENUM 861203, Bonn University (Dec 1986)
[ZBG 88]   Zima,H.P.,Bast,H.-J.,Gerndt,M.: SUPERB: A Tool for
            Semi-Automatic MIMD/SIMD Parallelization
            Parallel Computing (erscheint 1988)
[Zima 82]   Zima,H.: Compilerbau I (Analyse)
            Reihe Informatik, Band 36
            Bibliographisches Institut, Mannheim (1982)
[Zima 83]   Zima,H.: Compilerbau II (Synthese und Optimierung)
            Reihe Informatik, Band 37
            Bibliographisches Institut, Mannheim (1983)

<u>**Parallele Ausführung sequentieller Programme auf**</u>

<u>**Multiple Processing Systems**</u>

Markus Caspar, Bonn

<u>Kurzfassung</u>

In diesem Beitrag werden die Ergebnisse einer Untersuchung vorgestellt, deren Gegenstand die Nutzungsmöglichkeit von MSISD-Systemen
für eine parallele (FORTRAN-) Programmausführung und den so zu erzielenden Speedup ist. In diesem Zusammenhang werden sowohl die Aufgaben
des Precompilers als auch das Rechensystem mit seiner Arbeitsweise und
Leistungsstärke beschrieben, woraus sich über die Forderungen hinsichtlich der Datenkonsistenz hinausgehende Anforderungen an die
parallelen Programmkomponenten ergeben.

<u>1 Einleitung</u>

Seit FORTRAN als eine der ersten höheren Programmiersprachen für
naturwissenschaftliche Anwendungen 1957 zum ersten Mal eingesetzt
wurde, dient es einer unüberschaubaren Menge von Anwendungsprogrammen
als Grundlage. Die Ausführungszeit dieser Programme wird, da sie in
einer sequentiellen Programmiersprache erstellt und somit nur für den
Einsatz auf einem Monoprozessorsystem geeignet sind, durch dessen
Arbeitsgeschwindigkeit begrenzt. Um die hohe Performance von Mehrprozessorsystemen zu nutzen, kann der Programmcode durch die Verwendung
eines Precompilers für eine parallele Ausführung modifiziert werden.
Die Aufgaben des Precompilers bestehen sowohl in der Analyse der
Datenabhängigkeit der einzelnen sequentiellen Programmkomponenten als
auch in der Betrachtung der Effizienz, mit der ein Programm auf einem
vorgegebenen Zielsystem ablaufen kann.

Über die bisher gängigen Systeme der Art SIMD und MIMD [FLYN66] hinaus
ist in der letzten Zeit eine neue Organisationsform mit in die
Betrachtungen einbezogen worden, das **Multiple Single Instruction –
Single Data System** [HWAN84]. Es besteht aus einer Menge eigenständiger
Rechner, die über ein Kommunikationssystem miteinander verbunden sind.

Neben den Unterschieden in der Architektur dieser Systeme gegenüber Multiprozessoren ergeben sich aus der Art und Geschwindigkeit des Übertragungsmediums systemspezifische Anforderungen an den Precompiler und die von ihm als "parallelisierbar" erkannten Programmteile, die im folgenden genauer untersucht werden sollen.

Nach einer Erläuterung der Systemkonfiguration wird der eingesetzte Precompiler mit seinem Leistungsumfang beschrieben. Im Anschluß daran werden Meßergebnisse vorgestellt, die aus einer Untersuchung hinsichtlich der Verwendungsmöglichkeit dieser Systeme für die Ausführung von FORTRAN-Programmen stammen. Der letzte Teil der Abhandlung befaßt sich mit einem Vergleich zwischen den gewonnen Meßergebnissen und zwei in der Literatur vorgestellten Leistungsprognosen.

2 Konfiguration und Arbeitsweise des MSISD-Systems

Grundlage eines **Multiple Processing Systems** ist eine Menge von autonomen Rechnern, die alle mit einem Hauptspeicher, einem Betriebssystem und einer für den Datenaustausch verantwortlichen Einheit, der **Access Unit** [BUX85, HUTC85], versehen sind. Diese AU ist in der Lage, nach einer Initiierung von Seiten der CPU (Setzen von Steuerregistern und Bereitstellen der zu übertragenden Daten) einen Datenaustausch mit der AU eines weiteren Rechners abzuwickeln, ohne vom lokalen Hauptprozessors zusätzliche Hilfe zu beanspruchen.

Für die Abwicklung eines solchen Datenaustauschs stehen Routinen zur Verfügung, die sich an **FORK/JOIN**-Mechanismen [z.B. HWAN84, JORD86] orientieren und den in Abb. 1 dargestellten Ablauf ermöglichen:

- in dem oberen Teil der Graphik arbeitet das System wie ein Monoprozessor, der für seine sequentielle Arbeitsweise die Daten und den Programmcode aus dem lokalen Hauptspeicher holt;

- in der zweiten Phase wird der Transfer einer Nachricht vorbereitet, indem die zu verschickenden Daten in den Speicher der AU kopiert und deren Steuerregister mit den Initialwerten besetzt werden;

- nach Durchlauf der FORK- bzw. JOIN-Routine steht die CPU wieder für die weitere Behandlung des sequentiellen Programmteils zur Verfügung. Zur gleichen Zeit realisiert die AU mit ihren lokalen Kopien den Datenaustausch über das physikalische Übertragungsmedium.

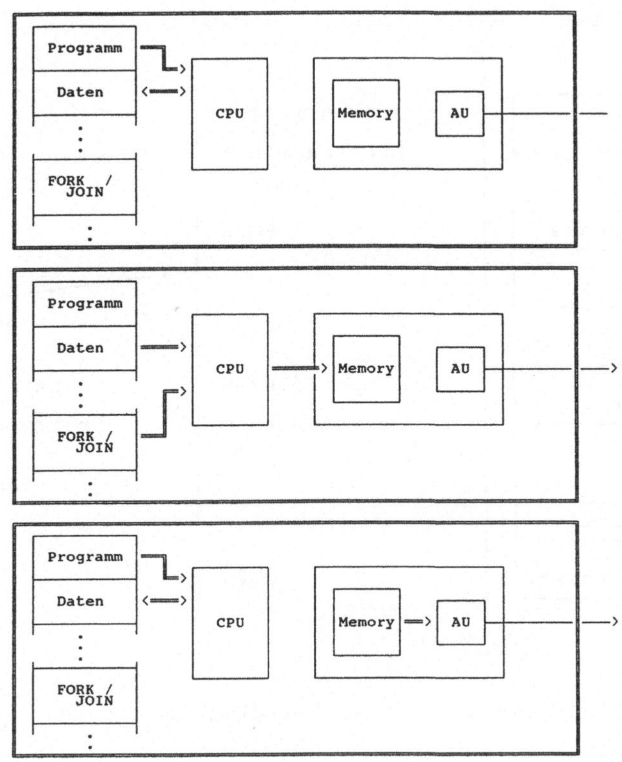

Abb. 1: Komponenten eines Rechners des MSISD-Systems und deren
Kommunikation während verschiedener Arbeitsphasen

Die Kommunikation mit der Umwelt (Datenein- und Ausgabe) realisiert
ein ausgezeichneter Rechner, der **System Manager**. Er verwaltet die
peripheren Geräte und ist für den Programmstart und die -Terminierung
verantwortlich. Unterstützt wird diese zentrale Aufgabe durch eine
einem **Stern** [WITT81] nachempfundenen Struktur des Verbundsystems,
dessen zentrale Komponente dem SM zugewiesen wird. Da eine Kommunikation zwischen den Randelementen des Sterns nicht vorgesehen ist,
fallen keine zusätzlichen Vermittlungsdienste an.

Eine Darstellung im Zeitdiagramm (Abb. 2) veranschaulicht die Zusam-
menhänge zwischen dem auf dem SM ablaufenden **Masterprozeß** und den
Tochterprozessen der externen Rechner, wobei neben den Zeiten für die
Durchführung der FORK/JOIN-Mechanismen und für das Empfangen und
Verschicken der Nachricht auf den externen Rechnern als dritte Kompo-
nente die Übertragungszeit (Transferphase I und II) hinzukommt.

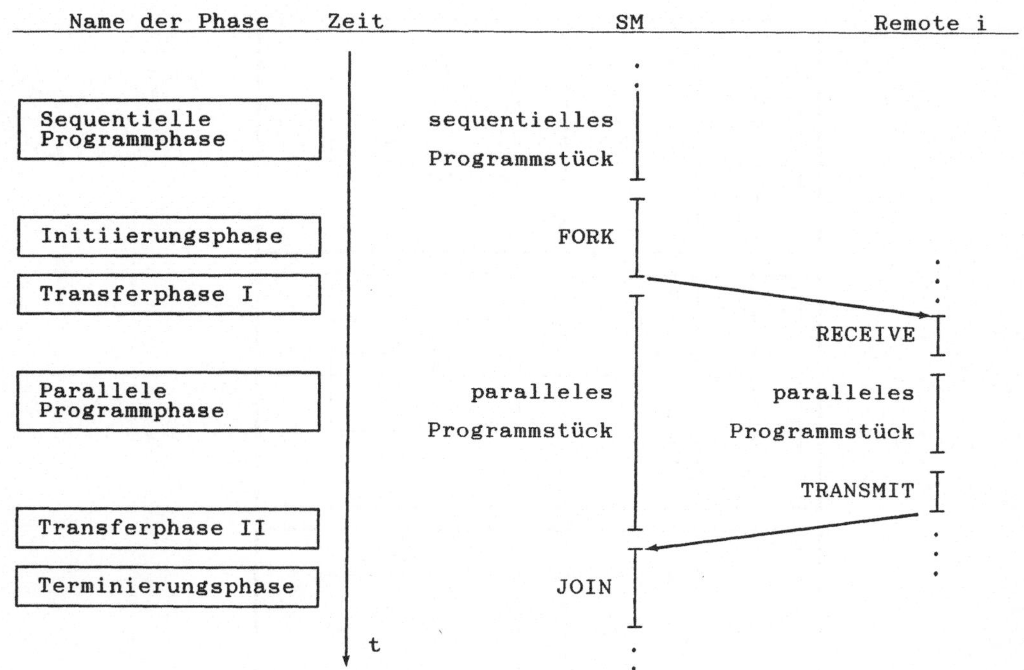

Abb. 2: Darstellung der Abläufe im Zeitdiagramm

Der Datenaustausch zwischen den Rechnern entspricht einer one-to-one
Kommunikation und erfolgt über zwei verschiedene Arten von Paketen.
Der Paketkopf besteht in beiden Fällen nur aus einer Längenangabe, da
wegen der direkten Verbindung keine Quell- und Zielrechnerangabe notwendig ist. Für die Initiierung eines Tochterprozesses des auf dem SM
ablaufenden Programmteils im Zusammenhang mit einem FORK-Aufruf
besteht die Nachricht aus einer Charakterisierung der Programmstelle
durch den Program Counter, das aktuelle Processor Status Word und
einer Kennzeichnung des zu aktivierenden Programms selbst (P_ID).
Handelt es sich bei der extern auszuführenden Programmkomponente um
Iterationen einer Schleife, so schließen sich die Werte der Schleifen-
unter-, Schleifenobergrenze und der Schrittweite (step) an, bevor die
Quelle(n) in einer durch den Precompiler festgelegten Reihenfolge das
Paket beenden. Da der Precompiler sowohl den Programmcode für den SM
als auch für die externen Rechner (**remote**) erzeugt und die aktuelle
Programmstelle durch die Angaben PC und PSW eindeutig ist, ergeben
sich zwischen der Paketerzeugung und -interpretation keine Unstimmig-
keiten. Die zweite Art von Paketen, die im Zusammenhang mit einer
JOIN-Operation anfallen, beinhalten neben der Längenangabe und dem PSW
sowohl eine Fehlerkennung als auch die Ergebnisse der extern abgelau-
fenen Berechnung, die Werte der Senke(n).

LENGTH	PC	PSW	P_ID	UNT	OB	STEP	QUELLE(N)

LENGTH	PSW	ERROR	SENKE(N)

Abb. 3: Paketaufbau für FORK- und JOIN-Aufrufe

3 Arbeitsweise und Leistungsumfang des Precompilers

Wie schon eingangs erwähnt ist der Precompiler für die Kennzeichnung
der parallelen Komponenten im Programmtext verantwortlich, wobei es
wegen der zeitaufwendigen Synchronisations- und Übertragungsmechanis-
men Einschränkungen hinsichtlich deren "Größe" gibt. Eine einfache
Formulierung dieser Anforderungen (**Granulatsgröße** bei z.B. [ALMA85,
GHEZ85]) durch die Angabe einer minimalen Anzahl von Statements kann
zu keinem befriedigenden Ergebnis führen, da eine Beschreibung der
Ausführungszeit von Statements durch eine für alle Anweisungen gleiche
Zeitkonstante zu ungenau ist. Statt dessen bietet sich die Nachbildung
der realen Ausführungszeiten durch den Precompiler an, indem die
Anweisungen in elementare Operationen (Wertzuweisung an Variable,
arithmetische Operation(en) und Funktionsaufruf(e)) zerlegt werden,
deren Ausführungszeiten auf den Rechnern des Systems bekannt sind.
Zusammen mit den Zeitgrößen t(...) der einzelnen in Abb. 2 dargestellten Routinen FORK, JOIN, RECEIVE und TRANSMIT und einer Größe für die
Übertragungszeit t(KANAL) für ein leeres Paket ohne Quellen bzw. Senken ergeben sich die im folgenden Satz zusammengefaßten Schwellen für
die parallele Ausführung der Programmteile. Die Formulierung des
Satzes erfolgt für ein System mit zwei Rechnern.

Satz: Sequentielle Ausführungszeit = t(seq.) <
      t(parallel) = Zeitraum für eine parallele Ausführung <=>

i)   t(FORK) + t(JOIN) > t(remote) = Ausführungszeit der extern
       zu bearbeitenden Programmstelle;
ii)   t(FORK) + 2*t(KANAL) + t(RECEIVE) + t(TRANSMIT) + t(JOIN) >
       t(lokal) = Ausführungszeit der lokalen Programmstelle;
iii)   t(seq.) < 2 * (t(FORK) + t(KANAL) + t(JOIN)) +
               t(RECEIVE) + t(TRANSMIT)

<u>Bew.</u>: t(seq.) < t(parallel) <=>

t(lokal) + t(remote) < MAX[t(FORK)+t(lokal)+t(JOIN),

                       t(FORK)+t(KANAL)+t(RECEIVE)+t(remote)+

                       t(TRANSMIT)+t(KANAL)+t(JOIN)] <=>

i)   t(remote) < t(FORK) + t(JOIN) ∧

ii)   t(lokal)<t(FORK)+2*t(KANAL)+t(RECEIVE)+t(TRANSMIT)+t(JOIN)

Aus den Bed. i) und ii) folgt sofort Punkt iii) des Satzes.   ☐

Für eine konkrete Implementierung dieser Anforderungen in einem Precompiler müssen diese sowohl für eine größere Anzahl von Tochterprozessen, die durch einen FORK- bzw. JOIN-Aufruf behandelt werden können als auch durch eine Differenzierung hinsichtlich der aktuellen Anzahl von Quellen und Senken erweitert werden.

Neben diesen Voraussetzungen, die eine notwendige Bedingung für eine effiziente parallele Programmausführung sind, muß die Datenkonsistenz (vgl. z.B. [KUCK84]) gewährleistet sein.

Prinzipiell kommen für eine weitere Betrachtung folgende Programmteile in Frage:
- eine Folge von Anweisungen ohne Sprungoperation, die nur vom ersten Statement aus durchlaufen werden kann (**Segment** bzw. **Block**);
- Vollständige Iterationen von Schleifen, zwischen denen bis auf den Schleifenzähler keine Datenabhängigkeit besteht (**Iterationsparallele Schleife**) und
- Teile eines Schleifenkörpers ohne Datenabhängigkeit untereinander (**Teilbare Schleife**).

Sind nur die Bedingungen hinsichtlich der Datenabhängigkeit erfüllt, so wird von **statischer Parallelität** gesprochen; gelten darüber hinaus auch die Ungleichungen des Satzes, so handelt es sich um **dynamische Parallelität**.

4 Meßergebnisse

Für eine Auswertung des zu erzielenden Speedups auf MSISD-Systemen wurden 540 FORTRAN-Programme untersucht, die entweder aus der SSP-Bibliothek [IBM68] stammen oder Quelltexte verschiedener Anwender mit ca. 23000 ausführbaren Anweisungen sind.

Da die Analyse des jeweiligen Quelltextes keine vollständige Beschreibung des Programmverhaltens zur Laufzeit liefert, werden hinsichtlich
der Schleifen Iterationshäufigkeiten von 50, 100 und 500 angenommen
(**Problemgröße**) und davon ausgegangen, daß jede Differenzierung des
Kontrollflusses an Programmverzweigungen mit der gleichen Wahrscheinlichkeit gewählt wird.

Für das Rechensystem wurden sowohl die Kennzahlen von Rechnern der
Leistungsklasse IBM-PC als auch IBM-AT, jeweils mit Unterstützung
eines mathematischen CO-Prozessors, herangezogen. Als Übertragungsmedium zwischen den 2 bis 32 Rechnern des Systems wurden ein 0.1
MBit/s und ein 10 MBit/s schneller Datenkanal zugrunde gelegt, der
einen konflikt- und fehlerfreien Datentransfer ermöglicht.

Eine Gegenüberstellung der über alle analysierten Statements
gemittelten Ausführungszeit t(mittel) mit den Zeitkomponenten des
aufgelisteten Satzes veranschaulicht die große Anzahl von Statements,
aus denen ein parallel ausführbares Segment bzw. ein Schleifenkörper
bestehen muß (Abb. 4).

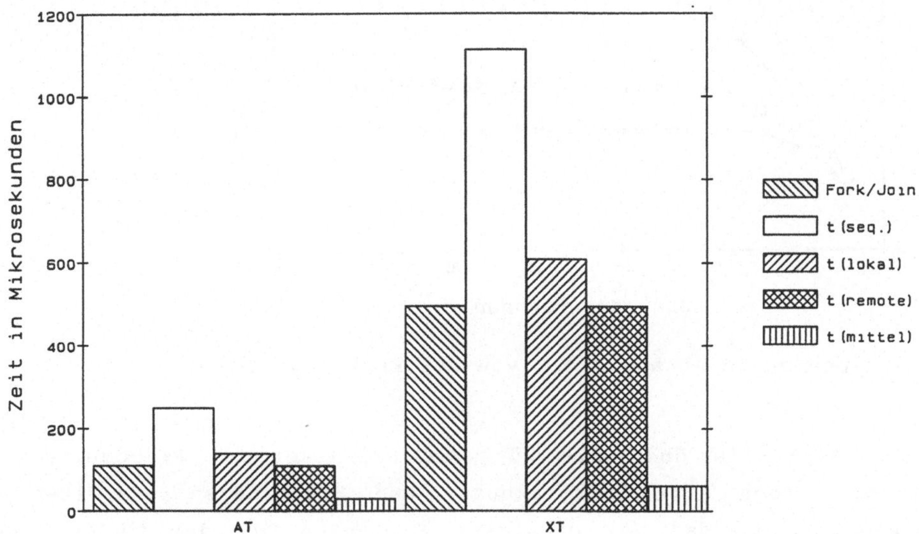

Abb. 4: Granulate im Vergleich zur mittleren Ausführungszeit von
Statements (Angaben in Mikrosekunden)

Zusammen mit der mittleren Länge der Segmente von vier Statements
ergibt sich nur eine kleine Zeitverbesserung durch deren parallele
Ausführung, so daß für eine Leistungsanalyse nur diejenigen Module

herangezogen wurden, die mindestens eine dynamisch parallele Schleife beinhalten. Diese Module werden für die weitere Darstellung der Ergebnisse ihrem vorhergesagten Speedup entsprechend in Leistungsklassen eingeteilt, wobei alle Klassen die gleiche Mächtigkeit haben und in der ersten Klasse die Module mit dem besten Speedup zu finden sind.

Für diese Klasse werden im folgenden der Speedup in Abhängigkeit von der Anzahl der Iterationen, der Leistungsklasse der eingesetzten Rechner und der Geschwindigkeit des Übertragungsmediums dargestellt. Als zusätzliche Orientierungsmöglichkeit wird die den maximal zu erzielenden Speedup beschreibende Gerade mit in die Graphiken aufgenommen.

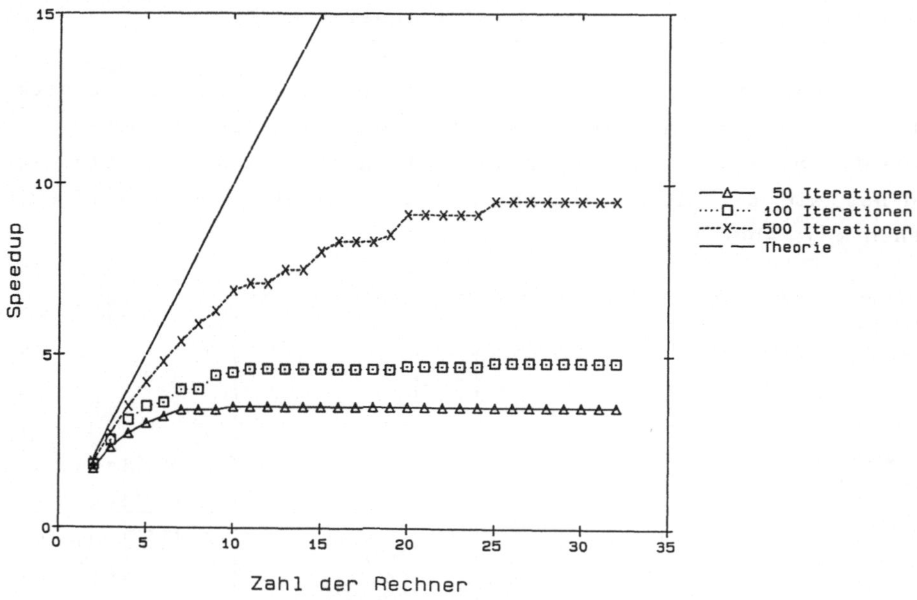

<u>Abb. 5:</u> Speedup in Abhängigkeit von der Problemgröße

Um eine Kontrolle über die Güte des eingesetzten Precompilers zu erhalten, werden alle Übertragungs- und Synchronisationszeiten auf Null gesetzt, so daß der erhaltene Kurvenzug mit der theoretischen Geraden verglichen werden kann. Wie aus Abbildung 6 ersichtlich ist, kommen beide Kurvenzüge ("unendlich" und Theorie) in manchen Fällen fast zusammen (Stelle 1), an anderen dagegen weichen sie stark voneinander ab (Stelle 2). Die Abweichungen treten auf, wenn die Problemgröße kein ganzzahliges Vielfaches der Anzahl der Rechner ist und somit keine gleichmäßige Auslastung der Systemkomponenten möglich ist.

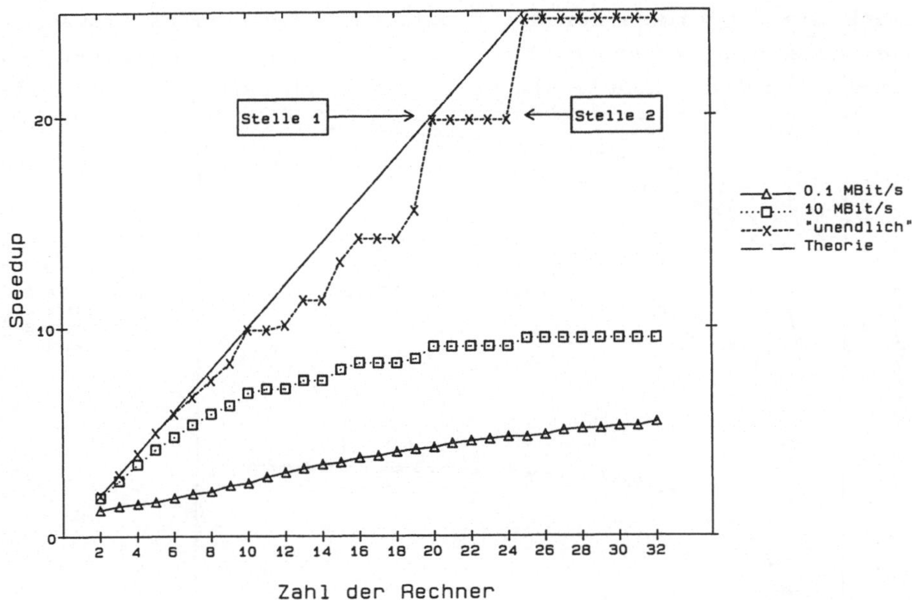

Abb. 6: Speedup für Systeme mit unterschiedlichen Übertragungsmedien

Im Zusammenhang mit den in Abb. 4 dargestellten Verhältnissen zwischen der mittleren Ausführungszeit von Statements und den Anforderungen an die Granulatsgrößen wird das in Abb. 7 repräsentierte Ergebnis deutlich, daß ein System mit Rechnern der Leistungsklasse IBM-AT ein höheres Speedup erzielt als ein System mit IBM-XT.

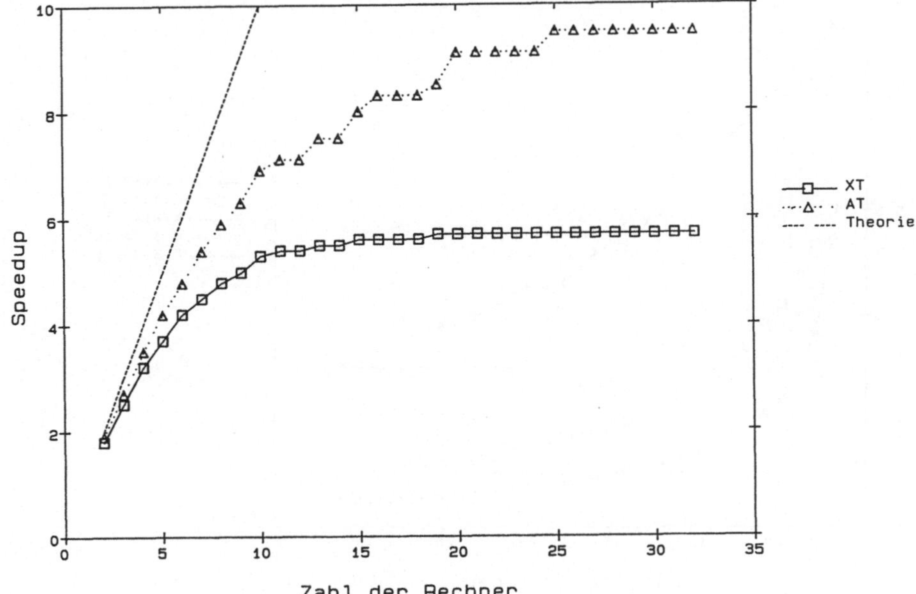

Abb. 7: Speedup in Systemen mit unterschiedlichen Rechnertypen

Wie stark die Ergebnisse für die Programme der einzelnen Klassen voneinander abweichen, veranschaulicht Abb. 8. Die drei Kurvenzüge repräsentieren ca. 60% der Module mit einer dynamisch parallelen Schleife.

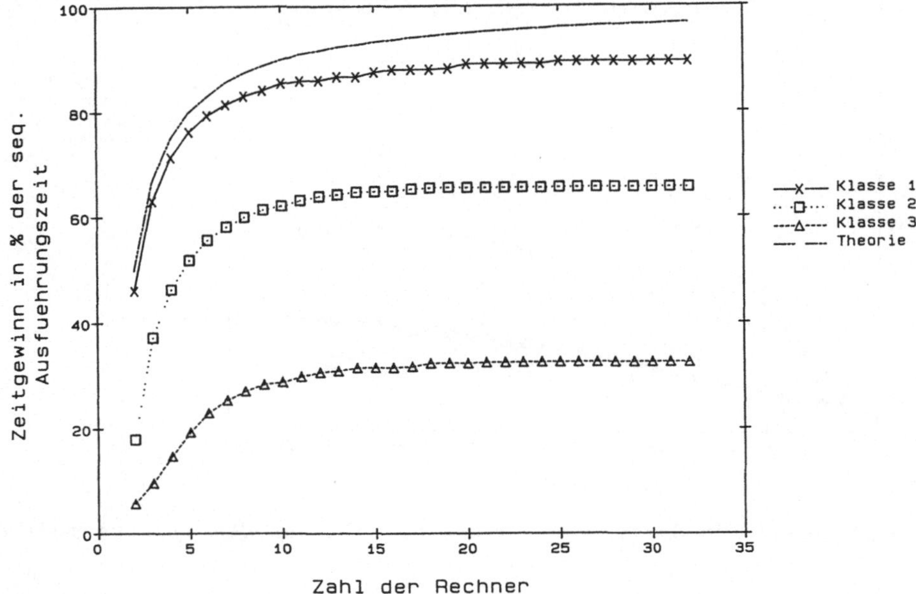

<u>Abb. 8:</u> Zeitgewinne der ersten drei Programmklassen

Betrachtet man die Effizienz des eingesetzten Rechensystems hinsichtlich der Programme der besten drei Leistungsklassen und übernimmt die

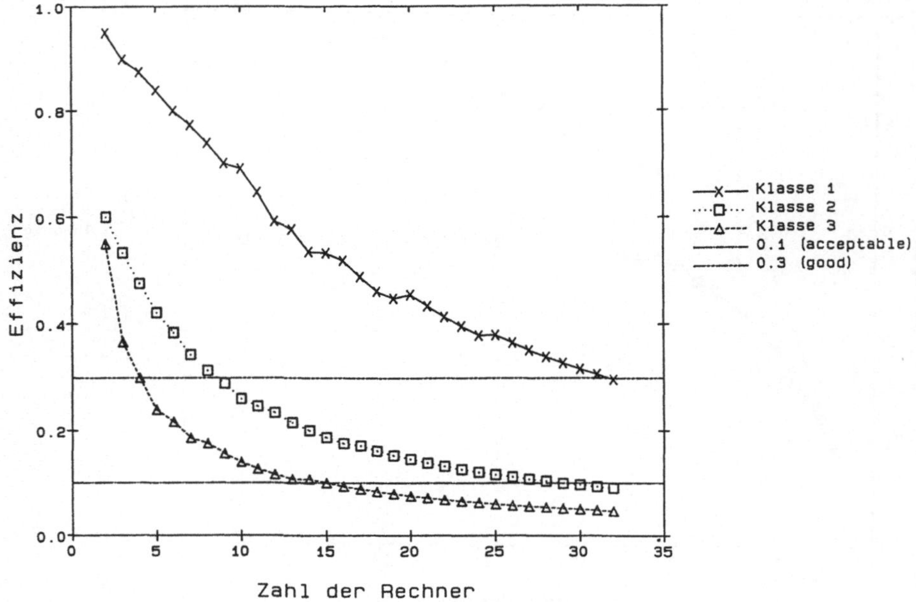

<u>Abb. 9:</u> Effizienz der ersten drei Programmklassen

von Kuck [KUCK84] vorgeschlagenen Maße von 0.1 als akzeptable und 0.3 als gute Effizienz, so arbeitet ein System mit maximal vier Rechnern für alle Programme der ersten drei Leistungsklassen mit einer guten Effizienz und Systeme mit maximal 15 Rechnern erzielen mit allen drei Programmgruppen akzeptable Ergebnisse.

Einen Vergleich der so ermittelten Werte mit den in der Literatur vorgestellten Prognosen [KUCK77 und MINS71] ermöglicht Abb. 10.

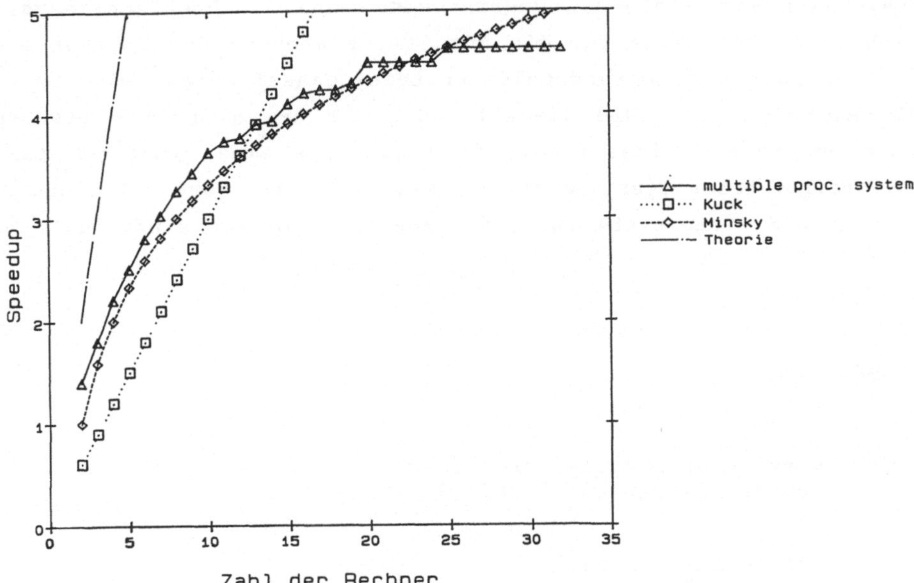

Abb. 10: Meßergebnisse im Vergleich zu Minskys Schätzung und Kucks Ergebnissen

Die Abweichungen zwischen den drei Kurven kommen aus folgenden Gründen zustande:

1. Die hier vorgenommene Analyse berücksichtigt jedes FORTRAN-Programm und nicht nur Programmrealisierungen von speziellen Algorithmen, die von der Problemstellung her ein hohes Maß an Parallelität beinhalten.

2. Die Leistungsaussagen beziehen sich auf die Gesamtausführungszeit der jeweiligen Programme und nicht nur auf die Komponenten, in denen Parallelität vorliegt.

3. Die Problemgröße der betrachteten Algorithmen (Anzahl der Schleifeniterationen) wurde ohne Bezug zu realen Vorgaben des Rechensystems wie z.B. der Anzahl der Rechner gewählt.

4. Die Art und Arbeitsgeschwindigkeit des Verbundsystems beeinträchtigt die parallele Programmausführung stärker als auf einem MIMD-System.

Zusammenfassung

Die Untersuchung und die hier dargestellten Ergebnisse haben gezeigt, daß MSISD-Systeme unter den gewählten Voraussetzungen durchaus für eine parallele Ausführung von Programmen geeignet sind, wobei der Nutzungsgrad des Systems sehr stark von den aktuellen Problemgrößen des Programms abhängt. Im Gegensatz zu den enger gekoppelten Mehrprozessorsystemen mit kleineren Übertragungs- und Synchronisationszeiten hat sich eine Obergrenze für die Anzahl der Rechner des Systems ergeben, die je nach den zugrundegelegten Leistungskriterien zwischen vier und 32 Rechnern liegt. Wie die Abbildungen 8 und 9 und die Beschränkung der Module auf diejenigen, die mindestens eine dynamisch parallele Schleife beinhalten, gezeigt hat, ist die Bereitstellung des vollständigen Systems nicht für jedes FORTRAN-Programm sinnvoll.

Literatur

ALMA85   G. S. Almasi
          Overview of parallel processing
          Parallel Computing 2'1985, S. 191 - 203

BUX85   W. Bux
          Performance Issues
          LNCS Nr. 184, S. 108 - 155, 1985

FLYN66   M. J. Flynn
          Very High-Speed Computing Systems
          Proceedings of the IEEE No. 54, Vol. 12, '66, 1901-1909

GHEZ85   C. Ghezzi
          Concurrency in programming languages: A survey
          Parallel Computing 2'85, S. 229 - 241

HUTC85   D. Hutchinson, J. Mariani, D. Shepherd
          Local Area Networks: An Advanced Course
          LNCS 184, Springer Verlag 1985

HWAN84   K. Hwang, F. A. Briggs
          Computer Architecture and Parallel Processing
          Mc Graw Hill 1984

IBM68   IBM Application Programm
          System/360 Scientific Subroutine Package Version III,
          Programmer's Manual, White Plains 1968

JORD86   H. F. Jordan
          Structuring parallel algorithms in an MIMD, shared
          memory environment
          Parallel Computing, 1986, S. 93 - 110

KUCK77   D. J. Kuck
          A Survey of Parallel Machine Organisation and
          Programming
          ACM Computing Surveys, Nr. 9, S. 29 - 59, 1977

KUCK84   D. J. Kuck, A. H. Sameh
          The Effects of Program Restructuring, Algorithm Change,
          and Architecture Choice on Program Performance
          IEEE Int. Conf. on Parallel Processing 1984, S. 129-138

MINS71   M. Minsky, S. Papert
          On some associative, parallel and analog computations
          in: 'Associative Information Techniques'
          ed.: E. J. Jacobs, Elsevier New York, 1971

WITT81   L. D. Wittie
          Communication Structures for Large Networks of
          Multicomputers
          IEEE Trans. on Computers, Vol. C-30, 1981, S. 264 - 273

OPTIMIZING THE PEAK-PERFORMANCE OF VECTOR UNITS
WITH DYNAMICALLY ALLOCATABLE VECTOR REGISTERS

Hermann Mierendorff
Gesellschaft für Mathematik und Datenverarbeitung mbH
Schloß Birlinghoven, D-5205 Sankt Augustin 1, F. R. Germany

ABSTRACT. The performance of a vector unit mainly depends on its start-up time and the time required for a single vector element. For vector units with a fast and limited vector memory, the achievable peak-performance is influenced by the start-up time and the vector memory size. Programming is also important to the achievable peak-performance if complicated vector expressions are evaluated. A technique known as 'strip mining' frequently proves to be suitable. By this method, long vectors are decomposed into subvectors and the whole expression is evaluated for the current sub-vector before moving on to the next subvector. If many vector registers are allocated to the vector memory, the utilizable maximum vector length is considerably reduced which may have a negative influence on peak-performance. In a simple model, conditions for vector register allocation are investigated. Let M be the vector memory size, μ the ratio of the main memory access time to the vector memory access time and S the start-up time for an evaluation. A vector register should be allocated to the vector memory if the number of separate transport instructions avoidable by this allocation is greater than $S/(\mu M)$. For a translation of very long expressions, a subdivision might be useful. A heuristic method is developed which subdivides long expressions into appropriate parts.

1. INTRODUCTION

The description of the vector unit performance by a single parameter, measured, e.g., in MFLOPS (million floating point operations per second) is in general insufficient [3]. Hockney uses a linear function with the parameters r_∞ for the performance in case of infinitely long vectors and $n_{1/2}$ as the vector length achieving the performance $r_\infty/2$. The time cost for a vector operation with vectors of the length n is then

$$A = (n+n_{1/2})/r_\infty .$$

For our considerations, we normalize the time cost per vector element and operation to 1. Hence we obtain

$$A = n + s$$

where s denotes the start-up time of a vector instruction measured in cycles of the vector unit. The so-called peak-performance of the hardware is then 1 [element per cycle].

In general, the speed of the vector unit is higher than that of the data stream coming from the main memory (MM). Therefore, the vector units are equipped with vector registers allowing a sufficiently fast access. There is extensive published literature (cf. [1] and [7]) on optimizing the use of these vector registers. In this context, we restrict our considerations to optimizing the number of dynamically allocated vector registers in a vector memory (VM).

The behavior of vector units with a vector memory of the size M is determined by the possible vector length. Even for a single operation, it is important whether vector operations can be performed only by means of the vector memory or also by using the main memory and where to store the result. Therefore, we define a simple model for a vector unit in section 2. This model is to be used throughout this paper. The influence of start-up time and vector memory size on peak-performance for a single vector operation is discussed in section 3.

Users want to execute not only single operations but complicated expressions closely interconnecting several operations. In this context, we use 'expression' not only for an arithmetic statement of some programming language but also for a possibly long sequence of statements if the included vector operations can be optimized as a whole. A suitable optimization of the vector memory can improve the performance essentially by saving transport operations between the two memories. A vector expression should be processed for a sequence of subvectors if the vector is longer than the vector memory. In this case, the whole expression is evaluated for a set of corresponding subvectors before the following subvectors are processed. The advantages of this method, called 'strip mining', are discussed for our model in section 4.

If very many vector registers are required for processing an expression, the individual registers will be very short. The positive effect of 'strip mining' will however be canceled if the vector registers become too short. An allocation of rarely used vector registers to the MM provides more space in the VM for the remaining registers. Section 5 discusses when to allocate vector registers no longer to the VM, but to the MM.

An expression can normally be performed only with the same vector length for all vectors. The maximum number of occupied vector registers defines the vector length for the whole expression while an optimization in parts permits possibly longer vectors for some of these parts. Section 6 describes a heuristics for subdividing very long expressions into independent parts.

For our decision on where to allocate a register to, the optimization method used for distributing the vectors to the vector registers is of minor importance which does however not apply to the achievable peak-performance.

An exact estimate of the appropriate size of a vector memory requires the exact knowledge of the expressions to be processed. Without such knowledge, this question can be answered only incompletely.

2. MODEL OF A VECTOR UNIT

The schematic of a vector unit represented in fig. 1 suffices for our investigations. The vector processor performs a floating-point operation in every cycle when the required operands are available. The operands (a maximum of 2 vectors) and the result can all be located in the VM. The VM will execute all required storage accesses and the operation in the same cycle. In addition, however, one of the operands or the result can be located in the MM. If an access to the MM requires $\mu \geq 1$ cycles, the operation will also require μ cycles per vector element.

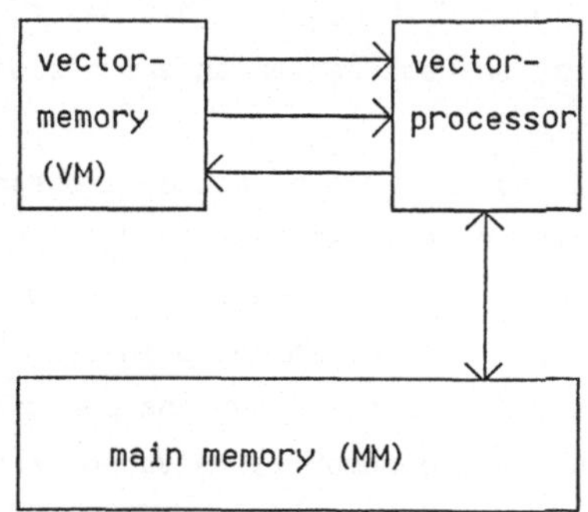

FIG. 1: Schematic structure of the vector unit.

The VM has M memory cells. The VM can be divided dynamically into coherent parts which can be used as vector registers. In this context, a memory part containing an operand or the result is referred to as a vector register. The partitioning of the VM is defined by additional pointer registers and a vector length register. The pointer registers are used for addressing. The definition of a pointer register and of the vector length requires one instruction each. We assume for simplicity that all these instructions need s cycles where s is the start-up time of the vector instructions. The addressing of the MM is directly effected by the instruction code. Only the stride between two elements in the MM (offset) must be preset with an instruction also requiring s cycles. We assume that several control registers (pointer, read-offset, write-offset, vector length) can be defined by a suitable data record within a single instruction. In general, this instruction must be prepared by defining a pointer to the data record.

An additional unit working concurrently controls the vector unit and executes the non-vector instructions of the application program. For sufficiently long vectors, the performance of a processor is determined by the vector unit only.

It is relatively easy to build vector units of this type since suitable circuits (e.g., WEITEK) are available. The used model is a rough description of the vector unit used in the SUPRENUM system (cf. [2], [4]).

3. THE PEAK PERFORMANCE FOR A SINGLE OPERATION

The peak-performance, r_∞, is a parameter which depends strongly on the preconditions of processing an operation.

We want to discuss a usual operation with two vector operands and a vector result. For a single operation whose operands and result are located in the VM, we obtain for vector length n the time cost

$$A = n + s . \tag{1}$$

If the vectors are stored in the MM, the costs are

$$A = 3\mu n + 3s . \tag{2}$$

This result is obtained, for example, by three instructions in the following manner. An operand is loaded into the VM, the operation is executed using the MM and subsequently the result is transported to the MM. In this context, we disregarded the initialization of the pointers. This is admissible since they can be defined for longer expressions. Therefore, their initialization cost is unimportant for a single operation. The maximum vector length is N=M in the case (2). We therefore obtain

$$r_\infty = M/(3\mu M + 3s) \text{ [operations per cycle]} \tag{3}$$

as peak-performance.

Hence $r_\infty < 1/3\mu$ follows. The r_∞ achievable in this way, therefore, is absolutely unsatisfactory with respect to the performance enabled by the hardware. Therefore, the decomposition of larger expressions into single vector operations and their execution as MM-MM-operations is no efficient method.

4. PROCESSING LONG EXPRESSIONS

Because of the unsatisfactory result of (3), longer expressions should be processed as a whole. After allocating the used operands and intermediate results to vector registers, an expression can be formalized as follows. Let C+L vector instructions be given. $C=C_v+C_m$ arithmetic operations are required by the expression and L additional transport instructions are caused by the vector unit. C_v (or C_m) operations use exclusively the VM (or VM and MM). The start-up time is $S=(C+L+R)s$ where R represents a number of instructions for loading the constants, setting the pointers, setting the vector length etc. The time cost for the whole expression is

$$A = (C_v + \mu C_m + \mu L)n + S .$$

The optimization method of the compiler decides whether a vector is allocated to a vector register or whether it is used directly from the MM. We do not discuss this strategy here. In the case of $\mu=1$, every possibility of using the MM directly should be utilized for reducing the number of vector registers. In the case of $\mu>1$, section 5 delivers a decision criterion. Let q be the maximum number of occupied vector registers. Hence the utilizable maximum vector length is

$$N = M / q .$$

Using r_∞ as the peak-performance of a single operation, we obtain C/r_∞ for the cost per vector element of an expression consisting of C operations. On the other hand, this value is also given by A/N because the peak-performance is achieved for vectors of length N. Hence it follows

$$A/N = C/r_\infty = C_V + \mu C_m + \mu L + (C+L+R)s/N \quad . \tag{4}$$

For a good optimization method and suitable expressions, L and R are small against C. In this case, the start-up time influences r_∞ mainly by the expression sq/M. If sq/M becomes too great, it may be more suitable to relocate some of the vector registers to the MM which is discussed in the next section.

EXAMPLE: For the SUPRENUM system $\mu=1$, M=7000 and approximately s=20 hold. $\mu=1$ is however an approximation only which is acceptable if vectors with irregular or too large strides of elements are avoided. Otherwise we must set $\mu=2$. There are 8 vector pointer registers. For read and write accesses to the MM, there are different offsets. For a single operation of the considered expression, we thus obtain an average of

$$1/r_\infty = 1 + L/C + (1+L/C+R/C)q/350 \tag{5}$$

cycles per operation and vector element. We consider now a simple relaxation operator with red black relaxation for the Poisson equation, $\Delta u = f$, in 3 dimensions (cf. [6]). Using suitable vectors (u_{ijk}), (f_{ijk}) and constants α_1, α_2, the expression can be written as follows:

$$((u_{i-1,j,k}+u_{i+1,j,k}+u_{i,j-1,k}+u_{i,j+1,k}+u_{i,j,k-1}+u_{i,j,k+1})\alpha_1+f_{ijk})\alpha_2 \quad .$$

The processing parameters are $C=C_v+C_m=2+6=8$, L=1, R=5 and q=1. With R=5, we summarize the loading of 2 constants and the setting of vector lengths and offsets. Therefore, a separate load instruction is only required for $u_{i-1,j,k}$. For the vector pointers, we assume a standard assignment which does not need to be changed here. We obtain

$$1/r_\infty = 1.13 \text{ [cycles per operation]} .$$

With 120 nsec per cycle, this corresponds to

$$r_\infty = 7.4 \text{ [MFLOPS]} .$$

The processing of the above expression shows a good performance. It is to be noted that this result can be achieved without any sophisticated optimization technique which completely exploits the overlapping of data. In our model, this was possible due to the fast direct access of one operand from the MM. If vector operations require a considerably larger preparation time R, the result can be a considerable loss in the peak-performance according to the term R/C of (5).

5. CRITERIA FOR ALLOCATING VECTOR REGISTERS TO THE MAIN MEMORY

If the vector register number q becomes very great, it may be more suitable to relocate some vector registers to the MM. To study this problem, we order the vector
registers according to descending utilization frequency. For the utilization
frequency we consider only those vector register accesses which, due to the chosen
optimization method, require an additional transport instruction separated from the
pertinent operation if the vector is located in the MM. Let exactly q_k registers exist with the utilization frequency k, i.e. $q=\sum q_k$. We assume that all vector registers of a utilization frequency <U have already been relocated to the MM, i.e. $q_k=0$
for k<U. We want to relocate Δq vector registers of the exact utilization frequency
U. The vector register number after relocation is $q'=q-\Delta q$.

For analyzing this situation, we assume the following:

(I)   q' > number of the vector pointers.

(II) Among the q' registers in the VM, there are local vector registers for ex-
      ecuting operations with operands not directly accessable from the MM.

(III) These local registers can be accessed via firmly defined vector pointers.

These assumptions are fulfilled by the following simple strategy. All pointers except
three are firmly defined. These three pointers are then used to address all remaining
vector registers. We assume in the following that the relocated registers are always
loaded into the mentioned local registers if the corresponding vectors have to be accessed. Thus, we assume a method which might be improved by an optimizing compiler.
In the case of $\mu=1$, the assumption is reasonable since, after a good optimization, no
local registers are used if an operand can be accessed directly from the MM. With
$\mu>1$, we make possibly a small mistake because a direct use from the MM is sometimes
possible and less time-consuming in this case.

As in (4), we obtain after relocation

$$A'/N' = C_v + \mu C_m + \mu L' + (C+L'+R')s/N' \ .$$

with $L'=L+\Delta L$, $N'=M/q'=M/(q-\Delta q)$ and $R'=R-\Delta R$. Except for R', these modifications are
obvious. Before relocation, a vector in one of the relocated registers had possibly
required a pointer definition on every access. Because of (III), this pointer definition is now no longer necessary. Therefore, a maximum of two pointer definitions
(definition and redefinition) may be saved on every access. Furthermore, at most two
presets of the offset register might be required in case of every access to a
relocated vector register. Hence, for the modifications, it holds

$$\Delta L=U\cdot\Delta q \quad \text{and} \quad -2U\cdot\Delta q \le \Delta R \le 2U\cdot\Delta q \ .$$

An improvement can be achieved by relocating vector registers to the MM if

$$A/N > A'/N',$$

i.e., it holds

$$\mu M \cdot \Delta L < S \cdot \Delta q - (\Delta L - \Delta R) q's \tag{6}$$

We thus obtain for a minimum ΔR a sufficient condition and for maximum ΔR a necessary condition.

LEMMA 1:   A sufficient condition for a suitable allocation of vector registers to the MM is

$$U < S/(\mu M + 3q's) \ . \tag{7}$$

For a suitable allocation of vector registers to the MM

$$U < S/(\mu M - q's) \tag{8}$$

is necessary.

The influence of the term qs occurring in (7) and (8) depends, due to s, on the start-up time of the individual instruction and, due to q, on the considered application. If M is sufficiently large and for a heuristic method, we can simplify our criterion:

REMARK 1: A vector register should be allocated to the VM iff

$$\mu U > S/M \ .$$

Here U denotes the utilization frequency of a vector register, S the complete start-up time of the whole expression immediately before relocating the registers of utilization frequency U to the MM, M the vector memory size and μ the ratio of access times to main and vector memories.

As an example of a rather complicated application program, we refer to FLO22. This is a standard program for simulating the flow around airfoils (cf. [5]). Though the relaxation operator of this program needs about 400 floating point operations per grid point in the inner loop, always q<30 vector registers have been sufficient. Thus, for the above example, i.e. SUPRENUM, this means in case of the corresponding application class that qs≤600. Due to M=7000, the term qs is unimportant. Therefore, we can allocate the vector registers using remark 1.

If we try to optimize longer parts of a program, start-up time will increase with increasing expression length. Due to remark 1, the rarely used vector registers should then be allocated to the MM. In general, however, the number of the needed vector registers in a program varies from statement to statement. Therefore, it is better to cut long expressions at points where relative few vector registers are occupied.

Using q vector registers, we obtain

$$r_\infty = C/(C_v + \mu C_m + \mu L + qS/M) \ . \tag{9}$$

The memory size influences the performance primarily via the term qS/(CM). Because of assumption (III), we have at most either a pointer definition or an offset definition and a MM access for any operand or result. For a single operation using two operands, we need at most the following additional instructions if the vector length is kept for a long part of the program: three times 'define offset', two times 'load' and 'store'. Therefore, s≤S/C≤7s holds. Hence, we obtain the result:

REMARK 2: With a suitable optimization, the peak-performance of a vector unit is not reduced by the start-up time for vector instructions as long as the vector memory size is M>>7qs.

In our example, s=20 and M=7000 holds. Therefore, the start-up time does not influence the peak-performance considerably if q<<50.

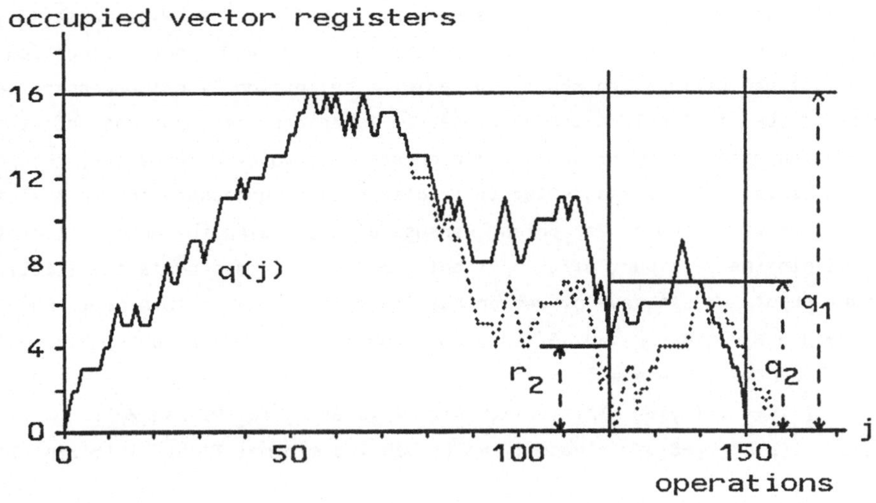

FIG. 2: Occupation function of the vector registers in an expression
(——— before the cut, ... after the cut at j=120).

6. A HEURISTICS FOR PARTITIONING LARGE EXPRESSIONS

Even if a very long expression could be optimized as a whole, a decomposition may be more suitable.

For simplicity, we assume μ=1 as the ratio of the memory access times in the general discussion of this section. As in section 4, let us consider an expression having C+L vector instructions and the start-up time S. Let q(j) be a function which gives the number of vector registers in the VM occupied before the j-th vector operation (see for example fig. 2). We define q=max(q(j)).

The relative time cost which can be achieved per vector element without dividing the expression is:

$$T = A/N = C+L+S/N = C+L+Sq/M \ .$$

Let us now decompose the expression into k parts by the set of cut points $\{j_2, j_3, \ldots, j_k\}$ where $1 \leq j_i \leq C+L$. Let C_i, L_i, R_i and S_i be the corresponding shares of the C operations, the L transport instructions, the R preparation instructions and the start-up time S within the i-th part, i.e. in $(j_i, j_{i+1}-1)$. We introduce q_i as a notation of the maximum number of registers occupied in the i-th part after subdivision and elimination of registers which are no longer required. Let, at the beginning of the i-th part, r_i vector registers be occupied at the point of cutting. $\lambda_i r_i$ of these registers must be loaded after cutting. $0 \leq \lambda_i \leq 1$ holds because not all of these registers are possibly needed in the i-th part. At the end of the (i-1)-th part, $\sigma_{i-1} r_i$ registers must be stored because they are not yet in the MM ($0 \leq \sigma_i \leq 1$). The contribution to the start-up time is, however, $\bar{\lambda}_i r_i$ and $\bar{\sigma}_{i-1} r_i$ with $\lambda_i \leq \bar{\lambda}_i \leq 3\lambda_i$ and $\sigma_i \leq \bar{\sigma}_i \leq 3\sigma_i$ respectively because every additional load and store instruction might require offset definitions. An additional pointer definition is not necessary because the store- or load-instruction can be placed in immediate neighborhood of the instruction which produces or consumes the corresponding value. Therefore, the pointer does already exist. If we assume two instructions to be necessary for initializing a new part, this will require 2s cycles. Because of decreasing the number of registers occupied within the i-th part after partioning and with an appropriate initialization after a cut point, we can save p_i vector pointer definitions in this part. For formal reasons, we use $\sigma_0 = \lambda_1 = \sigma_k = r_{k+1} = 0$. After such a subdivision into k parts, the relative time cost T' per vector element is:

$$T' = \sum_{i=1}^{k} (C_i + L_i + (\lambda_i + \sigma_{i-1})r_i + (S_i + \bar{\lambda}_i r_i s + \bar{\sigma}_i r_{i+1} s + 2s - p_i s)q_i/M) - 2sq_1/M \ .$$

Using $\sum_{i=1,\ldots,k}(C_i + L_i + S_i q/M) = T = const$, we obtain the minimal T' by minimizing T'-T:

LEMMA 2: The optimum performance which can be achieved by subdividing an expression on a vector unit with variable vector register number and length is obtained by minimizing the following objective function:

$$\sum_{i=1}^{k} ((\lambda_i + \sigma_{i-1})r_i M - S_i(q - q_i) + (\bar{\lambda}_i r_i + \bar{\sigma}_i r_{i+1} + 2 - p_i)q_i s) - 2sq_1 = min \ . \tag{10}$$

This expression is proportional to the improvement of the computation time by the considered partition.

We can deduce some conclusions from lemma 2 resulting in a practicable optimization heuristics.

We restrict our discussion to large M, i.e. $M \gg qs$ and $M > S_i$. In this case the first term of (10) is the most important one. The parameters λ_i, $\bar{\lambda}_i$, σ_i, $\bar{\sigma}_i$, p_i, q_i, S_i will hardly change considerably if the i-th cut point is moved a little in its immediate neighborhood. Thus, for a heuristic strategy, it is reasonable to consider only those points where q(j) assumes a local minimum. Now we have a first set of possible cut points.

The next goal of our heuristic strategy must be to eliminate the many local minima of $q(j)$ which are useless for cutting. We simplify the parameters of (10) to obtain a practicable method. The method should give an approximately correct decision on cutting at least in case of a single cut point for the whole expression. With respect to the first term of (10), we save

$$(\lambda_i - \lambda + \sigma_{i-1} - \sigma) r_i M \qquad \text{where } 0 \leq \lambda \leq \lambda_i \text{ and } 0 \leq \sigma \leq \sigma_i$$

after eliminating the i-th cut point. Some of the $\lambda_i r_i$ $(\sigma_{i-1} r_i)$ registers must be loaded (stored) now in connection with the $(i-1)$-th $((i+1)$-th) instead of the i-th cut point. λ and σ tend to 0 if the number of cut points is decreased. An approximation $\lambda = \sigma = 0$ works well especially at the end of the elimination procedure of cut points.

With respect to the second term of (10), the gain within the $(i-1)$-th the i-th part is

$$-S_{i-1}(q - q_{i-1}) - S_i(q - q_i) \ .$$

If the expression is not decomposed at the i-th cut point, we obtain for the corresponding interval

$$-(S_{i-1} + S_i)(q - q')$$

where $q' \geq q'' = \max(q_i, q_{i-1})$. We approximate q' by q''. Hence the gain by the i-th cut point can be approximated by the difference of the above expressions

$$-S_l \cdot |q_i - q_{i-1}|, \qquad \text{where } l = i-1 \text{ if } q_{i-1} < q_i \text{ and } l = i \text{ otherwise.}$$

The third term of (10) can in parts be treated as the first one approximating again q' by q''. In the interval $(j_{i-1}, j_{i+1} - 1)$, the number of avoided pointer definitions is $p_{i-1} + p_i$ in case of cutting at j_i and otherwise let it be $p_{i-1,i}$ $(0 \leq p_{i-1,i} \leq p_{i-1} + p_i)$. The fewer cut points are considered the smaller will be $p_{i-1,i}$. Thus we approximate $p_{i-1,i}$ by 0.

The possible cut points should be checked for elimination in the sequence of decreasing r_i-values. As long as we have very many possible cut points, the strategy tends strongly to eliminate cut points because of the short intervals and because of our approximation of the parameters. Thus a useful cut point could be eliminated if the points are checked in another sequence. That leads to the following strategy:

REMARK 3: For the optimization of an expression by subdivision, suitable cut points are those points where the register occupation assumes a local minimum. These points are investigated in the sequence of decreasing r_i. A cutting before the i-th part is suitable if it holds for the gain of the i-th cut:

$$(\lambda_i + \sigma_{i-1}) r_i M - S_l \cdot |q_i - q_{i-1}| + (\overline{\lambda}_i r_i + 2 - p_i) s q_i + (\overline{\sigma}_{i-1} r_i - p_{i-1}) s q_{i-1} < 0 \qquad (11)$$

with $l = i-1$ for $q_{i-1} < q_i$ and otherwise $l = i$.

If a cut point is eliminated, the parameters for the union of the corresponding parts must be corrected. If a cutting is carried out, the method starts again for both parts.

The required parameters are as follows: the vector memory size M, the start-up time in the subexpressions S_i and for a single instruction s, the maximum number of vector registers in the i-th part after subdivision q_i and at the beginning of this part r_i, the shares λ_i (σ_i) of r_i which must be loaded (stored) when a new part begins, and the number p_i of pointer definitions avoided in the i-th part after partition. $\bar{\lambda}_i-\lambda_i$ ($\bar{\sigma}_i-\sigma_i$) corresponds to the share of additional offset-definitions caused by the additional load- (store-) instructions.

REMARK 4: If M is very large, the terms of (10) and (11) without M and S_i can be neglected.

EXAMPLE: Let us analyze the situation represented in fig. 2. The figure shows an occupation function giving the number q(j) of vector registers occupied before the j-th vector instruction. The example corresponds to nearly 1/3 of the inner loops of FLO22 (cf. [5]). The statements have been sorted before producing the vector operations. Assignments to final results have been placed as early as possible and those to intermediate results as late as possible. In this way, the number of vector registers is reduced a little from the beginning. For systems having a large vector memory like SUPRENUM, no partition of the expression is useful. If the considered expression is optimized as a whole, it requires 150 vector instructions. Furthermore, $q=max(q(j))=16$ vector registers are needed. The vector length is then M/q. If the expression is subdivided at $j=120$, the maximum number of vector registers in the second part is reduced to $q_2=7$ vector registers. Therefore, we could achieve the vector lengths M/q_2 within the second part by optimizing these parts separately. The separation, however, requires an increased transport time which is due to the $r_2=4$ vector registers occupied at the point of subdivision. One of them must be stored and all must be loaded again if the cut at $j=120$ is carried out. 8 control register instructions are required in the second part before cutting. Hence, we have $S_2=30+8=38$. After cutting, two additional instructions are required to prepare the second part and 4 pointer definitions can be saved because of the small value $q_2=7$. Using $M=7000$ and $s=20$ for SUPRENUM, we obtain from (11):

$$(1+0.25)\cdot4\cdot M-760\cdot|7-16|+(1\cdot4+2-4)\cdot20\cdot7+(0.25\cdot4-0)\cdot20\cdot16<0 .$$

This inequality is fulfilled if $M<1248$. A partition is not useful for the SUPRENUM system.

For the SUPRENUM system, we shall give now a rough idea of the conditions under which an expression should be splitted. Let an expression be given which has J_1+J_2 instructions (vector, scalar and control register instructions). A single cut point is considered which decomposes the expression into two parts having J_1 and J_2 instructions. Let the corresponding maxima of the number of occupied vector registers be q_1 and q_2. As the number of additional vector instructions caused by the cutting, we use $r=(\lambda_2+\sigma_1)\cdot r_2$. Without loss in generality, we assume $q_1 \geq q_2$. Using (11), remark 4 and $J_2 \cdot s = S_2$, we obtain as a condition for splitting the expression

$\quad J_2 > 350 \cdot r/(q_1 - q_2)$.

The following table contains some examples for the minimum size J_2 of usefully separable subexpressions.

$q_1 : q_2 : r$	$x : x : 0$	$4 : 2 : 1$	$8 : 2 : 1$	$16 : 4 : 1$	$16 : 2 : 1$
$J_2 >$	0	175	58	29	25

Using the result of our general discussion, we obtain the following simple heuristic algorithm for the optimization of the vector unit.

STEP 1: As many operations of the program as possible are combined to an expression to be optimized as a whole. To this purpose, the vector operations are processed first by means of an unlimited set of virtual vector registers. Direct main memory accesses are used in this context whenever possible. It is the aim to obtain a dense occupation of the vector registers and to minimize the number of registers.

STEP 2: An occupation function $q(j)$ of the vector registers is determined. The function $q(j)$ assigns the number of those vector registers to the j-th vector instruction of an expression that have already been occupied before this instruction is performed.

STEP 3: The local minima of $q(j)$ are determined. In accordance with remark 3, the minimum points are considered successively in the sequence of decreasing r_i. If a subdivision is not executed before a certain part, this point of cutting has to be eliminated and the functions S_i, λ_i, ϵ_i, $\overline{\lambda}_i$, $\overline{\epsilon}_i$, r_i, p_i and q_i must be redefined for the union of the former parts. If a cut is carried out, the algorithm must be repeated for both parts at STEP 2.

STEP 4: The vector registers are finally allocated to the VM or MM using remark 1.

7. SUMMARY

Vector units with dynamically allocatable vector registers should have a vector memory size of about M=200s to 500s vector elements where s denotes the start-up time of a single operation. In this case, the start-up time will in general reduce the peak performance for most numerical computations only inconsiderably.

A sufficiently fast access to the main memory, however, is essential for a good performance. With an access time of μ cycles to a vector element located in the main memory, μ should be as close to 1 as possible. In addition, at least one operand of an operation should be directly accessible from the main memory without any performance reduction.

After optimization of a long expression having the start-up time S, a vector register should be allocated to the vector memory if the number of separate transport instructions avoidable by this allocation is greater than $S/(\mu M)$.

A large vector memory enables simple strategies for the subdivision of great expressions. Furthermore, nearly all required vector registers can in general be allocated to the vector memory without any performance reduction. This paper has developed a heuristics for subdividing large expressions which begins with determining a global register occupation function. The subsequent partitioning of the expression is based on a merely local consideration.

REFERENCES

[1] J. R. Allen and K. Kennedy, Vector Register Allocation, Tech. Report, Rice University, Houston, Texas, April 1986.

[2] W. K. Giloi and H. Mühlenbein, Rationale and Concepts for the Suprenum Supercomputer Architecture, Proc. Intern. Conf. on Parallel Processing, St. Charles, Illinois, 1986.

[3] R. W. Hockney and C. R. Jesshope, Parallel Computers, Adam Hilger Ltd, Bristol, 1981.

[4] H. Kammer, The SUPRENUM Vector floating point unit, Proc. 2nd Intern. SUPRENUM workshop, (submitt. to Parallel Computing).

[5] N. Kroll, Mathematische Beschreibung, Konvergenzbeschleunigung und Vektorisierung des Programms FLO22 zur Berechnung transonischer Strömungen um Tragflügel endlicher Spannweite, report IB129-83/26, DFVLR, Braunschweig, 1983.

[6] K. Stüben and U. Trottenberg, Multigrid Methods: Fundamental Algorithms, Model Problem Analysis and Applications, in Hackbusch and Trottenberg (eds.), Multigrid Methods, Lecture Notes in Mathematics 960, Springer, Berlin, 1982.

[7] H. P. Zima, H.-J. Bast, M. Gerndt and P. J. Hoppen, SUPERB: The SUPRENUM Parallelizer Bonn, Research Report 861203, Institut für Informatik III, Universität Bonn, West Germany, 1986.

Connection structures - a component of parallel programming languages

E. Hotzel
Gesellschaft für Mathematik und Datenverarbeitung mbH
Schloß Birlinghoven, D-5205 Sankt Augustin 1, F. R. Germany

Programming languages aiming at execution on highly parallel computer systems should provide means to define virtual interconnection patterns that can be employed as predetermined communication paths between processes. A formalism aiming at this purpose is presented. The use of regular interconnection patterns is encouraged through an algebraic setting of the basic concepts.

1. Motivation for connection structures

The primary purpose of a procedural programming language is to describe algorithms in a way that they can be run on a machine. A balance is needed between the characteristics of the machine model and the essential constituents of the envisaged algorithms. This balance is very well attained in the current general purpose languages. A sequential algorithm that relies on elementary operations can easily be expressed in any of these languages without giving the execution time out of hand.

For parallel algorithms the situation is different. A great many have been invented with regard to SIMD-machines or VLSI-arrays, hence the generation and coordination of parallel activity is often implicit. If the strictly stepwise arrangement of these algorithms is relaxed, which can often be done, a need for an explicit description of processes and of communications arises. The means for such a description can be found, in one form or the other, in several well-known language designs which have become known as 'parallel' or 'concurrent' languages [1,24]. Although originally developped with special concern for operating system tasks these languages appear well suited for user programming of multiprocessors and of other systems with a modest number of independent computer modules. The aforementioned algorithms, however, do not only use parallelism as such but rely strongly on a fixed and well structured interconnection pattern between processing elements. Until recently such patterns could not appropriately be defined in a programming language.

The recent thrust for increased parallelism in computer architecture has opened a new field of parallel programming. To employ a system with several hundred computer modules for a computation intensive application will probably only be efficient if sufficiently many parallel processes are explicitly provided. Moreover, it cannot be expected that a communication between any to processing modules can always be established with equal ease. In fact, by technical and organizational reasons, a very large system will often have a fixed and regular interconnection pattern so that some pairs of modules are neighbours whereas others are far apart. The programmer has to consider the available communication paths in order to reach an adequate distribution of the computing load. Consequently, the allocation of processes to processing modules and the selection of communication paths can no longer be left to the global operating system alone. Again, together with the set up and coordination of parallel actions as expressible in parallel programming languages, a precise reference to a scheme of nodes and connections is needed.

If programming is entirely directed towards a specific computing system with rigid structure one can do without a description of the interconnection pattern within the program text. Yet such a description may still be of value; one may use it for verification, documentation, simulation, and as a precaution against structural variations of the target machine. The indication of the relevant pattern within the program is a nessecity if different, or even largely arbitrary structures come into play. This is the case if the target machine is not fully determined during programming or if portage to other machines is considered. Even more pertinent is the wish of having a choice of patterns which can be selected with regard to the inherent structure of the application problem so that easier and more adequate programming becomes possible.

The idea of programming with respect to a virtual net of computer modules, which is specified in the program, and of automatically transforming the program into a program for the system at hand has been put forward by Galil and Paul [8]. A slightly less complex proceeding would just map the virtual interconnection pattern into the real pattern and allocate the essentially unaltered processes accordingly. To find mappings that use the available nodes and paths with sufficient efficiency is still difficult but can at least be separated from the single program. This 'mapping problem' has been investigated in different contexts (Bokhari [5], Fishburn and Finkel [7], Berman [2], Berman and Snyder [3], Mierendorff [17,18], Kolp and Mierendorff [13], Bodlaender and van Leeuwen [4], Mühlenbein, Gorges-Schleuter and Krämer [19]). Some of these projects do not consider language aspects because the mapping is to be carried out during an interactive stage preceeding compilation. A well-designed formalism for connection patterns with the ability to exhibit structural regularity could help to include the mapping in the compilation process.

Some proposals of language components of this kind have become known. One of them, Shapiro's Systolic Programming [23], has been developped with regard to a variant of the mapping problem. An elaborate and well publicised language is OCCAM [12]. We will briefly discuss a few of these approaches in the following section.

2. A view of some recent proposals

In each of the language designs in question a similar conception of a connection pattern is adopted, i.e. a structure consisting of nodes representing processing modules and of dedicated links representing communication channels. Since our own proposal is not too different we shall immediately speak of connection structures. The appearance of a connection structure in a parallel program has three main aspects: the determination of the structure and the naming of its constituents, the generation of parallel activity on some or all of the nodes, and references to the structure for conditional action and communication. These aspects have been treated differently and in varying detail in the different designs. We shall only consider features with relevance for this topic.

The Matrix Dataflow or Wavefront language (MDFL) of S.Y. Kung [15] is directed towards a specific machine consisting of a square array of computing modules. Therefore there is a unique connection structure (with a potential variation of size) exhibiting horizontal and vertical links. These links are addressed by 'directions'; they are locally used by instructions like 'FETCH variable, RIGHT' ("assign the value incoming from the right to variable"), or 'FLOW variable,UP'. The principal construct for the generation of parallel activity is the instruction

WHILE WAVEFRONT IN ARRAY DO process

(the term WAVEFRONT refers to a heuristic principle used for guidance in the language design). The actions indicated by 'process' are to be carried out independently on each node of the array, with synchronization implicitly provided by the semantics of FLOW and FETCH (no-wait-send). There is a CASE-statement allowing different operations according to the position of a node, i.e. in the left upper corner, on the remaining leftmost column or uppermost row or in the rest of the system. Another type of condition allows to distinguish whether or not a connection for the indicated direction exists. This is combined with a particular instruction 'DISABLE-SELF' allowing a dynamical reduction of the connection structure. Apparently, although a very low-level and specialized language, MDFL presents several interesting features with respect to the connection issue.

Shapiro's proposed methodology of 'systolic programming' [23] includes a prototype language consisting of his CONCURRENT PROLOG with a supplement of 'turtle commands'; the latter are known from Papert's screen-command language LOGO. Again there is a unique universal connection structure, now the infinite rectangular grid extending over the plane. The use of turtle commands, i.e. 'left', 'right', 'back', 'forward', together with their variants, requires that processes are endowed with a state representing an orientation. Apparently, as long as these states serve no other purpose, Shapiro's mechanism is equivalent to instructions using the fixed directions of MDFL.

Two other approaches, PARLANCE and OCCAM, are both strongly dependent on CSP [10]. In PARLANCE (P. F. Reynolds 1978 [21]; cf. [24]) the SEND and RECEIVE operations of CSP, i.e.

$$\text{target\_process!expression}$$

and

$$\text{source\_process?variable ,}$$

are replaced by '? := output variable' (together with an assignment of 'expression' to 'output variable') and 'input variable := ?'. Target and source of these so-called I/O-statements are determined by links between IN- and OUT-variables which are invisible to the executing process. This mechanism is the only means of communication among any processes. Every non-sequential program of PARLANCE defines essentially one connection structure. The pattern is completely arbitrary except that it is finite and that every link is directed and can only be used for corresponding transfers. The nodes appear under the name of process-valued variables. Special 'build sections' of a program contain statements for an initialization of these pseudo-variables with instances of procedure-like formal processes (called process types); the aforementioned IN- and OUT-variables are declared therein as variable parameters. This formalism makes it easy to have analogous processes at different places; however, the connections to neighbouring processes need not necessarily be conform. The definition of connections occurs by explicit pairing of an IN- and an OUT-variable belonging to a pair of nodes. This composition of a connection structure within build sections is facilitated by elaborate index mechanisms allowing to express a sort of rectangular regularity. Also a hierarchical program structure permitting a node to represent a subnetwork is indicated; however, the stated rules are such that finally all IN- and OUT-variables and all executable processes appear at the same level.

OCCAM (INMOS Corporation [12] is similar to PARLANCE except that nesting of processes and of procedures is not precluded by the very introduction of a connection structure. Communication is by SEND- and RECEIVE-operations as in CSP except that names of source and target processes are replaced by global objects named channels. In spite of a seeming allusion to the concept of mailbox a channel represents a directed connection between two single processes. On lower levels of a program the main advantage of channels is that they can be passed as parameters; this facilitates the connection of processes that are given by procedures. On the highest level (but only there) an arbitrary finite connection structure may be defined by means of a special cobegin-construct (PLACED PAR). Channels that have been declared at this level appear as edges of a directed graph whose nodes are natural numbers representing processors. The allocation of channel ends to processors is combined with the allocation of the highest level processes. The programmer has to take care that the allocation of processes and of channels is conform with the use of channels within processes. The formalism uses port numbers whereby further details of a potential implementation are specified. In essence, the allocation sections of OCCAM are similar to the build sections of PARLANCE.

We note that in each of the four language designs a connection structure is either given in advance or its definition is closely tied to the activation of processes. As it appears, orthogonality between the connection component and the other constituents of programming languages hat not been a major concern.

3. A declarative formalism of connection structures

The definability of arbitrary graphs and the prescription of a fixed pattern are two extremes of an interconnection feature in a language. A modification of the latter would be to provide a sample of frequently used network schemes like hypercubes or shuffle-exchange connections together with a small parameter mechanism indicating size. This would be in accordance with a part of network theory and with the quotient network approach of Fishburn and Finkel [7]. As has been observed (e.g. [20]), some of the presently preferred patterns, like those mentioned, do not quite display the ideal homogeneity of a large processor arrangement since the local structure depends on the global size or there is a considerable asymmetry from point to point. The selection of a sample of patterns would not be obvious.

In the following approach we attempt to promote the definition of regular, well-structured patterns with a small number of local connections without precluding the use of arbitrary graphs. In order to have a precise notion of a connection structure we define it as a complex, consisting of elements of three sorts, called nodes, shifts, and reference points, together with a standard identification of the reference points with some of the nodes and a standard operation mapping node-shift pairs to nodes (application of a shift to a node; in the following denoted by juxtaposition). Except for the reference points, which have been included in order to have a functional structure, we have the familiar structure of a semi-automaton; however, this will be employed in an unusual way. As mentioned before, nodes represent processing modules. A reference point denotes a module whose position is known everywhere in the system and in the environment. A shift indicates a way to

pass from one module to another; more formally, a shift represents a class of
directed connections. From a single module a shift may either be regarded as an
outgoing channel or conversely, depending on the circumstances, as an incoming
channel (not the same as the outgoing one) or an input port (cf. next section).

In a program a connection structure is specified by an explicit declaration. The
constituent parts of a declaration are (1) a name for the structure as a whole, (2) a
list of reference points, (3) a list of shifts, (4) a list of node equalities. E.g.
the declaration

$$\text{CONNECT} \quad TT = (S; \; a,b; \; Xab=Xba, \; Sa{\uparrow}5=S, \; Xb{\uparrow}5=Xa)$$

(where no weight is given to lexical syntax) defines a twisted torus as considered by
Martin [16] and as known from ILLIAC IV (with name TT, reference point S, shifts a
and b, and three node equalities).

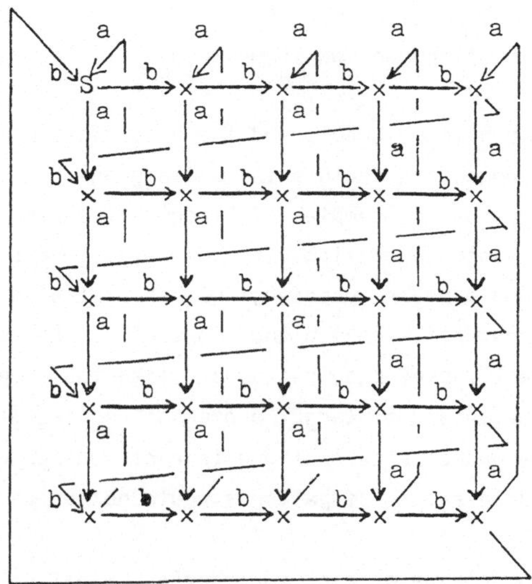

The general form of a node equality is

$$Au_1u_2...u_m = Bv_1v_2...v_n$$

where the u_i's and v_j's denote shifts appearing in the corresponding list whereas A
and B signify nodes. The identification expresses that the node which is reached from
A by the path given by the sequence of shifts $u_1,u_2,...u_m$ is identical with the node
which is reached from B by the path given by $v_1,v_2,...v_n$. If A is the name of a
reference point of the declaration (like S in $Sa{\uparrow}5=S$) then there is no question about

the starting point of the path. If A is an identifier that does not appear in the list of reference points of the declaration (like X in Xab=Xba) then the equalization takes effect for any node chosen as starting point; correspondingly for B. The nodes of the connection structure are those which can be described in the form $Au_1u_2...u_m$ with A appearing in the list of reference points and each u_i appearing in the list of shifts. Hence the reference points and the shifts denote the generators of the structure and the node equalities furnish a set of defining relations (possibly infinitely many by the appearance of non-reference points) in an algebraic sense. There is always a multitude of ways to declare the same connection structure (with identical names for shifts and reference points); e.g. the above twisted torus could also have been defined by

        CONNECT TT = (S; a,b; Sb↑25=S, Xa=Xb↑5)

(indicating a chordal ring). The programmer may choose a set of node identifications in accordance with his mental image.

    A rectangular array of size (m∗n) can be determined by

        CONNECT RECT=(S; a,b; Yab=Yba, Ya↑(m+1)=Ya↑m, Yb↑(n+1)=Yb↑n).

There are nodes N satisfying Na=N, which are called the border nodes of RECT with respect to a; there are also border nodes with respect to b. Generally, given a shift s and a border node N=Ns, we suggest the interpretation that a corresponding channel is not available within the considered connection structure. We leave open whether a shift can be used on a border node for I/O-operations with the environment.

    A description of Preparata and Vuillemin's Cube Connected Cycles of dimension n [20] is given by

        CONNECT CCC=(Z; b,c; Xb↑2=X, Xc↑n=X,...,Xbc↑ib=Xc↑ibc↑(n-i)bc↑i,...)

(each node can uniquely be given the form $Zx_0cx_1c...x_{n-1}c↑k$ with x_j = b or empty and $0 \le k \le n-1$). The need of a variant number of node equality for different dimensions n ($2 \le i \le n-1$) points to the fact that the local structure of Cube Connected Cycles is dependent on the overall size.

    An infinite binary tree with ring connections within levels is given by

        CONNECT LJT = (R; a,b,r; Yar=Yb, Ybr=Yra);

a finite version of depth m (with a shuffle-like boundary) can be obtained by adding
$Ra\uparrow m=Ra\uparrow(m+1)$.

Up to this point we have tacitly assumed that only one declaration of a connection structure had to be considered. The interaction of several such declarations is also valuable. On the one hand, a combination of different patterns in the same context of a program may be needed. On the other hand, some more flexibility of description may be obtained. E.g. the extrication of a part of a larger pattern is often desired. We therefore stipulate that all declarations that are valid at some stage of a program act together to form a nameless overall connection structure. This is accomplished by combining the whole of reference points, shifts, and node equalities, respectively. The range of validity of a connection structure declaration, which is relevant at this point, should be determined in correspondence to the scope rules for variables and other objects (however, no information about a connection structure should be inherited through a node; cf. next section).

A single declaration determines a subpattern of the overall structure. This is obtained by gathering all nodes that can be reached from the declaration's own reference points by its own shifts. A connection structure, say C, is obtained by admitting every valid shift t with the modification that a channel determined by t which leads out of C is set unavailable, i.e. Nt=N within C for a node N of C in case Nt does not belong to C within the overall structure.

While a shift gives a direction to any associated link the transfer of data is meant to be admitted in both directions. To indicate the opposite direction we introduce the notion of a reverse shift. Thus every shift s is accompanied by a reverse shift denoted by s' (with s''=s if appropriate). A reverse shift is not considered a proper shift, i.e. an element of the shift set of a connection structure, in spite of similar usage. If the application of a reverse shift on a node N is not uniquely determined we use it in a multicast manner. We let Ns'=N if there is no P different from N such that Ps=N. Otherwise Ns' denotes an arbitrary P different from N such that Ps=N.

We now introduce a slight generalization of the declaration mechanism by admitting nodes of the form $Su_1u_2...u_m$ and reverse shifts t' in the lists of reference points and of shifts, respectively; here S is a reference point and the u_j are shifts or reverse shifts. S as well as t and the u_i or u_i' (as appropriate) must appear in atomic form in the same or another declaration; no reverse shift is allowed in a node equality.

As an example consider the definition of a homogeneous binary tree of depth n. In combination with the above declaration of LJT we may write

CONNECT FBT = $(Ra\uparrow n;\ a',r)$.

An arbitrary directed graph without loops can be transformed into a connection structure with the aid of two declarations. The first declaration is formed by taking the vertices as reference points and the edges as shifts and by including a node equality As=B for every edge s leading from A to B. The second declaration which produces the desired pattern contains the vertices again but has empty lists of shifts and of node equalities.

Conversely, in a straightforward way we may transform a connection structure into a directed graph with labelled edges.

Further examples and details and a discussion of abbreviations and generalizations can be found in [11]. The notion of shift on which the present formalism is based may be considered as a generalization of the 'directions' of MDFL. We note that for the definitory part presented in this section no reference to procedures or processes or other program constructs has been needed.

4. Relating connection structures to control and communication

Traditional issues of parallel programming are the generation of concurrent processes, the transfer of data between processes, and the synchronization of processes. Although a specific hardware implementation of connections in a computing system may influence the choice of synchronization mechanisms there is no cogent relation between connections and synchronization. In the examples below we assume that any reasonable regulation has been adopted. The issues of process generation and of communication will be treated cursorily because of their dependence on the selection of a base language.

A well known construct for the generation of parallel actions is the cobegin statement (cf. [1]). With respect to a connection structure C whose declaration occurs at an earlier point we may use the construct

```
WITHIN  C  DO

    block

END
```

which activates a separate process determined by 'block' on every node of C. Hence the nodes of C play the role of indices of an array of processes. In 'block' the reference points and shifts of C are visible, but not C as a whole. More discriminate and also more complicated activity may be obtained by a construct like

```
WITHIN  C  DO
   AT  K₁
            block₁
   AT  K₂
            block₂
        .
        .
        .
   AT  Kᵣ
            blockᵣ
   END.
```

Here each K_i is a term of the form $Au_1u_2\ldots u_k$ where we admit reference points or indeterminate nodes for A and shifts or reverse shifts for the u_j. A process belonging to $block_i$ is activated on every node to which the term K_i applies. One and the same node is supplied with several processes when more than one term applies.

The activation of an individual process from within a process executing on a node may be expressed by a construct like

```
FORK  TO  Tu₁u₂...uₖ

         block

    END
```

where it is required that T is a reference point or *, a reserved symbol denoting the node of the generating process ("SELF"). In a similar way a process of CONCURRENT PASCAL or of another parallel programming language may be tied to a node.

The two principal axes of communication mechanisms, message passing and shared variables, can each be adopted for being linked with connection structures. For message passing by I/O-commands as introduced by Hoare [10] this is particularly evident. As an elementary set of constructs we propose

```
         SEND expression THROUGH a
```
and
```
         RECEIVE  a  IN  variable
```

where a is a shift or a reverse shift. These instructions may be regarded as a common generalization of the basic communication statements of MDFL and of OCCAM. In order to be specific about the connection employed in the RECEIVE-statement we regard that execution of the sequence

$$\text{RECEIVE} \quad a \quad \text{IN} \quad \text{variable}$$
$$\text{SEND} \quad \text{variable} \quad \text{THROUGH} \quad a'$$

leads to the acquisition of a value which gets stored in 'variable' and which is immediately sent back on the same way. A more complicated SEND-statement has the form

$$\text{SEND} \quad \text{expression} \quad \text{THROUGH} \quad v_1 v_2 \ldots v_r \quad \text{TO} \quad Tu_1 u_2 \ldots u_n.$$

Here $Tu_1 u_2 \ldots u_n$ describes a node as explained for the FORK-statement above; the sequence $v_1, v_2, \ldots, v_r$ consisting of shifts or reverse shifts describes an initial segment of a path through which the value has to be sent. Any indeterminateness with respect to the path is to be interpreted as leaving a choice whereas every node to which the final term applies is a recipient. Comparable semantics can be given to the statement

$$\text{RECEIVE} \quad v_1 v_2 \ldots v_r \quad \text{FROM} \quad Tu_1 u_2 \ldots u_n \quad \text{IN} \quad \text{variable}$$

where $v_1 v_2 \ldots v_r$ describes a final segment of a path (concluded by v_r).

An example program built on simple SEND- and RECEIVE-statements (matrix inversion without pivoting after Kramer and van Leeuwen [14]) is given on the following page.

A possible hardware implementation of links between processing modules is by intermediate storage components. A matching language mechanism using shared variables may therefore be efficient. We propose to relate a version of monitors [9] to connection structures. A monitor declaration should include information as indicated in the scheme

$$\text{MONITOR} \quad \text{monitorname} \quad \text{REGARDING} \quad u_1, u_2, \ldots, u_r \quad \text{WITHIN} \quad C$$

where the u_i's are shifts or reverse shifts of the connection structure C. An instance of this monitor is associated with every node N of C and is reachable from N by any u_i and from a node Nu_i by u_i'. Some restrictions and additional indications

```
CONNECT  SQUARE = (S;r,d;Xrd=Xdr,Xr↑(n-1)=Xr↑n,Xd↑(n-1)=Xd↑n);
                  (* declaration of connection structure *)

WITHIN SQUARE DO

      VAR I: INTEGER; A,B,C: REAL;
                          .
                          .
                  (* loading of matrix into cells A *)
                          .
                          .
      FOR I=1 TO n DO
        BEGIN
          IF *=S THEN A := 1./A;
          IF *=r' THEN B := A;
           (* leftmost column *)
          IF NOT *=*r' THEN               RECEIVE r IN B;
           (* excluding leftmost clumn *)
          IF NOT *=*r THEN                SEND B THROUGH r;
           (* excluding rightmost column *)
          IF NOT *=*r' THEN               SEND A THROUGH r';

          IF NOT *=*r THEN                RECEIVE r' IN A;
          IF *=*r AND NOT *=*d' THEN  A := 0.;
           (* rightmost column except upper corner *)
          IF *=*r AND *=*d' THEN  A := 1.;
           (* right upper corner *)
          IF *=*d' THEN              C := B*A;
           (* uppermost row *)
          IF NOT *=*d' THEN   BEGIN      RECEIVE d IN C;
                                         B := A-B*C;
                                         SEND B THROUGH d';

                             END;
          IF NOT *=*d  THEN   BEGIN      SEND C THROUGH d;
           (* excluding downmost row *)
                                         RECEIVE d' IN A;
                             END;
          IF *=*d THEN               A := C;
        END;

      END WITHIN SQUARE;
                     .
                     .
                     .
```

An example program using SEND/RECEIVE-statements

may be needed (depending on the connection structure) to avoid ambiguity (cf. [11]).
An example program using monitors (matrix inversion again) is indicated on the
following page.

In order to facilitate the description of parallel processes running on a set of
nodes we introduce a means for modifications according to the position within the
connection structure. This agent is another kind of boolean expression called
positional condition. The general scheme of a positional condition is given by

$$Tw_1{\uparrow}e_1w_2{\uparrow}e_2...w_r{\uparrow}e_r = Kz_1{\uparrow}g_1z_2{\uparrow}g_2...z_s{\uparrow}g_s$$

where each of T, K is a reference point or *, w_i, z_j are sequences of shifts and/or
reverse shifts, and e_i, g_j are integer expressions. The condition is fulfilled if

```
CONNECT  SQUARE = (S;r,d;Xrd=Xdr,Xr↑(n-1)=Xr↑n,Xd↑(n-1)=Xd↑n);


MONITOR  M  REGARDING r,d WITHIN SQUARE;
          (* M = matrix element *)

    TYPE Valrec = RECORD value: REAL;
                         valid: BOOLEAN;
                         ready: CONDITION;
                  END;

    VAR A,B,C: Valrec;

    PROCEDURE Take(VAR x: Valrec, Var y: REAL);
      BEGIN
        IF NOT x.valid THEN x.ready.WAIT;
        y := x.value;
        x.valid := FALSE;
        x.ready.SIGNAL;
      END Take;

    PROCEDURE Give(y: REAL, VAR x: Valrec);
      BEGIN
        IF x.valid THEN x.ready.WAIT;
        x.value := y;
        x.valid := TRUE;
        x.ready.SIGNAL;
      END Give;

    BEGIN
      B.valid := FALSE; C.valid := FALSE;
    END;
END M;


WITHIN SQUARE DO

    VAR I: INTEGER; X,Y,Z: REAL;
                .
        (* loading of matrix into cells A, A.valid := TRUE *)
                .
                .
    FOR I=1 TO n DO
      BEGIN
        IF *=*r' THEN      M.Take(A,Y) by r;
        IF *=S THEN              Y := 1./Y;
        IF NOT *=*r' THEN                 M.Take(B,Y) by r';
                    (* everywhere: *)     M.Give(Y,B) by r;
        IF NOT *=*r' THEN                 M.Take(A,X) by r;
        IF NOT *=*r' AND NOT *=*d' THEN   M.Give(X,A) by r';

        IF *=*r AND NOT *=*d' THEN M.Give(O.,A) by r;
        IF *=*r AND *=*d' THEN X:= 1.;
        IF NOT *=*r' AND *=*d' THEN M.Give(Y*X,C) by r';

        IF NOT· *=*d' THEN         BEGIN  M.Take(C,Z) by d';
                                          M.Give(Z,C) by d;
                                          M.Take(A,X) by d;
                                          M.Give(X-Y*Z,A) by d';
                                   END;
        IF *=*d THEN    M.Give(Z,A) by d;
      END;

END WITHIN R;
                .
                .
```

An example program using monitors

there exists a node to which both sides apply. E.g. on a node next to a border node the expression "*s↑2=*s" is true. The pertinent constructs of MDFL are special cases. Simple positional conditions appear in the example programs.

We have tried to couple connection features as loosely as possible to other language constituents to avoid restrictions on valuable facilities, e.g. means for the structuring of programs and for information hiding. In fact, it is desirable that these facilities apply to connection structures as well.

5. Translation issues

The execution of a logically correct program using connection structures requires the handling of several novel tasks which will be assigned to the compile system, the load program and the run-time system. Two tasks of the compile phase are of particular importance. One of them is the identification of any connection structure that is declared and used in the program. This identification has to be carried out at least to the point where it can be decided whether two nodes that have been reached on different paths coincide. In full generality this is impossible because of the well-known undecidability of closely related word problems. Moreover, except if process generation occurs by FORK type statements alone, the verification of finiteness and a subsequent listing of all nodes are needed, which is a problem of similar complexity. Under practical circumstances these difficulties may be of minor importance since an excessively large or complicated pattern will be rejected anyway, i.e. given back to the programmer for reconsideration or supply of additional information.

If every connection structure of the program has been recognized as isomorphic to the real interconnection pattern the compiler may be able to generate programs for the individual processing modules, one program for every statically determinable process. If a connection structure is not in an obvious correspondance with the real pattern a mapping of the virtual to the real pattern must precede the generation of local program packets. The mapping would try to distribute the nodes and links of the connection structure in such a way over the nodes and paths of the real pattern that a balanced distribution of computation and communication loads will be reached (the mapping problem).

Considering the algebraic aspects of connection structures and regarding the real pattern as a connection structure as well a straightforward approach would try to use homomorphism, i.e. triples of transformations of the sorts of one connection structure to the sorts of the other that preserve the association of reference points and the application of shifts to nodes. In fact, the mappings considered by Martin

[16] and Sequin [22] for infinite binary trees are homomorphisms. Homomorphisms are inappropriate for mappings onto connection structures with border nodes, and even for borderless patterns more sophisticated mappings may be needed.

A generalization of homomorphisms can be obtained by an adaptation of the notion of finite state transformation of formal language theory. We define a connection transformation between connection structures $V = (I^V, N^V, S^V)$ and $W = (I^W, N^W, S^W)$ as a pair of mappings

$$m: N^V \longrightarrow N^W, \qquad p: N^V \times S^V \longrightarrow S^{W*}$$

where S^{W*} is the set of sequences of shifts from S^W including the empty sequence 1; we require in addition that there is a finite automaton $F = (N^F, S^F)$ (the mapping automaton) with an output function

$$p': N^F \times S^F \longrightarrow S^{W*}$$

and a homomorphism (f, m', g) from V to the connection structure $F = (N^F, N^F, S^F)$ such that $p(N,s) = p'(m'(N), g(s))$ for all (N,s) satisfying Ns$\neq$N; otherwise (i.e. for border nodes) $p(N,s) = 1$. The connection transformation is completely determined by the mapping automaton F, the homomorphism (f, m', g), and the images of the reference points of V in N^W. As can be shown there is almost no restriction imposed on a connection transformation. If we require that p' is a mapping to S^W (instead of S^{W*}) we get the graph homomorphisms of Bokhari [5]. The smaller the state set N^F of the mapping automaton, the smaller is the structural difference between V and W. The natural embedding of a hypercube into Cube-Connected Cycles [20], mappings investigated by Mierendorff [17,18] and Kolp and Mierendorff [13], and the quotient mappings of Fishburn and Finkel [7] can all be described by state sets that are logarithmically smaller than N^V.

It is hoped that a method for the construction of mappings from virtual to real patterns can be derived from these observations.

6. An experimental implementation

A prototype version of a set of language constructs as discussed in sections 3 and 4 has been defined and added to a fragment of FORTRAN77. The implementation of a precompiler component is under way. This component extracts the connection features of a FORTRAN-type program and partly replaces them by pointers to internal tables. These pointers will be used to obtain parameters of system procedures in later phases of the translation process. The main task of this component is the identification of the declared connection structures as has been explained above. The algorithm replaces all rewriting steps as required by node equalities by multiplications and divisions of positive integers and relies on a binary representation of strings of shifts which combines positional and repetitional aspects. In this way trees as well as structures with large linear parts can be treated under practical restrictions of memory and time. The tables obtained at the end will serve as input to a mapping component that yields a task allocation to the real structure (a substructure of a hypercube in this case). The whole package will serve as an explorative implementation of the EMSYS method (Mierendorff [18]) on the INTEL iPSC.

7. Conclusions

A language component has been proposed that allows to specify virtual interconnection patterns and to express parallel algorithms based on these patterns. The proposal takes up ideas of earlier approaches in a modified form. A goal has been to have brevity of description correspond to regularity and symmetry of the pattern. The component can serve as an addition to any procedural parallel programming language. It should be noted that the present formalism considers only dedicated two-end links and that an extension to bus-type connections will probably be required.

References

[1] G. R. Andrews, F. B. Schneider, Concepts and notations for concurrent
    programming, ACM Computing Surveys, 15, 1, 1983, 3-43
[2] F. Berman, Edge grammars and parallel computation,
    Proc. of the 1983 Allerton Conf., Urbana, 214-223
[3] F. Berman, L. Snyder, On mapping parallel algorithms into parallel
    architectures, Proc. 1984 Conf. on Parallel Processing, 307-309
[4] H. L. Bodlaender, J. van Leeuwen, Simulation of large networks on
    smaller networks, Inf. and Control 71, 1986, 143-180
[5] S. H. Bokhari, On the mapping problem,
    IEEE Transactions on Computers C-30, 1981, 207-211
[6] P. Brinch Hansen, The programming language Concurrent Pascal,
    IEEE Transactions on Software Engineering 1(2), 1975, 199-207
[7] J. P. Fishburn, R. A. Finkel, Quotient networks,
    IEEE Transactions on Computers C-31, 1982, 288-295
[8] Z. Galil, W. Paul, Effizienz paralleler Rechner,
    Informatik-Fachberichte 33, 1980, 54-64

[9] C. A. R. Hoare, Monitors: An operating system structuring concept,
Comm. ACM 17,10, 1974, 549-557

[10] C. A. R. Hoare, Communicating sequential processes,
Comm. ACM 21,8, 1978, 666-677

[11] E. Hotzel, Eine Sprachkomponente für die Programmierung enggekoppelter
Mehrrechnersysteme, Arbeitspapiere der GMD 148, 1985

[12] INMOS Corporation, OCCAM Programming Manual,
Colorado Springs, 1983

[13] O. Kolp, H. Mierendorff, Systemunabhängige Organisation von Mehrgitterverfahren
auf Parallelrechnern, Informatik-Fachberichte 88, 1984, 238-252

[14] M. R. Kramer, J. van Leeuwen, Systolische Berechnungen und VLSI,
Informatik-Spektrum 7,3, 1984, 154-165

[15] S.-Y. Kung, K. S. Arun, R.J. Gal-Ezer, D.V. Bhaskar Rao,
Wavefront array processor: Language, architecture, and applications,
IEEE Transactions on Computers C-31,11, 1982, 1054-1066

[16] A. J. Martin, The TORUS: An exercise in constructing a processing surface,
Proc. of the Caltech Conference on VLSI, 1981

[17] H. Mierendorff, Lastverteilung in eng gekoppelten Mehrrechnersystemen mit
beschränkter Nachbarschaft, Informatik-Fachberichte 78, 1984, 37-50

[18] H. Mierendorff, Ein Konzept zur Nutzung eng gekoppelter Mehrrechnersysteme,
PARS-Mitteilungen Nr. 2, 1984, 116-123

[19] H. Mühlenbein, M. Gorges-Schleuter, O.-Krämer, New solutions to the mapping
problem of parallel systems: The evolution approach,
Parallel Computing 4, 1987, 269-279

[20] F. P. Preparata, J. Vuillemin, The Cube-Connected Cycles: A versatile network
for parallel computation, Comm. ACM 24, 1981, 300-309

[21] P. F. Reynolds, Jr., Parallel Processing Structures: Languages, Schedules, and
Performance Results, Dissertation University of Texas at Austin, 1979,
University Microfilms Int., Ann Arbor, Michigan, 1984, 159 S.

[22] C. H. Sequin, Doubly twisted torus networks for VLSI processor arrays,
SIGARCH Newsletter 9,3, 1981, 471-480

[23] E. Shapiro, Systolic programming: A paradigm of parallel processing,
Weizmann Institute Technical Report CS84-21, 1984

[24] P. D. Stotts, Jr., A comparative survey of concurrent programming languages,
SIGPLAN Notices 1982, 50-61

A MULTIGRID ALGORITHM ON HYPERCUBE SYSTEMS

Otto Kolp

Gesellschaft für Mathematik und Datenverarbeitung mbH

Schloß Birlinghoven, D-5205 Sankt Augustin 1, F. R. Germany

ABSTRACT

A parallel multigrid algorithm developed by Chan and Saad [4] is generalized by domain splitting for problems having a greater size than the system size. It is shown by complexity analysis how efficiently problems of this kind can run on hypercube multiprocessor systems. The maximum speedup of problems of size N is given by N/log N. Further, an algebraic expression for efficiency is developed that gives an approximate result for hypercube systems depending on system parameters such as operational speed and transfer capability. Some examples are given for different systems showing the accordance of simulated and algebraic results.

INTRODUCTION

Multigrid methods are well known for solving problems which can be modeled by partial differential equations ([1]). They belong to the fastest solvers. This paper is based on a simple multigrid algorithm which can be illustrated by some simple concepts as Poisson equation, V-cycle, red-black relaxation, simple restriction and interpolation operators, d-dimensional grids in the discretized form and standard coarsening. It is shown in different papers [2-8] that parallel systems are appropriate for multigrid algorithms. Binary cube or hypercube systems are among the best systems ([4,6]). In this paper, a parallel multigrid algorithm developed by Chan and Saad [4] is generalized by domain splitting for problems having a greater size than the processor size. It is shown by complexity analysis how efficiently problems of this kind can run on hypercube multiprocessor systems. The maximum speedup of problems of size N is given by N/log N. Further, an algebraic expression for efficiency is developed that gives an approximate result for hypercube systems depending on system parameters such as operational speed and transfer capability. Some examples are given for different systems showing the accordance of simulated and algebraic results.

PROBLEM MAPPING ONTO THE HYPERCUBE

Let the size of the binary cube be $P=2^p$. Let (2^n-1) be the number of the inner points of the finest grid in each dimension and $N=(2^n-1)^d$ the problem size. We assume that $p\geq d$ holds. Let the domain splitting of the finest grid be given in the following way. We add to the j-th coordinate the left border point, $j=1,\ldots,d$. Then the j-th coordinate is divided into $2^{s(j)}$ equidistant parts, having $2^{n-s(j)}$ points. (In the whole paper we use $s_j=s(j)$ for $j=1,\ldots,d$). Then we assume that $p=s_1+\ldots+s_d$ and $1\leq s_j\leq n$ hold for $j=1,\ldots,d$.

We associate a partition of the cube with this grid partition. As in [4], we consider a d-dimensional mesh imbedded in the cube such that the size of the j-th mesh-coordinate is $2^{s(j)}$, $j=1,\ldots,d$. All $2^{s(j)}$ processors obtained from a one-dimensional submesh of the j-th dimension form a subcube. Each subcube of this kind can be ordered by the binary reflected Gray code. For further details of such an imbedding we refer to [4]. Now the mapping of the finest grid to the binary cube is straightforward. Each block with number $(\nu_1,\ldots,\nu_d)$ $\nu_j\leq 2^{s(j)}$ is associated with its processor having the same number. Thus the relation of neighborhood is preserved.

The domain splitting of the finest grid holds for all coarser grids and also its mapping to the processors ([7,8]). Thus, only one domain of the d-dimensional space is assigned to each processor. Depending on the grid i , each processor has to operate on at most $2^{r(i)}$ points in its domain where $r(i)= \max(0,i-s_1)+\ldots+\max(0,i-s_d)$ holds for $i=1,\ldots,n$. Then the number of points of a domain for the finest grid is $2^{r(n)}$ where $r(n)=dn-p$ holds.

A hyperface of a non-empty domain in respect of the j-th dimension and the i-th grid has $2^{h(i,j)}$ points where $h(i,j)=r(i)-\max(0,i-s_j)$. Thus, the following work has to be done for sending all the data of the 2d hyperfaces to the processors working on neighboring non-empty domains.

$$\sum_{i=1}^{n} \sum_{j=1}^{d} 2w_{i,j}2^{h(i,j)}$$

where $w_{i,j}=2$ for $i<s_j$ and $w_{i,j}=1$ for $i\geq s_j$. $w_{i,j}$ is the distance between processors having neighboring points in the i-th grid. Here we use the nice property of the cube that for a distance of 2^l in the d-dimensional mesh between two processors which differ in only one (mesh-)coordinate, the distance in the cube is two ([4]).

PERFORMANCE CONSIDERATIONS

Let $W(tr)$ be the work required for transferring data and $W(op)$ be the work required for the operations in a processor during the execution of a V-cycle in the cube. Then it follows:

$$W(tr)=\Theta(\sum_{i=1}^{n}\sum_{j=1}^{d}2w_{i,j}2^{h(i,j)}) \text{ and } W(op)=\Theta(\sum_{i=1}^{n}2^{r(i)}).$$

We can state some properties of $r(i)$ and $h(i,j)$ as follows,

$h(i,j)\leq r(i)$, $r(i)<r(i')$ or $r(i)=0$ for $i<i'$, $r(n)=dn-p$ and $h(n,j)=(d-1)n-p-s_j$.

We see, that the transfer work can be minimized by an appropriate choice of s_j, the best choice is $s_j=p/d$ for $j=1,\ldots,d$. It follows $h(n,j)=(1/d)(d-1)r(n)$.

Then we obtain the estimations,

$W(op)=\Theta(\max(n,2^{r(n)}))$ and $W(tr)=\Theta(\max(n,2^{(1/d)(d-1)r(n)}))$.

It follows for speedup $S=N/(W(op)+W(tr))$ and efficiency $E=S/P$:

If $p>dn-\log n$, then $r(n)<\log n$. We obtain $W(op)=\Theta(n)$ and $W(tr)=\Theta(n)$. Thus, S is given by $S=\Theta(N/\log N)$ and for efficiency E it follows, $E \longrightarrow 0$ for $N \longrightarrow \infty$.

Let $p\leq dn-\log n$, then $2^{r(n)}\geq n$. It follows that $W(op)=\Theta(2^{dn-p})$ and $W(tr)\leq W(op)$. Then for speedup and efficiency we obtain, $S=\Theta(2^p)$, that is $S=\Theta(N/\log N)$ for $P=N/\log N$ and $E\geq c>0$ for $N \longrightarrow \infty$.

Thus we get in the second case an efficient result (i.e. E is constrained by a lower bound greater than zero) and the speedup is the same for $P=N/\log N$ as that for $P>N/\log N$. We summarize the results of complexity analysis involving W-cycle and the case where some $(d-t)$ components of the d-dimensional problem space do not take part in the domain splitting (i.e. $s_j=0$ for $t<j\leq d$).

Efficient speedup in case of V-cycle: $P\leq N/\log N$.

In case of W-cycle: $P\leq N^{(d-1)/d}$.

In case of V-cycle and $s_j=0$ for $t<j\leq d$: $P\leq N^{t/d}$.

SIMULATION AND ALGEBRAIC MODELS

For simulation, a more sophisticated consideration is necessary. We again consider V-cycle iteration on an hypercube where the parallel algorithm is obtained by domain splitting as described above. After each halfstep of relaxation, each restriction and each interpolation, a data transfer concerning the 2d hyperfaces of the d-dimensional domain is necessary to all 2d processors working on neighbored non-empty subdomains of the d-dimensional mesh. During such a data transfer the transport can be done in packets. The work of a processor to send or receive a packet of x data is assumed to be $(1/2)(a_1x+a_2)$. Then the transport work during a V-cycle can be estimated ([7,8]),

$$W(tr)=a_1((2(v_1+v_2)+2^{2-d})\sum_{i=1}^{n}\sum_{j=1}^{d}2^{h(i,j)} + (v_1+v_2+1)\sum_{i=1}^{s}2^{h(i)})$$

$$+ a_2((4(v_1+v_2)+2)dn+(2(v_1+v_2)+2)s)$$

where v_1 (v_2) is the number of relaxation per grid in the first (second) part of a

V-cycle, $h(i)=\max \{h(i,j)\,|\,1{\leq}j{\leq}d\}$ and $s=\max\{s_j\,|\,1{\leq}j{\leq}d\}$.

We assume ([7]), that the operations of a processor such as one-point relaxation, restriction or interpolation are of same amount. Let it be a_0, then we obtain,

$$W(op)=a_0(\nu_1+\nu_2+1)\sum_{i=1}^{n}\max(2,2^{r(i)}).$$

The work of the processor in a single processor system is given by

$$W_1=a_0(\nu_1+\nu_2+1)\sum_{i=1}^{n}(2^i-1)^d.$$

Then the efficieny E will be $E=W_1/(W(op)+W(tr))P$.

From the simulated examples assuming $d=3$, $\nu_1=\nu_2=1$, $a_0=4/3$, $p=3(n-m)$ and different values for a_1 and a_2, it can be seen, that no good efficiency can be expected if the number of processors P is near to the number of points in the finest grid N, i.e., if m is small, where $2^{dm}=N/P$ holds.

The best efficiency is obtained by examples 1 and 3 where the transport parameter a_1 is chosen most appropriately to the operational parameter a_0.

In all the four examples considered, the efficiency values are similar for n=6 and n=10. Thus there is a strong relation between E and m, which will be studied in the following.

By simplifying the expressions for operational and transport work, we obtain a simple algebraic expression for efficiency as follows. We consider two- and three-dimensional problems. Let $a_0=(d+1)/3$, (a_0 can be fixed, because $E=E(a_1/a_0,a_2/a_0)$ holds). Further let $N=2^{dn}$ be the problem size and $P=2^p$ the number of processors. Then we approximate,

$W_1=c_0N$, $W(op)=c_0N/P$ and $W(tr)=c_1(N/P)^{(d-1)/d}+c_2n$ where

$c_0=(\nu_1+\nu_2+1)((d+1)/3)(2^d/(2^d-1))$, $c_1=a_1(2(\nu_1+\nu_2)+2^{2-d})d2^{d-1}/(2^{d-1}-1)$ and

$c_2=a_2(4(\nu_1+\nu_2)+2)d$ hold.

Then we obtain the following expression:

$E=W_1/(W(op)+W(tr))P = (1+(c_1/c_0)(P/N)^{1/d}+(c_2/c_0)nP/N)^{-1}$.

Let us assume $p=d(n-m)$, then we have

$$E(m)=(1+(c_1/c_0)2^{-m}+(c_2/c_0)n2^{-dm})^{-1}.$$

By this expression for efficiency, we see a strong dependence on m and a weak one on n. We see further a strong dependence on the second term and a weak one on the third term. Neglecting the last term of the expression, we obtain

$$E(m,c_2=0)=(1+(c_1/c_0)2^{-m})^{-1}.$$

This expression means that the efficiency depends on N/P for a problem of size N and a system of size P.

For comparing the efficiency expression with simulated results, we choose as above the parameters d=3, $\nu_1=\nu_2=1$. Then it follows,

$$E(m,\nu_1=\nu_2=1,d=3)=(1+(1/16)(63a_12^{-m}+105a_2n2^{-3m}))^{-1}.$$

Considering different system parameters (a_1,a_2) we always see a good accordance of algebraic and simulated results. Further we see that, depending on system parameters, we get with the expression

$$E(m,c_2=0)=(1+(1/16)63a_12^{-m})^{-1}$$

a good approximation of efficiency, if a_1/a_2 is not too small (example 4).

Example	1	2	3	4
$a_1;a_2$:	$0.18;45.83$	$14;5958$	$0.33;7.67$	$10.67;13.3$
a_1/a_2:	$4\cdot10^{-3}$	$2.35\cdot10^{-3}$	$4.35\cdot10^{-2}$	$8\cdot10^{-1}$

REFERENCES

[1] K. Stüben and U. Trottenberg: Multigrid Methods: Fundamental Algorithms, Model Problem Analysis and Applications; in Hackbusch and Trottenberg (eds.): Multigrid Methods, Proc. of the Conf. in Köln-Porz, nov. 23-27, 1981; Lecture Notes in Mathematics, Springer, Berlin 1982.

[2] A. Brandt: Multigrid Solvers on Parallel Computers; M. H. Schultz (ed): Elliptic Problem Solvers; Academic Press 1981.

[3] T. F. Chan and R. Schreiber: Parallel Networks for Multigrid Algorithms: Architecture and Complexity, SIAM J. Scient. Stat. Comp.,3, 1985.

[4] T. F. Chan and Y. Saad: Multigrid Algorithms on the Hypercube Multiprocessor; IEEE Trans. Comput., vol. C-35, pp. 969-977, 1986.

[5] C.-A. Thole: Experiments with Multigrid Methods on the CalTech-Hypercube; GMD-Studien No. 103, GMD, St. Augustin, FRG, 1985.

[6] O. Mc Bryan and E. Van de Velde, Hypercubes Algorithms and Implementations, SIAM J. Sci. Stat. Comput., 8, 227-287, 1987.

[7] O. Kolp and H. Mierendorff: Efficient Multigrid Algorithms for locally Constrained Parallel Systems; AMC 19: 169-200 (1986), New York.

[8] O. Kolp and H. Mierendorff: Bus Coupled Systems for Multigrid Algorithms; Proc. 2nd European Conf. on Multigrid Methods, Köln, oct. 1-4, 1985;

Simulated results   algebraic results

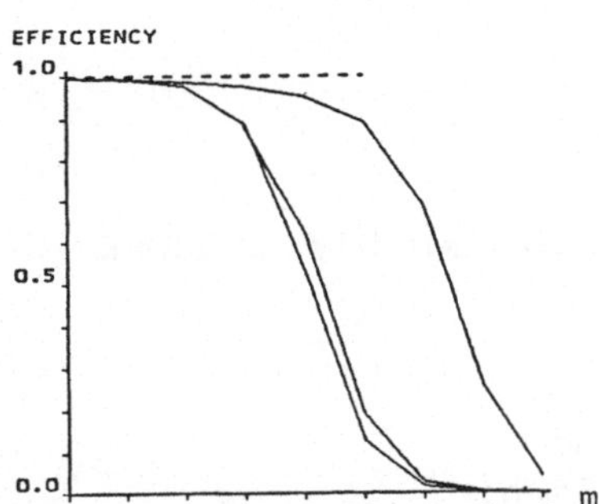

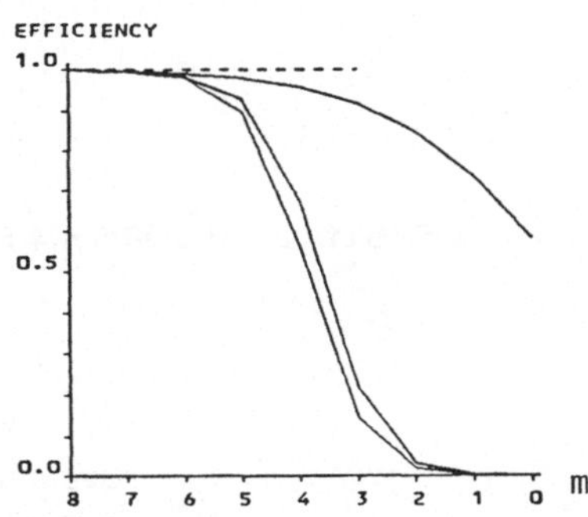

Ex.1, $a_1=0.18, a_2=45.83, a_0=4/3, d=3, \nu_1=\nu_2=1$; E for n=6, n=10 and ($c_2=0$ and n=10)

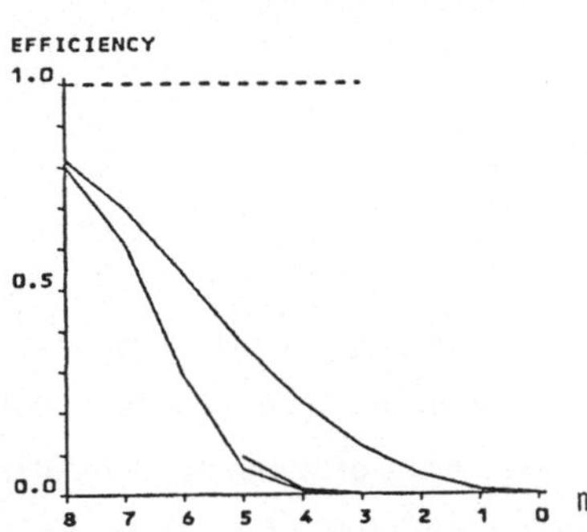

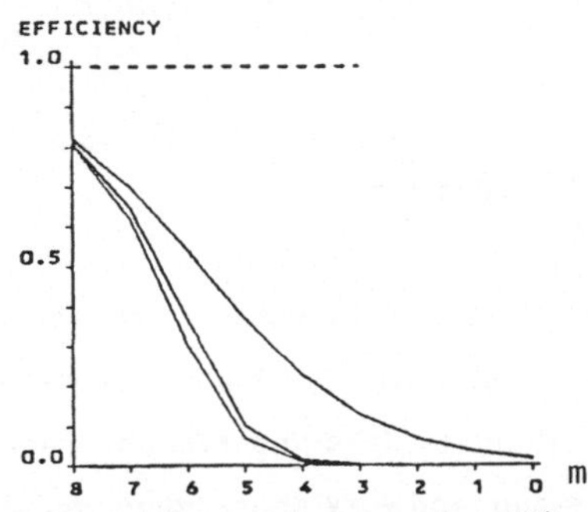

Ex.2, $a_1=14$, $a_2=5958, a_0=4/3, d=3, \nu_1=\nu_2=1$; E for n=6, n=10 and ($c_2=0$ and n=10)

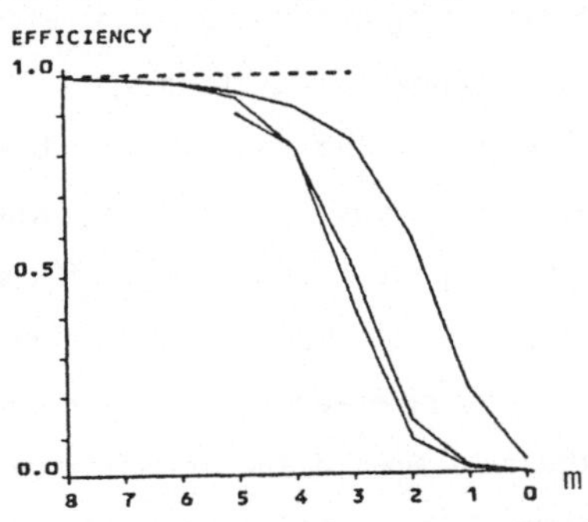

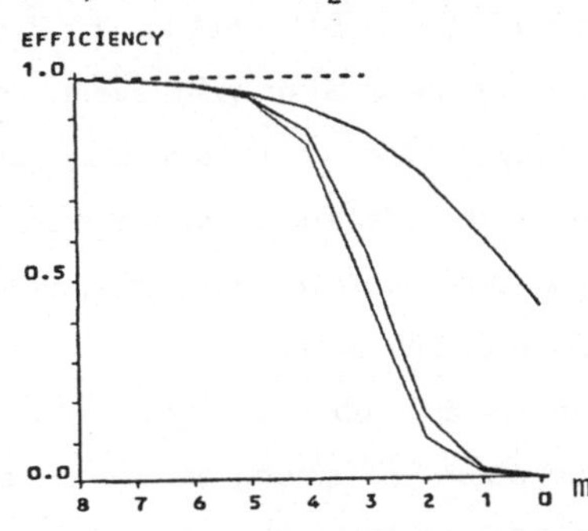

Ex.3, $a_1=0.33$, $a_2=7.67, a_0=4/3, d=3, \nu_1=\nu_2=1$; E for n=6, n=10 and ($c_2=0$ and n=10)

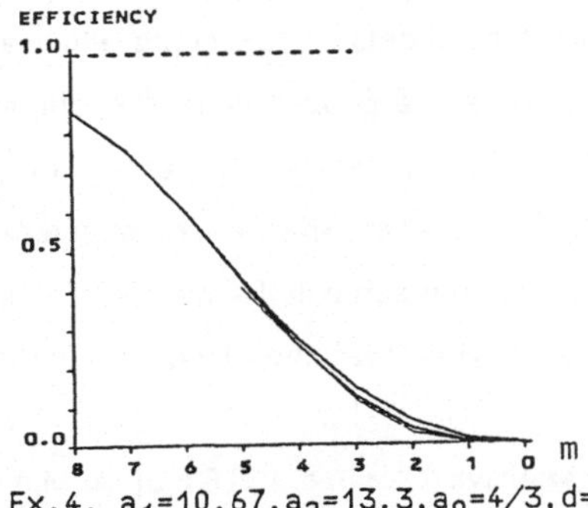

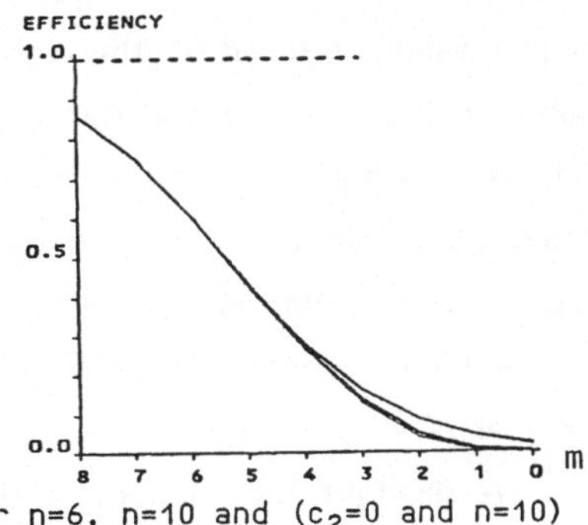

Ex.4, $a_1=10.67, a_2=13.3, a_0=4/3, d=3, \nu_1=\nu_2=1$; E for n=6, n=10 and ($c_2=0$ and n=10)

A SYSTOLIC ALGORITHM FOR THE GENERALIZED TRANSITIVE CLOSURE

Claudio Moraga

University of Dortmund
Department of Computer Science
Federal Republic of Germany

1. Introduction

Systolic Algorithms are computational procedures which may be efficiently implemented on systems which are representable as finite, deterministic, time-invariant, cellular automata. It is important to recall that the VLSI requirements of planarity, modularity of design and very short communication paths are inherent properties of systolic systems [KULE 78, SAVA 81]. That is why they constitute a very promising area in computer architecture at the VLSI or WSI levels. The usual criticism with respect to systolic systems is that they are *too* specialized: they achieve a very high efficiency at the price of inflexibility.

In the present paper we discuss the idea of considering classes of problems which have a same *abstract* mathematical structure. If a systolic algorithm leads to an efficient solution of one problem, then it is possible to make something similar to a semi custom design for all problems of the class: the VLSI design will be completed up to the communication structure among processor-cells, but leaving the selection of the cells -(from a special Library)- for the moment when a particular problem of the class is specified. It becomes apparent that the area requirements of the cell will then be given by the most complex processor required for the class; hence the simplest problems in the class will make a suboptimal use of the available chip-area. Moreover, for some problems in the class it might be possible to find a particular systolic algorithm which is more efficient than the systolic algorithm which is good for the whole class. This means that a class-oriented design leads to a high *average* efficiency, however it will not necessarily be optimal for every problem in the class. We achieve a certain degree of flexibility at the price of a possibly higher AT^2 complexity.

We disclose the concept of the Generalized Transitive Closure (GTC) of a Matrix and design an abstract systolic system to compute it. We show that different particularizations of the GTC(A) lead , for instance, to the generation of consecutive powers of A , the generation of a series of powers of A with exponents which are powers of 2, summation on the former series, the computation of the connectivity of a graph represented by A, solution of the all-pairs shortest path problem in directed graphs, inversion of (I-A) if A is a Leontief matrix. The problems of series generation, summation and matrix inversion will be solved in $T = O(n)$ using n^2 elementary processors, where n is the dimension of A; meanwhile the all-pairs shortest path problem will be solved in $T = O(n \log n)$, where n is the number of nodes of the graph. For this last problem however there are special systolic systems which run in $T = O(n)$, [SCOY 76, KULL 87] .

In the next section we introduce and explain the Generalized Transitive Closure, to continue with a design of the systolic system for this class in section 3. We summarize our conclusions in the 4th. section.

2. The Generalized Transitive Closure

Given two n by n matrices **A** and **B** with real elements denoted here as $A(i,j)$ and $B(i,j)$, $0 < i,j \leq n$ respectively, we define the GTC of **A** recursively as follows:

$A_0(i,j)$, $B_0(i,j)$: initial values   (0-th iteration)

$$A_{g+1}(i,j) = \overset{n}{\underset{g+1}{\Xi}} \left[\Gamma \left(\gamma A_g(i,\ell) , A_g(\ell,j) \right) \right] \tag{1a}$$

$$B_{g+1}(i,j) = \psi \left[A_{g+1}(i,j) , B_g(i,j) \right] , \quad g = 0,1,2,\ldots \tag{1b}$$

where Ξ is an n-ary operation obtained by extension of $\varphi(\cdot,\cdot)$ which is associative and γ is either an initialization operation $\left(\text{ i.e. } \gamma A_g(i,j) = A_0(i,j) \right)$ or an identity operation $\left(\text{i.e. } \gamma A_g(i,j) = A_g(i,j) \right)$. Moreover, there exists an argument ε, which is dominant with respect to Γ and is the unity of φ:

$$\Gamma \left(\gamma A_g(i,j), \varepsilon \right) = \Gamma \left(\varepsilon, \gamma A_g(i,j) \right) = \varepsilon \tag{2}$$
$$\varphi(\cdot, \varepsilon) = \varphi(\varepsilon,\cdot) = \cdot \tag{3}$$

It becomes apparent that eq. (1a) of the GTC is then defined on a semiring.

Example 1:

Let γ be initialization: Γ, product; $\varepsilon = 0$; ψ, addition and Ξ, summation. Initialize B_O to be $A_O + I$, (where I denotes an n by n Identity matrix). Then we have:

$$A_{g+1}(i,j) = \sum_{k=1}^{n} \left(A_O(i,k) \cdot A_g(k,j) \right)$$

$$A_g = \left(A_O \right)^{g+1}$$

$$B_g = \sum_{y=0}^{g+1} \left(A_O \right)^{y} \quad \text{with} \quad \left(A_O \right)^{0} = I$$

Moreover, we know that:

$$\left(I - A \right) \cdot \left(I + A + A^{2} + \ldots + A^{g+1} \right) = I - A^{g+2}$$

If A is a Leontief Matrix [LEON 41] and g is "large enough", $A^{g+2} \longrightarrow 0$ and then

$$\left(I - A \right)^{-1} \approx \left(I + A + A^{2} + \ldots + A^{g+1} \right) = B_g$$

The accuracy of the approximated inversion depends obviously on the number g of iterations and not on the value of n. For a given fixed g, B_g may be computed in $T = O(n)$.

Example 2:

Let $n = 2^{k}$; γ, an identity; Γ, the sum; φ, the computation of the minimum; $\varepsilon = \infty$ and ψ, the Null-function. Then we have:

$$A_{g+1}(i,j) = \underset{\ell}{Minimum} \left(A_g(i,\ell) + A_g(\ell,j) \right)$$

$$B_{g+1}(i,j) = 0$$

If A is the weighted adjacency matrix of a directed positiv-weighted graph, then we may recognize in the expression for A_{g+1} the algorithm of Floyd [FLOY 62] to solve the all-pairs shortest path problem. Since $k = \log n$ iterations are required, the problem may be directly solved in $T = O(n \log n)$. (As mentioned earlier, optimal algorithms lead to the bound $T = O(n)$).

3. Design of the systolic system

In this paper we have chosen a constructive approach to the design of the systolic system. We call *macroiteration* the iteration at the matrix level and the associativity of φ allows the definition of a *microiteration* at the level of matrix elements. Accordingly we write, for instance, $A_g^r(i,j)$ to denote the r-th microiteration on the i-th, j-th element of matrix **A** during the g-th macroiteration. For the GTC, eq. (1a) may be iteratively computed as follows:

$$A_{g+1}^{0}(i,j) = \varepsilon \tag{5}$$

$$A_{g+1}^{r}(i,j) = \varphi\left(A_{g+1}^{r-1}(i,j) \, , \, \Gamma\left[\gamma A_g(i,r) \, , \, A_g(r,j)\right]\right) \tag{6}$$

$$A_{g+1}(i,j) = A_{g+1}^{n}(i,j) \tag{7}$$

This suggests a possible general elementary processor as shwon in Fig. 1. The i-th, r-th processor has a register to hold $A_g(i,r)$, a register to hold $A_0(i,r)$ (which will be needed in case that γ is an initialization operation), a register to hold $B_g(i,r)$ and a *micro-ALU* for the operations Γ, γ, φ, and ψ. (Notice that in Fig. 1 we just show the data registers and the ALU. Additional buffer registers and control circuitry will be required.)

It becomes apparent that $A_{g+1}(i,j)$ may be obtained in a linear array of n such processors, as shown in Fig. 2. The updating of $A_{g+1}(i,j)$ progresses from east to west. On the other hand, $A_g(r,j)$ must reach the i-th, r-th processor at the right time, i.e. 1 unit of processing time after the arrival of $A_g(r-1,j)$ to the i-th, r-1st processor. This forces a skewed format for the row of $A_g(r,j)$ elements, $1 \leq r \leq n$. This row may travel south to drive another linear array -(1 unit of processing time later)- to participate in the generation of $A_{g+1}(i+1,j)$. In this way we extend the architecture to a 2D-array of n^2 processors [MORA 84].

With this, the design is by all means not yet finished. To iterate at the macro-level, we have to guarantee the feedback of results in $T \leq O(n)$ and the in-place generation of all required information to start another cycle. This poses non trivial problems, like on-line changes in formats and matrix transposition, as will be seen below. Without loss of generality we restrict our detailed analysis to the case

$$A_{g+1}(i,j) = \sum_{\ell=1}^{n} \left(\Gamma\left[A_g(i,\ell) \, , \, A_g(\ell,j)\right]\right) \tag{8}$$

i.e. γ is the identity function. Morever we do not discuss the iterations on **B**, since from eq. (1b) it is simple to see that this always requires only local operations.

In Fig. 3 we show the simplest possible (unconstraint) realization using the array of processors mentioned above. The g-th macroiterated version of **A** is pre-loaded in the array, an independent copy of the same is assumed to be available as input and the g+1st version of **A** is obtained as the output of one macroiteration. Notice the skewed format of both input and output matrices as well as the relative ordering of the elements in the resident and input versions of A_g . Finally it becomes apparent that the time required for one macroiteration under this model ist O(n).

This scheme uses both the input and output matrices as "floating entities". For a hardware realization we would need two additional memories, with (2n-1) × n cells each, and with the capability of working as a set of parallel shiftregisters. Incidentally, almost one half of each memory would only contain elements ε. If we could reduce these memories to a size n × n, we would save $O(n^2)$ area. This can be done if we design these memories as an array of column (*row*) shift registers, which are enabled (*disabled*) columnwise (*row by row*) to skew (*square*) the format of the input (*output*) matrix. In order to do this, however all register cells in a given column (*row*) should be enabled (*disabled*) at the same time. A fast realization without broadcasting may be done by using binary trees to locally produce the n-fold required enabling (*disabling*) signal. It is well known that a tree to obtain n copies of a one-bit-signal may be realized in O(n) area. After the signal enables (*disables*) the first memory column (*row*) it will be transmitted to the next one, and so on. This leads to a configuration as the one shown in Fig. 4.

In order to support iterative processing (at the macro level) we would have to re-load the output matrix in the processor array and obtain an additional copy for the input matrix. All this in the shortest possible time and with the simplest communication and control structures.

If we *fold* the design of Fig. 4 along the borders between array and memories and project the folded memories aiming to a planar realization, we certainly need a larger area for the array, but may conveniently associate to each elementary processor one register cell of the input-memory and one register cell of the output-memory. We suggest this scheme in Fig. 5. It may be observed that the relative ordering of the elements of the resident matrix A_g and of the projected output matrix A_{g+1} is the same. This means that all processors may be loaded with the elements of A_{g+1} in time O(1), i.e. one of the requirements for iterative processing is optimally satisfied. We notice, however, that the ordering of the elements of the projected input matrix is that of the transposed resident matrix. (This is why in Fig. 5 we suggest that the array contains A_g , A_{g+1} and A_g^t). This states a new problem for iterative processing: the transposition of a matrix in an array of processors (in order to obtain A^t_{g+1} from A_{g+1} to begin a new macroiteration). It is known [CAST 83] that this problem may be solved in $T = O(n)$, but a larger area would be requir- ed for additional registers and a very complex control structure had to be implemented. We offer a much simpler solution: we just fold again our design along the diagonal with positive slope. By doing this, cells containing elements related by transposition will be neighbours *in the third dimension.* Since 3D-VLSI is not yet that much advanced, we pro- ject again this folded scheme into a planar realization. This leads to a (larger) triangular array, where each cell outside of the diagonal contains two of the original elementary pro- cessors plus associated memory registers. It becomes apparent that in this case transpo- sition of a matrix may be done in time $O(1)$. It follows that all the time we need to move from one (finished) macroiteration to the next one ist just $O(1)$.

As may be seen in Fig. 6, after folding our preliminary design along the positive dia- gonal, both trees for the control signals may be reduced to just one tree, since these signals are mutually esclusive and operate in an alternating sequence. This leads to the final scheme shown in Fig. 7. Just a few gates are needed at each cell to "decode" the con- trol signal, which spreads systolically in the array. It may be shown that by retiming the whole system by a factor 2, the array may be controlled without using an additional tree, but then the AT^2 complexity obviously deteriorates.

We have shown earlier that one macroiteration may be done in time $T = O(n)$. This means that the proposed architecture works in time $T = O(r \cdot n)$, where r is the number of required iterations. This factor r may be a function of n as in the all-pairs shortest path problem ($r = \log n$) or depend on other parameters, as in example 1.

4. Conclusion

In the context of the present VLSI-trends of increasing chip area and integration density we feel that the proposed architecture is a valuable contribution particularly since it introduces a degree of flexibility in the oft critisized strictness of a dedicated special purpose piece of hardware. By using a powerful elementary processor -(i.e. a processor able to operate with different sets of operations φ, Γ, γ, ψ; a particular set being activat- ed by initialization)- we may use the systolic system to solve a family of problems. If we choose to use dedicated processors -(i.e. only one set of operations φ, Γ, γ, ψ) this would not necessarily alter the overall design. Only a different processor core had to be select- ed from a pre-designed Library under the constraint of a normalized area and a fixed input- output layout.

5. References

CAST 83 Cappello P. and Steiglitz K.: Unifying VLSI array designs with geometric transformations. Proc. International Conference on Parallel Processing, 448-457. IEEE-CS-Press. (1983).

FLOY 62 Floyd R.W.: Algorithm 97: Shortest Path. *Comm. ACM* **5**, 345, (1962).

KULE 78 Kung H.T. and Leiserson C.E.: Systolic Arrays (for VLSI). Proc. Symposium on Sparse Matrix Computations and their Applications. SIAM-Press, (1978).

KULL 87 Kung S.Y., Lo S.C. and Lewis P.S.: Optimal Systolic Design for the Transitive Closure and the Shortest Path Problems. *IEEE Trans. on Computers* **C-36**, (5), 603-614, (1987).

LEON 41 Leontief W.W.: *"The Structure of American Economy"*, Harvard University Press, Cambridge MA, (1941).

MORA 84 Moraga C.: Systolic Algorithms. Proc. Fall International Symposium on Applied Logic, 181-189, ISBN-84-600-4583-8, University of the Balearic Islands, (1984).

SAVA 81 Savage J.E.: Area-time tradeoffs for matrix multiplication and related problems in VLSI models. *Journal of Computer and System Sciences* **22**, 230-242, (1981).

SCOY 76 Van Scoy F.L.: Parallel Algorithms in Cellular Spaces. Ph. D. Dissertation, University of Virginia, Charlotteville, VA, (1976).

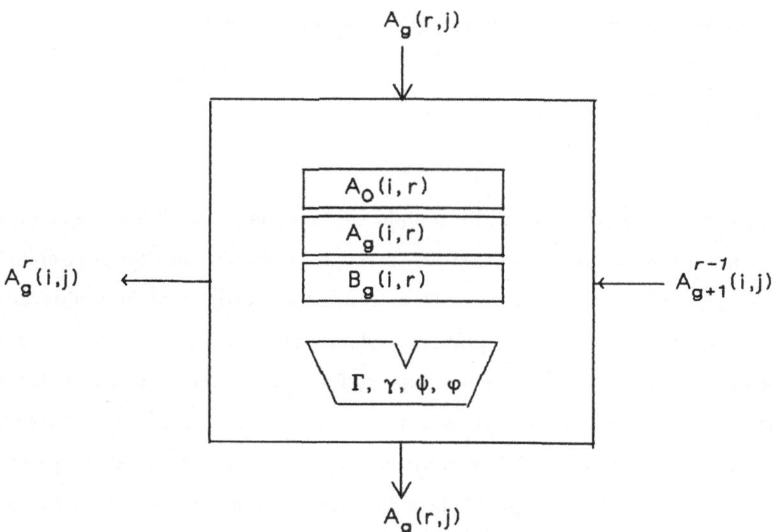

Fig. 1. Functional scheme of the elementary processor.

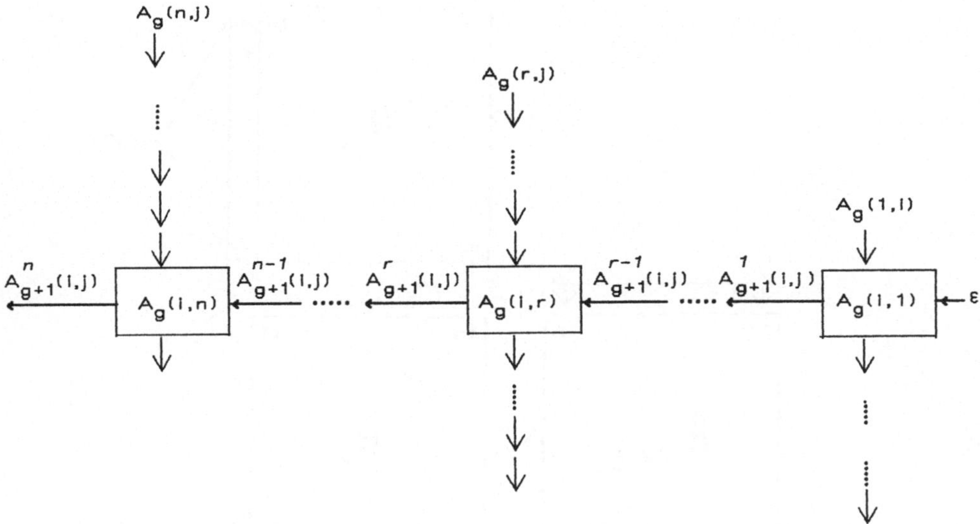

Fig. 2. Iterative computation of $A_{g+1}(i,j)$.

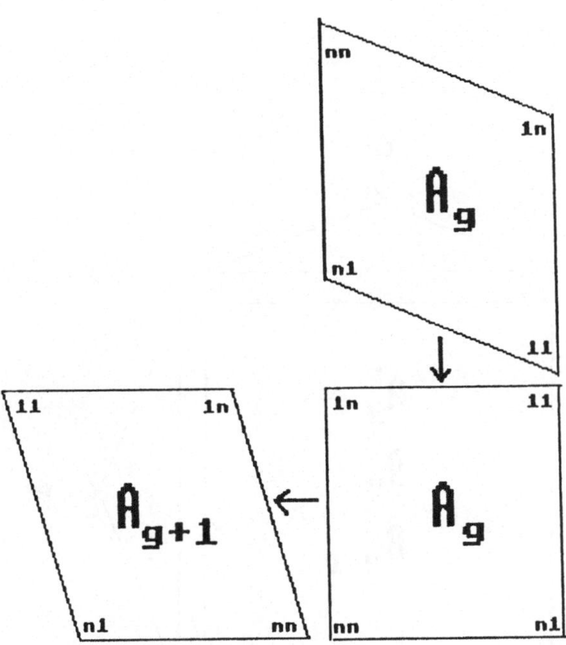

Fig. 3. General model of a systolic system to compute A_{g+1}

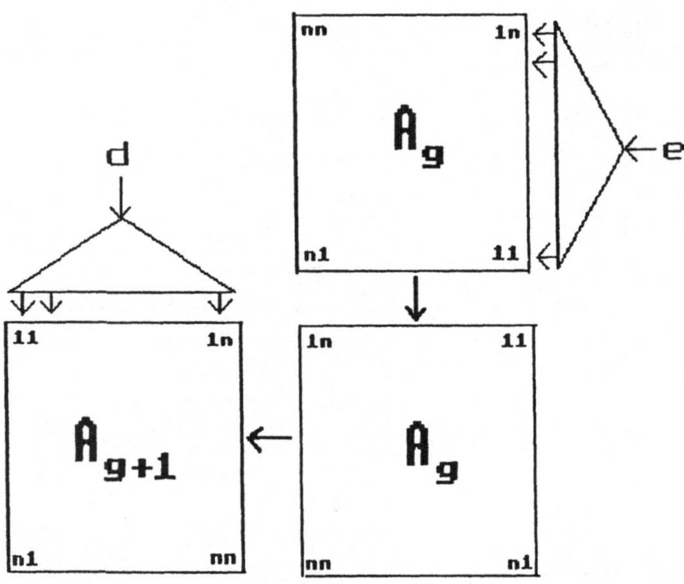

Fig. 4. Modification to use external n by n memories.

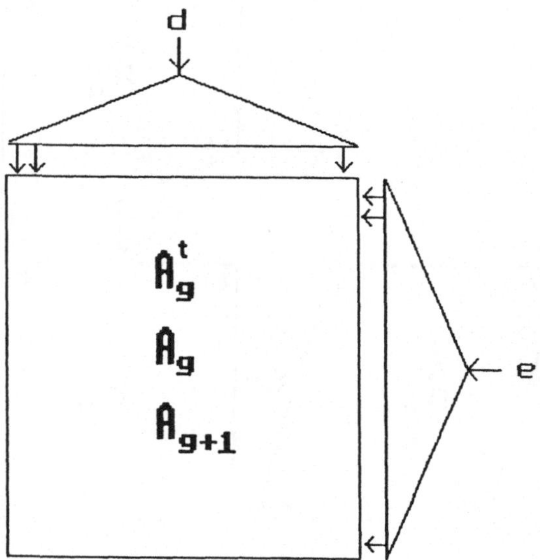

Fig. 5. The scheme of Fig. 4 after folding along the borders between processor and memories.

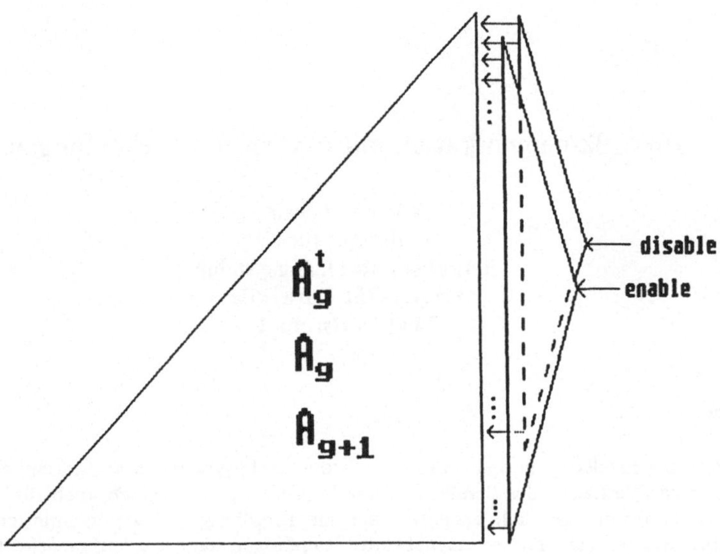

Fig. 6. Folding along the diagonal in order to achieve matrix transposition in T = O(1)

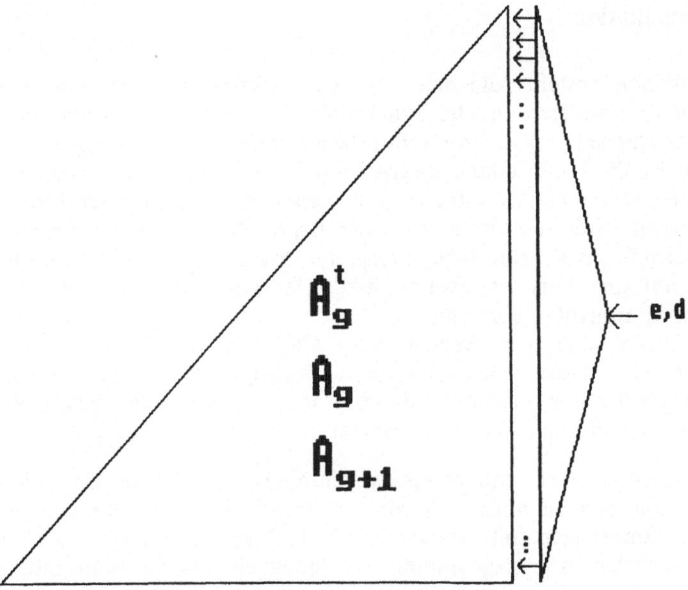

Fig. 7. Final systolic system using only one control-tree

Prozeßkommunikation mit asynchronem Empfangen

Rainer Oechsle
Institut für
Betriebs- und Dialogsysteme
Universität Karlsruhe
7500 Karlsruhe 1

Kurzfassung

Die Einteilung der Prozeßkommunikation in synchrone und asynchrone Verfahren berücksichtigt offensichtlich nur das Verhalten des Senders. Diese Begriffe machen jedoch auch für das Empfangen Sinn. Synchrones Empfangen soll bedeuten, daß ein Empfänger an wohldefinierten Stellen seines Ablaufs Nachrichten entgegennimmt, asynchrones Empfangen dagegen, daß er beim Eintreffen einer Nachricht asynchron in seinem Ablauf auf ein Reaktionsprogramm umgelenkt wird.

In Anlehnung an Ausnahmebehandlungskonzepte in Programmiersprachen wird ein neues Konzept für asynchrones Empfangen vorgestellt, welches die üblichen Nachteile existierender Konzepte wie z. B. eine nur schwer zu beherrschende Semantik überwindet. Das Konzept enthält die übliche Prozeßkommunikation, die Programmunterbrechung und die Ausnahmebehandlung als Spezialfälle.

1. Prozeßkommunikation

Prozeßkommunikation besteht zum einen aus der Übertragung von Informationen durch Nachrichten und zum anderen aus der Synchronisation zwischen Sendern und Empfängern, wobei sich verschiedene Synchronisationsbeziehungen unterscheiden lassen. Am gebräuchlichsten ist die Unterteilung in synchrone und asynchrone Prozeßkommunikation. Synchron bedeutet in diesem Zusammenhang, daß beim Senden einer Nachricht auf das Empfangen gewartet wird. (Mitunter wird der Begriff "synchron" strenger ausgelegt; man versteht dann darunter, daß beim Senden einer Nachricht nicht nur auf den Empfang, sondern auch noch auf eine Antwort gewartet wird; dies wird dann auch als Rendezvous oder entfernter Prozeduraufruf bezeichnet.) Dementsprechend bedeutet asynchrone Prozeßkommunikation, daß beim Senden einer Nachricht der Empfang dieser Nachricht nicht abgewartet wird. Diese Unterteilung berücksichtigt offensichtlich nur das Synchronisationsverhalten des Senders; man kann daher präziser von einer Prozeßkommunikation mit synchronem bzw. asynchronem Senden sprechen.

Unabhängig von der Art des Sendens lassen sich auch verschiedene Empfangsarten unterscheiden; analog zum Senden wollen wir von synchronem bzw. asynchronem Empfangen reden. Synchrones Empfangen soll bedeuten, daß ein Empfänger an wohldefinierten Stellen seines Ablaufs Nachrichten entgegennimmt; dies geschieht üblicherweise mittels Empfangs- und Abfrageoperationen. Dagegen wollen wir unter asynchronem Empfangen verstehen, daß ein Prozeß, nachdem er einmal seine Empfangsbereitschaft bekanntgegeben hat, beim Eintreffen einer Nachricht asynchron in seinem Ablauf auf ein Reaktionsprogramm umgelenkt wird; diese Art des Empfangens kann auch als unterbrechungsgesteuertes Empfangen bezeichnet werden. Die voneinander unabhängigen Unterteilungen des Sendens und Empfangens liefern somit ein zweidimensionales Klassifikationsschema für die Prozeßkommunikation.

Die Nützlichkeit des asynchronen Empfangens ist weitgehend anerkannt. Dies zeigt sich beispielsweise daran, daß Mechanismen zur asynchronen Entgegennahme von Ereignissen in vielen Betriebssystemen vorhanden sind und intensiv genutzt werden (z. B. in UNIX durch signal und kill [Bac 86]; in VMS durch sogenannte "Asynchronous System Traps" (ASTs) [KenBat 84]), wobei diese Mechanismen häufig als gesonderte, von der üblichen Prozeßkommunikation isolierte Prozeßinteraktionsformen existieren. Dennoch hat sich asynchrones Empfangen bisher nicht genügend durchgesetzt und einige stehen ihm immer noch recht skeptisch gegenüber. Dies liegt wohl vor allem daran, daß dessen Semantik nur sehr schwer oder gar nicht zu beherrschen ist. Dieser Mangel soll im folgenden beseitigt werden.

Als gegeben wollen wir eine Menge von Prozessen annehmen, die über (logische) Kanäle miteinander kommunizieren (vgl. dazu etwa [Wet 84]). Weiterhin seien auf dem Typ Kanal die Operationen "Senden" (ob synchron oder asynchron spielt für die weitere Betrachtung keine Rolle), "blockierendes Empfangen" und "versuchendes Empfangen" vorhanden:

```
import typedef channel_type;

import send(channel_type, ...);
import receive(channel_type, ...);
import check(channel_type, ...);
```

Dieser Typ soll um einen Mechanismus für asynchrones Empfangen mit einer einfachen und formal zu beschreibenden Semantik erweitert werden. Damit bleibt es dann ausschließlich einem Empfänger überlassen, ob er eine Nachricht synchron oder asynchron entgegennehmen will; der Sender hat darauf keinen Einfluß mehr.

Zuerst wird jedoch im nächsten Abschnitt das asynchrone Empfangen motiviert. Anschließend wird das Konzept vorgestellt und seine Nützlichkeit anhand eines Anwendungsbeispiels demonstriert. Weiter wird gezeigt, daß sich bei der Benutzung des asynchronen Empfangens drei Interaktionsmuster als besonders typisch herausstellen. Danach sollen einige Implementierungsaspekte besprochen werden. Zum Abschluß werden die entscheidenden Vorteile des Konzepts noch einmal zusammengefaßt sowie ein Ausblick auf die weitere Arbeit gegeben.

2. Motivation

In den verschiedensten Anwendungen kommt es vor, daß ein Prozeß im Laufe seiner Ausführung immer wieder abfragen muß, ob ein bestimmtes "äußeres" Ereignis eingetreten ist, das die Fortsetzung seines normalen Ablaufs unmöglich macht und stattdessen eine Sonderbehandlung erfordert. Vom Eintreten dieses Ereignisses kann der Prozeß durch eine Nachricht auf einem dafür vorgesehenen Kanal erfahren. Ein entsprechendes Programmfragment könnte etwa wie folgt aussehen:

```
        main()
        {
          import channel_type exception_channel;
          int rc;

          ...
          rc = check(exception_channel,...);
          if(rc = = MESSAGE_RECEIVED) ...

          ...
          rc = check(exception_channel,...);
          if(rc = = MESSAGE_RECEIVED) ...

          ...
          rc = check(exception_channel,...);
          if(rc = = MESSAGE_RECEIVED) ...

          ...
        }
```

Statt des wiederholten Befragens des Kanals und des bedingten Anstoßens einer Sonderbehandlung ist es übersichtlicher und effizienter, einmal bekanntzugeben, daß während der
Ausführung eines bestimmten Programmteils immer auf einem angegebenen Kanal gelauscht
und bei Eintreffen einer Nachricht der Prozeß auf einen angegebenen
Behandlungsprogrammteil umgelenkt werden soll. Der Programmtext spiegelt in diesem Fall
deutlich die Unterscheidung zwischen Normalfall und Sonderfall wider. Diese Vorgehensweise könnte man, wie in der Algebra, als "Ausklammern" bezeichnen. Ohne die später noch
einzuführende Syntax vorwegzunehemen, könnte das Ergebnis eines solchen "Ausklammerns"
etwa wie folgt aussehen:

```
        main()
        {
          import channel_type exception_channel;
          ...
          {
            ...
          }
          always check(exception_channel,...) ...
          ...
        }
```

3. Asynchrones Empfangen

3.1 Vorbemerkung

Zur Erweiterung der Prozeßkommunikation um asynchrones Empfangen reicht eine einzige,
neue Operation nicht aus. Stattdessen sollte zumindest die Funktionalität wie bei einer einfachen Prozeßumlenkung vorhanden sein. Ein Prozeßumlenkungsmechanismus, der die
Grundlage für asynchrones Empfangen darstellt, wurde in [WetMer 80] als "Konzept der
Asynchronisation" vorgestellt und umfaßt folgende Operationen:

- Einrichten einer Umlenkungsstelle
- Aufgeben einer Umlenkungsstelle

- Beenden einer erfolgten Umlenkung (und eventuell Rückkehr an die Unterbrechungs-
  stelle)
- Umlenkung (temporär) verbieten
- Umlenkung wieder zulassen

Es stellt sich nun die Frage, wie Umlenkungsstellen spezifiziert werden. Die Verwendung von
Marken, eine naheliegende Möglichkeit, eignet sich im Zusammenhang mit höheren Programmiersprachen nur sehr schlecht, wurden doch Marken und Sprünge in höheren Programmiersprachen durch strukturierte Konstrukte wie Schleifen und Verzweigungen ersetzt,
deren Semantik klarer und leichter faßbar ist. Eine zweite Möglichkeit für die Spezifikation
von Umlenkungsstellen sind Prozeduradressen wie in UNIX und VMS. Da beim Verlassen
einer Prozedur die Kontrolle automatisch an die Aufrufstelle, d. h. in diesem Fall an die
Unterbrechungsstelle, zurückkehrt, ist diese Möglichkeit für unsere Zwecke zu unflexibel.
Außerdem gibt es einige weitere Probleme bei der Verwendung von Prozeduradressen. So
muß beispielsweise in Sprachen wie PASCAL, in denen innerhalb von Blöcken Prozeduren
vereinbart werden können, dafür gesorgt werden, daß keine Umlenkung auf eine nicht mehr
lebende Prozedur erfolgt.

In Anlehnung an Ausnahmebehandlungskonzepte in Programmiersprachen wie CLU
([LisSny 79]) oder Ada ([Bre 87]), deren grundlegende Idee ebenfalls die des "Ausklammerns"
ist, bieten sich zur Spezifikation von Umlenkungsstellen neue Sprachkonstrukte an, deren
Semantik einfach und formal beschreibbar sein soll.

3.2 Konzept

Asynchrones Empfangen wird durch drei neue Konstrukte ermöglicht:

(1) Empfangskontext und Empfangsbehandler

(1.1) Empangskontext
Zunächst wird ein Rahmen benötigt, in dem auf das Eintreffen von Nachrichten re-
agiert werden kann. Dieser wird hier nicht dynamisch durch die Ausführung von
Operationen, sondern statisch, durch Sprachkonstrukte, definiert. Ein solcher Rah-
men ist nichts weiter als ein gewöhnlicher Block einer gegebenen, blockorientierten
Programmiersprache und soll Empfangskontext genannt werden.

(1.2) Empfangsbehandler
Zu einem Empfangskontext gehören ein oder mehrere Empfangsbehandler für unterschiedliche Kanäle. Auch Empfangsbehandler sind Blöcke, auf die bei Eintreffen
einer Nachricht auf dem entsprechenden Kanal asynchron umgelenkt wird.

Selbstverständlich können sich innerhalb von Empfangskontexten und innerhalb von
Empfangsbehandlern weitere Empfangskontexte samt Behandlern befinden.

Man beachte, daß die Empfangsbehandler selbst nicht als Teil ihres dazugehörigen
Empfangskontexts betrachtet werden. Dies hat zur Folge, daß das Eintreffen einer
Nachricht während der Ausführung eines Empfangsbehandlers von einem
Empfangsbehandler eines umfassenden Kontexts bearbeitet wird.

(2) Anweisungen zum Beenden einer Empfangsbehandlung
Eine Empfangsbehandlung kann auf drei Arten beendet werden:

(2.1) durch Rückkehr an die Unterbrechungsstelle (Sprung zur Unterbrechungsstelle)
(2.2) durch Beenden des dazugehörigen Empfangskontexts (Sprung zum Ende des Empfangskontexts)
(2.3) durch erneute Ausführung des dazugehörigen Empfangskontexts (Sprung zum Anfang des Empfangskontexts)

(3) Atomare Blöcke

Die Möglichkeit, für gewisse Programmbereiche Umlenkungen zu verbieten, ist für viele Anwendungen sicher unerläßlich. Ähnlich wie zuvor bei den Empfangskontexten werden solche Programmbereiche nicht dynamisch, durch den Aufruf von Operationen, sondern statisch, durch Programmkonstrukte, festgelegt. Solche Programmbereiche sollen als atomare Blöcke bezeichnet werden. Der Begriff "atomar" soll hier nicht im Sinne einer atomaren Transaktion verstanden werden, sondern soll lediglich "nicht unterbrechbar" bedeuten.

Werden innerhalb eines atomaren Blocks weitere Empfangskontexte und -behandler eingerichtet, so kann auf diese selbstverständlich umgelenkt werden. Es können jedoch keine Umlenkungen von Stellen innerhalb eines atomaren Blocks auf Empfangsbehandler außerhalb des atomaren Blocks erfolgen. Atomare Blöcke könnten daher als "Feuerwall" der Umlenkung bezeichnet werden.

3.3 Syntax

Dem eben vorgestellten Konzept soll jetzt die genaue Syntaxbeschreibung folgen:

<Block> ::=
        <herkömmlicher Block> | <Empfangsblock> | <atomarer Block>

(1) <Empfangsblock> ::=
        context begin
          <Empfangskontext>
          <Empfangsbehandler>
          { <Empfangsbehandler> }
        context end

(1.1) <Empfangskontext> ::=
        <Block>

(1.2) <Empfangsbehandler> ::=
        when(<Kanal>, <Nachricht>)
        <Block>

(2) <Anweisung> ::=
        ... | (2.1) **resume** | (2.2) **terminate** | (2.3) **retry**

(3) <atomarer Block> ::=
        atomic begin
          <Block>
        atomic end

(Wie üblich bedeuten "|" die Alternative und "{}" keine oder beliebig viele Wiederholungen.)

3.4 Beispiel

Anhand des folgenden Programmfragments soll das Verständnis für das vorgestellte Konzept
vertieft werden.

```
main()
{
    import channel_type ch1,ch2;
    message_type msg;

    context begin {
    |    message_type msg;
    |
    |    code1();
    |
    |    context begin {
    |    |    code2();
    |    |    atomic begin {
    |    |    |    code3();
    |    |    } atomic end
    |    |    code4();
    |    }
    |    when(ch1,msg) {
    |    |    code5();
    |    |    terminate;
    |    } context end
    |
    |    code6();
    |
    |    atomic begin {
    |    |    context begin {
    |    |    |    code7();
    |    |    }
    |    |    when(ch1,msg) {
    |    |    |    code8();
    |    |    |    resume;
    |    |    } context end
    |    } atomic end
    |
    |    code9();
    }
    when(ch1,msg) {
    |    code10();
    |    resume;
    }
    when(ch2,msg) {
    |    code11();
    |    retry;
    } context end
}
```

Vorausgesetzt sei, daß code1, ..., code11 alle aus herkömmlichen Blöcken bestehen. Trifft
dann während der Ausführung von code1, code6 oder code9 eine Nachricht auf ch1 ein, so
wird code10 ausgeführt und anschließend an der Unterbrechungsstelle fortgesetzt. Sollte
während der Empfangsbehandlung durch code10 erneut eine Nachricht auf ch1 ankommen,

so wird diese gepuffert und erst beim Zurückkehren an die Unterbrechungsstelle wird erneut der Empfangsbehandler für ch1 aktiviert, was in diesem Fall eine nochmalige Ausführung von code10 zur Folge hat. Analog gilt: Trifft während der Ausführung von code1, code6 oder code9 eine Nachricht auf ch2 ein, wird code11 ausgeführt und anschließend das Programm von Anfang an neu durchlaufen.

Falls während der Ausführung von code2 oder code4 eine Nachricht auf ch1 ankommt, so wird der lokale Empfangsbehandler mit code5 aktiviert. Sollte jetzt noch eine Nachricht an ch1 gesendet werden, so wird die Abarbeitung von code5 unterbrochen, code10 ausgeführt, an die Unterbrechungsstelle von code5 zurückgekehrt und anschließend mit code6 fortgesetzt. Für an ch2 gesendete Nachrichten gilt dasselbe wie eben für code1, code6 oder code9.

Während der Ausführung von code3 eintreffende Nachrichten werden bis zum Erreichen von code4 gepuffert. Anschließend gilt das eben Gesagte.

Eine bei der Abarbeitung von code7 ankommende Nachricht auf ch1 bewirkt die Ausführung von code8. Weitere Nachrichten haben aber dann keine weiteren Unterbrechungen mehr zur Folge, solange code8 ausgeführt wird. Erst beim Zurückkehren an die Unterbrechungsstelle wird auf das Eintreffen weiterer Nachrichten auf ch1 durch wiederholte Ausführung von code8 reagiert. Auf ch2 ankommende Nachrichten kommen in jedem Fall erst bei Erreichen von code9 zur Wirkung. Hier kann man deutlich den Feuerwall-Effekt für atomare Blöcke sehen.

3.5 Semantik

Ein wesentliches Ziel bei der Entwicklung eines Konzepts für asynchrones Empfangen war, daß das Konzept eine formal zu beschreibende Semantik besitzen sollte. Ohne allzu sehr ins Detail zu gehen, soll im folgenden die grundlegende Idee für eine axiomatische Semantik ([Hoa 69]) angegeben werden.

Für jede Anweisung wird zusätzlich zu den bekannten Vor- und Nachbedingungen noch eine Unterbrechungsbedingung mitgeführt. Immer, wenn die betreffende Anweisung unterbrochen und damit "auf einem Seitenweg" verlassen werden kann, gilt die Unterbrechungsbedingung. Dies soll durch folgende Notation ausgedrückt werden:

{ V } S { N | U }

V: Vorbedingung, N: Nachbedingung, U: Unterbrechungsbedingung

Selbstverständlich gilt für alle "alten" Anweisungen S:

{ V } S { N } mit "alter" Semantik

{ V } S { N | True }

Das **atomic**-Konstrukt wurde eingeführt, um die Unterbrechbarkeit einzuschränken und um damit zu schärferen Unterbrechungsbedingungen zu gelangen. Formal spiegelt sich dies in folgender Ableitungsregel wider:

$$\{\,V\,\}\ S\ \{\,N\,|\,U\,\}$$

$$\{\,V\,\}\ \textbf{atomic begin}\ S\ \textbf{atomic end}\ \{\,N\,|\,V\ \text{or}\ N\,\}$$

Mit Hilfe dieser und weiterer Regeln lassen sich nun geeignete Unterbrechungsbedingungen für Empfangskontexte herleiten. Diese Bedingungen dienen dann als Vorbedingungen für die dazugehörigen Empfangsbehandler:

$$\{\,V\,\}\ S\ \{\,N\,|\,U\,\}$$
$$\{\,U\ \text{and}\ P1(m1)\,\}\ H1;\ \textbf{terminate};\ \{\,N\,|\,W\,\}$$
$$\{\,U\ \text{and}\ P2(m2)\,\}\ H2;\ \textbf{retry};\ \{\,V\,|\,W\,\}$$

$$\{\,V\,\}\ \textbf{context begin}\ S\ \textbf{when}(ch1,m1)\ H1;\ \textbf{terminate};\ \textbf{when}(ch2,m2)\ H2;\ \textbf{retry};\ \textbf{context end}\ \{\,N\,|\,U\ \text{or}\ W\,\}$$

Diese Regel ist eine vereinfachte Form der allgemeinen Regel, wo für verschiedene Kanäle verschiedene Unterbrechungsbedingungen unterschieden werden. Weiterhin haben wir **resume** nicht betrachtet, da dieser Fall etwas schwieriger zu behandeln ist. Die Bedingungen Pi(mi) sind Bedingungen über die eintreffenden Nachrichten. Wie üblich in Beweisen paralleler Prozesse können diese in einem ersten Beweisschritt, wo nur einzelne Prozesse betrachtet werden, frei gewählt werden; sie müssen jedoch im zweiten Beweisschritt, wo das Zusammenspiel der Prozesse betrachtet wird, als gültig nachgewiesen werden (vgl. hierzu etwa [AptFraDeR 80] oder [LevGri 81]).

3.6 Diskussion

Programme mit asynchronem Empfangen sind nichtdeterministisch. Beispielsweise verhält sich ein Prozeß nichtdeterministisch, falls er für verschiedene Kanäle gleichzeitig empfangsbereit wird (zum Beispiel beim Betreten eines Empfangskontexts) und auf mehr als einem Kanal liegen Nachrichten an. Dann wird er nichtdeterministisch auf einen der möglichen Empfangsbehandler umgelenkt.

Nichtdeterminismus ist im Bereich der Prozeßkommunikation häufig eine durchaus erwünschte und nützliche Eigenschaft, wurde doch Nichtdeterminismus bezüglich des Nachrichtenempfangens in Sprachen wie CSP ([Hoa 78]) oder Ada (vgl. etwa [Geh 84]) explizit eingeführt (in Ada etwa in Form der *select*-Anweisung). Darüberhinaus gibt es in diesen Sprachen auch auswählende Konstrukte, welche den Nichtdeterminismus wieder etwas einschränken (in CSP durch sogenannte "guards", in Ada durch *when*-Konstrukte, welchen allerdings mit den hier eingeführten lediglich der Name gemeinsam ist). Auf solche auswählenden Konstrukte, also "guards" für Empfangsbehandler, wurde hier bewußt verzichtet, weil diese vor jeder möglichen Umlenkung neu bewertet werden müßten (im Gegensatz etwa zu Ada, wo dies pro *select*-Anweisung nur einmal ausgewertet werden müssen, da sich an der Bewertung bis zum möglichen Eintreffen einer Nachricht nichts mehr ändert, weil ja der Prozeß wartet).

Empfangskontexte, Empfangsbehandler sowie atomare Blöcke lassen sich beliebig ineinander schachteln. Das ist ja gerade der Vorzug solcher programmiersprachlichen Konstrukte. Die sich daraus ergbenden Konsequenzen müssen jedoch, auch wenn Schachtelung ein sehr gängiges Prinzip ist, im Einzelfall sorgfältig untersucht werden. Zunächst muß geklärt werden, welcher Empfangsbehandler beim Eintreffen einer Nachricht aktiviert werden soll, falls für einen Kanal mehrere ineinander geschachtelte Empfangsbehandler bereit sind. Wie bereits dem Beispiel des Abschnitts 3.4 zu entnehmen ist, soll hier, ähnlich wie bei der Ausnahmebehandlung, der innerste Empfangsbehandler gewählt werden.

Weiter stellt man fest, daß Prozesse nicht mehr nach dem FIFO-Prinzip mit Nachrichten bedient werden sollten, da sie nun an den Kanälen nicht mehr warten, sondern nur noch ihre Empfangsbereitschaft bekanntgeben. Diese Empfangsbereitschaft kann jedoch für unbestimmte Zeit aufgegeben werden, etwa im Falle einer Umlenkung, welche ja die Empfangsbereitschaft für andere Kanäle beeinträchtigt; Empfangsbehandler für "weiter innen befindliche" Blöcke als auf den aktuell umgelenkten sind unsichtbar und können daher nicht aktiviert werden. Hat nun ein Prozeß seine Empfangsbereitschaft für unbestimmte Zeit auf einem Kanal aufgegeben und trifft auf diesem Kanal eine Nachricht ein, so erscheint es fair, wenn einem anderen, empfangsbereiten Prozeß, der seine Empfangsbereitschaft später angemeldet hat, diese Nachricht zugeleitet wird.

Dieses Fairness-Problem ist allerdings praktisch weniger bedeutend, da es nur bei m:n-Kanälen (m mögliche Sender, n mögliche Empfänger) auftritt. Fast alle sinnvollen Anwendungen für asynchrones Empfangen wurden jedoch für m:1-Kanäle gefunden.

Auch das synchrone Empfangen ist von dieser Problematik betroffen. Denn während des Wartens an einem Kanal kann es vorkommen, daß die Empfangsbereitschaft für eben diesen Kanal im Zuge einer Umlenkung aufgegeben werden muß. Daher muß synchrones und asynchrones Empfangen einheitlich behandelt werden; beide Empfangsarten dürfen nicht isoliert voneinander gesehen werden. Dies bereitet jedoch keine besonderen Schwierigkeiten: synchrones Empfangen läßt sich nämlich als Sonderfall des asynchronen Empfangens auffassen:

```
#define receive(ch,msg)                              #define check(ch,msg)
  context begin {                                      context begin {
    /*blockiere bis Unterbrechung */                   }
    while(TRUE) pause();                               when(ch,msg) {
  }                                                      terminate;
  when(ch,msg) {                                       } context end
    terminate;
  } context end
```

4. Anwendungsbeispiel

Die Nützlichkeit des asynchronen Empfangens soll anhand des verteilten Dateisystems XDFS ([StuMitIsr 80]) demonstriert werden. XDFS unterstützt Transaktionen; die Synchronisation der Transaktionen erfolgt durch Sperren. Eine Besonderheit dieses verteilten Dateisystems ist, daß Sperren, die von einer Transaktion gehalten werden, unter bestimmten Bedingungen, deren Kenntnis für das weitere Verständnis irrelevant ist, von anderen Transaktionen gebrochen werden können, worauf das Dateisystem der betreffenden Transaktion eine Nachricht schickt ("unsolicited message"). Auf das Brechen einer seiner Sperren kann eine Transaktion auf zwei Arten reagieren: Sie kann einmal die Sperre löschen und damit anzeigen, daß sie das Brechen der Sperre bemerkt hat. Ein späteres Beenden der Transaktion ("commit") ist dann möglich, wobei eine eventuelle Verletzung der Serialisierbarkeitsbedingung von der Transaktion bewußt in Kauf genommen wird. Wird dagegen eine gebrochene Sperre nicht gelöscht, so wird bei Beendigung der Transaktion diese sicherheitshalber stets erfolglos beendet, also abgebrochen ("abort").

Will eine Transaktion sicher sein, daß die Serialisierbarkeit gewährleistet ist, so muß sie ihre Berechnung solange wiederholen, bis keine ihrer Sperren mehr gebrochen werden. Ein solches Beispiel für eine Anwendung von XDFS wurde in [StuMitIsr 80] beschrieben und kann wie folgt als Programm formuliert werden:

```
main()
{
        xdfs_begin_transaction();
        read_set = initial_read_set;
        do {
            xdfs_read(read_set);
            long_computation(read_set,write_set);
            xdfs_write(write_set);
            rc = check(brocken_locks_ch,brocken_lock_set);
            if(rc == MESSAGE_RECEIVED) {
                there_are_broken_locks = TRUE;
                xdfs_clear(brocken_lock_set);
                read_set = records_of(brocken_lock_set);
            }
            else
                there_are_broken_locks = FALSE;
        } while(there_are_broken_locks);
        xdfs_commit_transaction();
}
```

(Man beachte, daß dieses Beispielprogramm nicht das erfolgreiche Beenden der Transaktion garantiert, da zwischen dem Abprüfen auf gebrochene Sperren und dem Transaktionsende Sperren gebrochen werden können. Dieser Sachverhalt ist in [StuMitIsr 80] nicht erwähnt und soll der Einfachheit halber ignoriert werden. Serialisierbarkeit ist aber in jedem Fall gewährleistet.)

Verwendet man in obigem Beispiel asynchrones Empfangen, so ergibt sich folgendes Programm:

```
main()
{
        xdfs_begin_transaction();
        read_set = initial_read_set;
        context begin {
            xdfs_read(read_set);
            long_computation(read_set,write_set);
            xdfs_write(write_set);
        }
        when(broken_locks_ch,broken_lock_set) {
            xdfs_clear(broken_lock_set);
            read_set = records_of(brocken_lock_set);
            retry;
        } context end
        xdfs_commit_transaction();
}
```

Dieses Programm besitzt gegenüber dem ersten die Vorteile, daß einmal Normalfall und Sonderfall deutlich voneinander getrennt sind und daß zum anderen in diesem Programm die Berechnung nur ausgeführt wird, solange noch keine Sperre gebrochen wurde, so daß die Ausführungszeit im allgemeinen kleiner sein wird.

5. Typische Kommunikationsmuster

Bei der Untersuchung weiterer Anwendungsbeispiele für asynchrones Empfangen haben sich drei Kommunikationsmuster als besonders typisch herausgestellt.

5.1 Nachrichtenfluß zwischen Auftraggeber und Auftragnehmer

Eine der wichtigsten Anwendungen der Prozeßkommunikation ist zweifelsohne die Übermittlung von Aufträgen und den dazugehörigen Rückmeldungen. Dementsprechend werden die beteiligten Prozesse Auftraggeber und Auftragnehmer genannt. In diesen Rahmen lassen sich die meisten der untersuchten Anwendungen einordnen. Dabei kommt asynchrones Empfangen sowohl auf Auftraggeber- als auch auf Auftragnehmerseite vor.

5.1.1 Nachrichtenfluß vom Auftragnehmer zum Auftraggeber

Falls während oder unter Umständen nach der Bearbeitung eines Auftrags eine Nachricht über das Auftreten einer außergewöhnlichen Situation von einem Auftragnehmer an den zuständigen Auftraggeber geschickt wird, so wird der Auftraggeber diese sinnvollerweise asynchron entgegennehmen.: Bei der im vorigen Abschnitt ausführlich dargestellten Anwendung im Zusammenhang mit dem verteilten Dateisystem XDFS trat ein solches Kommunikationsmuster bereits auf. Weitere Beispiele für Auftragnehmer sind aktive Datenbanken, die bei Verletzung von Integritätsbedingungen selbstinitiativ Anwendungsprozesse benachrichtigen, weiterhin Zugriffsrechteverwalter, die beim Entzug gewisser Rechte die betroffenen Prozesse davon informieren, Prozesse zum Betreiben einer Kommunikationsschicht für ein Rechnernetz, die das Zusammenbrechen der Leitung ihren Anwendern mitteilen sowie Gerätetreiber für die Tastatur, die das Drücken bestimmter Tasten (Anruftaste wie "control-C") dem dazugehörigen Anwendungsprozeß bekanntgeben.

5.1.2 Nachrichtenfluß vom Auftraggeber zum Auftragnehmer

Wenn ein Auftraggeber nach Erteilung eines Auftrags bemerkt, daß dieser schon veraltet ist oder daß seine Erledigung unerwartet lange dauert oder daß er den erteilten Auftrag im Nachhinein noch modifizieren sollte, so kann dies durch Senden einer Nachricht auf einem dafür vorgesehenen Kanal bewerkstelligt werden, auf dem der Auftragnehmer typischerweise asynchron empfängt.

Bei der Textverarbeitung nach dem WYSIWYG-Prinzip ("What You See Is What You Get") kommt ein solches Szenario vor. Auftraggeber ist hier der Hauptprozeß, welcher Aufträge des Benutzers entgegennimmt und daraufhin Änderungen an den intern gespeicherten Daten als auch auf dem extern sichtbaren Ausschnitt dieser Daten auf einem Bildschirm anstößt. Die Änderungen auf dem Bildschirm werden zweckmäßigerweise von einem eigens dafür vorgesehenen Prozeß ausgeführt; dies ist der Auftragnehmer in unserem Beispiel. Wenn der Benutzer in rascher Folge Änderungen vornimmt (z. B. Löschen einzelner Worte oder Zeilen), so kann dies zu einer Flut von Aufträgen an den Bildschirmprozeß führen. Der Benutzer will letztlich jedoch nur das Endergebnis sehen, so daß es Situationen gibt, wo vom Bildschirmprozeß bearbeitete Aufträge abgebrochen und durch neue ersetzt werden.

5.2 Nachrichtenfluß zwischen gleichberechtigten Partnern

Zur Steigerung der Parallelität wird eine Dienstleistung häufig von mehreren Prozessen gemeinsam erbracht. Dabei kann die Entdeckung einer außergewöhnlichen Situation von einem dieser Prozesse eine rasche Benachrichtigung der anderen Partnerprozesse erfordern.

Beispiele hierfür sind identische Bedienerprozesse, welche sich konkurrierend um Aufträge an einem Auftragskanal bewerben, um z. B. Anfragen bezüglich eines gewissen Datenbestandes zu beantworten. Eine außergewöhnliche Situation ist hier zum Beispiel die Entdeckung einer Inkonsistenz des Datenbestandes. Ein weiteres Beispiel für Partner sind Prozesse, welche gemeinsam einen Auftrag bearbeiten, der auf die einzelnen Prozesse aufgeteilt wurde.

6. Implementierung

Das soeben vorgestellte Konzept wurde realisiert, indem die neuen Sprachkonstrukte auf die Sprache C ([KerRit 78]) aufgesetzt wurden. Die Übersetzung eines Programms, welches die neuen Sprachkonstrukte verwendet, erfolgt in zwei Schritten: Zunächst werden die neuen Sprachkonstrukte von einem "Vor-Vor-Übersetzer" ("pre-pre-processor") aufgelöst, indem Makros in den Programmtext eingestreut werden. Das daraus resultierende Programm kann dann von einem normalen C-Übersetzter bearbeitet werden, der ja selbst einen Vor-Übersetzer (pre-processor) enthält, um die eingestreuten Makros wieder aufzulösen.

Der neu zu schreibende "Vor-Vor-Übersetzter" benötigt nur einen Durchgang durch den Programmtext, er wurde in C implementiert und umfaßt lediglich etwa 300 Zeilen Code. Die Makrotechnik wurde von ([Lee 83]) inspiriert, wo eine Ada-ähnliche Ausnahmebehandlung in C integriert wurde, welche allerdings ohne "Vor-Vor-Übersetzer" auskommt.

Der Vorteil dieses Vorgehens besteht darin, daß man keinen neuen Übersetzer braucht oder einen vorhandenen modifizieren muß. Dem steht der Nachteil gegenüber, daß eine Syntaxprüfung erst auf der Ebene der aufgelösten Makros erfolgt und daher eventuelle Fehlermeldungen nicht ganz einfach zu verstehen sind. Dies kann jedoch für eine Prototyp-Implementierung in Kauf genommen werden.

So einfach, wie die Programmübersetzung auf bereits vorhandenen Übersetzern aufgesetzt werden kann, läßt sich die Realisierung des asynchronen Empfangens nicht auf vorhandene Prozeßkommunikations-Mechanismen aufsetzen. Im Gegenteil, bei der Realisierung eines Kommunikationsmechanismus muß die Möglichkeit des asynchronen Empfangens an zentraler Stelle mitberücksichtigt werden. Um nun zu einer Implementierung zu gelangen, ohne eine neuen Betriebssystemkern schreiben zu müssen, wurden Prozesse durch Koroutinen simuliert. Der einzige Unterschied zwischen "echten" Prozessen und Koroutinen ist der, daß das Umschalten von einer Koroutine zu einer anderen nicht von äußeren Ereignissen wie etwa den Ablauf einer Zeitscheibe, dem Eintreffen eines Unterbrechungssignals von einem Gerät usw. beeinflußt werden kann, was jedoch für eine Prototyp-Implementierung belanglos ist.

Die Implementierung wurde auf einem IBM PC unter MS-DOS in C und Assembler vorgenommen, wobei der maschinenabhängige Teil recht gering ist und somit eine Portierung keine Probleme bereiten dürfte.

7. Zusammenfassung und Ausblick

In diesem Papier wurde ein neues Konzept für asynchrones (bzw. unterbrechungsgesteuertes) Empfangen vorgestellt. Dabei handelt es sich um keinen gesonderten Prozeßinteraktions-Mechanismus, sondern lediglich um eine besondere Empfangsart innerhalb der Prozeßkommunikation. Durch besondere programmiersprachliche Konstrukte, die denen zur Ausnahmebehandlung in Programmiersprachen entlehnt wurden, gelingt es erstmalig, die Semantik des asynchronen Empfangens zu beherrschen.

Aus dem vorgestellten Konzept lassen sich durch Spezialisierung die folgenden üblichen Konzepte ableiten: die gewöhnliche Prozeßkommunikation durch Weglassen des asynchronen Empfangens, die Prozeßumlenkung (bzw. Prozeßunterbrechung) durch Weglassen des synchronen Empfangens sowie die Ausnahmebehandlung durch Senden einer Nachricht an einen Kanal, auf dem der sendende Prozeß selbst asynchron empfängt. Das vorgestellte Konzept kann somit als Verallgemeinerung dieser bekannten Konzepte gesehen werden.

An weiteren Arbeiten sind u. a. geplant: statische Analyse von Programmen mit asynchronem Empfangen, höhere Sprachkonstrukte für typische Kommunikationsmuster, Verwendung des asynchronen Empfangens innerhalb einer größeren Anwendung, ...

Literatur

[AptFraDeR 80]   Krzysztof R. Apt, Nissim Francez, Willem P. DeRoever:
A Proof System for Communicating Sequential Processes
ACM Transactions on Programming Languages and Systems, Vol. 2, No. 3, July 1980, 359-385

[Bac 84]   Maurice J. Bach:
The Design of the UNIX Operating System
Prentice Hall, 1986

[Bre 87]   Manfred Bretz:
Ausnahmebehandlung in ADA
Informationstechnik it, 29. Jahrgang, Heft 2, 1987, 89-96

[Geh 84]   Narain Gehani:
Ada: Concurrent Programming
Prentice-Hall, Englewood Cliffs, New Jersey, 1984

[Hoa 69]   C. A. R. Hoare:
An Axiomatic Basis for Computer Programming
CACM, Vol. 12, No. 10, October 1969, 576-583

[Hoa 78]   C. A. R. Hoare:
Communicating Sequential Processes
CACM, Vol. 21, No. 8, August 1978, 666-677

[KenBat 84]   Lawrence J. Kenah, Simon F. Bate:
                   VAX/VMS Internals and Data Structures
                   Digital Press, 1984

[KerRit 78]   Brian W. Kernighan, Dennis M. Ritchie:
                   The C Programming Language
                   Prentice Hall, 1978

[Lee 83]   P. A. Lee:
                   Exception Handling in C Programs
                   Software - Practice and Experience, Vol. 13, 1983, 389-405

[LevGri 81]   Gary Marc Levin, David Gries:
                   A Proof Technique for Communicating Sequential Processes
                   Acta Informatica, Vol. 15, 1981, 281-302

[LisSny 79]   Barbara H. Liskov, Alan Snyder:
                   Exception Handling in CLU
                   IEEE Transactions on Software Engeneering, Vol. SE-5, No. 6, November 1979,
                   546-558

[StuMitIsr 80]   H. Sturgis, J. Mitchell, J. Israel:
                   Issues in the Design and Use of a Distributed File System
                   ACM Operating Systems Review, Vol. 14, No. 3, July 1980, 55-69

[Wet 84]   Horst Wettstein:
                   Architektur von Betriebssystemen
                   Hanser-Verlag, München, 1984

[WetMer 80]   H. Wettstein, G. Merbeth:
                   The Concept of Asynchronization
                   ACM Operating Systems Review, Vol. 14, No. 4, October 1980, 50-70

Baumorientierte Kommunikation in verteilten Systemen

Heiko von Drachenfels
Institut für Betriebs- und Dialogsysteme
Universität Karlsruhe

Kurzfassung

In diesem Beitrag wird eine höhere Kommunikationsschicht vorgeschlagen, die die Formulierung von Kommunikationsfolgen in verteilten Systemen unterstützt. Motivation für den Entwurf dieser Schicht ist die Beobachtung, daß bei verteilten Algorithmen immer wieder gleiche Grundmuster der Kommunikation innerhalb einer Menge von Prozessen auftreten. Verwendet man statt eines elementaren Nachrichtenaustausches die "baumorientierte Kommunikation", so müssen diese Muster nicht mehr für jeden Algorithmus neu im Detail ausformuliert werden. Ein Algorithmus wird dann einfach aus einigen dieser Muster zusammengesetzt.

1 Einleitung

Mit zunehmender Verbreitung von Rechnernetzen gewinnen auch verteilte Algorithmen an Bedeutung, d.h. parallele Algorithmen, bei denen die beteiligten Prozesse ausschließlich über Nachrichtenaustausch kooperieren können, weil sie keinen gemeinsamen Speicher besitzen. Üblicherweise werden verteilte Algorithmen heute mit einem elementaren Kommunikationsmechanismus (Sende Nachricht an Prozeß / Empfange Nachricht) formuliert. Typisch ist dabei eine zweigeteilte Sicht auf die Algorithmen. Bei der *lokalen Sicht* wird nur das Verhalten eines Prozesses betrachtet. Dieses Verhalten wird mit einem Automaten beschrieben, dessen Zustandsübergänge durch Empfangsereignisse (Empfangen einer Nachricht eines bestimmten Typs) ausgelöst werden. Bei der *globalen Sicht* interessiert das Zusammenwirken der Prozesse, also die Kopplung der Automaten durch den Nachrichtenaustausch. Diese Kopplung aber ist bei komplizierteren Algorithmen schwer zu durchschauen, weil sie auf sehr tiefer Ebene formuliert werden muß. Ein elementarer Kommunikationsmechanismus kennt eben nur den Nachrichtentransport zwischen zwei Prozessen und nicht ganze Kommunikationsfolgen in einer Menge von Prozessen.

Hier kann eine höhere Kommunikationsschicht Abhilfe schaffen. Ansatzpunkt für den Entwurf einer solchen Schicht ist die Analyse verteilter Algorithmen, bei der sich immer wiederkehrende Kommunikationsfolgen (typische Muster) finden lassen. Derartige Muster bieten sich für eine Verlagerung aus den Algorithmen heraus in eine höhere Kommunikationsschicht mit mächtigerer Schnittstelle an. Diese Vorgehensweise ist in der Informatik allgemein üblich, so z.B. beim Übergang von maschinennahen Programmiersprachen zu höheren Sprachen. Dabei wird eine Unterstützung für typische Muster im Kontrollfluß eines Programms (typische Folgen von Marken, bedingten und unbedingten Sprüngen) in Gestalt von Schleifen, Fallunterscheidungen usw. geschaffen.

Im folgenden wird eine höhere Kommunikationsschicht vorgestellt, die die Handhabung von Kommunikationsfolgen als Ganzes ermöglicht. Wegen der Art der unterstützten Kommunikationsfolgen soll sie "baumorientierte Kommunikation" heißen.

2 Verteilte Algorithmen

Zunächst soll hier das den weiteren Betrachtungen zugrundeliegende Modell für verteilte Algorithmen beschrieben werden. Gegeben sei immer eine Menge von Prozessen mit in Form von Nachbarschaften definierten Kommunikationsbeziehungen. Nur benachbarte Prozesse können sich gegenseitig Nachrichten zuschicken, es wird mit den Nachbarschaften also ein logisches Kommunikationsnetz definiert. Dieses logische Netz läßt sich als ungerichteter zusammenhängender Graph darstellen, der im folgenden als *Nachbarschaftsgraph* bezeichnet werden soll.

Der Ablauf eines verteilten Algorithmus läßt sich in drei Schritte einteilen: die Auslösung, die Ausbreitung und die Terminierung. Bei der *Auslösung* eines verteilten Algorithmus unterscheidet man die Fälle *Einfachauslösung*, wo die Initiative von genau einem der beteiligten Prozesse ausgeht, und *Mehrfachauslösung*, wo mehrere der Prozesse quasi gleichzeitig die Initiative ergreifen.

Während der *Ausbreitung* werden dann alle Prozesse in die ausgelöste Aktivität einbezogen. Dabei kommen Strategien für das Ausforschen des Nachbarschaftsgraphen ins Spiel. Im Falle der Mehrfachinitiative ist die Koordination der zunächst unabhängigen Ausbreitungsvorgänge wesentlich.

Das Kriterium für die *Terminierung* ist, daß alle Prozesse terminiert sind und keine Nachricht mehr unterwegs ist. Bei vielen Algorithmen ist es nicht erforderlich, daß einer der beteiligten Prozesse dieses Kriterium entscheiden kann. Man begnügt sich dann damit, daß für jeden Prozeß entscheidbar ist, wann er die letzte an ihn gerichtete Nachricht empfangen hat. Der häufigste Spezialfall, wo einer der Prozesse die globale Terminierung entscheiden kann, sind solche Algorithmen mit Einfachinitiative, bei denen die letzte Nachricht immer an den Auslöser gerichtet ist (siehe dazu [Dij 80]).

3 Baumorientierte Kommunikation

Die Idee der baumorientierten Kommunikation ist die Unterstützung von Kommunikationsfolgen in einer Menge von Prozessen. Die Schnittstelle besteht nicht mehr wie bei einem elementaren Kommunikationsmechnismus nur aus jeweils einer Operation zum Senden und Empfangen einer Nachricht, sondern es gibt einen ganzen Satz von Sende- und Empfangsoperationen. Beim Senden lassen sich Operationen zum Auslösen und zum Fortsetzen von Kommunikationsfolgen unterscheiden. Beide beziehen sich immer auf den Nachbarschaftsgraphen, der der Kommunikationsschicht in einer Initialisierung bekannt gemacht wurde. Beim Aufruf der Operationen müssen demnach keine Adressaten angegeben werden. Mehrere Typen von Empfangsereignissen ergeben sich, weil ein Teil der Zustandsverwaltung aus den Anwendungen (Algorithmen) heraus in die Kommunikationsschicht verlagert wird.

Ausgangspunkt beim Entwurf der baumorientierten Kommunikation war die Auswahl von typischen Kommunikationsfolgen (*Vorgängen*), für die eine Unterstützung sinnvoll ist. Die getroffene Entscheidung soll zunächst an einem einfachen Beispiel motiviert werden, bevor dann die *Auslöseoperationen* für die Vorgänge vorgestellt werden. Aus der getroffenen Auswahl von Vorgängen ergibt sich ein Satz möglicher *Empfangsereignisse*, auf die wiederum mit verschiedenen *Fortsetzungsoperationen* reagiert werden kann. Die in die Kommunikationsschicht verlagerte Zustandsverwaltung macht schließlich noch eine *Terminierungsoperation* erforderlich.

Aus Platzgründen soll die Ausfallproblematik hier ausgeklammert bleiben. Es wären sonst noch *Zeitauslaufereignisse* zu betrachten. Im weiteren wird also davon ausgegangen, daß Prozesse nicht ausfallen und keine Nachrichten verloren gehen.

3.1 Beispiel: Verteilte Maximumsuche

Die verteilte Maximumsuche (oder allgemeiner Extremumsuche) spielt in verteilten Systemen eine wichtige Rolle. Sie kann etwa zur Wahl eines ausgezeichneten Prozesses, der als Koordinator arbeiten soll (election problem), oder zur Erzeugung eines Tokens verwendet werden. In mehr oder weniger abgewandelter Form taucht sie noch in vielen anderen Anwendungen auf. Es bietet sich deshalb an, in Algorithmen zur Maximumsuche nach typischen Kommunikationsmustern zu suchen.

Die genaue Problemstellung soll hier wie folgt lauten: Gegeben sei eine Menge von Prozessen mit eindeutigen Kennungen und deren Kommunikationsbeziehungen in Form eines Nachbarschaftsgraphen. Gesucht sind verteilte Algorithmen mit Einfachinitiative zur Bestimmung der größten Prozeßkennung, die unabhängig von der Topologie des Nachbarschaftsgraphen sind.

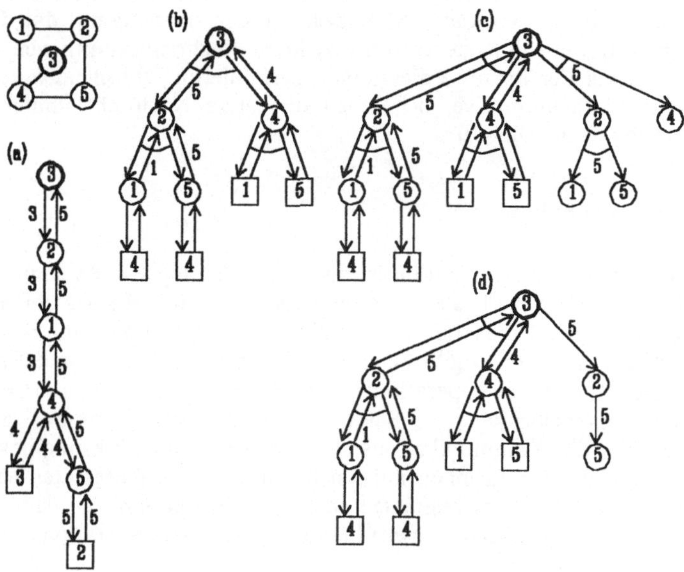

Abbildung 1. Algorithmen zur verteilten Maximumsuche: (a) Tiefensuche, (b) Parallelsuche, (c) Parallelsuche mit Verbreiten des Ergebnisses (d) Parallelsuche mit Benachrichtigung des "Siegers"

Als Lösungsalternativen bieten sich die Tiefensuche und die Parallelsuche im Nachbarschaftsgraphen an, die beide (sozusagen als Nebenprodukt) einen aufspannenden Baum des Nachbarschaftsgraphen konstruieren. Die Vorgehensweise ist in Abbildung 1 an einem Beispiel gezeigt. Bei der Tiefensuche sendet ein Prozeß nacheinander an alle Nachbarn außer seinem Vorgänger im aufspannenden Baum, wobei er an den nächsten Nachbarn erst sendet, wenn er das Echo (die Antwort) zu der vorhergehenden Sendeoperation erhalten hat. Als letzte Aktion sendet er ein Echo an seinen Vorgänger. Die im Beispiel entstehende Kommunikationsfolge erhält man aus dem *Kommunikationsbaum* in Abbildung 1a durch (Baum-)Tiefensuche mit Abarbeitung der Äste von links nach rechts. Der Inhalt der versendeten Nachrichten steht jeweils an den Pfeilen.

Bei der Parallelsuche sendet ein Prozeß gleichzeitig an alle Nachbarn außer seinem Vorgänger. Wenn er alle Echos erhalten hat, sendet er als letzte Aktion ein Echo an seinen Vorgänger, das das Maximum der eigenen Kennung und der Kennungen in den empfangenen Echos enthält. In dem Kommunikationsbaum für die Methode Parallelsuche (Abbildung 1b) ist das parallel Senden (multicast) durch Pfeile dargestellt, die mit einem Bogen verbunden sind.

Sowohl die Tiefen- als auch die Parallelsuche terminieren bei ihrem Auslöser, bei dem auch das Ergebnis (die größte Prozeßkennung) anfällt. Sollen alle beteiligten Prozesse das Ergebnis erfahren, kann dieses in dem zuvor konstruierten aufspannenden Baum verbreitet werden. Für den Fall der Parallelsuche ist dies in Abbildung 1c gezeigt. Soll nur der Besitzer des Maximums benachrichtigt werden, so reicht es aus, zum Abschluß einen ausgezeichneten Pfad im aufspannenden Baum abzulaufen (für die Parallelsuche in Abbildung 1d).

3.2 Auslöseoperationen

Die vorgestellten Algorithmen zur verteilten Maximumsuche enthalten die Typen von *Vorgängen* (Kommunikationsfolgen), die von der baumorientierten Kommunikation unterstützt werden: das sequentielle Hindurchschleusen einer Nachricht durch alle Prozesse nach der Methode Tiefensuche und das parallele Verbreiten einer Erkundungsnachricht mit anschließendem Einsammeln von Echonachrichten (Parallelsuche). Für beide Vorgänge gibt es je eine Auslöseoperation. In komplizierteren verteilten Algorithmen, insbesondere solchen mit Mehrfachinitiative, treten meist mehrere Vorgänge kombiniert auf. Um diese unterscheiden zu können, erhält ein Vorgang bei der Auslösung eine eindeutige Kennung, die dann bei jedem Empfangsereignis mitgeliefert wird.

Das Verbreiten (Fluten) einer Nachricht im aufspannenden Baum sowie das Auszeichnen und Ablaufen eines Pfads soll nur für den Vorgang vom Typ Parallelsuche unterstützt werden. Dies ist keine schwerwiegende Einschränkung, weil man bei verteilten Algorithmen immer auf größt mögliche Parallelität bedacht ist und die Parallelsuche dementsprechend das wesentlich häufigere Kommunikationsmuster ist. Benötigt man einemal die Sequentialität der Tiefensuche, so reicht nach den bisher gesammelten Erfahrungen deren Grundform aus. Wie man bei der Parallelsuche einen Pfad auszeichnet und abläuft sowie eine Nachricht im aufspannenden Baum flutet, wird bei der Beschreibung der Empfangsereignisse und Fortsetzungsoperationen in den folgendnen Abschnitten erklärt.

3.3 Empfangsereignisse

Die Einführung von Vorgängen hat zur Folge, daß das Empfangen einer Nachricht immer in einem größeren Zusammenhang steht. Ein Prozeß muß unterscheiden können, ob er mit dem Empfang einer Nachricht neu in einen Vorgang einbezogen wird, oder ob die Nachricht zu einem schon bekannten Vorgang gehört und vielleicht die letzte Nachricht im Zusammenhang mit diesem Vorgang ist. Es muß also mehrere Typen von Empfangsereignissen geben. Diese sollen im folgenden beschrieben werden, wobei die Terminologie zum Teil den Durchlauftechniken für Binärbäume entlehnt ist.

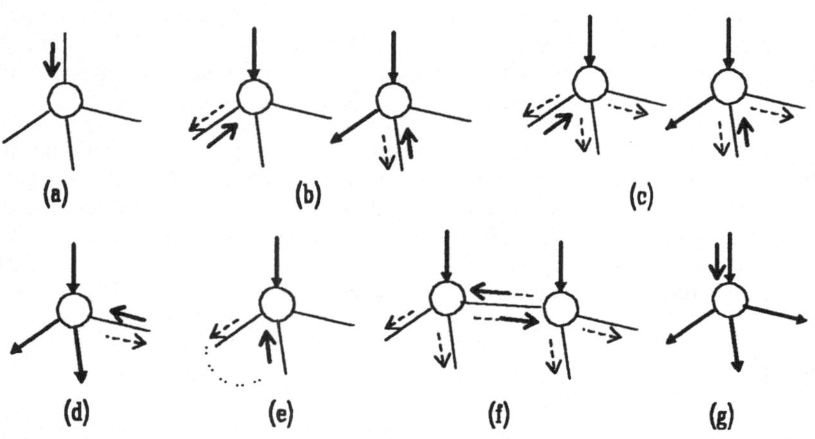

Abbildung 2. Empfangsereignisse bei der baumorientierten Kommunikation: (a) Vorordnung, (b) Zwischenordnung (Tiefensuche), (c) Zwischenordnung (Parallelsuche), (d) Nachordnung, (e) Wiederbesuch (Tiefensuche), (f) Wiederbesuch (Parallelsuche), (g) Pfad oder Terminierung

Ein *Vorordnungs-Ereignis* soll vorliegen, wenn ein Prozeß neu in einen Vorgang einbezogen wird, also zum ersten Mal eine zu diesem Vorgang gehörende Erkundungsnachricht empfängt (Abbildung 2a). Mit diesem Ereignis wird einer der Nachbarn des empfangenden Prozesses (der Absender der emfangenen Nachricht) als Vorgänger im aufspannenden Baum ausgezeichnet.

Ein *Zwischenordnungs-Ereignis* liegt beim Empfangen einer Echonachricht vor, wenn im Fall der Tiefensuche noch weitere Nachbarn einzubeziehen sind (Abbildung 2b), bzw. wenn im Fall der Parallelsuche noch weitere Echos ausstehen (Abbildung 2c). Zwischenordnungs-Ereignisse treten bei einem Prozeß mit n Nachbarn pro Vorgang höchstens n-1 mal ein, wenn er Auslöser des Vorgangs ist, sonst höchstens n-2 mal. Das Empfangen der letzten Echonachricht wird als *Nachordnungs-Ereignis* bezeichnet (Abbildung 2d).

Da ein Nachbarschaftsgraph im allgemeinen nicht zyklenfrei ist, gibt es außerdem *Wiederbesuchs-Ereignisse*, bei denen eine Erkundungsnachricht einen bereits in den Vorgang einbezogenen Prozeß erreicht (Abbildung 2e und 2f). Die durchlaufene Kante des Nachbarschaftsgraphen wird damit als Brückenkante erkannt und nicht in den aufspannenden Baum aufgenommen. Bei der Parallelsuche tritt das Wiederbesuchs-Ereignis immer auf beiden Seiten der Brückenkante quasi gleichzeitig auf, weil sich die Erkundungsnachrichten kreuzen (Abbildung 2f).

Ein *Pfad-Ereignis* liegt beim Empfangen einer Nachricht vor, die den ausgezeichneten Pfad im aufspannenden Baum abläuft. Als ausgezeichneter Pfad wird dabei der *Nachordnungspfad* verwendet, der entsteht, wenn jeder Prozeß sich den Nachbarn merkt, von dem er die Echonachricht in Nachordnung empfangen hat. Dieser Pfad ist eindeutig bestimmt, weil bei jedem Prozeß das Nachordnungs-Empfangsereignis genau einmal eintritt. Wie ein Prozeß die Lage des Nachordnungspfads im aufspannenden Baum beeinflussen kann, wird in Abschnitt 3.4 erklärt.

Das Empfangen einer Nachricht, die im aufspannenden Baum geflutet wird, heißt *Terminierungs-Ereignis*. Es kann wie das zuvor genannte Pfad-Ereignis nur bei einem Vorgang vom Typ Parallelsuche eintreten (Abbildung 1g).

Es ist zweckmäßig, die Empfangsereignisse noch einmal zu unterteilen, und zwar nach der Rolle, die der empfangende Prozeß in einem Vorgang spielt. Man kann damit den Prozessen den Aufwand ersparen, sich für jeden aktuellen Vorgang ihre jeweilige Rolle selbst zu merken. Verschiedenen Rollen entsprechen verschiedene Positionen im aufspannenden Baum, der bei einem Vorgang konstruiert wird. Der Auslöser sitzt an der *Wurzel*, die anderen Teilnehmer an den inneren Knoten und Blättern sollen hier zusammengefaßt als *Baum*knoten bezeichnet werden. Mit dieser Terminologie erhält man folgende Typen von Empfangsereignissen:

Baum_Vorordnung
Baum_Zwischenordnung   *Wurzel_Zwischenordnung*
Baum_Nachordnung   *Wurzel_Nachordnung*
Baum_Wiederbesuch   *Wurzel_Wiederbesuch*
Baum_Pfad   *Wurzel_Pfad*
Baum_Terminierung   *Wurzel_Terminierung*

3.4 Fortsetzungsoperationen

Bei einem elementaren Kommunikationsmechanismus ist jedes Senden das Auslösen eines neuen Kommunikationsschritts. Das Senden ist dort völlig unabhängig von vorhergehenden Empfangsereignissen und Sendeaktionen. Mit der Unterstützung von Kommunikationsfolgen gilt diese Unabhängigkeit nicht mehr. Deshalb wird neben den Auslöseoperationen ein weiterer Typ von Sendeoperationen notwendig, die Fortsetzungsoperationen. Die baumorientierte Kommunikation bietet fünf solche Operationen an, mit denen auf Empfangsereignisse reagiert werden kann: ein Prozeß kann die empfangene Nachricht weiterleiten (evtl. mit verändertem Inhalt), löschen, zur Wiedervorlage zurückstellen, zurückweisen oder er kann eine Phase des Vorgangs lokal abbrechen. Natürlich ist nicht jede Reaktion für jedes Empfangsereignis sinnvoll und möglich.

Das *Weiterleiten* ist je nach Typ des Vorgangs und des aktuellen Empfangsereignisses ein Senden an einen oder mehrere Nachbarn des aufrufenden Prozesses oder an sich selbst. Bei der Tiefensuche hat die Operation in Abhängigkeit von den Empfangsereignissen die folgende Funktionalität:

Baum_Vorordnung:
> Nachricht an einen Nachbarn senden, der nicht der Vorgänger ist, oder an sich selbst, wenn kein solcher Nachbar vorhanden ist (erneuter Empfang dann als Baum_Nachordnung).

Baum_Zwischenordnung, Wurzel_Zwischenordnung:
> Nachricht an einen Nachbarn senden, der nicht der Vorgänger ist und noch nicht einbezogen ist.

Baum_Nachordnung:
> Nachricht an den Vorgänger senden.

Baum_Wiederbesuch, Wurzel_Wiederbesuch:
> Nachricht an den Absender der empfangenen Nachricht senden.

Bei einem Vorgang vom Typ Parallelsuche ist das Weiterleiten nach folgenden Empfangsereignissen möglich:

Baum_Vorordnung:
> Nachricht parallel an alle Nachbarn außer dem Vorgänger senden oder an sich selbst, wenn kein solcher Nachbar vorhanden ist (erneuter Empfang dann als Baum_Nachordnung).

Baum_Nachordnung, Wurzel_Nachordnung:
> Nachricht an den Vorgänger senden bzw. an sich selbst (erneuter Empfang dann als Wurzel_Pfad).

Baum_Wiederbesuch, Wurzel_Wiederbesuch:
> Nachricht an den Absender der empfangenen Nachricht senden.

Baum_Pfad, Wurzel_Pfad:
> Nachricht an den Nachfolger im Pfad senden oder an sich selbst, wenn kein Nachfolger vorhanden ist (erneuter Empfang dann als Baum/Wurzel_Terminierung).

Baum_Terminierung, Wurzel_Terminierung:
> Nachricht parallel an alle Nachbarn im aufspannenden Baum außer dem Absender der empfangenen Nachricht senden.

Das *Löschen* einer Nachricht ist immer dann möglich, wenn das Weiterleiten als Reaktion auf ein Empfangsereignis nicht erlaubt ist, im Fall der Tiefensuche also beim Ereignis Wurzel_Nachordnung und im Fall der Parallelsuche bei den Ereignissen Baum_Zwischenordnung oder Wurzel_Zwischenordnung. Darüberhinaus kann das Löschen bei den Pfad- und Terminierungsereignissen an Stelle des Weiterleitens aufgerufen werden. Der ausgezeichnete Pfad muß also nicht unbedingt vollständig abgelaufen und der aufspannende Baum nicht ganz geflutet werden. Bei Algorithmen, die mit mehreren koordinierten Vorgängen zu realisieren sind, kann man sich das für die Einsparung von Nachrichten zu Nutze machen.

Beim *Zurückstellen* einer Nachricht wird so getan, als sei die Nachricht noch unterwegs. Das Empfangsereignis wird sozusagen rückgängig gemacht. Diese Reaktion ist bei jedem der Empfangsereignisse möglich und ist für die Synchronisation mehrerer Vorgänge (z.B. bei Algorithmen mit Mehrfachinitiative) hilfreich. Befindet sich eine Prozeß in einem Zustand, in dem er noch nicht entscheiden kann, wie er auf die empfangene Nachricht reagieren soll, stellt er diese einfach zurück. Die Nachricht wird wieder vorgelegt, sobald sie von wenigstens einer anderen Nachricht überholt worden ist, denn diese kann ja den benötigten Zustandsübergang des Prozesses bewirkt haben. Eine weitere Anwendung für das Zurückstellen ist das Auszeichnen eines Pfads im aufspannenden Baum bei der Parallelsuche. Mit der Operation können die Prozesse die Reihenfolge beeinflussen, in der sie die Echonachrichten empfangen wollen, und so die Lage des Nachordnungspfads bestimmen.

Mit dem *Abbrechen* kann ein Prozeß erzwingen, daß die Phase des Baum-Konstruierens oder Pfad-Ablaufens lokal vorzeitig beendet wird, indem ein Empfangsereignis sozusagen umbenannt wird. Reagiert ein Prozeß mit dieser Operation auf ein Vorordnungs-Ereignis, dann wird so getan, als hätte er nur einen Nachbarn, nämlich den Absender der empfangenen Nachricht. Das Weiterleiten wäre in einem solchen Fall ein Senden an sich selbst (siehe oben). Dementsprechend bewirkt das Abbrechen eine Wiedervorlage der empfangnenen Nachricht in Nachordnung. Analog kann auch ein Zwischenordnungs-Ereignis in ein Nachordnungs-Ereignis gewandelt werden. Bei Aufruf als Reaktion auf ein Pfad-Ereignis wird so getan, als sei das Pfadende erreicht, und die Nachricht wird als Terminierungs-Nachricht erneut vorgelegt. Das Abbrechen erweist sich wie das Zurückstellen für die Koordination mehrerer Vorgänge (z.B. bei Algorithmen mit Mehrfachinitiative) als nützlich.

Mit dem *Zurückweisen* einer Nachricht kann ein Prozeß beim Empfangen in Vorordnung auf die Einbeziehung in einen Vorgang verzichten oder Einfluß darauf nehmen, welcher Nachbar Vorgänger im aufspannenden Baum wird. Wie beim Zurückstellen wird also das Empfangsereignis rückgängig gemacht, nur wird die Nachricht hier nicht erneut vorgelegt, sondern als Echo an den Absender zurückgeschickt. Für den sieht die Annahmerverweigerung so aus, als sei der Prozeß bereits auf anderem Weg in den Vorgang einbezogen worden und hätte mit einem Weiterleiten auf ein Wiederbesuchs-Ereignis reagiert.

3.5 Terminierungsoperation

Wie bei der Einführung des Modells für verteilte Algorithmen in Abschnitt 2 erläutert, muß für jeden an einem solchen Algorithmus beteiligten Prozeß entscheidbar sein, wann er die letzte an ihn gerichtete Nachricht empfangen hat. Diese Bedingung ist für die Implementierung der baumorientierten Kommunikation sehr wesentlich, weil die Schicht für jeden aktuellen Vorgang an jedem Knoten Zustandsinformation hält. Wegen der Endlichkeit des Zustandsspeichers muß die Schicht entscheiden können, wann sie die Information zu einem Vorgang vernichten kann.

Diese Entscheidung ist bei einem Vorgang vom Typ Tiefensuche offensichtlich leicht möglich, solange die Prozesse sich bei den Fortsetzungsoperationen auf das Weiterleiten und Löschen beschränken. Die Zustandsinformation kann dann nach dem Abarbeiten des Nachordnungs-Ereignisses vernichtet werden, weil danach mit Sicherheit keine zu diesem Vorgang gehörende Nachricht mehr eintrifft. Ähnlich einfach ist es bei der Parallelsuche, wenn der aufspannende Baum nach seiner Konstruktion vollständig geflutet wird. Die Zustandsinformation könnte nach dem Abarbeiten des Terminierungs-Ereignisses vernichtet werden.

Komplizierte verteilte Algorithmen müssen aus mehreren Vorgängen zusammengesetzt werden, für deren Koordination gewöhnlich die Fortsetzungsoperationen Zurückstellen,

Zurückweisen und Abbrechen benötigt werden. In der Regel sind dann auch nicht alle Vorgänge vom Typ Parallelsuche voll ausgeprägt, d.h. es werden nicht alle drei Phasen (Baum konstruieren, Pfad ablaufen, Baum fluten) ganz durchlaufen. Damit ist aber u.U. für die Kommunikationsschicht nicht mehr entscheidbar, wann sie die Zustandsinformation zu dem Vorgang vernichten kann. Dies muß ihr die Anwendung mit einer *Terminierungsoperation* mitteilen. Zusätzlicher Kommunikationsaufwand entsteht dadurch nicht, weil für den Algorithmus als Ganzes, also alle Vorgänge zusammengenommen, die lokale Terminierungsbedingung entscheidbar sein muß. Die Kommunikationsschicht kann die Terminierung nur deshalb nicht selbst entscheiden, weil sie nicht in der Lage ist, die Zusammengehörigkeit mehrerer Vorgänge zu erkennen.

4 Implementierung

Für erste Tests wurde eine prototypische Implementierung der baumorientierten Kommunikation erstellt, die auf einem simulierten synchronen Prozeßsystem mit elementarer Kommunikation aufsetzt. Sie hat bei voller Funktionalität einen Umfang von weniger als 2000 Zeilen unkommentiertem C-Code. Das Empfangen wurde dabei mit Upcalls realisiert, d.h. für jedes Empfangsereignis gibt es eine Prozedur, die von der Kommunikationsschicht aufgerufen wird. Eine Anwendung wird dann programmiert, indem die Rümpfe dieser Prozeduren ausgefüllt werden.

Im einzelnen hat die implementierte Schnittstelle folgende Gestalt:

- Auslöseprozeduren:

```
id = InitiateDepthFirst(ml, m)
id = InitiateDepthParallel(ml, m)
```

- Empfangsprozeduren:

```
ReceiveTreePreorder(id, ml, m)
ReceiveTreeInorder(id, ml, m)         ReceiveRootInorder(id, ml, m)
ReceiveTreePostorder(id, ml, m)       ReceiveRootPostorder(id, ml, m)
ReceiveTreeRevisit(id, ml, m)         ReceiveRootRevisit(id, ml, m)
ReceiveTreePath(id, ml, m)            ReceiveRootPath(id, ml, m)
ReceiveTreeTermination(id, ml, m)     ReceiveRootTermination(id, ml, m)
```

- Fortsetzungsprozeduren:

```
SendOn(id, ml, m)  /* Weiterleiten */
Delete(id)         /* Löschen */
Defer(id)          /* Zurückstellen */
Break(id)          /* Abbrechen */
Reject(id)         /* Zurückweisen */
```

- Terminierungsprozedur:

```
Terminate(id)
```

Die Auslöseprozeduren liefern die erzeugte Kennung des neuen Vorgangs zurück und haben als Parameter eine initiale Nachricht und deren Länge. Den Empfangsprozeduren übergibt die Kommunikationsschicht beim Aufruf (Upcall) als Parameter eine Nachricht mit ihrer Länge und die Kennung des Vorgangs, zu dem die Nachricht gehört. Das Weiterleiten ist

Auslösung:

```
max = node_id;  /* Initialisierung */
m.max = 0;
ml = sizeof(m);
id = InitiateDepthParallel(ml, m);
```

Empfangsprozeduren:

```
ReceiveTree/RootPreorder(id, ml, m)
communication_id id;
int ml;
message m;
{
  max = node_id;  /* Initialisierung */
  SendOn(id, ml, m);
}


ReceiveTree/RootInorder(id, ml, m)
communication_id id;
int ml;
message m;
{
  max = Max(max, m.max);
  if(m.max == max)
   Defer(id);
  else
   Delete(id);
}


ReceiveTree/RootPostorder(id, ml, m)
communication_id id;
int ml;
message m;
{
  m.max = Max(max, m.max);
  SendOn(id, ml, m);
}
```

```
ReceiveTree/RootRevisit(id, ml, m)
communication_id id;
int ml;
message m;
{
  SendOn(id, ml, m);
}


ReceiveTree/RootPath(id, ml, m)
communication_id id;
int ml;
message m;
{
  if(m.max == node_id)
    ...;  /* eigene Kennung maximal */
   Break(id); /* weiter in Tree/RootTermination */
  else
    SendOn(id, ml, m);
}


ReceiveTree/RootTermination(id, ml, m)
communication_id id;
int ml;
message m;
{
  SendOn(id, ml, m);
  Terminate(id);
}
```

Abbildung 3.   Formulierung der dreiphasigen Maximum-Suche

die einzige Operation, die es erlaubt, einen Vorgang mit geänderter Nachricht fortzusetzen. Die anderen Fortsetzungsoperationen haben als Parameter lediglich die Kennung eines Vorgangs.

Um einen Eindruck zu vermitteln, wie sich die Formulierung verteilter Algorithmen mit der hier beschriebenen Schnittstelle vereinfacht, soll die verteilte Maximum-Suche aus Abschnitt 2 noch einmal aufgegriffen werden. Die in Abbildung 3 gezeigte Formulierung faßt die beiden Varianten der verteilten Maximum-Suche aus Abbildung 1c und 1d zusammen. Die größte Kennung wird beim Zurücklaufen der Echos gebildet, wobei auch der Nachordnungspfad zu dem Prozeß mit dieser größten Kennung gelegt wird (siehe die Zwischordnungs-Empfangsereignisse). Anschließend wird das Stück des Nachordnungspfads von der Wurzel bis zu dem Prozeß mit der größten Kennung durchlaufen und von diesem Prozeß aus der aufspannende Baum geflutet. Für diesen einfachen Algorithmus, der mit nur einem Vorgang realisiert ist, lauten die Rümpfe der Empfangsprozeduren in den Fällen Baum und Wurzel genau gleich und sind deshalb in Abbildung 3 nicht separat aufgeführt.

5 Anwendungen

Hier sollen kurz einige mögliche Anwendungen der baumorientierten Kommunikation vorgestellt werden. Die erste Klasse von Algorithmen, die sich sinnvoll mit der neuen Kommunikationsschicht unterstützen läßt, sind *verteilte Graphen-Algorithmen*. Dabei werden die Knoten des zu untersuchenden Graphen auf Prozesse abgebildet, deren Nachbarschaftsbeziehungen durch die Kanten des Graphen definiert sind. Der Nachbarschaftsgraph hat also die Topologie des zu untersuchenden Graphen. Der komplizierteste bisher bekannt gewordene Algorithmus dieser Art ist wohl der in [Gal 83] vorgestellte verteilte Algorithmus mit Mehrfachinitiative zur Konstruktion des minimalen aufspannenden Baumes eines gewichteten Graphen. Tatsächlich läßt sich auch dieser komplizierte Algorithmus auf eine Kombination mehrerer Vorgänge vom Typ Tiefensuche und Parallelsuche zurückführen. Allerdings muß die Kommunikationsschicht dazu gewichtete Nachbarschaftsgraphen unterstützen (siehe Abschnitt 6). Zahlreiche weitere Graphen-Algorithmen, die auf der Parallelsuche beruhen, finden sich in [Cha 79].

Ein weiters Anwendungsgebiet der baumorientierten Kommunikation ist die Formulierung von *Operationen auf verteilten Daten*. In diesen Bereich fällt z.B. die Suche nach Einträgen in einem verteilten Katalog, wie sie in [Dra 86] beschrieben ist. Auch die in Abschnitt 2 vorgestellte verteilte Maximumsuche läßt sich hier einordnen. In [Cha 79] und [Cha 82] wird diese zu einem verteilten Sortieren mit Mehrfachinitiative erweitert. Im Gegensatz zu den Graphen-Algorithmen, wo die Topologie des Nachbarschaftsgraphen durch das Problem gegeben ist, kann man hier bei entsprechender Formulierung des Algorithmus die Topologie frei wählen und damit bequem die Zeit- und Kommunikationskomplexität nach den jeweiligen Erfordernissen einstellen.

Als dritte Klasse seien noch Algorithmen zur Lösung von *Konsens-Problemen* genannt. Hier geht es darum, daß eine Menge von Prozessen zu einer einmütigen Entscheidung kommt. Ein bekanntes Beispiel ist das Zwei-Phasen-Commit-Protokoll, das bei verteilten Transaktionen die Alles-oder-Nichts-Eigenschaft garantiert (siehe etwa [Ber 87]). Will man es mit der baumorientierten Kommunikation formulieren, muß man natürlich auch Zeitauslaufereignisse einbeziehen, denn die Fehlertoleranz ist ja gerade das zentrale Anliegen dieses Protokolls. Auch bei Konsens-Problemen kann man verschiedene Versionen eines Algorithmus durch einfaches Austauschen des Nachbarschaftsgraphen erzeugen.

6 Schlußbemerkungen

Zahlreiche der oben genannten Algorithmen wurden inzwischen mit der baumorientierten Kommunikation formuliert und mit Hilfe der prototypischen Implementierung getestet. Dabei zeigte sich, daß man auch bei komplizierten Algorithmen sehr schnell zu korrekten Programmen kommt. Aber die baumorientiert Kommunikation senkt nicht nur den Zeitaufwand für die Implementierung verteilter Algorithmen, sie ist auch schon beim Entwurf solcher Algorithmen hilfreich, weil sie das Denken in größeren Zusammenhängen ermöglicht. Verteilte parallele Abläufe werden hier als Ganzes faßbar.

Die in diesem Beitrag beschriebene Version der baumorientierten Kommunikation läßt sich noch um einige Konzepte erweitern. An erster Stelle steht hier die Einbeziehung von Zeitauslaufereignissen, damit auch fehlertolerante verteilte Anwendungen formuliert werden können. Eine bereits implementierte Erweiterung ist die Unterstützung gewichteter Nachbarschaftsgraphen. Ergänzt man die Parameterlisten der Auslöseoperationen um ein minimales und maximales Gewicht, kann man damit die Ausbreitung von Vorgängen auf Teilgraphen beschränken. Ein Vorgang sieht dann nur solche Kanten des Nachbarschaftsgraphen, deren Gewicht im gewählten Bereich liegt. Schließlich könnte man noch weitere Mechanismen zur Koordinierung von Vorgänge einführen. So wird etwa beim Zurückstellen einer Nachricht auf irgendein Empfangsereignis gewartet, was eine Art aktives Warten bedeutet. Es bietet sich an, hier eine Möglichkeit zur näheren Spezifizierung des erwarteten Empfangsereignisses zu schaffen.

Literatur

[Ber 87]   P.A. Bernstein, V. Hadzilacos, N. Goodman:
           Concurrency Control and Recovery in Database Systems,
           Addison Wesley, 1987.

[Cha 79]   E.J.H. Chang:
           Decentralized Algorithms in Distributed Systems,
           Ph.D. diss., University of Toronto, Ontario, Canada, 1979.

[Cha 82]   E.J.H. Chang:
           Echo Algorithms: Depth Parallel Operations on General Graphs,
           IEEE Trans. on Software Engineering, Vol. SE-8, No. 4, July 1982, 391-401.

[Dij 80]   W. Dijkstra, C.S. Scholten:
           Termination Detection for Diffusing Computations,
           Information Processing Letters, Vol. 11, No. 1, 1980, 1-4.

[Dra 86]   H. v. Drachenfels:
           Ein Orientierungsdienst im Informationsverarbeitungsverbund,
           Tagungsband der 9. NTG/GI-Fachtagung "Architektur und Betrieb von Rechensystemen", NTG-Fachberichte 92, VDE-Verlag, 1986, 321-331.

[Gal 83]   R.G. Gallenger, P.A. Humblet, P.M. Spira:
           A Distributed Algorithm for Minimum-Weight Spanning Trees,
           ACM Trans. on Programming Languages and Systems, Vol. 5, No. 1, January 1983, 66-77.

Linda integriert in Modula-2 - ein Sprachkonzept für portable parallele Software

Lothar Borrmann, Martin Herdieckerhoff

Siemens AG, Zentralbereich Forschung und Technik
Zentrale Aufgaben Informationstechnik, Systemtechnik
Otto-Hahn-Ring 6, 8000 München 83
Tel. (089) 636-49290

Abstract

Das Programmierkonzept Linda stellt eine Anzahl von Aufrufen bereit, die die Synchronisation und Kommunikation paralleler Prozesse durch Zugriff auf einen virtuellen, assoziativ adressierten, gemeinsamen Speicher erlauben. Dieser heißt Tupelraum und kann für eine Vielzahl von parallelen Architekturen effizient durch Software realisiert werden.
Dieser Beitrag stellt das von Gelernter entwickelte Linda-Konzept vor, beschreibt dessen Integration in die Sprache Modula-2 und skizziert die Realisierung auf einem existierenden Parallelrechner mit verteiltem Speicher.

Einleitung

Parallelrechner werden im kommenden Jahrzehnt eine zunehmende Verbreitung und Bedeutung erlangen. Neben der Frage nach der – für eine gewisse Bandbreite von Anwendungen – besten Architektur und Verbindungsstruktur besteht dabei das mindestens ebenso wichtige Problem des geeigneten Software-Ansatzes. Die Möglichkeiten einer automatischen Parallelisierung bestehender Software sind begrenzt und zudem ist in vielen Fällen die parallele Formulierung eines Programmes natürlicher und angemessener als eine sequentielle Formulierung. Daher wird kein Parallelrechner auf dem Markt erfolgreich sein, der nicht auch spezielle Sprachen oder Spracherweiterungen zur Parallelprogrammierung anbietet und zudem die manuelle oder interaktive Parallelisierung bestehender Software unterstützt.

Es ist dabei ein wesentlicher Faktor, daß ein Transfer paralleler Programme auf andere Parallelarchitekturen keine Probleme mehr bereitet, also allenfalls eine Neu-Übersetzung erfordert. Dazu müssen Sprachmittel bereitgestellt werden, die einerseits eine Parallelprogrammierung auf ausreichend hohem Abstraktionsniveau erlauben und andererseits auf einer genügend großen Klasse von Parallelrechnern leicht und effizient implementierbar sind.

Hierzu gibt es eine ganze Reihe von Sprachvorschlägen, wie etwa Joyce [Bri87a, Bri87b], CSP [Hoa78], Occam [Bor86 May86a, May86b], Concurrent Prolog [Sha85] oder Ada [USD81], die hier nicht näher diskutiert werden sollen.

Unsere Arbeit befaßt sich mit Linda, das von Gelernter an der Yale Universität vorgeschlagen wurde [Ahu86a, Ahu86b, Car86, Car87, Gel85a, Gel85b, Gel86] und das den Vorteil der leichten Integrierbarkeit in bereits bestehende Wirtssprachen hat.

1. Der Tupelraum

Die bekannten Monitor- und Botschaftenmechanismen bieten parallelen Prozessen die Möglichkeit, explizit miteinander in Beziehung zu treten. Dies geschieht entweder durch direkten Austausch von Nachrichten zwischen beliebigen Prozessen oder durch die Einführung von zentralen Monitorprozessen, die vom Benutzer anwendungsspezifisch geschrieben werden müssen und auf deren Dienste andere Prozesse in geordneter Weise zugreifen können.

Das Programmierkonzept Linda dagegen bietet parallelen Prozessen die Möglichkeit zu kommunizieren oder sich zu synchronisieren, ohne explizite Kenntnis voneinander zu haben. Jeder dieser Prozesse holt seine Eingabedaten aus einem gemeinsamen Datenpool, bearbeitet sie dann lokal und legt die Ergebnisse wieder im Datenpool ab. Ein solches Verarbeitungsprinzip entkoppelt die parallelen Prozesse voneinander, was die Programmieraufgabe erheblich erleichtert. Statt die Beziehungen aller Prozesse untereinander explizit zu programmieren, hat jetzt nämlich jeder Prozeß nur noch eine Schnittstelle nach außen: den gemeinsamen Datenbereich.

Man kann die Kommunikation über einen zentralen Datenpool als eine Art von Botschaftenaustausch betrachten: Der wesentliche Unterschied liegt jedoch in der völligen Unabhängigkeit von Sender und Empfänger einer Botschaft. Zum Zeitpunkt des Sendens muß der Empfänger nicht bekannt sein, nicht einmal existieren. Die Botschaft wird vom System gepuffert, bis ein passender Empfangswunsch vorliegt. Die Adressierung erfolgt indirekt über den Inhalt und die Struktur der Botschaft. Durch die Pufferung können auch mehrere Empfänger angesprochen werden, die alle die Botschaft erhalten. Der Empfänger weiß nicht notwendigerweise welcher Prozeß die empfangene Botschaft erzeugt hat. Die Synchronisation bei diesem Kommunikationsverfahren liegt lediglich darin, daß ein Empfänger einer Botschaft warten muß, bis irgendein anderer Prozeß die gewünschte Information sendet.

Im Linda-Konzept heißt dieser Datenpool Tupelraum (tuple space TS). Zugriffseinheit im TS ist das **Tupel**, eine Liste von Datenelementen beliebigen Typs (ähnlich der Parameterliste einer Prozedur). Die interne Speicherstruktur des TS ist dem Anwender verborgen; der lesende Zugriff auf gespeicherte Tupel erfolgt nicht über physikalische Adressen, sondern inhaltsorientiert über sogenannte **Templates** (Schablonen), die genauso aufgebaut sind wie die Tupel. Dieser Zugriff entspricht etwa der Selektion von Einträgen aus einer Datenbank. Jedes Element eines Tupels oder Templates ist entweder **aktueller Parameter**, also mit einem Wert belegt, oder **formaler Parameter**, d.h. nur Platzhalter für einen Wert vorgegebenen Typs. Zwischen Tupeln und Templates besteht eine symmetrische Relation "paßt", die genau dann erfüllt ist, wenn einerseits beide Listen von gleicher Struktur sind (Übereinstimmung in Anzahl, Typ und Reihenfolge der Elemente) und andererseits diejenigen Elemente, die in beiden Listen aktuelle Parameter sind, in ihren Werten übereinstimmen. Wenn es Elemente gibt, die in beiden Listen formale Parameter sind, dann "passen" die Listen nicht zusammen.

Den *Vorgang des Suchens* nach einem "passenden" Tupel oder Template nennen wir auch **Matching** und die *Tatsache des Zusammenpassens* einen **Match**.

Beim Linda-Konzept wird die Entkopplung kommunizierender Prozesse ähnlich wie beim Monitorkonzept durch eine zwischengeschaltete Instanz zur Verwaltung gemeinsamer Daten erreicht. Diese Instanz ist hier jedoch eine Systemfunktion mit wenigen, aber vielseitig verwendbaren Grundoperationen und kein vom Anwender zu programmierender Prozeß, der beliebige anwendungsspezifische Dienste anbietet und entsprechende Anforderungen von anderen Prozessen sequentiell bearbeitet. Da diese Funktion unabhängig von der Anwendung ist, kann sie auf niedriger Ebene ins System integriert werden. Insbesondere ist eine verteilte Implementierung möglich, die eine echt parallele Bearbeitung unabhängiger Operationen erlaubt. Außerdem ist für den Zugriff auf die Linda-Operationen kein Prozeßwechsel notwendig, wie etwa der Wechsel in einen Monitor.

2. Linda-Operatoren

Linda definiert sechs Operatoren, die einer herkömmlichen prozeduralen Sprache (in unserem Falle Modula-2) hinzugefügt werden und die den in dieser Sprache formulierten Prozessen den Zugriff auf den Tupelraum ermöglichen. Diese Operatoren werden vom Compiler in Kernaufrufe übersetzt, die vom Laufzeitsystem ausgeführt werden.

Die Operatoren von Linda sind

("u" steht für ein Tupel und "e" für ein Template)

- **out (u)** Erzeugen eines Tupels im TS

- **in (e)** Blockierendes Lesen und Entfernen eines beliebigen
zum Template e passenden Tupels aus dem TS

- **read (e)** Blockierendes Lesen eines beliebigen
zum Template e passenden Tupels, das im TS verbleiben soll

- **inp (e)** Nichtblockierendes *in*

- **readp (e)** Nichtblockierendes *read*

- **eval (u)** Erzeugen eines aktiven Tupels, dessen Elemente
durch einen eigenen Prozeß ausgewertet werden,
bevor es durch in oder read wieder zugreifbar wird

Das Lesen eines Tupels mittels eines Templates e bewirkt, daß zunächst nach einem passenden Tupel u gesucht wird (Matching). Ist ein solches vorhanden (liegt also ein Match zwischen e und u vor), so werden die formalen Parameter von e mit den aktuellen Werten der entsprechenden Elemente von u besetzt. Kann kein passendes Tupel gefunden werden, so wird der lesende Prozeß (*in* oder *read*) solange blockiert, bis ein entsprechendes Tupel in den TS geschrieben wird; bei nichtblockierendem Lesen (*inp* oder *readp*) erhält er dagegen eine negative Rückmeldung und wird fortgesetzt.

Das Schreiben eines Tupels in den TS dagegen (*out*) bewirkt in keinem Fall eine Blockierung des Schreibers. Sind noch passende Lesewünsche vorhanden, so können diese nun befriedigt und die zugehörigen Leser aus ihrem Wartezustand befreit werden.

Der Operator *eval* ist hier nur der Vollständigkeit halber angeführt, da er zum von Gelernter vorgeschlagenen Funktionsumfang von Linda gehört. Seine Semantik ist jedoch nicht vollständig definiert; er wird im folgenden nicht weiter betrachtet.

Bevor diese Operationen an Hand von Beispielen erläutert werden, soll ein Weg zur Einbindung von Linda in die Programmiersprache Modula-2 vorgestellt werden.

3. Die Erweiterung von Modula-2 um Linda

Die Integration der Linda-Konzepte in Modula-2 als eine Sprache mit strenger Typenbindung [Wir85, p1G87] zeigt einige Besonderheiten hinsichtlich der Typprüfung bei Linda-Tupeln. Eine Typprüfung durch den Compiler wird möglich, wenn statisch im Programm unterschiedliche Klassen von Tupeln deklariert werden. Innerhalb dieser Deklaration ist ein Name für die jeweilige Klasse und eine Liste von Typen für die Tupelelemente zu spezifizieren. Ein Matching wird nur für Tupel und Templates durchgeführt, die derselben Klasse angehören. Diese Maßnahme befreit zugleich das Linda-Laufzeitsystem von einer Verwaltung der Typinformationen und reduziert den Aufwand für die Suche im Tupelraum.

In jedem Aufruf einer Linda-Operation muß der Name der Tupelklasse explizit genannt werden.

Im folgenden werden die Syntaxerweiterungen in EBNF angegeben, wobei die Elemente der Standard-Modula-2-Syntax jeweils ausgelassen sind und durch "..." repräsentiert werden.

```
Declaration       =   ... | "TUPLE" {TupleDeclaration ";"}.
TupleDeclaration  =   TupleIdent "=" TupleTypeList.
TupleIdent        =   Ident.
TupleTypeList     =   "(" [ElementType {"," ElementType}] ")".
ElementType       =   SimpleType | ArrayType | RecordType | SetType.
                      (also ohne PointerType und ProcedureType; diese beiden Typen
                      dürfen auch nicht indirekt enthalten sein)
```

Beispiel:

```
TYPE
    Point       =   RECORD x, y: INTEGER END;
    Matrix      =   ARRAY [1..10, 1..10] OF REAL;
TUPLE
    Sync        =   ();
    Report      =   (INTEGER, INTEGER);
    Message     =   (Point, Matrix, INTEGER, BOOLEAN).
```

Bei den Linda-Aufrufen muß unterschieden werden zwischen den Operationen *INP* und *READP* einerseits, die einen Funktionswert liefern, (LindaPredCall) und den Aufrufen ohne Rückmeldung andererseits (LindaCall):

```
factor          = ... | LindaPredCall.

statement       = ... | LindaCall.

LindaCall       = "OUT" "(" Tuple ")" |
                  "IN" "(" Template ")" | "READ" "(" Template ")".

LindaPredCall   = "INP" "(" Template ")" | "READP "(" Template ")".

Tuple           = TupleIdent "(" [TupleParam {";" TupleParam}] ")".

TupleParam      = expression | "VAR".

Template        = TupleIdent "(" [TemplateParam {";" TemplateParam}] ")".

TemplateParam   = expression | "VAR" [designator [ ":" designator] ].
```

Ein aktueller Parameter innerhalb eines Tupels oder Templates hat immer die Form *expression*, der Ausdruck muß zuweisungskompatibel zu dem deklarierten Typ des jeweiligen Tupelfeldes sein (siehe TupleParam und TemplateParam). Formale Parameter werden durch "VAR" kenntlich gemacht; bei der Erzeugung von Tupeln durch *OUT* dürfen formale Parameter nur ohne *designator* vorkommen (siehe TupleParam); ein solches Feld wird dann nicht für das Matching herangezogen.

Bei Lesezugriffen gibt der *designator* die Variable an, der der Wert des entsprechenden Feldes aus dem matchenden Tupel zugewiesen werden soll. Diese Variable muß von demselben Typ sein, wie für das entsprechende Feld der Tupelklasse definiert. Aktuelle Parameter dienen bei Lesezugriffen ausschließlich der Adressierung (Matching); diese dürfen in diesem Fall nicht vom typ *array* oder *record* sein, da für Variablen dieser Typen die Gleichheit nicht definiert ist.

Der zweite *designator* in der Parameterangabe dient zur Übergabe der oberen Indexgrenze, falls der Typ dieses Tupelelementes in der Tupeldeklaration ein *Open Array* ist. Das als Zielvariable angegebene Array hat hier natürlich - anders als bei Prozeduren - feste Indexgrenzen: Der Indextyp muß ein Subrange vom Typ CARDINAL sein, der mit Null beginnt.

Beispiel:

```
a := 3; b := 5;                          x := 3; y := 5;

IN (Sync ());                            OUT (Sync ());
IN (Report (3, 5));                      OUT (Report (3, 5));
IN (Report (a, 5));                      OUT (Report (3, VAR));
IN (Report (a+2, b));                    OUT (Report (y, x+2);
IN (Report (3, VAR b);                   OUT (Report (3, 4*y);
IN (Report (a, VAR b);                   OUT (Report (VAR, 20);
IN (Report (VAR a, VAR b);               OUT (Report (4*x, 4*y);
IN (Message (pointA, VAR m, 5, TRUE));   OUT (Message (pointA, m1, 5, VAR)).
```

4. Linda - Programmiermodell

Linda definiert eine virtuelle parallele Maschine , die den Zugriff unabhängiger Prozesse auf einen gemeinsamen Datenraum transparent verwaltet und die auf unterschiedlichen Parallelarchitekturen, insbesondere auch solchen ohne physikalisch gemeinsamen Speicher, effizient implementierbar ist [Car87].

Linda-Operatoren sind mächtige Hilfsmittel zur Kommunikation und Synchronisation von Prozessen, sie arbeiten jedoch auf niedriger logischer Ebene. So enthalten sie beispielsweise keine Quittungsprotokolle, keine Warteschlangen, keine Vorkehrungen zur Vermeidung oder Erkennung von Verklemmungen durch gegenseitiges Warten. Es ist jedoch leicht einzusehen, daß solche Verfahren auf der Basis von Linda-Operatoren ohne weiteres zu implementieren sind. Auch Mechanismen wie das Botschaften- oder Monitorkonzept können leicht in Linda nachgebildet werden. In diesem Sinne kann Linda als parallele System-Programmiersprache angesehen werden [Gel85b].

Linda wurde aber nicht in erster Linie als Implementierungssprache für andere, höhere Sprachkonzepte entworfen, sondern soll auch direkt zur Anwendungsprogrammierung eingesetzt werden. In diesem Zusammenhang wird von den Urhebern vor allem das Modell der **replizierten Prozesse** und der **verteilten Datenstrukturen** hervorgehoben [Ahu86].

Replikation ist eine Methode der Aufgabenpartitionierung, bei der ein Prozeß zur Verarbeitung einer großen Datenstruktur vervielfacht wird und dann jeder der entstandenen gleichartigen Prozesse einen kleineren Teil der Datenstruktur verarbeitet. Dies erfordert natürlich eine entsprechende Zerlegbarkeit der Datenstruktur, wie sie aber in vielen Anwendungsbereichen, vor allem bei großen numerischen Aufgabenstellungen und Simulationsanwendungen anzutreffen ist. Diese Datenpartitionierung ist dann Aufgabe eines Verwaltungsprozesses, der die Bearbeitungsaufträge für die replizierten Prozesse erzeugt und die Ergebnisse wieder einsammelt und auswertet.

Verteilte Datenstrukturen sind ein Mittel, den Zugriff mehrerer Prozesse auf gemeinsame Daten zu parallelisieren. Statt die ganze Datenstruktur als "kritischen Bereich" von einem Monitorprozeß verwalten zu lassen bzw. sie komplett in ein Tupel einzuschließen, was die Zugriffe serialisieren würde, zerlegt man sie in die vom Algorithmus erforderten Zugriffseinheiten und kann diese (bei einer verteilten TS-Implementierung) parallel bearbeiten. Zugriffskonflikte sind dadurch ausgeschlossen, daß Tupel nicht im TS geändert werden können, sondern stets aus dem TS entfernt und wieder neu eingebracht werden müssen. In der Zwischenzeit sind sie nicht vorhanden und können daher nicht in einem inkonsistenten Zustand von anderen Prozessen gelesen werden. Muß eine bestimmte Zugriffsreihenfolge eingehalten werden, so kann man den betreffenden Tupeln Laufindizes (als zusätzliches Datenelement) hinzufügen und den Zugriff über einen gemeinsamen Zähler steuern.

Es muß betont werden, daß die Replikation von Prozessen ein Programmiermodell darstellt, das sich in Linda (gegenüber anderen Sprachkonzepten) besonders elegant realisieren läßt, daß aber auch die funktionale Partitionierung von Programmen in unterschiedliche Teilprozesse in einfacher Weise durch die Linda-Sprachmittel ausgedrückt werden kann. Häufig ist auch eine Kombination beider Zerlegungsmethoden der günstigste Weg zur Parallelisierung einer Anwendung.

Zwei Eigenschaften des Kommunikationsmechanismus sind der Grund für die große Flexibilität von Linda. Die eine ist das Prinzip der **generativen Kommunikation,** die andere das der **strukturierten Namensgebung** [Gel85a]. Der Begriff *generativ* bezieht sich darauf, daß die Tupel als Kommunikationseinheiten von einem Prozeß erzeugt werden und dann unabhängig von diesem oder einem anderen Prozeß im TS existieren, dynamisch von jedem Prozeß zugreifbar, aber an keinen statisch gebunden. Diese Eigenschaft ermöglicht die räumliche und zeitliche Entkopplung von kooperierenden Prozessen, deren logische Verbindungsstruktur sich nur in der Benennung von Tupeln widerspiegelt und dadurch (auch zur Laufzeit) jederzeit beliebig verändert werden kann. Diese Benennung wiederum ist so flexibel, weil sie sich aus beliebigen Komponenten zusammensetzt, nämlich aus allen aktuellen Werten in einem Tupel oder Template. Der assoziative Zugriff über einen solchen strukturierten Namen, der ja auch seinerseits zwischen Prozessen kommuniziert werden kann, erlaubt die beliebige Zusammenfassung oder Aufteilung von Prozessen und ihre dynamische Verknüpfung mit denselben oder unterschiedlichen Kommunikationspartnern.

5. Implementierungsaspekte

Das vorrangige Ziel des Linda-Konzeptes sind Mächtigkeit und gleichzeitig konzeptuelle Einfachheit der Ausdrucksmittel. Diese Vorzüge liefern erst die Motivation für eine intensive Suche nach der effizientesten Implementierung.

Die beiden Hauptprobleme bei jeder Linda-Implementierung sind die inhaltsorientierte (assoziative) Speicheradressierung und die Realisierung des TS als glooaler Datenraum mit möglichst parallelem Zugriff.

Eine wesentliche Maßnahme zur Erleichterung der Adressierung ist die Strukturierung des Tupelraums in unterschiedliche Tupelklassen, die sich in Modula-Linda bereits durch die Deklaration ergibt. Die Suche nach einem Match kann dann immer auf nur eine Klasse beschränkt werden.

Die Suche innerhalb einer Klasse erfolgt unter Verwendung von Hash-Verfahren. Dabei wird durch einen einfachen Algorithmus aus bestimmten Eigenschaften eines Tupels, wie dem Wert der aktuellen Parameter, eine physikalische Adresse berechnet. Da diese Zuordnung nicht eindeutig ist, also unterschiedliche Hash-Werte zu der gleichen Adresse führen können, und außerdem ohnehin mehrere gleiche Tupel existieren können, muß bei der berechneten Adresse eine Liste beginnen, in der das Tupel oder Template eingeordnet bzw. sequentiell gesucht werden kann.

Die Linda-Sprachmittel können vom Programmierer auf unterschiedliche Art und Weise angewandt werden; dies kann man für eine effiziente Implementierung ausnutzen. Durch eine statische Analyse aller Linda-Calls eines parallelen Programms kann jeder Klasse - für den Anwender transparent - einer von mehreren Anwendungs-Typen zugewiesen werden. Elementares Beispiel ist eine Tupelklasse, bei deren Anwendung in Schreibzugriffen immer nur aktuelle, in Lesezugriffen dagegen immer nur formale Parameter vorkommen. In solchen Fällen kann eine sequentielle Suche offenbar ganz unterbleiben, da innerhalb der Klasse jedes Tupel zu jedem Template paßt. Analog kann für jeden anderen Klassen-Typ jeweils eine spezifische Suchstrategie und Listenstruktur verwendet werden. Ein derart gezieltes Vorgehen muß allerdings vom Compiler unterstützt werden, da bereits bei der Übersetzung überwacht werden muß, in welchen Arten von Aufrufen welche Tupelelemente als aktuelle oder formale Parameter spezifiziert wurden.

Das Konzept des globalen Tupelraums läßt sich offensichtlich am leichtesten auf ein Mehrprozessorsystem mit physikalisch gemeinsamem Speicher abbilden, jedoch sind derartige Systeme durch Konflikte beim konkurrierenden Speicherzugriff von vornherein in ihrer Ausbaufähigkeit eingeschränkt. Nur wenn eine effiziente Implementierung der Linda-Konzepte auch auf Systemen ohne gemeinsamen Speicher möglich ist, kann Linda für die *portable* Programmierung von Parallelrechnern in Betracht kommen.

Für solche Rechnerarchitekturen ist - schon allein wegen der gewünschten Zugriffsparallelisierung - eine Verteilung des TS notwendig.

Dabei stellt sich die Frage, wo ein Tupel und ein dazu passendes Template zusammengebracht werden sollen, das heißt, an welcher Stelle im verteilten System ein *Match* erkannt wird. Hier sind mehrere Grundansätze möglich:

1.) Passives Template

   Alle Templates verbleiben dort im System, wo sie durch ein *IN* (oder auch *READ*, *INP* oder *READP*) erzeugt wurden. Die Tupel sind dagegen aktiv, sie werden also nach einem definierten Schema im System verbreitet oder weitergereicht. Dabei muß gewährleistet sein, daß ein Tupel - sofern es nicht verbraucht wird - irgendwann einmal jedem wartenden und möglicherweise passenden Template "begegnet".

2.) Passives Tupel

   Das komplementäre Verfahren. Hier werden Tupel lokal gespeichert, während die Templates nach ihnen "suchen".

3.) Verteiltes Hashing

   Bei diesem Verfahren wird anhand bestimmter Merkmale des Tupels bzw. Templates (z.B. Klassenzugehörigkeit) ein definierter Treffpunkt festgelegt. Alle Tupel und Templates mit denselben Merkmalen werden an denselben Ort gesendet, dort miteinander verglichen und ggf. gespeichert.

4.) Schnittmengenverfahren

Sowohl Tupel als auch Templates werden verteilt und zwar jeweils auf eine Teilmenge der im System vorhandenen Knoten (Speicher, Prozessoren, ...). Sie treffen sich auf der Schnittmenge dieser Knotenmengen und nur dort kann ein Match erkannt werden.

Die Auswahl eines geeigneten Verfahrens hängt ab von der Rechnerarchitektur und von den Eigenschaften des Übertragungsverfahrens, aber auch von der erwarteten Verteilung von TS-Zugriffen und läßt sich daher nicht für beliebige Architekturen verallgemeinern.

Linda-Implementierungen erfolgten bisher an der Yale Universität in den USA (zusammen mit einer Gruppe aus den AT&T Bell Laboratorien) und zwar sowohl auf Maschinen mit gemeinsamem Speicher als auch auf lose gekoppelten Multiprozessoren mit verteiltem Speicher. Am weitesten entwickelt ist dabei die Linda-Implementierung auf dem S/Net-Multicomputer, einer AT&T-Entwicklung aus maximal 64 Mikroprozessoren mit lokalem Speicher, die über einen schnellen, wortparallelen Bus mit Broadcast-Fähigkeiten nachrichtenorientiert kommunizieren [Car86, Car87].

Dabei wurde der erste der oben angeführten Ansätze verfolgt (passives Template). Für das Löschen eines Tupels nach einem erfolgreichen *IN*-Aufruf ist dann allerdings ein relativ aufwendiges Protokoll erforderlich, das sicherstellt, daß das mehrfach gespeicherte Tupel überall gelöscht und nur einem Aufrufer übergeben wird.

Auch eine inverse Variante wurde untersucht (passives Tupel). Das Löschen von Tupeln braucht dann zwar nur lokal zu erfolgen, dafür müssen aber die einmal verteilten Templates wieder gelöscht werden, damit sie nicht dauerhaft das System belasten.

Praktisch implementiert wurde bisher nur das erste Protokoll. Messungen mit einem einfachen Beispiel für "minimale" Tupel zeigten einen Durchsatz von 770 *IN/OUT*- Paaren pro Sekunde, also etwa 1,3ms pro Paar. Vergleicht man diese Ergebnisse mit (Software)-Implementierungen anderer Kommunikationsmechanismen wie *synchrones Senden* oder *Remote Procedure Call*, so zeigt sich, daß in diesen Fällen ein einzelner Kommunikationsvorgang in etwa den gleichen Aufwand erfordert wie die beiden *IN/OUT*-Sequenzen, die für eine entsprechende Linda-Nachbildung notwendig wären.

6. Linda-Implementierung auf einem hierarchischen Parallelrechner
   ohne gemeinsamen Speicher

Linda wird von uns derzeit auf dem hierarchischen Parallelrechner PARWELL 1 implementiert, der von der Münchner Firma P1 Gmbh hergestellt wird. Dieser Parallelrechner basiert auf Prozessorelementen mit je einem Mikroprozessor 68020, einem Koprozessor 68881 und max. 4 MByte lokalem Speicher. PARWELL 1 besitzt eine baumartige Verbindungsstruktur (siehe Figur 1), wobei der Verzweigungsgrad des Baumes in den einzelnen Ebenen bis zu 254 betragen kann.

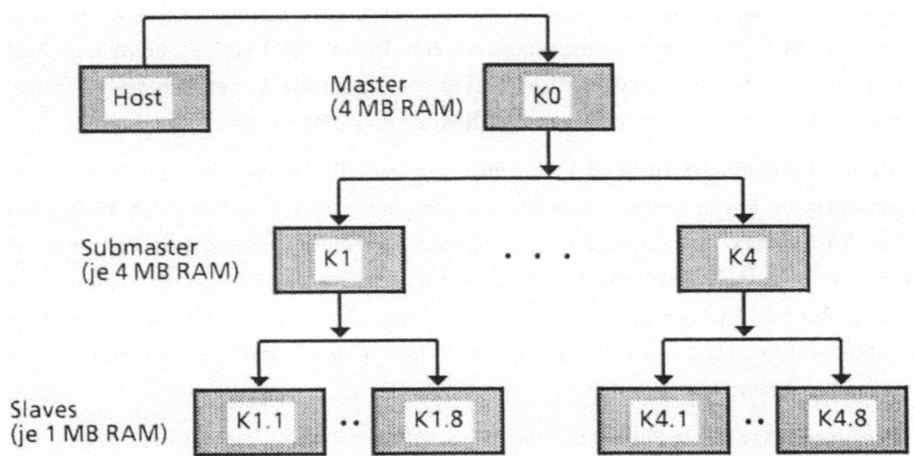

Figur 1: Beispiel für die Baumstruktur von PARWELL 1

Der Master kann durch die Submaster hindurch direkt auf die Slaves zugreifen.
Um ein Wort vom Knoten 1.1 zum Knoten 4.8 zu transportieren, wird ein einziger
Assembler-MOVE-Befehl des Masters benötigt. Für einen Transport vom Knoten
1.1 zum Knoten 1.8 genügt ein MOVE-Befehl des Submasters.

In PARWELL 1 ist von einem übergeordneten Knoten A aus lesender und schreibender Zugriff
auf einen beliebigen direkt oder indirekt untergeordneten Knoten B möglich. Der Knoten B ist
dabei vom Knoten A direkt adressierbar, d.h. der Speicher des Knotens B liegt direkt im
Adreßraum des Knotens A, auch wenn in der Hierarchie zwischen A und B noch weitere Knoten
liegen. Der Zugriff vom Knoten A auf den Knoten B erfordert damit keine Systemaufrufe oder
besonderen Protokolle, sondern geschieht auf dieselbe Weise wie ein Zugriff auf den eigenen
lokalen Speicher.

Neben dem gezielten Zugriff auf einen ausgewählten untergeordneten Knoten bietet der
Rechner auch die Möglichkeit, gleichzeitig in die Speicher aller untergeordneten Knoten einer
beliebigen Ebene zu schreiben (Broadcast).

Die Zugriffszeit für Zugriffe auf andere Knoten ist in beiden Fällen (gezielter Zugriff und
Broadcast) im wesentlichen die gleiche wie für lokale Zugriffe. Wenn in dem oder den
Zielknoten oder einem Zwischenknoten gleichzeitig ein anderer Zugriff durchgeführt wird, kann
der gewünschte Zugriff um einen Zugriffszyklus pro Ebene verzögert werden.

Das Multiprozessorsystem PARWELL 1 ist kein "stand-alone" System, sondern wird über einen
Host betrieben und agiert für diesen als Koprozessor. Als Host wird eine Workstation WS 30
unter UNIX System V mit Grafikbildschirm eingesetzt.

Für die Linda-Implementierung wurde ein solches System der Tiefe drei vorausgesetzt. Wir
betreiben zur Zeit eine Konfiguration mit einem Master, vier Submastern und 32 Slaves.

Diese Systemstruktur soll durch eine anwendertransparente Implementierung der Tupelraum-verwaltung möglichst effizient ausgenutzt werden. Dabei bietet sich zunächst eine Funktions-teilung an: Die funktionell gleichartigen Slaves bearbeiten die Anwenderprozesse, während die übergeordneten Prozessorknoten für die TS-Realisierung eingesetzt werden.

Die Datenblöcke, die ein Tupel oder Template zur Laufzeit repräsentieren *(TB)*, liegen zunächst zwangsläufig im Speicher desjenigen Slaves, der sie erzeugt hat. Das führt zu einer anfäng-lichen, "natürlichen" Verteilung des TS. Während es bei lose gekoppelten Systemen wie dem S/Net oder dem Intel iPSC nun unbedingt nötig ist, TBs physikalisch zu kopieren, um nach einem passenden Partner zu suchen, kann bei der Parwell-Architektur teilweise darauf verzichtet werden. Master und Submaster haben hier ja den Zugriff auf den gesamten Speicher der ihnen untergeordneten Knoten.

So ist es möglich, daß ein Submaster die TS-Verwaltung für alle ihm unterstellten Slaves - also für sein Cluster - übernimmt. Dabei werden die TBs in Datenstrukturen verwaltet, die zwar vollständig im Adreßbereich des Submasters liegen, aber physikalisch auf die Speicher der Slaves verteilt sind. Da Linda für den Fall, daß für ein Template bzw. Tupel mehrere passende Partner (-Tupel bzw. -Templates) vorhanden sind, keine deterministische Auswahl vorschreibt, können Cluster-lokal erkannte Matches sofort ausgeführt werden.

Zusätzliche Mechanismen sind nötig, um Matches auch Cluster-übergreifend erkennen und behandeln zu können. Prinzipiell kann diese Aufgabe der Master übernehmen, der ja seinerseits eine globale Sicht, also Zugriff auf die Speicher aller Submaster und Slaves hat. Dabei besteht allerdings die Gefahr, daß der Master als knappes Betriebsmittel zu einem Systemengpaß wird.

Aus diesem Grunde wurde eine andere Strategie gewählt, die den Master lediglich mit der physikalischen Übertragung für Cluster-übergreifende Matches und einigen Verwaltungs-aufgaben betraut. Die Hauptarbeiten, wie z.B. die Suche nach einem Match, werden vollständig den Submastern übertragen.

Dieses Protokoll folgt dem Grundprinzip des "passiven Tupels". Die Tupel-TBs bleiben also in jedem Fall lokal gespeichert, bis sie durch ein passendes Template verbraucht werden. Neu ankommende Leseaufrufe werden - wie oben beschrieben - ebenfalls zunächst Cluster-lokal bearbeitet. Nur falls dies erfolglos bleibt, wird eine Referenz auf den Template-TB an den Master übergeben, der diesen TB durch einen Kopiervorgang an alle Submaster weitergibt *(IN broadcast)*. Dabei kann effizient der Broadcast-Mechanismus des verwendeten Rechners genutzt werden.

Die Submaster können nun asynchron und parallel ihre Listen nach einem passenden Tupel durchsuchen. Bei Erfolg wird das gefundene Tupel (in Form einer Referenz auf den TB) an den Master übergeben, der den Match-Vorgang abschließt, indem er die Tupel-Daten an den Absender des Templates überträgt. Falls mehrere Submaster für dasselbe Template je ein Tupel für einen Match vorschlagen, so übernimmt der Master die Rolle des Schiedsrichters: Er akzeptiert willkürlich einen der Vorschläge und weist alle anderen zurück. Das Tupel, das für einen zurückgewiesenen Vorschlag vorgesehen war, wird explizit an den jeweiligen Submaster zurückgegeben.

Ein Submaster, der zu einem per Broadcast übertragenen Template kein passendes Tupel besitzt, speichert - soweit es sich nicht um eine *INP-* oder *READP*-Operation handelt - eine Referenz auf das Template in einer lokalen Datenstruktur, um Vergleiche mit neu ankommenden Tupeln anstellen zu können. Das bedeutet aber, daß Templates, die durch einen Match befriedigt wurden, durch Auftrag des Masters auch in allen Submastern wieder entfernt werden müssen. Das diesbezügliche Protokoll bedient sich wieder der Broadcast-Funktion des Parwell-Systems und führt damit nicht zu einem Effizienzproblem.

Das skizzierte Konzept bietet im Normalfall eine schnelle Befriedigung von wartenden Prozessen durch die Bevorzugung lokaler Matches und durch die Parallelität der Cluster-übergreifenden Suche. Ohne Zweifel bedeutet diese parallele Suche einen gewissen Mehraufwand, da unnötige Suchoperationen und mehrfache Match-Vorschläge vorkommen. In einer stark ausgelasteten TS-Verwaltung kann es daher von Vorteil sein, auf eine sequentialisierte Arbeitsweise überzugehen. Dies läßt sich leicht erreichen, indem der Master ein für die systemweite Suche bestimmtes Template zwar per Broadcast überträgt, einem Submaster aber erst dann und nur dann einen Auftrag zu dessen Bearbeitung (etwa in Form eines Tokens) übergibt, wenn der zuvor beauftragte Submaster eine negative Rückmeldung gegeben hat. Damit wird eine geringere Belastung der Submaster erzielt, die jedoch bei normaler Auslastung zu einer verzögerten Befriedigung der wartenden Slaves führt. Ein kombniertes Verfahren, bei dem belastungsabhängig die Betriebsweise geändert wird, könnte dieses Problem gegebenenfalls lösen.

Zusammenfassung und Ausblick

Linda bietet bei der Formulierung explizit paralleler Programme eine interessante Alternative zu den etablierten Kommunikationsmechanismen.

Um zu prüfen, ob Linda für die Entwicklung portabler Parallelrechnersoftware in der Praxis geeignet ist, sind Untersuchungen über Implementierungsmöglichkeiten auf unterschiedlichen Rechnerarchitekturen erforderlich. Zusätzlich werden Erfahrungen über die Effizienz solcher Realisierungen bei der Lösung rechenintensiver Probleme benötigt.

Aus diesem Grunde wird von uns - in Kooperation mit der p1 GmbH., München - eine experimentelle Implementierung des vorgestellten Konzeptes durchgeführt. Die Integration der Spracherweiterung in einen Modula-Compiler sowie die Realisierung eines Linda-Kerns für die Tupelraumverwaltung sind zur Zeit in Arbeit.

Daneben ist zur Evaluierung des Systems die Entwicklung geeigneter Anwendungsprogramme aus unterschiedlichen Problemgebieten vorgesehen.

Diese Arbeiten werden im Rahmen des Projektes ESPRIT 1532 von der EG gefördert.

Literaturhinweise

[Ahu86a]   Ahuja, S.; Carriero, N.; Gelernter, D.: Linda and Friends. IEEE Computer, Vol. 19 (1986) No. 8, S. 26-34

[Ahu86b]   Ahuja, S. et al: Progress Towards a Linda Machine. Proc. 1986 Int. Conf. on Circuit Design, S. 97-101

[Bor86]   Bornat, R.: A Protocol for Generalized Occam, Software - Practice and Experience. Vol. 16 (1986), No. 9, S. 783-799

[Bri73]   Brinch Hansen, P.: Operating System Principles. Englewood Cliffs: Prentice Hall 1973

[Bri75]   Brinch Hansen, P.: The Programming Language Concurrent Pascal. IEEE Trans. on Software Engineering Vol. 1 (1975) No. 2, S. 199-207

[Bri87a]   Brinch Hansen, P.: Joyce - A Programming Language for Distributed Systems. Software Practice and Experience. Vol. 17 (1987) No. 1, S. 29-50

[Bri87b]   Brinch Hansen, P.: A Joyce Implementation. Software Practice and Experience. Vol. 17 (1987) No. 4, S. 267-276

[Car86]   Carriero, N.; Gelernter, D.: The S/Net's Linda Kernel. ACM Trans. on Computer Systems, Vol. 4 (1986), No. 2, S. 110-129

[Car87]   Carriero, N.: Implementation of Tuple Space Machines. Dissertation, Yale Universität, 1987, (in Vorbereitung)

[Gel85a]   Gelernter, D.: Generative Communication in Linda. ACM Trans. on Prog. Lang. and Systems, Vol. 7 (1985), No. 1, S. 80-112

[Gel85b]   Gelernter, D. et al: Parallel Programming in Linda. Proc. 1985 Int. Conf. on Parallel Processing, Univ. Park, Pa. (1985), S. 255-263

[Gel86]   Gelernter, D.: Domesticating Parallelism. IEEE Computer, Vol. 19 (1986) No. 8, S. 12-16

[Hoa74]   Hoare, C.A.R.: Monitors: An Operating System Structuring Concept. Comm. ACM, Vol. 17 (1974), No.10, S. 549-557

[Hoa78]   Hoare, C.A.R.: Communicating Sequential Processes. Comm. ACM. Vol.21 (1978)

[May86a]   May, D., Occam 2 Manual, March, 1986

[May86b]   May, D.: Communicating Sequential Processes: Transputer and Occam. Proc. ESPRIT Summer School on Future Parallel Computers, Pisa (1986), No.8 , S. 666-677

[p1G87]   p1 GmbH (München): Modula-2 Manual, Okt. 1987

[Sha85]   Shapiro, E.Y.: A Subset of Concurrent Prolog and its Interpreter. Techn. Rep. TR-003, ICOT, Tokyo, 1983

[USD81]   United States Department of Defense: Reference Manual for the Ada Programming Language. (1981)

[Wir85]   Wirth, N.: Programmieren in Modula-2. Springer, 1985

Code Generation and RISC Architectures

Susan L. Graham
Computer Science Division-EECS
University of California
Berkeley, CA 94720 USA

Introduction

One of the most important and controversial innovations in computer architecture in the 1980's has been the notion of a Reduced Instruction Set Computer (RISC). Both the RISC advocates and the defenders of CISC (Complex Instruction Set Computer) architectures argue that the respective styles of architecture are intended to support programming in higher-level languages (HLL's). The argument for CISC design is that it reduces the "semantic gap" between source language and architecture. The arguments for RISC architecture include the claims that code generation is easier because there are fewer choices, and that the architecture includes only the instructions that are used frequently.

In this paper we examine the implications of RISC architectures for the synthesis aspects of HLL translation. We summarize the techniques needed for effective code generation. Our consideration of this topic leads us to the conclusion that the RISC notion does not, by itself, guarantee an architecture for which it is easy to generate high quality code. Even for the cleanest RISC designs, careful design of the HLL translator is essential.

What is code generation?

The design of compilers has been studied in earnest for approximately thirty years, dating from the original FORTRAN effort [Bac81][1]. At the present time, it is regarded as a mature subject, in which there is considerable understanding, although less agreement, about conceptual compiler structure.

In the usual organization for a translator from a source language in which most bindings are determinable at translation time, (for instance, a language with strong typing) to a target machine language program, the source language program is "internalized" by well-understood techniques for lexical analysis, syntax analysis, and static semantic checking. The program is

---

[1] Backus claims that optimization was a major concern of the FORTRAN team, since

represented explicitly in some intermediate language (IL). In that form the program is analyzed, transformed, and translated either to an assembler language or directly to target machine code. If the design goal for the translator is translation speed rather than high quality code, a "one pass" strategy might be used, in which there is no explicit intermediate representation.

The design of the IL is a topic of current interest. Certain aspects of the analysis and transformation depend only on information exposed at a semantic level close to that of the source language. Constraint checking in Ada† is an example. Other aspects, for example instruction selection, depend fundamentally on the target machine architecture.

Some compiler designers have chosen to use two intermediate languages. A high level IL can be used also by other tools in a programming environment. It can also be used for some optimization transformations such as procedure integration, generic procedure instantiation, recursion removal, elimination of unnecessary execution-time checks, and removal of dead code caused by "conditional compilation" constructs. The high level IL can then be translated to a low level IL on which other analysis and optimizing transformations can be performed, and from which code can then be generated. There might be additional optimization performed on an assembly language representation. Thus the compilation process is broken down into a sequence of translations from one language or representation to another. We refer to the collective synthesis aspects of each of those translations as *code generation*.

In light of the desire to transport HLL programs to different machine architectures, it is often necessary to write multiple compilers for the same HLL's. A *retargetable* compiler is one which is organized to separate as much as possible those aspects of the translator that are "machine independent" from those that depend on the architecture. The motives are to lessen the amount of compiler modification (both conceptual and in lines of code) needed to convert the compiler to generate different target code, to preserve the *de facto* interpretation of the fine points of the source language syntax and semantics, and to maintain the same user interface, for instance the error messages, the debugging information, etc. If there are two levels of IL, then the translator can be organized so that the high level transformations are relatively independent of the machine architecture, even if facts about the architecture affect the choice of transformation. The translation of the low level IL can be designed to be relatively independent of the source language, although again certain choices may be affected by facts about the source language and its typical patterns of use.

The desire for retargetability imposes constraints on the design of the low level IL. In implementing a programming language, a compiler designer must make numerous decisions concerning the execution-time representation of data

---

without it programmers would be unwilling to give up assembly language programming.

† 'Ada' is a trademark of the Ada Joint Program Office, U.S. Department of Defense.

and the mapping of high level language constructs to target code. The implementer designs a *virtual machine* which comprises the execution-time model. The IL is in many respects a language for the virtual machine. The operators of the virtual machine must be implemented as efficiently as possible. For example an integer *add* operator usually corresponds to a machine instruction. Part of the effort in retargeting a compiler is to review and perhaps change the virtual machine design so that the translation from the virtual machine to the target machine makes good use of the target architecture. A well-designed virtual machine is one that requires little revision to accommodate retargeting.

What is a CISC?

The motive behind the design of CISC architectures is to implement many of the operations from a typical virtual machine in hardware, so that they execute quickly. Often, microcode has been used to realize the more complex operations, such as procedure calls or multi-dimensional array indexing. When it became apparent that different source languages might have different "natural" virtual machines, some computer architects proposed to have writable microcode storage, so that a different set of instructions could be loaded for a different source language.

The intuitive measure of target code quality, if minimizing execution speed is the goal, is that the target program do as little "unnecessary" computation as possible. Thus attempts are made to avoid both unnecessary computational operations and unnecessary data movement. The difficulty with target code generated for some CISC architectures is that the hardware may perform some logically unnecessary operations or data moves that cannot be avoided because they are not "exposed" in the program; that is, they do not constitute separate instructions. This is the same reason that HLL programs contain certain inherent inefficiency with respect to the target machine.

What is RISC?

The major factors that characterize a machine architecture as a RISC are summarized next. The focus of the discussion is, of course, the way these features affect code generation.

(1) A machine instruction is executed every cycle. Since some instructions may require more than one cycle to complete, for instance those that access memory, the one-instruction-per-cycle goal is attained by the use of pipelining. One consequence of this constraint is that certain operations are not available as hardware instructions.

(2) Memory is accessed only by load or store instructions. All computational instructions take their operands from high-speed registers and place their results in registers. This is sometimes described as a load/store architecture. An accompanying trait is that these are multi-register machines.

(3) There are a small number of addressing modes. The primary motive is small and simple hardware control.

(4) Control is hardwired. There is no microcode and thus no instructions that are inaccessible to the translator.

There are some architectural features that are intrinsic aspects of certain RISC architectures but are not fundamental to the concept. Among them are:

(a) Very few instructions.

For example, the first Berkeley RISC machine, the RISC I, [PaS82] has 31 instructions. The RISC II [Kat83] has 39. The standard MIPS machine has 31 [Hen84a]. In contrast, the IBM 801 [Rad82] has 120 instructions and the IBM RT PC ROMP has 118 [HSC86], yet the IBM architectures satisfy the four features above. Table 1 compares the categories of instructions on the MIPS and the ROMP.

	MIPS	ROMP
Memory Access	8	17
Addr. Computation	--	8
Branch & Jump	5	16
Trap	1	3
Moves & Inserts	4	13
Arithmetic	4	21
Logical	3	16
Shift & rotate	5	15
System control	1	7
I/O	--	2

Table 1   Numbers of Instructions

(b) Register Windows

The ROMP and MIPS machine each have 16 32-bit general registers. Register usage is determined by the compilation strategy. Berkeley RISC machines have 138 registers, organized as overlapping register windows. At any given time, ten global registers, ten local registers, six input registers and six output registers are visible. When a procedure is called, it gets a new set of local registers and a new set of output registers. The output registers of the caller become the input registers of the called procedure. Thus only 32 registers out of the 138 are in active use simultaneously. If there is a sequence of more than eight procedure activations without a return, then the register file functions as a circular buffer and the previous register contents must be spilled to memory and subsequently re-loaded.

Other variations in RISC architecture, such as fixed instruction size versus varying size or the nature of instruction or date caching have an important effect on processor speed but have less direct impact on compilation. Consequently we do not summarize them here. The interested reader should see the collection of papers edited by Stallings [Sta86].

The effect of RISC architectures on code generation

When code quality is not an overriding concern, the major challenge for code generation is to find a correct sequence of target instructions into which to translate the HLL source program. To obtain high quality code, two factors are particularly important for RISC machines.. First, instruction scheduling or reordering to minimize pipeline delays can have a significant effect on execution speed. (It will also reduce program size since size and speed are closely related on a one-instruction-per-cycle architecture.) Second, reduction of the number of loads and stores by virtue of better register management can make a significant difference. In addition to these two factors, the conventional "global optimization" code improvement techniques can have a major effect on code quality. In the sections that follow, we discuss these issues in turn.

Instruction Selection

In the last decade, there has been considerable research into algorithmic techniques for instruction selection [GFH82]. This work has been motivated in part by the need for retargetability and by the desire to automate the tedious and error-prone case analysis found in "hand coded" code-generators. Although the underlying insight that instruction selection can be regarded as a pattern-matching problem [Fra77, Gra80] is relatively easy to understand, and solves some of the omissions of earlier methods with overly simple machine models, for example [AhJ76], considerable research was needed to solve practical issues of efficiency and real machine instruction sets [AGH84, GaF85, Hen84b, LJG82]. Recent more powerful pattern matching algorithms [AhG85, FrW86, HeD87, PeG88, WeW86] have made those techniques even better and easier to use.

One of the complexities handled by pattern matching approaches, namely, the selection of addressing modes, is less of an issue for RISC architectures, since there are fewer modes from which to choose. Furthermore, for an architecture like RISC II or MIPS, in which there are a small number of instructions, the case analysis is less tedious and easier to hand-code. Nevertheless the structure imposed by the pattern matcher and the descriptive nature of the architectural information provide a clean organization for instruction selection and facilitate retargeting.

The case analysis necessary for instruction selection, whether automated or not, typically involves considering every operator and operand in the IL representation in turn and generating instructions to evaluate it. A variety of techniques are used to simplify the process by making it more modular.

(1) Evaluation order is often determined either before instruction selection (e.g. [SeU70, WJW75]) or afterwards in the case of pipeline scheduling.

(2) Register allocation (the determining of which values are held in registers) is often separated from register assignment (the determination of *which* register holds a value). Frequently, instructions are selected as if there were an unbounded number of registers and then a separate phase maps the virtual registers to physical registers.

(3) The instruction set is idealized to provide a better match with the IL. A special mechanism associated with the matcher, or a subsequent phase such as a peephole optimizer maps the idealized instructions to the real ones.

This third technique is particularly important for RISC architectures in which important operations are unimplemented as single instructions. The compilers for the Hewlett-Packard Spectrum RISC architecture are described by Coutant *et.al* [CHK86] as using special *millicode* subroutines. The millicode plays the same role as microcoded instructions, with the significant exceptions that (1) the millicode subroutines are exposed to the optimizer and (2) ILs for different source languages can have different millicode instructions. The subroutine calls could be selectively expanded in line if further optimization were possible or if code size were not a concern.

The absence of certain opcodes may introduce considerable extra compiler mechanism. For example, most RISC architectures do not have multiply instructions. Integer multiplication is sometimes performed by a sequence of shifts and adds. In that case it is desirable to optimize those sequences. If one of the operands is a constant, the optimization can be done at compile time. In some cases the compiler can maintain tables resulting from exhaustive analysis of common cases. Alternatively, multiplication might be done by converting the integer operands to floating point, using a floating point coprocessor multiplication, and then converting back [THL86]. These techniques are reminiscent of those used for the CDC6000 series [Amm77][2]. Of course, reduction in strength then becomes a particularly important optimization!

The strategy used in MIPS [Hen84a] makes this problem somewhat easier for the compiler writer. The machine has instructions for multiply/divide steps. The assembly language contains a macro-instruction for 32-bit multiply or divide, which is expanded into a sequence of instructions to carry out the execution steps. A similar strategy could be used for the IBM RT PC.

The compiler writers for the Hewlett-Packard Spectrum [CHK86] report that most integer multiplications generated by user programs are multiplications by small constants. Using the shift-and-add instructions on the Spectrum, most of those multiplications can be accomplished in five cycles or

---

[2] Gordon Bell has pointed out [Bel86] that many of the RISC notions were present in Seymour Cray's mid-1960's design of the CDC 6600.

fewer. Other integer multiplications are handled by millicode instructions.

Bit, byte, or halfword data manipulation may also have to be implemented by macro-instructions or millicode. For example, the SPUR architecture [THL86], which was designed to support LISP, has extract-byte and insert-byte instructions, but is otherwise designed for 32-bit computation. Therefore partial word operations require macro-instructions [Sem87].

On machines with fixed length instructions, if the instruction size is the same size as the address length, for example 32 bits, it may be necessary to synthesize 32-bit address constants. For example, on the RISC II architecture, the LDHI instruction loads the high-order bits, which can then be added to an immediate constant. Again, this complication can be hidden by an assembler macro-instruction.

Pipelines and Instruction Scheduling

The MIPS architecture depends on software instruction reordering and insertion of NOP instructions to avoid pipeline hazards caused by overlapped instruction execution. Even if there are hardware interlocks, avoiding their occurrence can increase execution speed. The fundamental work on reordering was done by Hennessy and Gross [HeG83]. By computing a dependency DAG for each assembler-level basic block, the instructions can be reordered to schedule unrelated computation between the initiation of one instruction and the initiation of another instruction depending on the completion of appropriate stages of the first one.

In order to prevent pipeline delays caused by branches, particularly conditional branches, designers of RISC architectures have introduced various forms of *delayed branch* in which the branch does not take effect until after the instruction following it has been completed. By following the branch with an instruction that logically precedes it but that does not determine the outcome of the branch if it is conditional, the execution overlap can be achieved. Hennessy reports [Hen84a] that
1) typically at least 80% of delayed branches can be scheduled to execute useful instructions during the delay, and
2) about 20% of the instructions executed on a MIPS processor occur following delayed branches.

Thus this reordering is very important. The MIPS and RT PC architectures also have *delayed load* instructions, which must be scheduled so that the load is not followed by an instruction that depends on the result. Similar techniques can be used to schedule co-processor floating point instructions. Gibbons and Muchnick [GiM86] have presented a more efficient algorithm for this kind of reordering.

The instruction reordering and insertion of NOPs (if there is no hardware interlock) is usually done on the lowest program representation (post-assembly level in the case of MIPS). Bird has pointed out [Bir86] that even better scheduling might be possible if scheduling were performed in concert with register assignment rather than afterwards. However, the advantage of having a separate postpass reorganizer is that it can be used by multiple compilers. This approach also prevents additional complexity in the register manager.

Register Management

In a load/store multi-register architecture there are a variety of ways in which registers can be used in compiled code. The two most essential uses are to hold the operands for a computational operation and to receive the result of that computation. In addition, registers can be used to hold memory addresses, as fast-access storage repositories for variables and values, and to pass parameter values from a call site to a procedure execution environment and back.

The use of registers in a transitory way to perform computation is relatively easy to manage, although improvements are still being made [Kas87]. However, the use of registers for fast-access storage is more difficult to do well. The reasons are two-fold.

(1) At any given point in the program, there may be a larger number of "interesting" values to retain in registers than there are registers in which to hold them. The determination of which values to hold in registers must be made on the basis of a static (compile-time) analysis of dynamic (execution-time) behavior. It depends not only on the state of the computation at the time the value is put into the register but also on what happens subsequently in the computation. In addition to the obvious uncertainty at compile-time about the execution sequence, register analysis is complicated by the possibilities of aliasing and indirection (i.e., having more than one designation for a variable).

(2) In architectures without register windows, the registers used during a procedure activation are fixed at compile-time and are independent of execution history or call site. Consequently, before calling a procedure or function, care must be taken to save register contents that are (potentially) in use at a call site and are (potentially) modified by execution of the called procedure.

Unfortunately, these two areas of concern are interdependent, since in the absence of register windows, the cost of an environment switch (saving/restoring across calls and returns) is affected by the registers in active use. However, initially let us consider them separately. Considerable research has been done in alias analysis and reasonable information can be gathered by optimizers. (See, for example, the work by Cooper [Coo85].) Within a procedure body, register coloring techniques can be used to construct an interference graph and to use information about overlapping lifetimes to allocate variables to registers [CAC81, ChH84, LaH86, McK84]. Over reasonably large sections of code, such as procedure bodies, register coloring is very effective. For smaller program segments (for instance, between calls), simpler strategies such as on-the-fly allocation [Amm77] work equally well [McK84, StH86].

A study reported by Patterson and Sequin [PaS82] indicated that call/return actions account for a very significant percentage of execution time if the loads and stores to save and restore registers are taken into account. Studies by Halbert and Kessler [HaK80] and by Tanenbaum [Tan78] revealed that in most cases, called procedures have fewer than 6 arguments and fewer than 6 local variables. These statistics are based on C and Pascal programs, but seem to be valid for a variety of other source languages as well. The statistics motivate both the inclusion of register windows and large register files in Berkeley RISC machines and their successors and the design decisions for register management in the absence of register windows.

The strategies for reducing the cost of calls and returns are based on two ideas -- to eliminate or simplify calls and to reduce the amount of data copying associated with them. A good way to eliminate calls is by in-line expansion of calls to non-recursive routines such as utility functions or abstract operations. (This technique is sometimes called open coding). The resulting increase in code size can often be estimated before deciding which calls to expand. The code size can also be reduced by conventional optimization techniques in many cases. Calls can be simplified by noticing the special case of *leaf procedures* (those that do not make further calls) or of local procedures whose activation recores can be merged with that of the calling environment [FaK80]. The discovery of leaf procedures is useful even in the presence of register windows since the output registers for those procedures can be used as an extension of the local registers.

A popular strategy is to partition the registers into subsets with dedicated uses. For example, there may be a convention that 3-4 registers are used to pass the first 3-4 parameters to a procedure, or that certain registers are to be used for local variables and must always be preserved across calls. In some respects the Berkeley register windows are a hardware implementation of that strategy,

David Wall has proposed a strategy to do interprocedural register allocation, in order to avoid the call/return bottleneck [Wal86]. The basic idea is to apply the register coloring ideas to the program call graph, rather than just to an interprocedural interference graph. That approach, in effect, enables the execution-time system to have variable-sized windows and partitions.

Discussion

We have devoted very little space to "conventional" optimization. It seems likely that many compilers for SPUR architectures will incorporate such technology. The reasons are straightforward:

1) there is a concern about code size because of the low level of RISC instructions. Conventional optimization can often reduce code size.

2) The tradeoffs that favored one-pass compilation in the past are different now. The "front-end" may be interactive, so that the compilation *per se* starts from the IL. In any case, larger memories, faster machines, and modular programs contribute to faster optimizing compilation.

3) The analysis that is done for register management has a lot in common with the analysis needed for other optimizing transformations. It may not require an inordinate amount of additional effort to provide the other optimizations.

One of the interesting issues for the computer architecture community is to evaluate the relative advantages of using large register files and windows versus relying on compiler technology to obtain efficient register management. For example, Wall reports good results using 52 registers (as contrasted with RISC II's 138) [3]. Recent work at Bell Labs [BDM87] takes a quite different approach, using registers to implement a Stack Cache but not exposing them in the instructions at all. The architect must decide what is the best use of hardware resources. Clearly, the presence of register windows lessens the complexity of register management for the compiler writer, since intraprocedural allocation can be done without concern for the effect of calls (except for their influence on aliasing) and most of the register management problems for calls are eliminated.

In discussing compilers and computer architecture in 1981, Wulf listed three design principles: regularity, orthogonality, composability [Wul81]. Those principles are just as important today as they were then. At that time, computer architects were putting what they believed were important idioms into hardware (or at least microcode.) Then as now, an important approach to architectural design seems to be to measure the frequency of use of various computational entities (data types, operations, branches, etc.) and then to make decisions about what instructions to include on the basis of those frequencies. it is essential that before a candidate operation or data type be discarded, the architect make certain that it can be synthesized. The compiler writer can deal quite well with millicode or macro-instructions, as long as they have clean definitions.

Bibliography

[AhJ76]   A. V. Aho and S. C. Johnson, "Optimal Code Generation for Expression Trees", *J. ACM 3* (July 1976), 488-501.

[AhG85]   A. V. Aho and M. Ganapathi, "Efficient tree pattern matching: an aid to code generation", *Conf. Rec. 12th ACM Symp. on Prin. of Prog. Lang.*, Jan. 1985, 334-340.

---

[3] On the other hand, The machine for which he did his research actually has four sets of registers, to facilitate process switching! The register file approach should be able to handle process switching more easily.

[AGH84]   P. Aigrain, S. L. Graham, R. R. Henry, M. K. McKusick and E. Pelegri-Llopart, "Experience with a Graham-Glanville Style Code Generator", *Proc. SIGPLAN 1984 Symp. on Compiler Const.*, June 1984.

[Amm77]   U. Ammann, "On Code Generation in a PASCAL Compiler", *Software—Practice & Experience 7* (1977), 391-423.

[Bac81]   J. Backus, "The History of Fortran I, II, and III", in *History of Programming Languages*, R. Wexelblat (editor), Academic Press, New York, 1981.

[Bel86]   C. G. Bell, "RISC: Back to the Future?", *Datamation 32*, 11 (1 June 1986).

[BDM87]   A. D. Berenbaum, D. R. Ditzel and H. R. McLellan, "Introduction to the CRISP Instruction Set Architecture", *COMPCON*, Feb. 24-26 1987.

[Bir86]   P. L. Bird, "Register Allocation and Instruction Scheduling for Pipelined SISD Processors", CRL-Tech. Rep.-12-86, University of Michigan, Ann Arbor, June 1986.

[CAC81]   G. J. Chaitin, M. A. Auslander, A. K. Chandra, J. Cocke, M. E. Hopkins and P. W. Markstein, "Register Allocation via Coloring", *J. Computer Lang. 6* (1981), 47-57.

[ChH84]   F. Chow and J. L. Hennessy, "Register Allocation by Priority-Based Coloring", *Proc. SIGPLAN 1984 Symp. on Compiler Const.*, June 1984.

[Coo85]   K. D. Cooper, "Analyzing Aliasing of Reference Formal Parameters", *Conf. Rec. 12th ACM Symp. on Prin. of Prog. Lang.*, Jan. 1985.

[CHK86]   D. S. Coutant, C. L. Hammond and J. W. Kelly, "Compilers for the New Generation of Hewlett-Packard Computers", *Proceedings of COMPCON*, March 1986, 48-61.

[FaK80]   R. N. Faiman and A. A. Kortesoja, "An Optimizing Pascal Compiler", *IEEE Transactions on Software Engineering SE-6* (1980).

[Fra77]   C. W. Fraser, "A Knowledge-Based Code Generator Generator.", *Proceedings of the ACM Symposium on Artificial Intelligence and Programming Languages*, August 1977.

[FrW86]   C. W. Fraser and A. L. Wendt, "Integrating Code Generation and Optimization", *Proc. SIGPLAN Notices 1986 Symp. on Compiler Const.*, June 1986, 242-248.

[GFH82]   M. Ganapathi, C. N. Fischer and J. L. Hennessy, "Retargetable Compiler Code Generation", *Computing Surveys 14*, 4 (Dec. 1982), 573-592.

[GaF85]   M. Ganapathi and C. N. Fischer, "Affix Grammar Driven Code Generation", *Trans. Prog. Lang and Systems 7*, 4 (Oct. 1985), 560-599.

[GiM86]   P. B. Gibbons and S. S. Muchnick, "Efficient Instruction Scheduling for a Pipelined Architecture", *CCC86*, June 1986, 11-16.

[Gra80]   S. L. Graham, "Table-Driven Code Generation", *IEEE Computer*, Aug. 1980, 25.

[HaK80]   D. C. Halbert and P. B. Kessler, "Windows of Overlapping Register Frames", unpublished, June 1980.

[HeG83]   J. L. Hennessy and T. R. Gross, "Postpass Code Optimization of Pipeline Constraints", *Trans. Prog. Lang and Systems 5*, 3 (July 1983), 422-448.

[Hen84a] J. L. Hennessy, "VLSI Processor Architecture", *IEEE Transactions on Computers C-33* (December 1984), 1221-1246, IEEE.

[Hen84b] R. R. Henry, "Graham Glanville Code Generators", UCB/Computer Science Dpt. 84/184, Ph.D Dissertation, University of California, Berkeley, 1984.

[HeD87]   R. R. Henry and P. C. Damron, "Code Generation Using Tree Pattern Matchers", Technical Report 87-02-04, University of Washington, Seattle, February 1987.

[HSC86]   P. D. Hester, R. O. Simpson and A. Chang, "The IBM RT PC ROMP and Memory Management Unit Architecture", IBM Publication No. SA23-1057,, IBM Personal Computer Technology, 1986.

[Kas87]   U. Kastens, "Code Generation Based on Operator Identification", manuscript, Universitat-GH Paderborn, 1987.

[Kat83]   M. G. H. Katevenis, "Reduced Instruction Set Computer Architectures for VLSI", Tech. Rep. UCB/Computer Science Dpt. 83/141, PhD Diss., UCB, 1983.

[LJG82]   R. Landwehr, H. Jansohn and G. Goos, "Experience with an Automatic Code Generator Generator", *Proc. SIGPLAN 1982 Symp. on Compiler Const.*, June 1982, 56-66.

[LaH86]   J. R. Larus and P. N. Hilfinger, "Register Allocation in the SPUR Lisp Compiler", *Proc. SIGPLAN Notices 1986 Symp. on Compiler Const.*, June 1986, 255-263.

[McK84]   M. K. McKusick, "Register Allocation and Data Conversion in Machine Independent Code Generators", 84/214, PhD Diss., Computer Science Division, EECS, UCB, Berkeley, CA, Dec. 1984.

[PaS82]   D. A. Patterson and C. H. Sequin, "A VLSI RISC", *IEEE Computer*, Sep. 1982.

[PeG88]   E. Pelegri-Llopart and S. L. Graham, "Optimal Code Generation for Expression Trees: An Application of BURS Theory", *ACM Symposium on Principles of Programming Languages*, San Diego, January 1988.

[Rad82]   G. Radin, "The 801 Minicomputer", *Proc. of the Symp. on Arch. Support for Prog. Lang. and Operating Systems*, Mar. 1982, 39-47.

[Sem87]   L. Semenzato, Lecture, CS265, University of California, Berkeley, October 1987.

[SeU70]   R. Sethi and J. D. Ullman, "The Generation of Optimal Code for Arithmetic Expressions", *J. ACM 17*, 4 (Oct. 1970), 715-728.

[Sta86]   W. Stallings, ed., *Reduced Instruction Set Computers*, IEEE, 1986.

[StH86]   P. Steenkiste and J. Hennessy, "LISP on a Reduced-Instruction-Set Processor", *Proceedings of the 1986 Conference on LISP and Functional Programming*, Boston, August 1986, 192-201.

[Tan78]   A. S. Tanenbaum, "Implications of Structured Programming for Machine Architecture", *Comm. of the ACM 21*, 3 (Mar. 1978), 237-244.

[THL86]   G. S. Taylor, P. N. Hilfinger, J. R. Larus, D. A. Patterson and B. G. Zorn, "Evaluation of the SPUR Lisp Architecture", *Thirteenth International Symposium on Computer Architecture*, June 1986.

[Wal86]   D. Wall, "Global Register Allocation at Link Time", *Proc. SIGPLAN Notices 1986 Symp. on Compiler Const.*, June 1986, 264-275.

[WeW86]   B. Weisgerber and R. Wilhelm, "Two Tree Pattern Matchers for Code Selection (Including Targeting)", A 09/86, Universitat des Saarlandes, Saarbrucken, 1986.

[WJW75]   W. A. Wulf, R. K. Johnsson, C. B. Weinstock, S. O. Hobbs and C. M. Geschke, *The Design of an Optimizing Compiler*, North-Holland, New York, NY, 1975.

[Wul81]   W. A. Wulf, "Compilers and Computer Architecture", *IEEE Computer 14*, 7 (July 1981), 41-48.

<u>COLIBRI: EIN TESTFALL FÜR DIE RISC-PHILOSOPHIE</u>

Christian Müller-Schloer, Thomas Niedermeier, Doris Rauh

Siemens AG, Zentralbereich Forschung und Technik, ZTI SYS 1

Otto-Hahn-Ring 6, D-8000 München 83

Tel. (089) 636 3393

1.   Motivation und Aufgabenstellung

Reduced Instruction Set Computer (RISC) haben seit ihrer Einführung weite Beachtung gefunden /Wei87, Tab87, Kle86/. Neben einigen Universitätsprojekten (RISC I und II in Berkeley, MIPS in Stanford) ist bereits eine größere Anzahl kommerzieller RISC-Prozessoren bekannt geworden. Ihre Architektur, obwohl jeweils als RISC bezeichnet, ist dabei recht unterschiedlich (Tab. 1). Die Bandbreite reicht bis zu Prozessoren, die man bzgl. bestimmter Eigenschaften bereits der CISC-Welt zuordnen kann. Umgekehrt finden sich inzwischen auch in CISC-Prozessoren typische RISC-Merkmale wieder. Die Situation wird erst verständlich, wenn man berücksichtigt, daß es <u>die</u> RISC-Architektur nicht gibt, daß vielmehr eine Sammlung von einzelnen RISC-Architekturmaßnahmen existiert, aus denen von Fall zu Fall auszuwählen ist. Auf diese Weise entsteht ein fließender Übergang vom RISC bis zum CISC. Die typischen RISC-Architekturkomponenten sind: kleiner Befehlssatz; Load/Store-Architektur; Ein-Zyklus-Operationen; großer Registersatz; einheitliches Befehlsformat; wenige Adressierungsarten; Verzicht auf Mikrocode.

Die gewöhnlich ins Feld geführten Vorteile von RISC-Prozessoren sind

1.   einfache HW-Entwicklung wegen geringer Komplexität.
2.   hohe Performance wegen Beschränkung auf die für eine bestimmte Anwendung notwendigen Komponenten.

Eine Konsequenz der RISC-Philosophie für den industriellen Prozessorentwickler ist die Aufwandsverlagerung von der HW in die SW. Im Fall eines CISC ist die Grenze zwischen HW und Compiler, das Hardware/ Software-Interface (HSI), in Richtung SW verschoben. Konstant bleibt die Funktion des Gesamt-HW/SW-Systems, nämlich die Verarbeitung einer High-Level-Language (HLL). Ein kleiner HW-Teil erfordert einen ensprechend größeren SW-, d.h. Compiler-Aufwand. Umgekehrt sollte ein hoch angesiedeltes HSI den Compilerbauer entlasten. Für den Fall, daß für einen Prozessor HW und SW neu entwickelt werden müssen, ist zu untersuchen, wie sich der Gesamtaufwand verhält. Sicher kann man aus der reduzierten HW-Komplexität Kapital schlagen, wenn es möglich ist, den RISC-Compiler aus vorhandenen Compilern abzuleiten. Ansonsten wird möglicherweise der Vorteil der reduzierten HW-Komplexität durch erhöhten SW-Aufwand wieder aufgefressen.

Prozessor	Charakterisierung	Zykluszeit [ns]	Zyklen / Befehl	Pipeline-Stufen	Register / Fenster	Busse 1)	Mikro-Code	Anzahl der Befehle	Adressierungs-Arten 2)	Befehls-Formate
PROZESSOREN										
IBM 801	RISC	66	1.1	ja	32 / nein	2(A,D)	nein	120	3	2
BERKELEY RISC II	RISC	300	1-2	3	138 / 8	1A/1D	nein	39	2	2
Stanford - MIPS	RISC	250	1.5	5	32 / nein	1A/1D	nein	45	2	4
MIPS R2000	RISC	80	1.5	5	32 / nein	1A/1D	nein	102	2	4
CLIPPER	RISC	30	6.6	3	40 / nein	2(A,D)	nein	101	9	14
INMOS Transputer T414	RISC	50	1 - 7	nein	4K RAM	1(A,D)	ja	111	1	1
AMD 29300	RISC / CISC Slice	100	1	3	nein	1A/1D	ja	124	--	2
AMD 29000	RISC	40	1.5	4	192 / nein	1A/2D	nein	115	4	1
NS 32532	CISC	33	2 - 2.15	4	8/nein	1A/1D	nein	--	--	--
SYSTEME										
HP 3000 / 950	RISC	125	1.2	3	32 / nein	--	nein	140	2	1
Ridge 32	RISC	125	1 - 5	4	16 / nein	--	ja	128	2	3
Pyramid 90 x	RISC	125	2	3	528 / 16	--	ja	128	16	3

1) Adreßbus: A,   Daten/Befehlsbus: D

2) Die Interpretationsmöglichkeiten sind hier sehr groß. Angaben als Anhaltswerte

Tabelle 1: Vergleich verschiedener Prozessoren (vgl. auch /Tab87/)

Betrachtet man den HW-Aufwand allein, dann erkennt man, daß neben einer deutlichen Aufwandsverminderung mit sinkender Komplexität eine entscheidende Einsparung bei Unterschreiten der Full-Custom-Schwelle erzielt werden kann. Unterhalb von etwa 40 k Gatterfunktionen können zum Chipentwurf Standard-Entwurfssysteme auf Basis von Standard- oder Makrozellen /Hör87/ verwendet werden. Der damit einzusparende Aufwand für das physikalische Design ist beträchtlich.

Schließlich darf aber die Reduktion der Komplexität nicht zu Leistungseinbußen führen, im Gegenteil: eine teure Prozessorentwicklung muß gerechtfertigt sein durch Leistungsdaten, die deutlich über denen von kommerziell verfügbaren General Purpose Prozessoren liegen. Veröffentlichte Performancedaten lassen deutliche Leistungsvorteile für RISC-Prozessoren erwarten. Wegen der Ausrichtung auf ein bestimmtes Anwendungsgebiet ist es allerdings denkbar, daß der Leistungsvorteil nur innerhalb dieses gewählten Zielbereichs liegt.

Das Forschungsprojekt COLIBRI (Coprozessor für LISP auf der Basis von RISC) hat es sich zum Ziel gesetzt, die RISC-Methodik nach den oben genannten Kriterien zu überprüfen. Es sollen Architekturkonzepte eingesetzt werden, die sehr hohe Prozessorleistungen für die Spezialanwendung LISP erbringen und trotzdem in einem Komplexitätsbereich unterhalb von ca. 40 k Gatterfunktionen resultieren. Der Entwicklungsaufwand für einen entsprechenden Prozessor sollte bei etwa 20 % eines herkömmlichen CISC liegen.

2. Architekturgrundentscheidungen

Das Ziel des Projekts COLIBRI ist nicht die Entwicklung einer ganzen LISP-Workstation, sondern der Entwurf eines Prozessors, der als Coprozessor in eine bereits bestehende Workstation integriert werden kann. Dem Coprozessor steht damit die gesamte Infrastruktur des Hostsystems zur Verfugung Geschwindigkeits- und Adreßraumüberlegungen haben dazu geführt, die Kopplung (vgl. Bild 1) so zu wahlen, daß das Coprozessor-

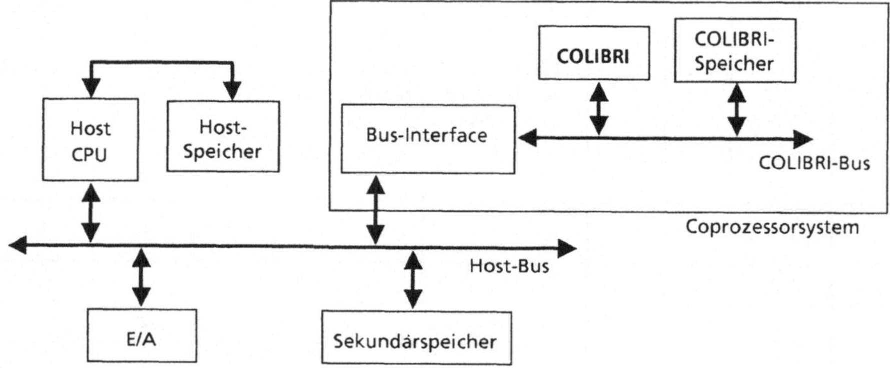

Bild 1: COLIBRI Coprozessor Konzept

system mit Ausnahme von E/A-Vorgängen vollstandig unabhängig vom Hostsystem arbeiten kann. Das Coprozessorsystem besitzt deshalb seinen eigenen Speicher, auf den über einen eigenen Speicherbus zugegriffen wird. Der Entwurf des Systems COLIBRI, das für Single-User-Betrieb konzipiert ist, ist damit weitgehend unabhangig vom gewahlten Hostsystem.

Die interne Architektur von COLIBRI wurde durch den Anwendungsbereich LISP und die RISC-Entwurfsphilosophie /Kle86/ bestimmt. Wesentliche LISP-spezifische Architekturmerkmale sind dabei eine Datentypenarchitektur, die Unterstützung eines großen virtuellen Adreßraums, ein sehr einfacher, nach RISC-Prinzipien entworfener, auf die Unterstützung von LISP optimierter Befehlssatz und die Beschleunigung von Funktionsaufrufen durch eine spezielle Organisation des Registerfiles (vgl. Kap. 3).

Bei einer Datentypenarchitektur enthält ein Wort neben dem Datum auch den Typ dieses Datums. Dies ist ein wesentlicher Vorteil für die Implementierung von LISP, da hier Variable im Laufe eines Programms beliebig ihren Typ ändern können. Im COLIBRI-System beträgt die Wortbreite 32 Bit, davon werden 5 Bit für den Datentyp und 27 Bit für das Datum verwendet. Es stehen damit 32 verschiedene Datentypen zur Verfügung Die Adreßbreite ist auf 27 Bit begrenzt. Da ein Adreßraum von 128 MByte für einige LISP-Anwendungen zu klein ist, wurde als kleinste adressierbare Einheit ein Wort gewählt. Eine weitere Verdoppelung erreicht man durch eine Zweiteilung des Adreßraums in einen Code- und einen Datenbereich, auf die mit verschiedenen LOAD- und STORE-Operationen zugegriffen wird. Die Gesamtgröße des Adreßraums beträgt damit 1 GByte.

Die RISC-Entwurfsphilosophie führte zu einer LOAD-STORE-Architektur, einem einfachen Befehlssatz von ca. 40 Befehlen und einem einheitlichen Befehlsformat /Leg87/. Ein wesentlicher Aspekt beim Entwurf des Befehlssatzes war es, einige relativ einfach zu realisierende Befehle zu finden, die auf wirkungsvolle Weise LISP unterstützen. Die meisten dieser Befehle führen parallel zur Verarbeitung der Daten eine Datentypüberprüfung durch. Als Ausgangsbasis wurde der Befehlssatz des Prozessors SPUR /Hil86, Tay86, Kat85/ verwendet, der im Laufe des Entwurfs von COLIBRI teilweise ergänzt, teilweise reduziert wurde. Bei Modifikationen wurde jeweils gemeinsam mit der Gruppe, die den Compiler entwickelt, eine Kosten-/Nutzenanalyse durchgeführt. Auf Mikroprogrammierung, die sonst üblicherweise bei LISP-Maschinen eingesetzt wird, wurde vollständig verzichtet.

Zur Steigerung der Leistungsfähigkeit verfügt COLIBRI über eine vierstufige lineare Befehlspipeline /Leg87/. Alle Befehle sind Ein-Zyklus-Operationen, d.h. in jedem Zyklus wird die Bearbeitung eines Befehls abgeschlossen. Um zu gewährleisten, daß sich auch die Befehle LOAD und STORE in dieses einheitliche Schema einpassen lassen, muß eine hohe Speicherbandbreite zur Verfügung stehen. Dies kann nur durch den Einsatz von Caches erreicht werden. Eine Möglichkeit wäre ein Befehlscache auf dem CPU-Chip und zusätzlich ein externer Cache /Hil86, Tay 86/. Bei Verwendung eines Standardentwurfsverfahrens (d.h. automatisierter Chipentwurf auf Basis von Zellen, z.B. VENUS) ist allerdings die Größe dieses Befehlscaches sehr begrenzt. In /Hil86/ wurde bei einem Befehlscache mit 128 Einträgen für LISP-Programme nur eine Hitrate von 75 % ermittelt. Ein on-chip Befehlscache wurde deshalb ausgeschlossen.

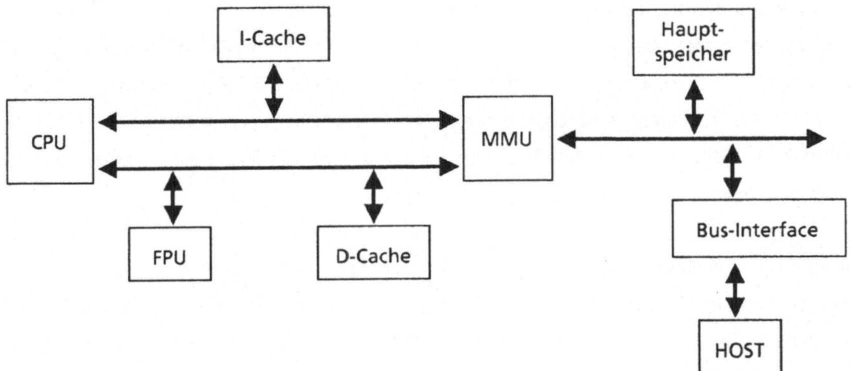

Bild 2: COLIBRI-Systemarchitektur

Bei Verwendung eines gemeinsamen externen Caches für Befehle und Daten tritt bei LOAD/STORE-Operationen ein Engpaß auf, da gleichzeitig zum Datenzugriff ein instruction-fetch stattfinden muß Für COLIBRI wurde deshalb eine Harvard-Architektur gewählt, d.h. es gibt einen Befehls- und einen Datencache, die jeweils über eigene Busse mit der CPU gekoppelt sind (vgl. Bild 2). Um eine hohe Hitrate für diese Caches zu erzielen, ist eine Größe von jeweils $\geq$ 32 KByte geplant. Da bei physikalischer Adressierung der Caches die Adreßübersetzung parallel zum Cachezugriff nur möglich ist, wenn die Cache-Größe die Seitengröße nicht uberschreitet, wurde für COLIBRI virtuelle Adressierung der Caches gewählt. Die Memory Management Unit (MMU) liegt damit zwischen den Caches und dem Hauptspeicher.

Für die Unterstützung von Gleitpunktoperationen wird, um den Entwicklungsaufwand zu reduzieren, eine Standard-FPU (Motorola 68882 /Mot86/) verwendet.

3.   Speicherhierarchie

Die Ankopplung des Verarbeitungsprozessors an die Speichermedien ist von großer Bedeutung für die Leistungsfähigkeit eines Rechnersystems. Zykluszeiten, Kosten und Kapazitaten von speichernden Bauteilen erfordern die Einführung einer Speicherhierarchie, die einen sogenannten "Von Neumann-Flaschenhals", (d.h. der Speicherverkehr ist der leistungsbegrenzende Faktor) verhindert. Die COLIBRI-Speicherhierarchie, die bereits im Kapitel 2 skizziert wurde, besteht aus folgenden Komponenten: Registerfile (auf dem CPU-Chip), Befehls- und Daten-Cache (I-Cache, D-Cache), MMU mit Schreib-Puffer, Hauptspeicher, Bus-Interface und Sekundärspeicher (Festplatte).

Das Registerfile dient der HW-Unterstutzung von Funktionsaufrufen und umfaßt 250 Register. Es wird mit Hilfe der Fenstertechnik verwaltet /Hal80, Kat83/. Jeder Funktionsaufruf erhält ein Fenster zugeordnet, das nach dem Ende der Funktion freigegeben wird.

Über ein Fenster konnen 64 Register angesprochen werden, weshalb 6 Bits für die Adressierung benotigt werden. 42 der 64 Registeradressen beziehen sich auf "globale" Register, die zu jedem der 13 möglichen Fenster gehören. Die restlichen 22 Register teilen sich in 6 Input-, 10 lokale und 6 Output-Register auf. Input- und Output-Register dienen der Parameterübergabe zweier Funktionen, wobei die Output-Register des Fensters der aufrufenden Funktion mit den Input-Registern des Fensters der aufgerufenen Funktion identisch sind. Die lokalen Register stehen dem Funktionskorper zur Verfugung

Für die Organisation der Fenstertechnik werden zwei Zeiger, der Current-Window-Pointer (CWP) und der Saved-Window-Pointer (SWP) verwendet (Bild 3). Der CWP zeigt auf das zuletzt belegte Fenster, der SWP auf das älteste belegte Fenster. Die Implementierung des Registerfiles als Ringregister mit 13 Fenstern erlaubt eine einfache Berechnung der Window-Pointer (modulo 13) Führt ein Inkrementieren des CWP (Funktions-aufruf) dazu, daß er gleich dem SWP wird, dann liegt ein Überlauf des Registerfiles vor und es muß durch Auslagern alter Fensterinhalte Platz geschaffen werden. Wird dieselbe Situation durch Dekrementieren des CWP erreicht, liegt ein Unterlauf vor und ausgelagerte Fensterinhalte müssen in das Registerfile transportiert werden. Maximal können 12 der 13 Fenster belegt sein, da die Output-Register des 13. Fensters identisch mit den Input-Registern des 1. Fensters sind.

Die meisten Befehle verarbeiten zwei Register-Operanden, weshalb das Registerfile mit einem Dual-Port-RAM realisiert wird. Lese- und Schreibphase sind in der Befehlspipeline getrennt. Die absoluten RAM-

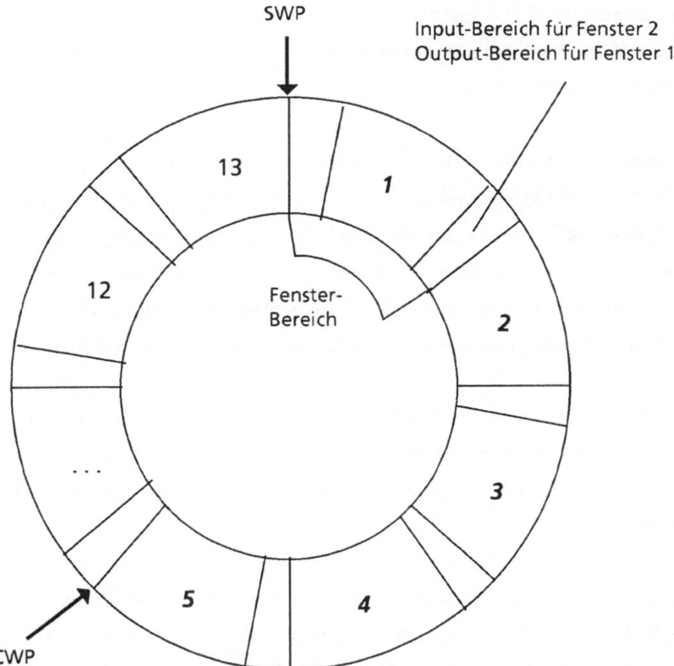

Bild 3: Ringregisterschema des Registerfiles (Fenster 1-5 sind belegt)

Adressen werden aus den relativen Register-Adressen und dem CWP gebildet. Dies geschieht gleichzeitig fürSchreib- und Leseadressen. Da der Schreibvorgang erst zu einem späteren Pipelinezyklus stattfindet, wird die Schreibadresse in einem Schieberegister zwischengespeichert. Bei der Programmierung muß berucksichtigt werden, daß ein Umsetzen des CWP keine Auswirkungen auf bereits generierte RAM-Adressen hat.

Das Registerfile ist eine Speicherresource, die on-chip verfügbar ist. Moderne Mikroprozessorchips haben oft noch das nachste Glied der Speicherhierarchie, den Cache, integriert. Problematisch wirkt sich jedoch dann die Platzbeschränkung aus, die nur sehr kleine Caches mit entsprechend niedrigen Hit-Raten erlaubt. Das COLIBRI-Konzept sieht deshalb für Befehle und Daten jeweils einen externen Cache vor, dessen Antwortzeit im Hit-Fall an die Zykluszeit des Prozessors angepaßt ist. Damit der Cachezugriff nicht zum zeitbestimmenden Faktor wird, müssen statische RAMs modernster Technologie mit ca. 25 ns Zugriffszeit eingesetzt werden. Weiterhin ist virtuelle Adressierung vorgesehen, um die zeitkritische Adreßübersetzung zu umgehen.

Für externe Caches steht genügend Platz zur Verfügung, sodaß sie sehr groß mit mindestens 32 KByte entworfen werden können. Die Harvard-Architektur bringt es mit sich, daß jeder dieser Caches mit der CPU durch einen eigenen Bus verbunden ist. Da nur uber den Daten-Bus geschrieben wird, kann es zu Konsistenzproblemen kommen, wenn Befehlsbereiche modifiziert werden. Der Befehls-Cache läßt sich daher gezielt ungültig setzen. Schreibvorgänge werden mit Write-Through Technik durchgeführt, d.h., der Hauptspeicher wird sofort aktualisiert. Dies hat den Vorteil, daß Cache-Eintrage ohne Retten des alten Inhalts uberschrieben werden können und das Timing von STORE-Befehlen gleich dem von LOAD-Befehlen gestaltet werden kann Dazu ist es jedoch notwendig, den Umfang eines Cache-Eintrags auf ein Wort zu begrenzen. Die Transfer-Blockgröße wurde ebenso auf ein Wort festgelegt. Prefetching ist nicht vorgesehen, da Untersuchungen gezeigt haben, daß LISP eine sehr hohe Speicherzugriffsrate hat /Tay86/ und daher ein vollständiger Prefetch-Vorgang nur sehr selten durchgeführt werden könnte. Adressiert werden die Caches im Direct-mapping Modus, der den schnellsten Zugriff erlaubt.

Parallel zum Cache-Zugriff wird in der MMU die Adreßübersetzung gestartet. Zur Beschleunigung ist ein Translation-Lookaside-Buffer (TLB) vorhanden, der die letzten 128 Adreßpaare enthält, sowie weitere Informationen der Seitentabelle. Erst in der MMU werden Zugriffsverletzungen durch Schreibvorgänge festgestellt, weshalb eine eigene Leitung vorhanden ist, mit der sich das letzte in den Daten-Cache geschriebene Wort ungültig setzen läßt. Die MMU ist der gemeinsame Ansprechpunkt für die beiden Busse der Harvard-Architektur und muß daher gleichzeitige Anforderungen der beiden Busse sequentialisieren.

Jeder Cache-Eintrag enthält neben den klassischen Informationen noch ein Bit, das angibt, ob das gespeicherte Wort zum Superuser-Bereich gehört. Dieses wird mit einer Status-Leitung des Prozessors wie ein normales Adreßbit verglichen, so daß eine Zugriffsverletzung zu einem Cache-Miss führt. Die weitere Behandlung erfolgt dann in der MMU.

Wie bereits oben erwähnt, wird jeder Schreibauftrag auch auf dem Hauptspeicher ausgeführt. Damit sich dessen relativ hohe Zykluszeit nicht auf die Verarbeitungsgeschwindigkeit auswirkt, ist die MMU mit einem Schreib-Puffer ausgestattet, der 16 Einträge umfaßt. Jeder Eintrag kann ein Datum und die bereits übersetzte physikalische Adresse aufnehmen. Die Abarbeitung des Schreib-Puffers erfolgt unabhängig vom COLIBRI-Prozessor, so daß dieser weiterarbeiten kann.

Die MMU ist über einen 32 Bit-Standardbus mit einem Hauptspeicher konventioneller Bauart, der eine Kapazität von 16 MByte aufweist, verbunden.

Ein Bus-Interface stellt die Verbindung zum Host-Bus dar. Es hat einen kleinen lokalen Speicherbereich und paßt die Datenwortbreite an die des Host-Systems an. Gesteuert durch den Host-Prozessor erfolgt der Zugriff auf den Sekundärspeicher, der Bestandteil des Host-Systems ist.

4. LISP-Unterstützung

Ein wesentlicher Aspekt von LISP gegenüber konventionellen Sprachen ist das Fehlen von Typdeklarationen. Variable können im Lauf eines Programms beliebig den Datentyp verändern. Um bei Bedarf schnell die Beziehung zwischen Datum und Datentyp herstellen zu können, findet man bei allen LISP-Maschinen Datentypenarchitekturen. Dies spielt vor allem bei generischen Operationen, z.B. einer Addition eine wichtige Rolle. Bei diesen Operationen hängt die Art der Ausführung vom Datentyp der Operanden ab. Die Folge ist, daß erst zur Laufzeit die Entscheidung zwischen den verschiedenen datentypspezifischen Varianten, wie z.B. Integer- oder Gleitpunktaddition, getroffen werden kann, da zur Übersetzungszeit der Typ der Operanden noch nicht feststeht. Bei einer mikroprogrammierten Maschine wird in Abhängigkeit vom Datentyp auf das zugehörige Mikroprogramm verzweigt. Bei COLIBRI geht man von dem wahrscheinlichsten Fall, z.B. einer Integer-Addition aus und führt parallel zur Berechnung des Ergebnisses eine Überprüfung der Datentypen durch. Handelt es sich bei einem der beiden Operanden nicht um den erwarteten Datentyp, wird ein Trap ausgelöst und die datentypspezifische Operation, z.B. die Gleitpunktaddition, in der Traproutine berechnet. Auf diese Weise vermeidet man weitgehend Performanceeinbußen durch Datentypüberprüfungen.

Ein ähnlicher Fall liegt beim Durchsuchen von Listen, einer häufigen Operation in LISP, vor. Hierbei muß jeweils beim Zugriff auf das nächste Objekt überprüft werden, ob es sich noch um ein Listenelement handelt. Auch hier ist die Datentypenarchitektur von großem Nutzen, da parallel zum Laden des nächsten Elements eine Typüberprüfung durchgeführt werden kann. Im Fehlerfall wird wieder eine Traproutine aufgerufen.

Ein weiterer Punkt, der sich entscheidend auf die Leistungsfähigkeit eines LISP-Systems auswirkt, ist die richtige Wahl und Implementierung eines Speicherbereinigungsverfahrens (Garbage Collection). Statistische rtersuchungen haben gezeigt, daß Objekte, die erst vor kurzem erzeugt wurden, häufiger zu "Garbage" wrden, d.h. nicht mehr erreichbar sind, als ältere Objekte. Für COLIBRI wird deshalb eine Variante des "Generation Scavenging" Verfahrens /Ung86/ implementiert, das auf einer Unterteilung der Objekte in Generationen beruht. Es werden dabei zwei Bereiche eingeführt, ein relativ kleiner Bereich A, in dem neue Objekte erzeugt werden und der häufig der Speicherbereinigung unterworfen wird, und ein Bereich B, in dem alle die Objekte abgelegt werden, die bereits einige Bereinigungen überlebt haben. Um die Speicherbereinigung für A unabhängig von B durchführen zu können, müssen alle Bezüge von B nach A bekannt sein. Bei jeder Änderung von Verweisen muß deshalb geklärt werden, ob der neu entstandene Bezug in einer Liste vermerkt werden muß. Die HW-Unterstützung in COLIBRI besteht in einer automatischen Überprüfung der Bereichszugehörigkeit bei Veränderungen von Verweisen durch einen Vergleich der Adressen mit der Bereichsgrenze. Muß ein Listeneintrag vorgenommen werden, wird eine Traproutine aufgerufen, die die notwendigen Aktionen durchführt.

LISP-Programme zeichnen sich gegenüber Programmen in konventionellen Sprachen durch eine größere Häufigkeit von Funktionsaufrufen aus. Die statistische Schwankungsbreite der Blockschachtelungstiefe beträgt dabei 3 bis 4. Eine Beschleunigung von Funktionsaufrufen, wie sie bei COLIBRI durch das Registerwindowkonzept realisiert ist, wirkt sich deshalb sehr positiv auf die Gesamtperformance des Systems aus.

Eine weitere Leistungssteigerung erreicht man durch die Aufnahme der üblichen Stackoperationen PUSH und POP in den Befehlssatz, da bei der Implementierung von LISP die Verwendung von Stacks eine wichtige Rolle spielt.

5.   Ausblick

Kritisch für den Erfolg eines RISC-Prozessor-Entwicklungsprojekts ist, wie oben dargelegt, neben dem reduzierten Entwicklungsaufwand vor allem die erreichbare Performance. Eine Bewertung muß sehr frühzeitıg erfolgen, solange noch grundlegende Architekturänderungen zur Leistungssteigerung moglich sind. Ein Problem stellt dabei die Vergleichbarkeit dar. Sie wird u.a. auch durch die Systemumgebung beeinflußt, etwa durch das gleichzeitige Bearbeiten eines Lispsystems. Um eine vergleichbare Basis zu schaffen, wurde ein General Purpose Referenzprozessor der Leistungsklasse 68020 herangezogen, der neben einer Pipeline auch einen Fenstermechanismus für schnelle Funktionsaufrufe aufweist. Seine Taktfrequenz beträgt 16 MHz.

Zur Bewertung dienen die Häufigkeiten von Lisp-Instruktionen, aus welchen dann die Häufigkeiten der COLIBRI-Maschinenbefehle abgeleitet werden können. Diese Häufigkeiten werden aufsummiert und mit der Zykluszeit gewichtet. Die aus detaillierten Hardware-Untersuchungen ermittelte Zykluszeit beträgt 100 ns

Zur Bestimmung der Häufigkeiten werden Gabriel Benchmarkprogramme /Gab85/ herangezogen, sie laufen auf entsprechenden Simulatoren für den Referenzprozessor und für COLIBRI. Folgende Programme werden verwendet: TAK, Boyer, Browse, Traverse, Derivative, Data-Driven Derivative, Division by 2, Puzzle, Triangle, Polynomial Manipulation. Uber das genaue Vorgehen und die Ergebnisse dieser Analysen wird an gesonderter Stelle berichtet werden. Erste Ergebnisse lassen einen Leistungsvorteil des COLIBRI über den Referenzprozessor um einen Faktor 2 bis 3 erwarten. Zusätzlich vorgesehene Architekturmaßnahmen werden eine weitere Leistungssteigerung ermöglichen.

Literaturverzeichnis

/Gab85/   R. Gabriel: Performance and Evaluation of Lisp Systems, The MIT Press, Cambridge, Massachusetts, London, England, 1985

/Hen83/   J. Hennessy et al.: Design of a High Performance VLSI Processor, Technical Report No. 236, February 1983, Computer Systems Laboratory, Stanford University

/Hil86/   M. Hill et al : Design Decisions in SPUR, Computer, November 1986

/Hör87/   E. Hörbst, C. Müller-Schloer, H. Schwärtzel: Design of VLSI Cırcuits based on VENUS, Springer 1987

/Kat83/   M. G.H. Katevenis: Reduced Instruction Set Computer Architectures for VLSI, Report No. UCB/CSD 83/141, October 1983, Computer Science Division, Unıversity of California, Berkeley

/Kat85/   R. H. Katz: Proc. of CS292 i: Implementation of VLSI Systems (Spring 1925) Report No. UCB/CSD 86/259, Computer Science Division, University of California, Berkeley

/Kle86/   A. Klein: Reduced Instruction Set Computers-Grundprinzipien für eine neue Prozessorarchitektur, Informatik Spektrum 9, 1986, S. 334-348

/Leg87/   Chr. Legutko, E. Schäfer, J. Tappe: Die Befehlspipeline des COLIBRI-Systems, in Vorbereıtung

/Mot86/   Motorola: HCMOS Enhanced Floating-Point Coprocessor MC 68882, Technical Summary, Motorola Inc. 1986

/Ste86/   P. Steenkiste, J. Hennessy: LISP on a Reduced-Instruction-Set-Processor, Proc. of the ACM Conf. on LISP and Functional Programming, MIT, 4.-6. August 1986

/Tab87/   D. Tabak: RISC Architecture, Research Studies Press, 1987

/Tay86/   G.S. Taylor et al.: Evaluation of the SPUR Lisp Architecture, Proc. of the 13th Annual Symp on Comp. Arch. Tokyo, Japan, June 1986

/Ung86/   D.M. Ungar: The Design and Evaluation of a High Performance Smalltalk System, Report No. UCB/CSD 86/287, März 1986, Computer Science Division, University of California, Berkeley

/Wei87/   R. Weiss: RISC Processors: The new Wave in Computer Systems, Computer Design, May 15, 1987

DIE BEFEHLSPIPELINE DES COLIBRI-SYSTEMS

Christoph Legutko, Eberhard Schäfer, Jürgen Tappe

Siemens AG, Zentralbereich Forschung und Technik, ZT ZTI SYS 1

Otto-Hahn-Ring 6, D-8000 München 83

Tel. (089) 636 3394.

1. Einleitung

Der Name COLIBRI steht für <u>Co</u>prozessor für <u>Li</u>sp unter <u>B</u>erucksichtung von <u>RI</u>SC-Prinzipien. Eine detailiertere Beschreibung der Systemarchitektur ist in [Müller-Schloer 87] enthalten, so daß diesbezuglich an dieser Stelle nur einige wesentliche Punkte referiert werden. Die Systemarchitektur und die Einbindung in ein Host-System ist Abb. 1 zu entnehmen.

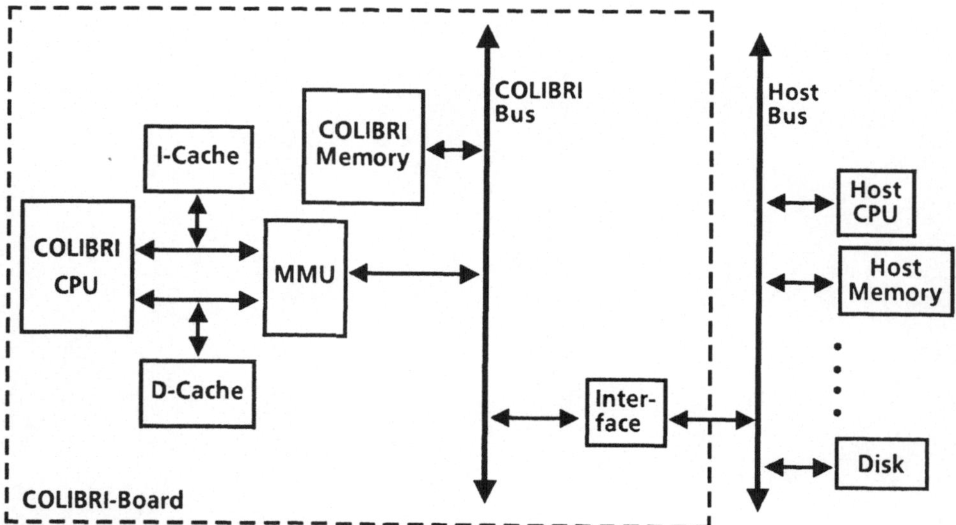

Abb.1: COLIBRI-Systemstruktur

Das COLIBRI - System dient einer Workstation zur beschleunigten Ausführung von Lisp. Es arbeitet im Single-User-Betrieb weitgehend selbständig, der zugehörige Host-Rechner dient während der Lisp-Ausführung als intelligentes Peripheriesystem.

Der Entwurf des Befehlssatzes (ca. 40 Instruktionen) orientierte sich weitgehend an RISC-Prinzipien (vgl. [Klein 86], [Patterson 85]), was eine Reduktion auf das Wesentliche bei kurzer Entwicklungszeit bedeutet. Die dabei gewonnenen HW-Resourcen ermöglichen u.a. einen großen, in uberlappende Windows strukturierten Registersatz, der die in Lisp sehr häufigen Funktionsaufrufe unterstützt. Zudem ist COLIBRI als Datentypenarchitektur mit Operationen zur Listenverarbeitung auf Lisp zugeschnitten (vgl. [Müller-Schloer 87]).

Viele Architekturentscheidungen (Busstruktur, Befehlsklassen, Speicherkonzept) sind durch die gestellte Anforderung beeinflußt, die Zykluszeit mit Hilfe von Befehls-Pipelining möglichst kurz zu gestalten. Es wurde dabei eine weitgehend lineare Pipelinestruktur angestrebt Diesem Aspekt und Fragen der Realisierung werden in dieser Arbeit vornehmlich Rechnung getragen.

2.   Befehlsklassen und Befehlsformate des COLIBRI

Der Befehlssatz des COLIBRI weist viele typische Merkmale eines RISC-Prozessors auf. Die Instruktionen sind der gewünschten Anwendung angepaßt, in diesem Fall der Sprache Lisp. Die Anzahl der Befehle ist mit ca 40 weitgehend begrenzt. Durch Verzicht auf komplexe Befehle wird ein Teil des Entwicklungsaufwandes von der Hardware in Richtung Software (Compiler) verlagert. Sämtliche Operationen werden in einem Maschinenzyklus bearbeitet. Dies ist eine Konsequenz der zugrundeliegenden, linear strukturierten Befehlspipeline und ermöglicht eine einfache Steuerlogik. Der Befehlssatz des COLIBRI ist eine Modifizierung des Befehlssatzes des Prozessors SPUR ([Hill 86], [Taylor 85]). Die Instruktionen lassen sich in folgende Klassen einteilen:

- Load/ Store - Operationen
- Register/ Register - Operationen
- Compare-and-Branch-Operationen
- Jump-, Call- und Return-Operationen
- Befehle zur Tag-Manipulation

Alle Befehle sind 32 Bits lang und haben ein einheitliches Grundformat (vgl. Abb. 2).

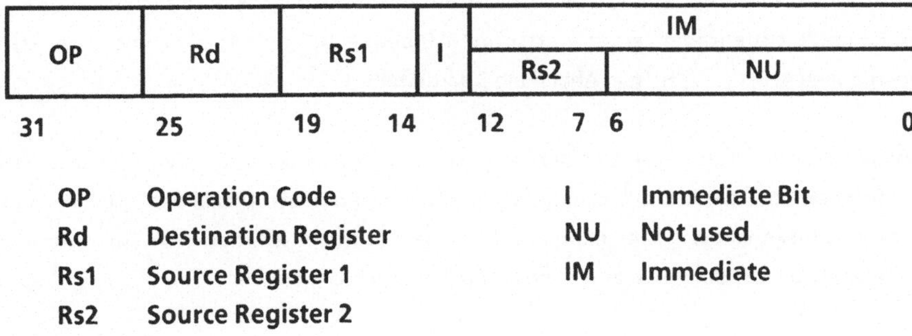

OP	Rd	Rs1	I	Rs2	NU

OP	Operation Code		I	Immediate Bit
Rd	Destination Register		NU	Not used
Rs1	Source Register 1		IM	Immediate
Rs2	Source Register 2			

Abb. 2. Befehlsformat des COLIBRI

Fur jede Operation stehen zwei Quellregister Rs1 und Rs2, sowie ein Zielregister Rd zur Verfugung. Das Format wird abhangig von OP und I modifiziert. Wenn I = 1 ist, so bilden die Felder Rs2 und NU eine 13 bit lange Konstante. Call- und Jump-Befehle interpretieren die Bits 0 bis 26 als eine direkte Wortadresse. Die Compare-Befehle übernehmen das Feld Rs2 als Condition-Code und Rd als Rs2.

Das Register File des COLIBRI hat 250 Register, die eine Breite von 32 bit haben und in 13 überlappende Fenster mit je 64 Registern organisiert sind [Müller-Schloer 87]. Die Umschaltung zwischen den Fenstern erfolgt automatisch mit den Befehlen Call und Return. Somit steht jedem Unterprogramm ein eigener Registersatz zur Verfügung. Außerdem verfügt der Prozessor über eine Anzahl von Spezialregistern, die Steuerinformationen enthalten und auf die Lese- und Schreibzugriffe möglich sind .

Die Zugriffe auf den Speicher finden nur über Load/Store-Befehle statt und sind weitgehend in den Ablauf der Befehlspipeline integriert. Die Floating-Point-Operationen sind in einen Coprozessor (Motorola MC 68882) ausgelagert.

COLIBRI hat eine Datentypenarchitektur. Der Befehlssatz enthalt einige Instruktionen, die Datentypen-Bits (Tags) manipulieren. Außerdem werden die Tags bei einigen Befehlen parallel zum Ablauf überpruft. Weichen die Datentypen von der Standardsituation ab, so wird der aktuelle Befehlsfluß unterbrochen und es erfolgt automatisch eine Verzweigung in eine Traproutine. Dadurch wird die Verarbeitung von Lisp (Listenzugriffe, generische Operationen u.a.) unterstützt und die Performance des Prozessors erhoht.

3.   Die COLIBRI - Pipeline

Neben räumlicher Parallelität (z.B. Array Processing) ist Pipelining eine Methode, den Durchsatz eines Rechners zu steigern. Während räumliche Parallelarbeit in der Regel Vervielfachung der Hardware bedeutet, zielt Pipelining eher in Richtung optimaler Hardware-Auslastung. Unter einer (Rechner-) Pipeline stellt man sich üblicherweise eine lineare Kette unabhängiger Segmente (Einheiten, Units) vor, von denen jedes eine Teilaufgabe (genannt Stufe) einer auszuführenden Operation von etwa gleichem zeitlichen Aufwand übernimmt. Das Raum-Zeit-Diagramm einer vierstufigen Pipeline bei der Ausführung von acht (gleichartigen) Operationen A, B, C, . . . , H ist in Abbildung 3 dargestellt

Man erkennt, daß nach einer Start-Up-Phase eine hundertprozentige Segmentauslastung erreicht wird. Der Faktor des Performancegewinnes durch das Pipelining ist in der Grenze gleich der Anzahl der Pipelinestufen. Realisierungen des Pipelinekonzepts findet man sowohl in den arithmetisch-logischen Einheiten der Vektorprozessoren als auch bei der Befehlsverarbeitung sequentieller Maschinen

Während die arithmetisch-logischen Pipelines eines Vektorprozessors eng begrenzte Aufgaben als Komponenten eines Systems haben, ist es beim Befehlspipelining zweckmäßig, ein gesamtes System, etwa

Abb. 3: Zeitverhalten linearer Pipelines

bestehend aus Prozessor, Bussen und Teilen des Speichersystems, als Pipeline aufzufassen. Dadurch entsteht eine multifunktionale Pipeline, die in der Regel nicht mehr das in Abb. 3 gezeigte lineare Zeitverhalten hat.

Die Multifunktionalität einer Pipeline kann sich darin äußern, daß verschiedene Operationen die vorhandenen HW-Komponenten (Segmente) verschieden belegen. Man kann in Anlehnung an [Davidson75], [Tappe84] die HW-Belegung von Pipelineoperationen in Tabellen darstellen. Die Zeilen repräsentieren die Segmente, die Spalten hingegen die Takte bzw. Phasen (Untertakte). Abbildung 4 möge die Belegungen zweier Operationen darstellen.

Abb. 4: Unterschiedliche HW-Belegung zweier Operationen

Fuhrt man Operation 1 nach Operation 2 aus, so ergibt sich das in Abb. 5 dargestellte Zeitverhalten, das eine unzulässige Doppelanforderung (Kollision) enthält.

Abb. 5: Kollision

Dieses einfache Beispiel verdeutlicht die Forderung, uneinheitliche Belegungen der HW-Komponenten zu vermeiden.

Das Belegungsschema der COLIBRI-Pipeline ist in Abb. 6 gegeben. Die Pipeline ist vierstufig, jeder Zyklus ist in vier Phasen unterteilt. Die angegebene Tabelle zeigt die HW-Belegungen in den sechzehn Phasen, die für die Bearbeitung einer vollständigen Operation nötig sind. Das Belegungsschema ist insofern einheitlich, als sämtliche Belegungen in der des Ladebefehls enthalten sind.

Neben uneinheitlichen HW-Belegungen können auch ungünstige Architekturentscheidungen Kollisionen, damit Pipelineunterbrechungen bewirken. So hat z.B. die klassische Befehlspipeline für Speicher/Speicher-

Zyklus	1				2				3				4			
Phase	1	2	3	4	1	2	3	4	1	2	3	4	1	2	3	4
I-Cache	X	X	X													
I-Decoder			X													
Bypass				X												
Reg.-Adr.			X													
Register File				X	X										●	●
ALU					X	X										
PC							X	X	X	X						
D-Cache							■	■	■							

X bei allen Operationen

● bei Register/Register- und Load-Operationen

■ bei Load- und Store-Operationen

Abb. 6: Belegungsschema der COLIBRI-Pipeline

Operationen folgende Stufen: Befehl Holen, Befehl Decodieren, Operanden Holen, Befehlsausführung, Ergebnis Speichern. Liegt dieser Pipeline eine von-Neumann-Maschine zugrunde, so belegen drei der fünf o.g. Stufen den Speicherbus (von-Neumann-Flaschenhals), so daß nach dem Start zweier Operationen die Pipeline für insgesamt sechs Takte gesperrt ist. Aus dieser Beobachtung resultiert die Forderung, daß das Belegungsschema einer Pipeline nicht nur einheitlich sein soll, sondern zusätzlich die Eigenschaft haben sollte, daß zu keinem Zeitpunkt innerhalb eines Taktzyklus eine Einheit mehrfach belegt wird. Unter diesen Voraussetzungen hat die Pipeline lineares Zeitverhalten, d.h. pro Zeittakt ist eine Befehlsinitiierung möglich.

Das Belegungsschema des COLIBRI enthält eine Doppelbelegung des Registerfiles bei Lade- und Register/Register-Operationen, bezogen auf den Taktzyklus findet diese jedoch in verschiedenen Phasen statt, so daß dadurch keine Kollisionen auftreten. Die Zugriffe auf die Caches sind zeitkritisch und gestatten daher keine Phasenaufteilung. Da bei sämtlichen Load/Store-Operationen aber zwei Speicherzugriffe nötig sind (Befehl und Datum), wird bei COLIBRI eine Doppelbelegung durch getrennte Caches für Befehle und Daten und zwei Busse (Harvard-Architektur, vgl. Abb. 1) verhindert. Solange die Caches des COLIBRI keine Misses aufweisen, arbeitet die COLIBRI-Pipeline linear.

Die Beschreibung von Pipelines anhand ihrer HW-Belegungen ist nützlich für die Strukturierung der HW-Komponenten. Beim Instruktions-Pipelining werden dadurch jedoch nicht alle Aspekte erfaßt. Der Grund dafür ist die Tatsache, daß die anzuführenden Operationen in der Regel nicht voneinander unabhängig sind. Folgende Punkte sind daher noch zu beachten:

- Bypass- oder Forwarding-Probleme

In der Regel werden die Resultate einer Operation zum Ende des Ausführungszyklus in Register geschrieben. Das Pipelining macht es häufig erforderlich, diese Resultate als Eingabe nachfolgender Befehle zu lesen, bevor der o.g. Schreibvorgang beendet ist. Diese Eingaben müssen demzufolge von den zugehörigen Latches der Pipeline übernommen werden (Bypassing, Forwarding). In Einzelfällen können die hier betrachteten Datenabhängigkeiten zu unzulässigen Befehlsfolgen führen. Ein typisches Beispiel ist das Lesen eines Registers, das unmittelbar zuvor das Zielregister eines Ladebefehls war. Das zu ladende Datum ist zum Zeitpunkt der Register-Lese-Anforderung noch an keiner Stelle des Prozessors verfügbar (Delayed Load). Bei der Programmierung des COLIBRI ist diesem Umstand Rechnung zu tragen.

- Sprünge und Programmverzweigungen

Wenn durch einen Sprungbefehl oder eine Verzweigung der Befehlszähler gesetzt wird, so befinden sich je nach Position der ALU in der Pipeline schon einige, beim COLIBRI ist dies genau eine, zumeist dem Sprung textlich folgende Instruktionen in den Anfangsphasen der Bearbeitung. Daraus erwachsen Aufgaben für den Compiler, die Positionen nach den Sprüngen und Verzweigungen korrekt zu besetzen. Man spricht hier von "Delayed Jumps" und Delayed Branches" (vgl. [Patterson85], [Klein86]). Unterbrechungen der COLIBRI-CPU bewirken automatische Programmsprünge in Traproutinen. Dabei werden vier Operationen gleichzeitig unterbrochen, jede in einer anderen Phase der Bearbeitung. Um nach Ablauf der Traproutine den Befehlsfluß wieder richtig in Gang zu setzen, hat die Traproutine mit zwei konsekutiven Rücksprüngen zu enden. Neben dem Befehlszähler muß die CPU demzufolge über weitere Register verfügen, die die Werte des Befehlszählers aus früheren Zeittakten enthalten.

4. Abschätzung der Zykluszeit

Ein wichtiger Einflußfaktor für die Leistungsfähigkeit eines Prozessors ist die Zykluszeit. Bei einem Prozessor mit mehreren Pipelinestufen bezeichnet die Zykluszeit die Zeit, die zur Abarbeitung eines Befehles in einer Stufe notwendig ist. Aus der Zykluszeit läßt sich damit leicht die Leistungsfähigkeit in MIPS (million instructions per second) durch Kehrwertbildung errrechnen. Es muß nur noch die Leistungsminderung durch Cache-Misses und Page-Faults mit einem Faktor < 1 berücksichtigt werden.
Die Zykluszeit wird bei der starren Pipeline durch die langsamste Stufe bestimmt. Es ist also sinnvoll, die Architektur so auszulegen, daß möglichst alle Stufen die gleiche Verarbeitungszeit benötigen.
Um die Zykluszeit abzuschätzen, müssen die Pipelinestufen darauf untersucht werden, welche von ihnen die Zykluszeit begrenzen. Es sind die folgenden vier Pipelinestufen zu betrachten:

1. Instruction fetch
2. Register-read und ALU-Operation

3.   Memory-Access

4.   Register-Write

Die 1. und die 3. Stufe verhalten sich identisch, da die beiden Caches mit dem gleichen Protokoll angesprochen werden. Für einen Speicherzugriff gelten folgende Bedingungen: Es muß in jedem Zyklus ein vollständiger Speicherzugriff erfolgen können, da in jedem Zyklus ein neuer Befehl von dem Instruction Cache
geholt werden muß. Die Adresse des nächsten Zugriffes darf erst dann ausgegeben werden, wenn der Tag-
Vergleich im Cache-Controller einen gültigen Speicherzugriff ergeben hat und dieses Ergebnis in der CPU
eingespeichert ist. Um das Busprotokoll einfach und schnell zu halten, legt die CPU die Adresse während des
ganzen Speicherzugriffes an, auch wenn die Daten bei einem Cache-Miss durch die MMU aus dem Hauptspeicher in den Cache geladen werden. Durch das Busprotokoll bedingt, muß ein Zyklus in vier Phasen unterteilt werden. Eine feinere Unterteilung ist nicht mehr möglich, da sonst die maximale Schaltfrequenz der Flip-
Flops für die zugrundegelegte Technologie überschritten wird. Die Zeit, die für einen Speicherzugriff
benötigt wird, läßt sich nun aus folgenden Teilen berechnen:

1.   Anlegen der Adresse an das Cache-RAM

2.   Zugriffszeit des Cache-RAMs

3.   Laufzeit des Tagvergleichs im Cache-Controller

4.   Setup-Zeit des einspeichernden Flip-Flops

Die Summe dieser vier Teile darf die Zykluszeit abzuglich einer Phasendauer nicht überschreiten. Aus diesen
Angaben läßt sich eine Zykluszeit von ca. 100ns errechnen.

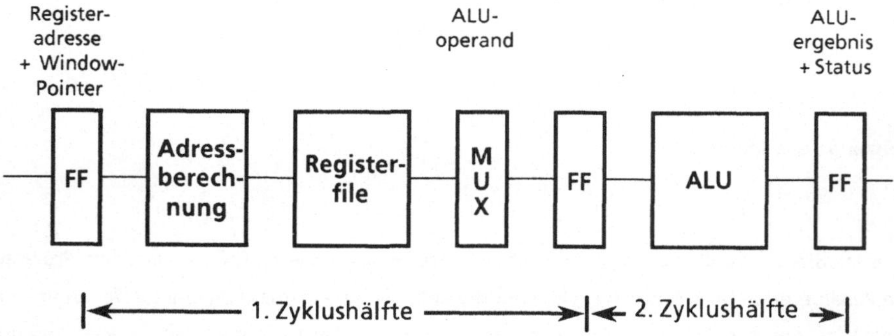

Abb. 7: Kritischer Signalpfad der 3. Pipelinestufe

In der 2. Stufe werden die Daten aus dem Registerfile gelesen und anschließend in der ALU verarbeitet. Jeder
dieser beiden Teile beansprucht die Hälfte des Zyklus. Der kritische Signalpfad ist in Abb. 7 gezeigt. Die ALU
kann ihre Operanden aus fünf verschiedenen Quellen erhalten, deshalb muß der Multiplexer zwischen das
Registerfile und das Flip-Flop eingefügt werden. Für die erste Hälfte der Zykluszeit ist die Summe der Zeit für
die Adressberechnung aus Registeradresse und Window Pointer, der Zugriffszeit des Dual-Port-RAMs, der
Laufzeit des Multiplexers und der Setupzeit des Flip-Flops entscheidend. Bei der ALU sind die Addition und
die Subtraktion die zeitaufwendigsten Operationen. Zur eigentlichen Operation muß noch die Bildung des

Status (Zero, Overflow, Negativ) dazugezahlt werden. Beide Teile lassen sich in je 50ns ausführen, so daß sich für die 2. Stufe die gleiche Zykluszeit von 100ns wie für die 1. und 3. Stufe abschätzen läßt.

In der 4. Stufe findet in der zweiten Hälfte nur das Beschreiben des Registerfiles statt. Dies kann mit der selben Zeitdauer wie der Lesezugriff erfolgen, so daß dieser Teil sich ebenso in das geplante Zeitraster einfügen läßt.

5.   Realisierungsaspekte

Für die Entwicklung des COLIBRI wurde als Randbedingung ein relativ geringer Aufwand angenommen. Die Bausteine des Coprozessors können deshalb nicht in einem Full Custom Design realisiert werden. Die Verwendung von Standardbausteinen für die CPU und die MMU ist wegen der auf das Problem zugeschnittenen Architektur nicht möglich. Deshalb soll das Design der CPU und der MMU mit applikationsspezifischen ICs (ASICs) erfolgen.

Es wird das Semicustom Design System VENUS-S der Siemens AG eingesetzt, das die Entwicklung von Gate-Arrays und Standard- bzw. Makrozellenbausteinen unterstützt.

Die Verwendung von ASICs reduziert den Entwicklungsaufwand gegenuber einem Full Custom Design, da auf einen zur Fertigungsreife entwickelten Zellenkatalog zurückgegriffen werden kann. Dadurch entfallen viele Arbeiten wie das Zeichnen und Verifizieren des Layouts. Die Simulationen können auf höherer Ebene durchgeführt werde. Anstelle des Netzwerksimulators SPICE auf Transistorebene kann der Logiksimulator SMILE eingesetzt werden, da die Simulationsmodelle aller Zellen bereit stehen.

Auf der anderen Seite haben ASICs den Nachteil, daß sie gegenüber dem Full Custom Design mehr Chipfläche benötigen. Da insbesondere die Verdrahtungsfläche zunimmt, werden durch die längeren Verdrahtungswege längere Signallaufzeiten verursacht. Diese Einbuße kann durch eine speziell angepaßte Architektur ausgeglichen werden.

Um den Simulationsaufwand noch einmal zu reduzieren, wird vor der Simulation auf Zellenebene eine Architektursimulation auf Register-Transfer Ebene durchgeführt. An den Architektursimulator wurden folgende Hauptanforderungen gestellt: Es soll möglich sein, auch langere Programme in kurzer Zeit zu simulieren, um das Unterbrechungskonzept austesten zu können (30 - 100 Prozessorzyklen). Da die Kodierung der Befehle und der Datentypen noch nicht erfolgt ist, soll die Simulation auf symbolischer Ebene durchgeführt werden. Eine Transfer und Vergleich der Simulationsstimuli und -resultate zwischen dem Architektursimulator und SMILE muß möglich sein.

Die symbolische Simulation besitzt gegenüber der Einzelbitdarstellung viele Vorteile: Die Simulationsresultate sind einfach lesbar und interpretierbar. Aus dem Simulationsmodell konnen Ruckschlüsse auf eine günstige Kodierung gewonnen werden.

Da kein geeignetes Werkzeug zur Verfügung stand, wurde ein Simulator in dem LISP-Dialekt INTERLISP-D und der objektorientierten Erweiterung LOOPS implementiert. Er läuft auf dem Bürosystem EMS 5800 ab

Mit Standard- bzw. Makrozellenbausteinen lassen sich eine geringere Chipfläche und eine größere Komplexität als mit Gate Arrays erreichen. Dies gilt vor allem bei der Verwendung von Makrozellen. Mit ihnen lassen sich reguläre Strukturen wie Speicher oder ALU besonders günstig realisieren, da die Verbindungen innerhalb der Makros durch Abutment erfolgen. Damit entfällt der Platz für die Verdrahtung zu einem großen Teil.

In der CPU sollen folgende Makrozellen eingesetzt werden: Ein Dual-Port-RAM für das Registerfile und eine SLICE-Struktur für die ALU. Falls PLAs Vorteile gegenüber diskreter Logik aufweisen, werden sie im Steuerwerk eingesetzt. Für die Makros stellt das Design System VENUS-S Generatoren zur Verfugung, die die Makros nach Benutzerangaben mit allen Fertigungsunterlagen erzeugen.

Um Anhaltswerte für die Komplexitat der CPU zu erhalten, wurde eine erste Abschätzung vorgenommen. (Abb. 8)

Komponente	Gatterfunktionen	Fläche in mm^2
Registerfile	20.000	12.5
ALU	10.000	10.0
Steuerlogik	3.000	5.5
Spezialregister	3.500	4.5
Adressberechnung	500	1.0
sonstige Logik	3.000	3.0
Gesamt	40.000	<60.0

Abb. 8 : Komplexität und Flächenbedarf der COLIBRI-CPU

Der Aufwand für die Verdrahtung läßt sich zu dem jetzigen Stand der Entwicklungsarbeiten sehr schwer abschätzen, da viele 32 Bit breite Signalbündel über den Chip geführt werden mussen. Als Obergrenze läßt sich die Fläche von 60mm^2 angeben, in denen die 40.000 Gatterfunktionen Platz finden. Bemerkenswert ist der hohe Anteil an Gatterfunktionen, die durch generierte Makros realisiert werden. Das zeigt die große Bedeutung von generierten Makros bei dem Design von RISC-Prozessoren mit ihrem hohen Anteil an regulären Strukturen.

Zur Unterstützung von Fliesskomma Arithmetik wird der Standardbaustein MC 68882 (FPU) von Motorola eingesetzt werden. Er läßt sich durch sein flexibles Interface gut an die COLIBRI-CPU anschließen.

Literaturverzeichnis

[Chow 85]   Paul Chow, MIPS-X Instruction Set and Programmer's Manual. Technical Report No. CSL-86-289, Computer Systems Laboratory, Stanford University, Stanford, 1986.

[Davidson 71]   E.S. Davidson, The design and control of pipelined function generators. Proc. Int. IEEE Conf. on Systems, Networks and Computers, Oaxtepec, Mexiko 1971, S. 19-21.

[Davidson 75]   E.S. Davidson, A.T. Thomas, L.E. Shar and J.H.Patel, Effective control for pipelined computers, Proc. Spring COMPCON, IEEE No. 75 CH 0920-9C (1975), S. 181-184.

[Hill 86]   Mark Hill et al., Design decisions in SPUR. Computer 19, November 1986, S. 8-22.

[Katevenis 83]   M.G H. Katevenis, Reduced Instruction Set Computer Architectures for VLSI. Report No. UCB/CSD 83/141, Computer Science Division, University of California, Berkeley 1983.

[Katz 85]   R.H. Katz, Editor, proc. of CS292 i: Implementation of VLSI Systems (Spring 1985). Report No. UCB/CSD 86/259, Computer Science Division, University of California, Berkeley 1985.

[Klein 86]   A. Klein, Reduced Instruction Set Computers - Grundprinzipien für eine neue Prozessorarchitektur. Informatik-Spektrum 9, 1986, S. 334-348.

[Kogge 81]   P.M. Kogge, The Architecture of Pipelined Computers. McGraw-Hill, New York 1981.

[Muller-Schloer 87]   C. Müller-Schloer, Th Niedermeier, D. Rauh, COLIBRI: Ein Testfall für die RISC-Philosophie. In Vorbereitung

[Patterson 85]   D.A. Patterson, Reduced Instruction Set Computers. Comm. ACM 28, 1985, S. 8-21.

[Samples 85]   A.D. Samples, M. Klein, P. Foley, SOAR Architecture Report No. UCB/CSD 85/226, Computer Science Division, University of California, Berkeley 1985.

[Tappe 84]   J. Tappe, Algorithms for pipeline control. Parallel Computing 1, 1984, S. 185-188.

[Taylor 85]   G. S. Taylor, SPUR Instruction Set Architecture. In [Katz 85].

Reorganisieren von Basisblöcken für Pipeline–Prozessoren

A. Poetzsch–Heffter

Lehrstuhl Prof. J. Eickel
Institut für Informatik
Technische Universität
Arcisstraße 21
8000 München 2

Zusammenfassung

Um den wachsenden Anforderungen an die Rechenkapazität zu begegnen, wird zunehmend – insbesondere auch bei Mikroprozessoren – mit Befehlspipelining gearbeitet. Die damit ermöglichten Befehlsüberlappungen können allerdings nur dann gut genutzt werden, wenn die Befehle geeignet angeordnet sind. Reorganisierungsverfahren leisten das optimierende Umordnen : Sie ändern die Reihenfolge der Befehle (unter Einhaltung der Semantik) derart, daß die Befehle möglichst stark überlappt ausgeführt werden können.

Die vorliegende Arbeit beschäftigt sich mit dem Reorganisieren von Basisblöcken. Sie stellt ein formales Modell zur Beschreibung der Datenabhängigkeiten und Speicher– bzw. Registerzugriffe vor. Darauf aufbauend wird das Reorganisierungsproblem für Basisblöcke spezifiziert. Als Hauptbeitrag werden zwei neue Algorithmen zu dessen Lösung beschrieben und diskutiert.

1. Einführung

Um den wachsenden Anforderungen an die Rechenkapazität zu begegnen, wird zunehmend – insbesondere auch bei Mikroprozessoren (vgl.[KeB79]) – mit Befehlspipelining (s.[Kog81]) gearbeitet. Dabei möglicherweise auftretende Konflikte müssen entweder von einem Hardwaremechanismus aufgefangen werden oder, falls kein derartiger Hardwaremechanismus (s.[H&a81],[H&a82]) vorliegt, von vornherein durch eine (Software–gestützte) Code–Aufbereitung beseitigt werden. In beiden Fällen ist eine Code–Aufbereitung zur Verbesserung der Effizienz wünschenswert. Sie hat die Aufgabe, die Befehlssequenz für ein Programm so zu organisieren, daß das Pipelining des Prozessors möglichst gut ausgenutzt wird, ohne die Semantik des Programms zu verändern (insbesondere dann wichtig, wenn ein Hardwaremechanismus zur Konfliktbeseitigung fehlt).

Für die Code-Aufbereitung kommen im wesentlichen zwei Zeitpunkte in Frage:

- vor der Registervergabe, d.h. als Teil der Codegenerierung: Der Vorteil dieser Lösung besteht darin, daß vor bzw. während der Codegenerierung die Datenabhängigkeiten vollständig bekannt sind und daß man die Registervergabe den Pipeline-Anforderungen anpassen kann; dadurch umgeht man Deadlockprobleme, die beim Umordnen der Befehle nach der Registervergabe auftreten können. Andererseits bürdet man damit dieser ohnehin aufwendigen Übersetzerphase zusätzliche Schwierigkeiten und Freiheitsgrade auf.

- nach der Registervergabe, d.h. quasi als (Teil einer) nachgeschaltete(n) Codeoptimierung: Mit dem großen Vorteil, kleinere, besser überschaubare Probleme zu erhalten, und den Vorteilen und Notwendigkeiten, wie sie sich für Maschinencode-Optimierung (vgl. [Gie81]) im allgemeinen ergeben:

  - Einige optimierungsrelevante Infomationen existieren erst nach der Codeerzeugung

  - Abstimmung mit anderen Optimierungen ist notwendig (z.B. muß nach einer Sprungkettenelimination die Verwendung verzögerter Sprünge nochmals berücksichtigt werden)

  - Bestimmte Optimierungen lassen sich nur auf dem Zielcode ausführen (z.B. Sprünge kurzer Distanz)

T. Gross untersucht in [Gro83] beide Wege und schlägt entsprechende Algorithmen vor, deren Ergebnisse ihn dazu veranlassen, das Postpass-Reorganisieren dem erweiterten Codegenerieren vorzuziehen. Das Postpass-Reorganisieren besteht natürlicherweise aus zwei Teilen:

- dem Reorganisieren der Befehle innerhalb von Basisblöcken
- dem Gestalten der Nahtstellen zwischen den Basisblöcken; dabei geht es im wesentlichen um eine gute Ausnutzung von verzögerten Sprüngen.

Die vorliegende Arbeit beschäftigt sich mit dem Reorganisieren von Basisblöcken. Sie stellt ein formales Modell zur Beschreibung der Datenabhängigkeiten und Speicher- bzw. Registerzugriffe vor. Darauf aufbauend wird das Reorganisierungsproblem für Basisblöcke spezifiziert. Als Hauptbeitrag werden zwei neue Algorithmen zu dessen Lösung beschrieben und diskutiert (Die entsprechenden Algorithmen in [Gro83] bzw. [HeG83] weisen, soweit erkennbar, grundlegende Fehler auf! Siehe [Poe85:A4]).

2. Formale Modellierung des Reorganisierungsproblems für Basisblöcke

Das Reorganisierungsproblem für Basisblöcke läßt sich informell wie folgt fassen:

Gegeben:

- Ein Basisblock eines Programms mit streng sequentieller Semantik (ein Befehl wird erst geholt, wenn der Vorgängerbefehl vollständig durchgeführt ist) und ggf. Kontextinformation über lebendige Register am Anfang und Ende des Basisblocks
- Eine Funktion

$$\text{willinterlock} : \text{Befehle}^* \times \{\text{Befehle}\} \longrightarrow \mathbf{N} \;,$$

die den minimalen Abstand (in Takten) ermittelt, in dem ein Befehl nach einer Befehlsfolge [1] ausgeführt werden kann, ohne daß Konflikte auftreten (bzgl. der Definition verschiedener Konfliktarten siehe [Poe85:1.2]).

Gesucht:

- Eine korrekte Anordnung der Befehle des Basisblocks, die eine möglichst schnelle Ausführung der Befehle auf dem Pipeline–Prozessor zuläßt. (Schon Gross zeigt, daß die Forderung nach der *schnellsten* Befehlsfolge zu einem *NP*–vollständigen Problem führt.)

Die Funktion *willinterlock* werden wir im folgenden voraussetzen. Ihre Gestaltung hängt stark von der betrachteten Maschine und den gestellten Leistungsanforderungen ab, insbesondere inwieweit Hauptspeicherzugriffe und Kontextinformation berücksichtigt werden sollen. (Eine ausführliche Behandlung dieser Fragen sowie der Generierung von *willinterlock* aus formalen Maschinenbeschreibungen findet sich in [Poe85:2.4].)

Hier soll die formale Modellierung der Datenabhängigkeiten einer Befehlsfolge im Vordergrund stehen. Wir werden uns dabei auf die Datenabhängigkeiten an Registern beschränken; der vorgestellte Ansatz ist allerdings mächtig genug, alle (ermittelbaren) Datenabhängigkeiten ausdrücken zu können (s.[Poe85:3.2]). Üblicherweise werden Datenabhängigkeiten mit DAG's beschrieben. Der große Nachteil der DAG–Darstellung für unsere Zwecke besteht darin, daß die entscheidende Information – nämlich die über die von einem Befehl benutzten Register – in den Knoten "verschwindet" und damit einer sauberen, übersichtlichen Behandlung nur schwer zugänglich ist; eine Kontextbehandlung ist noch schwerer zu integrieren. Ich schlage deshalb

---

[1] Normalerweise wird es ausreichen, sehr kurze Befehlsfolgen zu betrachten, da sich die Ausführung eines Befehles nur mit wenigen Vorgängern überlappt (bei MIPS [H&a82] können beispielweise nur mit den beiden Vorgängern Konflikte auftreten)

einen erweiterten bipartiten Graphen als Darstellungsmittel vor, den ich im folgenden BR-Graph nennen werde (B für Befehl, R für Register). In Nomenklatur und Darstellung lehne ich mich dabei an Petri-Netze an.

Ein kleines Beispiel macht die wesentlichen Aspekte deutlich; Bild 1 zeigt einen kleinen Basisblock mit zugehörigem (noch unvollständigem) BR-Graphen:

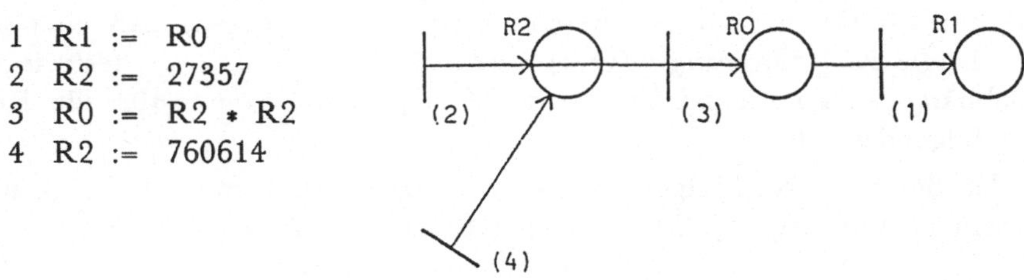

Bild 1

Die Plätze des BR-Graphen entsprechen den Registern, die Hürden den Befehlen; benutzt ein Befehl b_1 das Ergebnis eines anderen Befehls b_2 an einem Register R, sagen wir, b_1 ist Nachfolger von b_2 an R; in der Graph-Darstellung wird der Vorgänger mit seinem Nachfolger durch eine Linie verbunden (im Bild 1 ist der Befehl (3) Nachfolger von (2) am Register R2). Zur Modellierung der Kontextbedingungen führen wir zusätzlich einen *Anfangsbefehl* (a) ein, der alle am Anfang des Basisblocks lebendigen Register beschreibt, sowie einen *Endbefehl* (e), der alle am Ende lebendigen Register liest. Für unser Beispiel nehmen wir an, daß am Anfang alle Register und am Ende die Register R1 und R2 lebendig sind. Dann erhalten wir den BR-Graphen von Bild 2 .

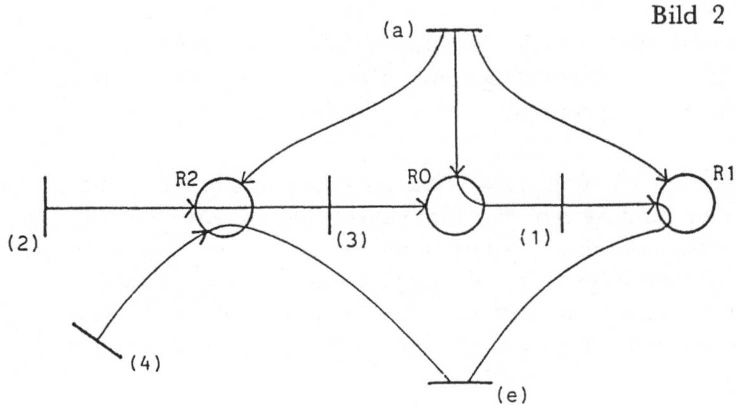

Damit läßt sich die Menge der korrekten Anordnungen der Befehle eines Basisblocks wie folgt spezifizieren; ist der Befehl b Nachfolger am Register R_J, dann bezeichne $p_J(b)$ den Vorgänger von b an R_J; existiert im Basisblock kein Vorgänger, ist per definitionem der Anfangsbefehl sein Vorgänger (Die p_J sind also totale Funktionen auf der Nachfolgermenge von R_J).

Definition 1

a) Sei D ein BR–Graph mit der Befehlsmenge B; wir sagen, daß eine partielle, irreflexive Ordnung $(Q,<)$ auf B die durch D festgelegten Datenabhängigkeiten *respektiert* (kurz: D respektiert), wenn für alle Register R_J folgendes gilt:

(i) Ist Befehl b Nachfolger am Register R_J , dann muß er in Q nach seinem Vorgänger $p_J(b)$ drankommen; d.h. es gilt:

$$p_J(b) \; < \; b \qquad (\text{ Vorgänger vor Nachfolger })$$

(ii) Ist b Nachfolger am Register R_J, dann darf es keinen Befehl c geben, der in Q zwischen $p_J(b)$ und b liegt und Vorgänger an R_J ist; d.h. es gibt keinen Vorgänger c an R_J mit

$$p_J(b) \; < \; c \qquad \text{und} \qquad c \; < \; b$$

(Kein Überschreiben noch benötigter Operanden)

(iii) Der Anfangsbefehl a muß in Q vor, der Endbefehl e nach allen anderen Befehlen drankommen; d.h. für alle Befehle b ungleich a,e gilt:

$$a \; < \; b \qquad \text{und} \qquad b \; < \; e$$

(Anfangsbefehl am Anfang, Endbefehl am Ende)

b) Eine Anordnung der Befehle eines Basisblocks mit BR–Graph D heißt *korrekt*, wenn sie D respektiert.

(Eine ausführlichere Fassung findet sich in [Poe85].)

Damit steht uns das formale Handwerkszeug zur Verfügung, die semantische Äquivalenz einer Befehlsfolge mit einer Umordnung auf die (syntaktisch bestimmbare) Respektierung des zugehörigen BR–Graphen zurückzuführen.

Wir identifizieren im folgenden eine zu reorganisierende Befehlsfolge mit ihrem BR–Graphen und setzen der Einfachheit halber eine Funktion *exectime* voraus, die zu einer korrekten Anordnung die minimale Ausführungszeit der entsprechenden Befehlsfolge (in Takten) ermittelt. Die Funktion *exectime* erhält man leicht durch wiederholte Anwendung von *willinterlock*. Damit bekommt das Reorganisierungsproblem die folgende Form (vgl. die informelle Fassung am Anfang dieses Kapitels) :

Gegeben:

    Ein BR–Graph D mit Befehlsmenge B und die Funktion

       willinterlock : $B^* \times B \longrightarrow \mathbf{N}$

Gesucht:

    Eine korrekte Anordnung Q von B, so daß *exectime*(Q,B) möglichst klein ist.

Die Spezifikationen der Algorithmen in den folgenden Kapiteln demonstrieren die großen Vorteile, die die dargelegte Abstraktion der Problemstellung mit sich bringt.

3. Globales Reorganisieren

Unter globalem Reorganisieren verstehe ich solche Verfahren, die beim Reorganisieren von den Datenabhängigkeiten der Befehle ausgehen und nur in Ausnahmefällen auf die ursprüngliche Befehlsfolge zurückgreifen. Demgegenüber verstehe ich unter lokalem Reorganisieren Verfahren, die sukzessive versuchen, die ursprüngliche Befehlsfolge zu verbessern (s. die Bemerkung in Kapitel 4). In dieser Arbeit wird nur das globale Reorganisieren behandelt. Dabei werden Befehlssequenzen immer in Form ihres BR–Graphen angesprochen.

Im wesentlichen ist globales Reorganisieren von BR–Graphen ein topologisches Sortieren der Befehlsmenge B mit Nebenbedingungen und unter bestimmten Optimalitätskriterien. Durch die Vorgänger–/Nachfolger–Relation an den Registern wird bereits eine partielle Ordnung auf B festgelegt. Diese muß schrittweise vervollständigt werden. Dazu imitieren wir das Absetzen von Befehlen: Wir verlängern die bereits abgesetzte Befehlssequenz um denjenigen Befehl, welcher gemäß der Funktion *willinterlock* in dem geringsten Abstand zu ihr ausgeführt werden kann. Die Analysen in [Gro83] zeigen, daß ein derartiges Vorgehen in der Praxis zu hinreichend guten Ergebnissen führt. (Daß die dort besprochenen Verfahren in einigen Fällen fehlerhaften Code absetzen, spielt dabei keine Rolle.) Das Problem dabei besteht darin, nur solche Befehle auszuwählen, die keine Verklemmungen verursachen; die also ein korrektes Anordnen der restlichen Befehle gestatten. Da das Problem i.allg. *NP*-vollständig ist (s.[Poe85:5]), werden wir uns bei seiner Lösung mit Heuristiken begnügen müssen.

Ich stelle zwei Algorithmen für das globale Reorganisieren vor. In Abschnitt 3.1 wird zunächst ein Verfahren mit Backtracking beschrieben. Dieses ist für kleine Basisblöcke (Basisblöcke mit bis zu 10–15 Befehlen je nach Länge und Aufbau der Befehle) völlig ausreichend, da Verklemmungen nach den vorliegenden Erfahrungen nur sehr selten auftreten und der Aufwand der dann notwendigen Rücksetzvorgänge vertretbar ist. Abschnitt 3.2 liefert davon ausgehend einen Algorithmus für längere Basisblöcke.

3.1. Globales Reorganisieren durch Hüllenbildung

Das Prinzip des Algorithmus besteht darin, die durch den BR–Graphen implizierte partielle Ordnung auf den Befehlen sukzessive (gemäß bestimmter Optimalitätskriterien) zu verfeinern. Betrachten wir wieder das Beispiel aus Bild 2. Die Vorgänger–/Nachfolger–Relationen legen die partielle Ordnung gemäß des Hasse–Diagramms in Bild 3a fest. Wir haben die Möglichkeit, entweder Befehl (1) oder Befehl (2) als ersten abzusetzen. Wir nehmen an, daß es günstiger ist, mit Befehl (2) zu beginnen, und setzen diesen als ersten ab. Dann erhalten wir die partielle Ordnung von Bild 3b . Da Befehl (3) Nachfolger von Befehl (2) an R2 ist, d.h. den Wert benötigt, den Befehl (2) ins Register R2 geschrieben hat, Befehl (4) diesen Wert aber überschreibt, muß Befehl (3) vor Befehl (4) kommen (vgl. Def.1 (ii)); damit ergibt sich die Situation von Bild 3c. Derartige und andere abgeleitete Ordnungsbeziehungen, die sich notwendig aus dem BR–Graphen und der partiellen Ordnung ergeben, ermittelt der Hüllenalgorithmus.

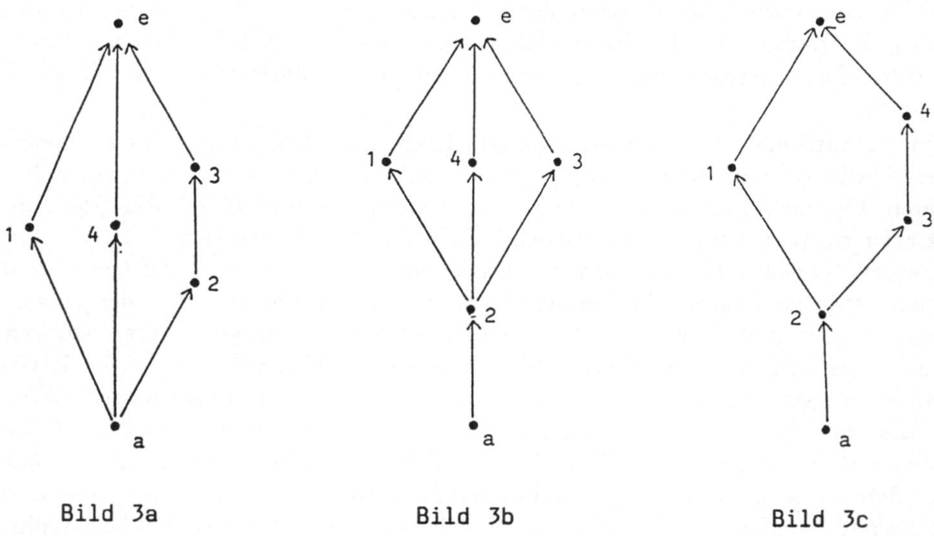

Bild 3a   Bild 3b   Bild 3c

Aus technischen Gründen definiere ich im folgenden die BR–Hülle zu einer *beliebigen* Relation Q auf der Befehlsmenge eines BR–Graphen. Die BR–Hülle ist die Erweiterung von Q, die man durch direkte Anwendungen der Bedingungen (i)–(iii) von Def.1 erhält. Die kleinen BR–Graph–Skizzen in der folgenden Definition illustrieren jeweils die darüberstehenden formalen Beschreibungen.

Definition 2

Seien D ein BR–Graph und Q eine Relation auf dessen Befehlsmenge B. Die BR–Hülle von Q bzgl. D ist die kleinste Relation H ($<_H$) auf B, für die gilt:

i) $Q \subset H$

ii) H ist transitiv.

iii) H enthält die Vorgänger–/Nachfolger–Relation.

iv) *Folgerung aus "Vorgänger kleiner Vorgänger"*:
Für alle Vorgänger a,b am Register R_j gilt: Ist $a <_H b$,
dann ist $x <_H b$ für alle Nachfolger x ($\neq b$) von a an R_j
$(p_j(x) = a)$.

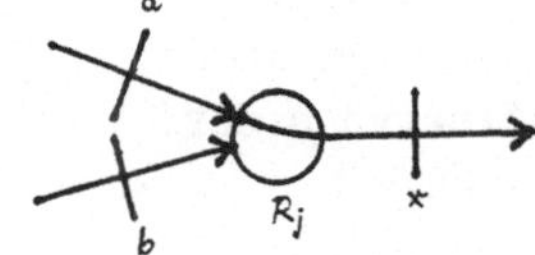

v) *Folgerung aus "Vorgänger kleiner Nachfolger"*:
Für alle Vorgänger a und Nachfolger b am Register R_j gilt:
Ist $a <_H b$ und $p_j(b) \neq a$, dann folgt: $a <_H p_j(b)$
und für alle Nachfolger x von a an R_j mit $x \neq p_j(b)$ ist $x <_H p_j(b)$.

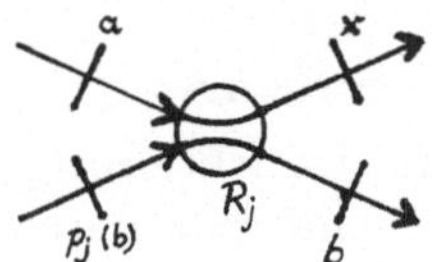

Folgerungen aus "Nachfolger kleiner Nachfolger" und "Nachfolger kleiner Vorgänger" können aus (i)–(v) abgeleitet werden.

Aus der schon erwähnten NP-Vollständigkeit des sicheren Befehlsabsetzens ergibt sich sofort, daß die BR–Hülle nicht alle Konsequenzen erfaßt, die für die Vermeidung von Verklemmungen nötig sind; d.h. die BR–Hülle ist i.allg. nur eine Approximation des Durchschnitts aller möglichen korrekten Anordnungen der Befehle. Allerdings ist die Approximation ausreichend gut, um in der Praxis beim Absetzen der Befehle Verklemmungen zu vermeiden.

Zur Formulierung des Reorganisierungsalgorithmus bezeichne

D	den BR–Graphen
B	die Befelsmenge
B_{abgs}	die Menge der bereits abgesetzten Befehle
B_{folg}	die Menge der noch nicht abgesetzten Befehle
M	Hilfsvariable für die Menge der Befehle, die im nächsten Schritt abgesetzt werden können
a	den Anfangsbefehl

Reorganisierungsalgorithmus :

```
(1)        Q := partial_irreflexive_order_implied_by(D)   ;
(2)     Q := BR-Hülle ( Q , D ) ;
(3)     B_abgs  := {a} ;
(4)     B_folg  := B \ {a} ;
(5)     repeat
(6)            M :=  { b ∈ B_folg | there is no c ∈ B_folg :  c < b } ;
(7)            repeat
(8)                  bvar := select_best_candidate( M , B_abgs , Q ) ;
(9)                  M := M \ {bvar} ;
(10)                 H := Q ∪ { (bvar,x) | x ∈ B_folg \ {bvar} } ;
(11)                 H := BR-Hülle( H , D ) ;
(12)           until is_partial_irreflexive_order( H ) ∨ M = {} ;
(13)           if   is_partial_irreflexive_order( H )
(14)           then B_abgs := B_abgs ∪ {bvar} ;
(16)                B_folg := B_folg \ {bvar} ;
(17)                Q := H ;
(15)           else Verklemmung              fi ;
(18)    until B_folg = {} .
```

Erläuterungen zum Reorganisierungsalgorithmus :

Die Zeilen (1)–(4) enthalten die Initialisierungen. In der Hauptschleife (Zeilen (5)–(18)) wird dann pro Durchlauf ein Befehl abgesetzt und Q um die entsprechenden Tupel verfeinert. Dazu wird M anfangs mit der Menge der Befehle besetzt, die in dem betreffenden Durchlauf gemäß Q abgesetzt werden dürfen. In der inneren Schleife (Zeilen (7)–(12)) wird dann unter den Kandidaten in M der beste ausgewählt (bzw. eine Verklemmung festgestellt). Dies erledigt die Funktion *select_best_candidate*; sie ermittelt zu M die Befehle, die zu der durch Q und B_{abgs} festgelegten Befehlssequenz mit minimalem Abstand geschedult werden können (vgl. oben *exectime*), und wählt unter ihnen nach heuristischen Kriterien den *besten* Kandidaten fürs Absetzen aus. Die Festlegung bzw. Auswahl derartiger Kriterien ist maschinenabhängig – beispielsweise spielen Aufbau und Anzahl der möglichen Schreiboperationen pro Befehl eine wichtige Rolle. Als Anhaltspunkte können folgende Kriterien dienen:

- Der Befehl sollte möglichst wenige Register beschreiben.
- Der Befehl sollte möglichst wenige Nachfolger haben.
- Der Befehl sollte aus möglichst vielen belegten Registern lesen (damit sie frei werden).

– Der Befehl sollte eine möglichst lange Kette von Nachfolgern haben
(damit diese Kette abhängiger Befehle möglichst weit gedehnt wird).

Ist mit *select_best_candidate* ein Kandidat ausgewählt, wird H mit dem entsprechend erweiterten Q vorbesetzt und auf H die BR–Hülle berechnet (Zeilen (10)–(11)); die Berechnung der BR–Hülle kann selbstverständlich abgebrochen werden, wenn sich zeigt, daß H Zyklen bekommt. Die innere Schleife bricht ab, wenn entweder H eine partielle irreflexive Ordnung ist oder jeder Befehl aus M zu einem Zyklus führt. Im ersten Fall wird der Befehl *bvar* abgesetzt (Zeilen (14)–(17)). Im zweiten Fall liegt eine Verklemmung vor: Es gibt dann keine korrekte Anordnung, die mit der durch B_{abgs} und Q festgelegten Befehlssequenz (B_{abgs},Q) beginnt. In diesem erfahrungsgemäß seltenen Fall ist es bei kurzen Basisblöcken vertretbar, auf die ursprüngliche Befehlssequenz S zurückzugreifen:

Seien $S = (s_1,..,s_m)$ und $(B_{folg},Q) = (t_1,..,t_n)$,
also m > n, und $s_i = t_i$ für $1 \leq i \leq j$ (< n) ;
dann wende den Reorganisierungsalgorithmus auf die
Befehlssequenz $(s_{j+2},..,s_m)$ an, d.h. übernehme einen
Befehl mehr aus der ursprünglichen Befehlssequenz,
als es der Reorganisierungsalgorithmus getan hat.

Abschließend einige Bemerkungen zur Korrektheit des Algorithmus respektive der Definition 1 : Die Bedingung (iii) von Def.2 garantiert Bedingung (i) von Def.1 , die Bedingungen (iv) und (v) von Def.2 garantieren Def.1(ii) , und Bedingung (i) verbunden mit Zeile (1) garantiert Def.1(iii) . D.h. wir erhalten bei der Terminierung eine korrekte Anordnung von B (Die semantische Äquivalenz dieser neu geordneten Befehlssequenz zum ursprünglichen Basisblock ist ausführlich in [Poe85:3.2.3] bewiesen). Sind alle Operationen ausführbar, terminiert der Algorithmus, da sich bei der inneren Schleife M, bei der äußeren Schleife B erschöpft. Die kritische Operation ist *select_best_candidate* :

Behauptung:
M ist bei jedem Aufruf von *select_best_candidate* nicht–leer !
Beweis:
1.Fall: Ansprung vom Ende der Schleife
direkt aus der Abbruchbedingung von Zeile (12)
2.Fall: Eintritt aus Zeile (6)
Annahme: M sei leer .
==> für alle $b \in B_{folg}$ gibt es ein $c \in B_{folg}$: $c < b$
==> Q ist keine partielle irreflexive Ordnung
im Widerspruch zur Konstruktion von Q aus einem BR–Graphen
bzw. zur Verfeinerung von Q in Zeile (17).

Der Algorithmus hat den großen Vorteil, daß er – abgesehen von den heuristischen Kriterien für *select_best_candidate* – völlig maschinenunabhängig ist; insbesondere können auch Datenabhängigkeiten berücksichtigt werden, die aus Speicherzugriffen resultieren. Die Berechnung des BR–Graphen für diesen Fall wird in [Poe85:3.2] beschrieben.

3.2. Erweitertes globales Reorganisieren

Der Schwachpunkt des Reorganisierungsalgorithmus' aus Abschnitt 3.1 ist dessen triviale Behandlung von Verklemmungen. Auch wenn brauchbare hinreichende Bedingungen zum direkten Ausschließen von Verklemmungen noch ausstehen, so kann zumindest soviel gesagt werden: Hat man es mit Drei-Adreß-Befehlen zu tun, gibt es nur sehr wenige Befehlssequenzmuster von weniger als 15 Befehlen, bei denen Verklemmungen überhaupt möglich sind; und diese Befehlsmuster sind eher *unnatürlich*. Komplexere Befehle wurden bisher nicht untersucht; es ist allerdings zu vermuten, daß sie deutlich verklemmungsanfälliger sind; d.h. daß die Wahrscheinlichkeit, bei Basisblöcken der Länge 15 auf Verklemmungen zu stoßen, nicht mehr zu vernachlässigen ist. In diesen Fällen hilft der erweiterte globale Reorganisierungsalgorithmus weiter. Die Erweiterung besteht im wesentlichen darin, daß Befehle nur dann abgesetzt werden, wenn gewährleistet ist, daß ein verklemmungsfreies Absetzen der restlichen Befehle möglich ist. Den hierfür benötigten hinreichenden Bedingungen liegt folgende Überlegung zugrunde:

Angenommen unser optimaler Kandidat zum Absetzen ist der Befehl b_0, und wir können nicht direkt feststellen, ob sein Absetzen zu einer Verklemmung führt. Dann wählen wir sukzessive andere Befehle $b_1, .., b_k$ so, daß wir nach einem Absetzen von $b_0, .., b_k$ folgende Situation an den Registern erhalten:

Entweder ist das Register frei (d.h. sein Wert wird nicht mehr benötigt) oder in das Register müssen nur noch solche Befehle schreiben, von denen *bekannt* ist, daß sie nach den Nachfolgern von $b_0, .., b_k$ an dem Register abgesetzt werden können. (Das entsprechende Wissen können wir ggf. der ursprünglichen Anordnung entnehmen.)

Der folgende Satz formalisiert diese Überlegungen in hinreichender Allgemeinheit; es sei empfohlen, ihn gemeinsam mit den nachfolgenden Erläuterungen zu lesen :

Satz 1 :

Seien D ein BR–Graph und Q, B, B_{abgs}, B_{folg} wie oben; $b_0 \in B$ sei der Befehl, dessen sicheres Absetzen gezeigt werden soll, und Q_{bkan} sei eine korrekte Anordnung von B, die Q enthält; Q_{bkan} ist also eine mögliche lineare Verfeinerung von Q . Bezeichne schließlich N_j die Nachfolger an R_j und V_j die Vorgänger an R_j .

Dann gibt es eine korrekte Anordnung Q_{neu} von B mit

$\qquad b_0 <_{Q\ neu} c \qquad$ für alle $\quad c \in B_{folg} \backslash \{b_0\}$,

d.h. b_0 kann verklemmungsfrei abgesetzt werden, wenn gilt:

Es gibt eine Teilmenge $B_{hinr} \subset B_{folg}$, $b_0 \in B_{hinr}$, (B_{hinr} entspricht den Befehlen $b_0, .., b_k$ von oben) und eine partielle irreflexive Ordnung Q_{pio} auf B mit

i) $\qquad Q_{pio}$ ist feiner als Q (respektiert also insbesondere D)

ii) $\qquad Q_{pio} \mid_{(B_{hinr} \cup B_{abgs}) \times (B_{hinr} \cup B_{abgs})}$ ist eine lineare Ordnung auf $(B_{hinr} \cup B_{abgs})$

iii) $\qquad \forall c \in B_{hinr} \quad \forall d \in (B_{folg} \backslash B_{hinr}) : \quad c <_{Q\ pio} d$

iv) $\qquad \forall c \in B_{hinr} \backslash \{b_0\} : \quad b_0 <_{Q\ pio} c$

v) $\qquad \forall c \in (B_{folg} \backslash B_{hinr}) \cap N_J :$

$\qquad p_J(c) \in B_{hinr} \rightarrow (\forall d \in (B_{folg} \backslash B_{hinr}) \cap V_J : \quad c <_{Q\ bkan} d) .$

Erläuterungen :

a) Die Bedingungen an B_{hinr} und Q_{pio} verlangen folgendes : Q_{pio} muß festlegen, in welcher Reihenfolge die Befehle aus B_{hinr} abgesetzt werden können (ii), daß alle Befehle aus B_{hinr} vor denen aus $B_{folg} \backslash B_{hinr}$ liegen (iii) und daß b_0 vor den anderen Befehlen aus B_{hinr} liegt (iv). Außerdem muß die oben angesprochene Bedingung für B_{hinr} gelten : Alle Nachfolger an R_J , dessen Vorgänger in B_{hinr} sind, die selbst aber in $B_{folg} \backslash B_{hinr}$ sind, müssen in der bekannten Anordnung Q_{bkan} vor den nächsten Schreibbefehlen drankommen (v).

b) Zur Gewährleistung der Verklemmungsfreiheit stützt sich der Satz auf eine bekannte korrekte Anordnung Q_{bkan} ab. Am Anfang des Reorganisierens nimmt man dafür die ursprüngliche Anordnung der Befehle; diese wird nach jedem Absetzen eines Befehls jeweils angepaßt (Die angepaßte Anordnung wird im Satz mit Q_{neu} bezeichnet).

c) Aufgrund des Satzes reicht es, eine Anordnung auf einer Teilmenge der verbleibenden Befehle zu finden, um die Existenz einer korrekten Anordnung aller Befehle zu garantieren, welche mit den Befehlen B_{abgs} und dem Befehl b_0 beginnt.

Beweis :

Der entscheidende Schritt ist die Konstruktion von Q_{neu} aus Q_{bkan} und Q_{pio} :

$$Q_{neu} := \{\ (c,d) \in BxB\ |\quad (\quad c,d \in (B_{abgs} \cup B_{hinr}\ ) \ \wedge \ (c,d) \in Q_{pio}\quad)$$
$$\vee \quad (\quad c \in (B_{abgs} \cup B_{hinr}\ ) \ \wedge \ d \in (B_{folg} \backslash B_{hinr})\ )$$
$$\vee \quad (\quad c,d \in (B_{folg} \backslash B_{hinr}) \ \wedge \ (c,d) \in Q_{bkan}\quad)\ \}$$

Zu zeigen ist, daß Q_{neu} eine korrekte Anordnung auf B ist; dazu rechnet man nach, daß

    i) Q_{neu} eine totale irreflexive Ordnung auf B ist

    ii) $b_0 <_{Q\ neu} c$ für alle $c \in B_{folg} \backslash \{b_0\}$

    iii) Q_{neu} den BR–Graphen D respektiert.

Details dazu finden sich in [Poe85:3.3.2].

Der Satz legt bereits die Skizze für einen Algorithmus nahe :

- Wähle mit *select_best_candidate* den Wunschkandidaten $b_0 \in B_{folg}$ zum Absetzen aus.

- Bestimme sukzessive ein $B_{hinr} \subset B_{folg}$, das der Bedingung (v) des Satzes genügt.

- Prüfe, ob sich dieses B_{hinr} hinter B_{abgs} korrekt anordnen läßt :

  Wenn ja, setze b_0 ab und passe die bekannte Anordnung an.

  Wenn nein, verwerfe b_0 und wähle einen anderen Befehl zum Absetzen aus.

Entsprechend dieser Skizze wird nun der erweiterte Reorganisierungsalgorithmus vorgestellt. Zu seiner Formulierung benutze ich neben den Bezeichnungen aus Abschnitt 3.1 die folgenden :

    Q_{bkan} für die bekannte korrekte Anordnung von B

    N_{hinr} für eine Hilfsvariable zur sukzessiven Berechnung von B_{hinr}

Erweiterter Reorganisierungsalgorithmus :

```
(1e)    Q := partial_irreflexive_order_implied_by(D)    ;
(2e)    Q := BR-Hülle (Q,D) ;
(3e)    B_abgs := {a} ;
(4e)    B_folg := B_abgs \{a} ;
(5e)    repeat
(6e)        M := { b ∈ B_folg | there is no c ∈ B_folg :  c < b } ;
(7e)        repeat
(8e)            bvar := select_best_candidate(M ,B_abgs ,Q ) ;
(9e)            M := M \ {bvar} ;
(10e)           if    bvar = next_in( Q_bkan , B_abgs )
(11e)           then  boolvar := true
(12e)           else  N_hinr := {bvar} ;
(13e)                 repeat
(14e)                     B_hinr := N_hinr ;
(15e)                     N_hinr := instruct_not_satisf_cond( N_hinr ) ∪ N_hinr ;
(16e)                     N_hinr := all_predecessor( N_hinr ) ∪ N_hinr ;
(17e)                 until B_hinr = N_hinr ∨ |N_hinr| > max ;
(18e)                 if    |N_hinr| > max
(19e)                 then  boolvar := false
(20e)                 else  ( boolvar , Q_bkan )
(21e)                           := search_linear_ord( B_hinr ,B_abgs ,Q_bkan )
(22e)                 fi ;
(23e)           fi ;
(24e)       until  boolvar = true   ;
(25e)       H := Q ∪ { (bvar,x) | x ∈ B_folg\{bvar} } ;
(26e)       H := BR-Hülle ( H , D ) ;
(27e)       B_abgs := B_abgs ∪ {bvar} ;
(28e)       B_folg := B_folg \ {bvar} ;
(29e)       Q := H ;
(30e)   until  B_folg = {} .
```

Erläuterungen zum erweiterten Reorganisierungsalgorithmus :

Die Erweiterungen gegenüber dem Algorithmus aus Abschnitt 3.1 betreffen im wesentlichen die Auswahl des abzusetzenden Befehls; die Initialisierungen in den Zeilen (1)–(9) bzw. (1e)–(9e) sind in beiden Algorithmen gleich. Ebenso entsprechen sich die Zeilen (13)–(18) und (27e)–(30e). Da keine Verklemmungen auftreten können, konnte die Hüllenberechnung aus der inneren Schleife herausgezogen werden (vgl. die Zeilen (10)–(11) mit den Zeilen (25e)–(26e)).

Nun zu dem Teil des Algorithmus', der prüft, ob *bvar* verklemmmungsfrei abgesetzt werden kann : Kommt *bvar* als nächster Befehl nach den Befehlen aus B_{abgs} in der bekannten Anordnung Q_{bkan} dran, kann er selbstverständlich verklemmungsfrei abgesetzt werden (Zeile (10e) und (11e)). Ansonsten wird versucht, Satz 1 anzuwenden. Dazu ermittelt die Schleife (13e)–(17e) sukzessive eine Teilmenge B_{hinr} von B_{folg} : Die Funktion *instruct_not_satisf_cond* nimmt alle solchen Befehle zu B_{hinr} hinzu, für die Bedingung (v) aus Satz 1 nicht erfüllt ist; die Funktion *all_predecessor* fügt dann alle Befehle hinzu, die gemäß Q_{bkan} vor den neu hinzugenommenen Befehlen abgesetzt werden müssen. Wird die Berechnung von B_{hinr} stationär, bevor B_{hinr} eine bestimmte Größe (zur Wahl von "max" s.u.) überschreitet, wird nach einer korrekten Anordnung für B_{hinr} gesucht; andernfalls wird *bvar* verworfen. Die benötigte korrekte Anordnung von B_{hinr} besorgt die Funktion *search_linear_ord*; weil man für "max" je nach Maschine Werte zwischen 5 und 15 wählen wird, B_{hinr} also relativ klein bleibt, kann man für die Funktion *search_linear_ord* eine einfache Variante des Reorganisierungsalgorithmus aus Abschnitt 3.1 verwenden: Da nur die Existenz einer korrekten Anordnung von Interesse ist, kann auf die Funktion *select_best_candidate* verzichtet werden.

Die Korrektheit der Erweiterungen des Algorithmus ergeben sich aus Satz 1. Für die Terminierung ist zu zeigen, daß *boolvar* den Wert true annimmt, bevor auf ein leeres M zugegriffen wird. Dies ergibt sich daraus, daß next_in$(Q_{bkan}, B_{abgs}) \in M$.

Die beiden vorgestellten Algorithmen liefern eine weitgehend maschinenunabhängige Lösung für das Postpass–Reorganisieren. Sie sind hervorragend für die Einbettung in Assemblierer geeignet; dies hat insbesondere beim Testen während der Prozessorentwicklung (vgl.[H&a81]) den Vorteil, daß die Hochsprachen–Compiler nicht jedesmal angepaßt werden müssen.

4. Integration der Verfahren in die Codeerzeugung

In den vorangegangenen Kapiteln wurden nur globale Verfahren behandelt. Ihnen liegt eine klare Optimierungsstrategie zugrunde: Setze jeweils den Befehl als nächsten ab, der mit der geringsten Verzögerung ausgeführt werden kann. Im Gegensatz dazu ergeben sich bei lokalen Reorganisierungsverfahren (in [Poe85:3.4] wird ein entsprechender Algorithmus vorgestellt) ähnliche Probleme wie bei anderen Codeoptimierungstechniken: Es ist oft recht ungewiß, ob nicht die "Optimierung" an einer Stelle bessere "Optimierungen" an anderer Stelle verhindert; brauchbare Auswahlkriterien sind sehr maschinenabhängig und müssen deshalb für jede betrachtete Maschine (ggf. durch statistische Untersuchungen) gesondert ermittelt werden. Andererseits bestechen lokale Verfahren durch ihre prinzipielle Einfachheit:

Gehe die Befehlssequenz sukzessive durch und vertausche Befehle, wenn die Datenabhängigkeiten dies zulassen und wenn die resultierende Befehlssequenz "schneller" ist als die ursprüngliche.

Lokale Verfahren sind insbesondere interessant zur Nachoptimierung und für punktuelles Optimieren, etwa an Schnittstellen von Programmstücken oder bei der Behandlung von verzögerten Sprüngen (vgl.[Gro83:6]).

Mit den beschriebenen Verfahren ist ein wichtiger Schritt für die Software–gestützte Konfliktbeseitigung getan. Allerdings stellen die Verfahren nur Bausteine einer umfassenden Codegenerierung/–optimierung dar. Wesentlich für den Erfolg in der Praxis wird es deshalb sein, eine geeignete Integration der verschiedenen Teilaufgaben zu finden, insbesondere z.B. ein geeignetes Zusammenspiel mit Verfahren zum Packen von Befehlen (s.[Fis81], [Veg82]) oder zum Verteilen von Programmblöcken auf Mehrprozessorsysteme zu entwickeln.

Danksagung

Zwei Worte des Dankes: Das eine gilt Herrn Prof. J. Eickel für seine drängenden Ermutigungen, diese Arbeit zu veröffentlichen; das andere Herrn A. Liebl für seine wertvollen kritischen Anmerkungen zu Inhalt und Darstellung des Aufsatzes.

Literatur :

[Fis81]   J. A. Fisher: Trace Scheduling: A Technique for Global Microcode Compaction ; *IEEE Trans. on Computers C–30,7; 81, pp478–490.*

[Gie81]   R. Giegerich: Automatische Erzeugung von Maschinencode–Optimierern ; *Dissertation; TU München; 81.*

[Gro83]   T. Gross: Code Optimization of Pipeline Constraints; *Techn. Report No.83–255, Comp. Systems Lab.; Stanford Univ.; 12.83.*

[H&a81]   J. Hennessy, N.Jouppi, F.Baskett, J.Gill: MIPS: A VLSI Processor Architeicture; *Proc. CMU Conf. on VLSI Systems and Computation;*
          10.81, pp337–346.

[H&a82]   J. Hennessy et alteri: The MIPS Machine; *Proceedings, IEEE Comcon; San Francisco; 2.82, pp2–7.*

[HeG83]   J. Hennessy, T.Gross: Postpass Code Optimization of Pipeline Constraints; *acm Transactions on Progr. Languages and Systems; 83, pp422–448.*

[Poe85]   A. Poetzsch–Heffter: Codeoptimierung für Pipeline–Prozessoren aus formalen Maschinenbeschreibungen; *Diplomarbeit; TU München; 11.85.*

[KeB79]   J. McKevitt, J.Bayliss: New Options from Big Chips; *IEEE Spectrum; 3.79, pp28–34.*

[Kog81]   P. M. Kogge: The Architecture of Pipelined Computers; *McGraw–Hill; 81.*

[Veg82]   S. Vegdahl: Local Code Generation and Compaction in Optimizing Microcode Compilers ; *Ph.D.Th., Carnegie–Mellon University; 12.82.*

Eine flexible Entwurfsumgebung für RISC-ähnliche Prozessorarchitekturen

T. Bergsträsser, J. Geßner, K. Hafner, S. Wallstab
Siemens AG
Zentralbereich Forschung und Technik
Otto-Hahn-Ring 6
8000 München 83

Zusammenfassung

Beim Entwurf von Rechensystemen setzt sich der Trend zum Einsatz anwendungs-spezifischer integrierter Schaltungen (ASICs) durch. Handelt es sich bei diesen um Prozessoren, findet mehr und mehr der RISC-Entwurfsstil Anwendung, der einen für das jeweilige Anwendungsgebiet maßgeschneiderten, möglichst einfachen Befehlssatz nahe-legt.

Um die Entwurfskosten für RISC-Prozessoren niedrig zu halten, müssen geeignete Methoden und Werkzeuge für einen schnellen und sicheren Entwurf zur Verfügung stehen. Für die Umsetzung einer strukturorientierten Beschreibung, z.B. eines Logikplans, in die Fertigungs- und Testunterlagen ist dies schon der Fall. Für den Entwurf von Prozessorstrukturen aus einer möglichst abstrakten, verhaltensorientierten Beschreibung heraus fehlen solche Methoden und Werkzeuge noch weitgehend.

Um diesen Mangel zu beseitigen, entwickeln wir eine flexible Architekturentwurfs-umgebung, die zunächst auf den Entwurf RISC-ähnlicher Prozessorchips zugeschnitten ist, später jedoch auch andere Typen von ASICs unterstützen soll. Im vorliegenden Beitrag wird der Aufbau dieser Architekturentwurfsumgebung beschrieben.

1.   Der Entwurf von Rechner-Hardware

Beim Entwurf von Prozessoren nehmen die Problemanalyse und der Entwurf der Architektur zunehmend breiteren Raum gegenüber den nachfolgenden Konstruktions-schritten ein. Ermöglicht wird diese Entwicklung durch leistungsfähige realisierungsnahe Entwurfswerkzeuge, wie z.B. Silicon-Compiler oder Chip-Generatoren [SanSeq86].

In diesem Trend liegt auch die von uns gewählte Entwurfsmethodik, bei der man durch die Analyse von problemspezifischen Prozessoraufgaben in der Leistung und dem Hardware-Aufwand angepaßte, dedizierte Prozessoren erhält. Dabei soll der gesamte Bereich des Architekturentwurfs durch neue Werkzeuge unterstützt werden.

Bild 1.1 zeigt die einzelnen Phasen des Hardware-Entwurfs und deren Unterstützung durch rechnergestützte Werkzeuge.

Phase	Aufgaben	Hilfsmittel	Ergebnis
Problemanalyse und Spezifikation	Erstellen der Problemdefinition und der System-spezifikation	Abschätzungen (z.B. durch Kern-programme), Analysen	System-spezifikation (z.B. Algorithmus, Performance, Fläche, usw.)
Verhaltens-beschreibung	Festlegen und Beschreiben des Programmier-modells	Common Lisp-Programmier-umgebung	Programmier-modell (Lisp-Programm)
Architektur-entwurf	Erstellen des funktionalen und groben struktu-rellen Modells des Prozessors	Werkzeuge unserer Entwurfs-umgebung	Funktionsblock-oder Register-Transfer-Beschreibung (z.B. CAP/DSDL)
Implementierung	Erstellen der Hardware-Realisierung	Silicon-Compiler	Fertigungs- und Testdaten

Bild 1.1: Die Phasen des Hardware-Entwurfs

Der erste Schritt eines Entwurfs besteht aus der Problemanalyse und der Spezifikation des zu erstellenden Systems. Das Ergebnis der Analyse des Einsatzgebiets ist ein Anforderungsprofil. Darin festgelegte Werte sind zum Beispiel die Performance, der Leistungsverbrauch oder die Fläche. Mit diesen Angaben erfolgt die Wahl des Lösungs-algorithmus, der anschließend auf die Auftrittshäufigkeiten von Operationen und Daten-formaten untersucht wird. Die gefundenen Daten werden zum Entwurf des Programmier-modells des zu implementierenden Prozessors verwendet.

In der Phase der Verhaltensbeschreibung wird das Programmiermodell für einen Prozessor festgelegt und beschrieben. Dazu ist ein Beschreibungshilfsmittel, das eine möglichst abstrakte, verhaltensorientierte Darstellung gewährleistet, notwendig. Die Wahl einer normalen Programmiersprache wie z.B. Common Lisp [Steele84] bringt Vorteile bei der Erstellung und Weiterverarbeitung der Prozessorbeschreibung.

In der Phase des Architekturentwurfs wird eine Detaillierung des Konzepts vorgenom-men, die den Anforderungen aus der Problemanalyse genügt. Dieser noch kaum durch Entwurfswerkzeuge unterstützte Bereich ist Ziel unserer Automatisierungsbestrebungen. Ergebnis dieser Phase ist eine Systembeschreibung hauptsächlich auf der Funktionsblock-oder Register-Transfer-Ebene.

Die Phase der Implementierung der festgelegten Architektur wird von bestehenden Werkzeugen, wie Silicon-Compilern, übernommen. Sie ist nicht mehr Ziel unserer Untersuchungen.

Um die Komplexität der zu entwickelnden Werkzeuge und damit der zugrundeliegenden Algorithmen zu beschränken, wurde die Zielarchitektur auf reguläre Prozessorarchitekturen [Sandwe84] festgelegt. Darunter verstehen wir die Gliederung in:

- Datenpfad
    Funktions-Scheiben
    Bit-Scheiben
- Steuereinheit
- lokaler Speicher (RAM oder ROM)

Weiterhin findet die RISC-Entwurfsphilosophie Anwendung, d.h. der Befehlssatz enthält einfache, elementare Befehle. Komplexere Operationen müssen auf Sequenzen von diesen Elementarbefehlen abgebildet werden.

Die notwendigen Entwurfsschritte, Entwurfsentscheidungen und Entwurfswerkzeuge zur Konstruktion eines Prozessors wurden von uns anhand eines Modell-Prozessors ROC (Register-Orientierter Computer) analysiert.

2. Die Struktur der Entwurfsumgebung

Das Ziel unserer Werkzeugentwicklung für den Architekturentwurf ist es, die bestehenden Engpässe im Entwurfsablauf zu verringern. Solch ein Engpaß ist zum Beispiel die Codierung der Steuerwerksfunktionen. Erst in zweiter Linie wird ein vollautomatischer Entwurfsablauf zur Architektursynthese angestrebt.

Der schrittweise Aufbau eines Entwurfssystems aus einzelnen, in ihrem Leistungsumfang beschränkten Werkzeugen erfordert eine offene und flexible Systemstruktur. Hierzu sind die Programmierumgebungen von Lisp-Maschinen besonders gut geeignet. Die unseren Arbeiten zugrundeliegende Hardware ist eine SIEMENS EMS 5800-Workstation mit Common Lisp als Programmiersprache. In Bild 2.1 ist der schematische Aufbau der Entwurfsumgebung dargestellt.

Die interne Repräsentation der Entwurfsdaten erfolgt mittels abstrakter Datentypen. Dieses kann, nach einer aus der Datenbanktechnik übernommenen Methodik, aus verschiedenen Sichten erfolgen, z.B. der Verhaltenssicht, d.h. der Beschreibung des Systems durch seine Funktionen, oder der Hardware-Struktursicht, d.h. der Beschreibung durch Komponenten und deren Verbindungen.

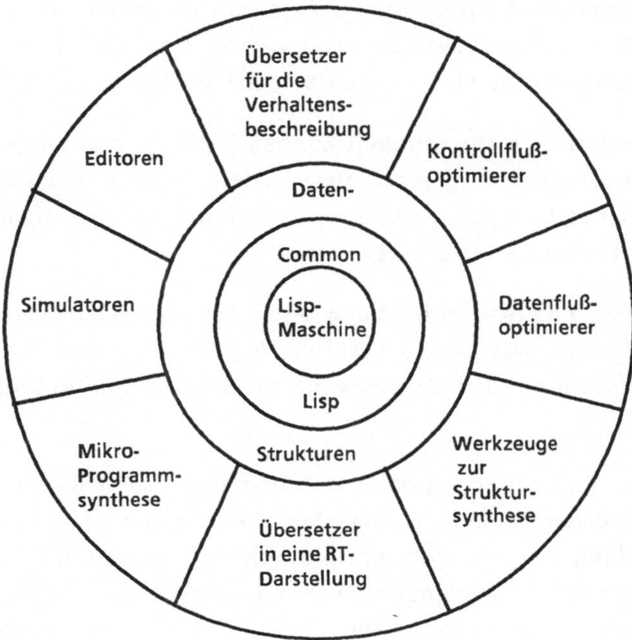

Bild 2.1: Aufbau des Systems zur Unterstützung des Architekturentwurfs

Werkzeuge, die auf diesen Datenstrukturen arbeiten, sind zum Beispiel:

- Übersetzer:
  Verhaltensbeschreibung - interne Objektrepräsentation,
  Objektrepräsentation - RT-Darstellungen (z.B. CAP/DSDL),
- Werkzeuge zur Analyse der möglichen Parallelverarbeitung im Prozessor,
- Simulatoren,
- graphische Editoren,
- Werkzeuge zur Mikroprogrammierung und
- Struktursyntheseprogramme.

3. Common Lisp-Programme zur Verhaltensbeschreibung

Voraussetzung für die Automatisierung des Architekturentwurfs ist eine geeignete Beschreibung des gewünschten Prozessorverhaltens. Dazu muß der Lösungsalgorithmus auf ein abstraktes Prozessormodell abgebildet werden, dessen Darstellung von den Entwurfswerkzeugen weiterverarbeitet werden kann.

Eine geeignete Beschreibung sollte ein System durch das Ein-/Ausgabe-Verhalten, also den Definitions- und Wertebereich sowie den Effekt der Funktion, beschreiben. Angaben über die exakten internen Abläufe sollten dabei vermieden werden. Die zu verarbeitenden Informationen müssen auf der Ebene der Datentypen - der Eigenschaften - und nicht auf der Ebene der Bits und Bitmuster beschrieben werden können.

Gerade bei Hardware-Beschreibungen können jedoch die vorgegebenen Randbedingungen zu einem Verstoß gegen diese Prinzipien führen. Gründe dafür können Leistungs- oder Kompatibilitätsforderungen sein, die die internen Abläufe oder die zu verarbeitenden Datenformate detailliert vorschreiben.

Damit kann eine Verhaltensbeschreibung neben den abstrakten auch sehr detaillierte Darstellungen enthalten, was bei der Wahl der Hilfsmittel zu berücksichtigen ist. Ein Verzicht auf das Prinzip der verhaltensorientierten Beschreibung ist damit jedoch nicht verbunden.

Es existiert eine Vielzahl von graphischen und formalsprachlichen Beschreibungshilfsmitteln für Hardware-Systeme. Formale Sprachen, so wie sie aus dem Bereich der Software-Entwicklung bekannt sind, entsprechen in einem hohen Maße den oben genannten Kriterien für ein geeignetes Beschreibungshilfsmittel. Dabei kann zwischen zwei Sprachansätzen unterschieden werden. Einerseits den CHDLs (Computer Hardware Description Languages), das sind Sprachen mit einer speziell für die Hardware-Darstellung ausgelegten Syntax und Semantik, und andererseits den normalen, aus dem Softwarebereich bekannten Programmiersprachen.

Wir verwenden die Standard-Programmiersprache Common Lisp zur verhaltensorientierten Beschreibung von Prozessoren. Die wichtigsten Vorteile dieser Sprache gegenüber CHDLs sind:

- die einfache Syntax (Vereinfachung der automatischen Weiterverarbeitung),
- die bestehenden Programmierumgebungen,
- das umfangreiche Datentypenkonzept und
- die Möglichkeit der symbolischen Programmierung.

Gegenüber anderen Sprachen aus der Software-Technik sind die wichtigsten Vorteile:

- daß arithmetische und logische Operationen auf beliebig langen Zahlen oder Bitvektoren erfolgen können, also unabhängig von der Ziel-Hardware,
- daß die Programmierumgebung mit Interpreter und Compiler die Simulation und Emulation der Verhaltensbeschreibung ermöglicht. Die interpretative Abarbeitung bei dieser Sprache erleichtert es zum Beispiel, Systeme mit umfangreicher Verhaltensbeschreibung detailliert zu untersuchen.

Um den Aufwand bei der Übersetzung und Weiterverarbeitung der Common Lisp-Programme zu reduzieren, wurde der Sprachumfang auf eine Teilmenge eingeschränkt. Die darin enthaltenen, zu einer Hardware-Beschreibung notwendigen Befehle wurden durch die Codierung verschiedener typischer Beispiele gefunden.

Die Transformation der Verhaltensbeschreibung in die internen, objektorientierten Datenstrukturen erfolgt durch einen Zwischencodecompiler. Damit ist es möglich, das Entwurfssystem durch Austauschen des Compiler-Front-Ends an eine neue Eingabesprache anzupassen. Solche Sprachen könnten Prolog oder objektorientierte Ansätze sein.

4. Analyse und Optimierung der Verhaltensdarstellung

Die, mit den in Kapitel 3 vorgestellten Techniken ermittelten, internen Datenstrukturen zur Darstellung des Verhaltens eines RISC-ähnlichen Prozessors sind Ausgangspunkt für die weiteren automatisierten und teilautomatisierten Schritte im Entwurfsablauf. Diese, aus der vom Entwickler erstellten Beschreibung abgeleitete Verhaltensdarstellung ist stark von dem gewählten Beschreibungsstil, d.h. der Strukturierung des Programms, abhängig. Eine direkte Abbildung auf Hardware-Komponenten kommt aufgrund der von uns favorisierten Hardware-unabhängigen Beschreibung nicht in Frage.

Es ist daher notwendig, die interne Verhaltensbeschreibung zu analysieren und aufgrund dieser Informationen die in dieser Phase möglichen technologieunabhängigen Optimierungen durchzuführen.

Die beschriebene Vorgehensweise entspricht in weiten Teilen den Abläufen, wie sie in optimierenden Software-Compilern existieren. Es lag daher nahe, die bestehenden Datenstrukturen und Algorithmen aus dem Übersetzerbau zu übernehmen und mit den für den Hardware-Entwurf notwendigen Verfeinerungen zu versehen. Eine ähnliche Vorgehensweise findet man in "Flamel" [Tricke87], einem Synthesesystem mit der Eingabesprache Pascal.

Einige der wichtigsten Verarbeitungsschritte, die auf die objektorientierte Darstellung des Kontroll- und Datenflusses eines Prozessors angewendet werden, sind nachfolgend beschrieben.

4.1 Funktionsintegration

Bei unserer momentanen Vorgehensweise wird die vom Anwender in der Verhaltensbeschreibung vorgegebene Funktionshierarchie vollständig aufgelöst. Dieser Schritt reduziert erheblich den Aufwand für die nachfolgenden Analyse- und Optimierungsschritte, da keine Funktionsgrenzen mehr zu beachten sind. Durch die Einschränkung unserer Entwurfsmethodik auf RISC-Architekturen, d.h. Prozessoren einfacher Funktionalität, kann die Erhöhung der Anzahl der Operationen und Variablen durch die Expansion der Funktionsaufrufe von den nachfolgenden Algorithmen verkraftet werden.

4.2 Kombination von Verzweigungen

Eine wichtige Optimierung bezieht sich auf den Kontrollfluß von Prozessoren mit einer geringen Zahl von internen Zuständen, wie zum Beispiel RISCs. Dabei werden die im Programmfluß vorliegenden Verzweigungen analysiert und anschließend transformiert.

Dazu werden alle Programmverzweigungen zu einer großen am Anfang des Graphen kombiniert (select combination). Den Programmflußgraphen des ROC-Modell-Prozessors vor und nach dieser Transformation zeigt Bild 4.1.

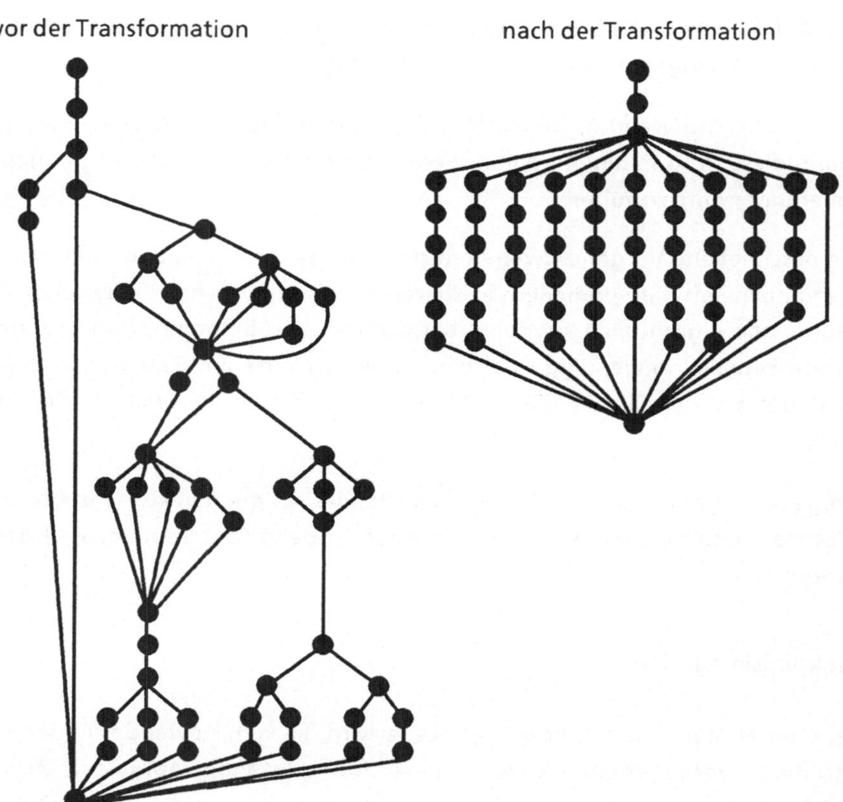

Bild 4.1: Der Kontrollflußgraph des ROC vor und nach der Transformation der bedingten Verzweigungen

Der verhaltensäquivalente neue Kontrollflußgraph enthält für jeden Befehl und jede Befehlsvariante genau einen Pfad zwischen dem Anfang und dem Ende eines Befehlszyklus. Diese Darstellung ist eine Art "Normalform" der Verhaltensdarstellung und wird als

Ausgangspunkt für weitere Optimierungen und die Generierung der Steuergleichungen des Prozesssors verwendet.

Mit dieser Transformation werden zwei Ziele vefolgt, einerseits beseitigt die "Normalisierung" Einflüsse, die durch den vom Anwender gewählten Aufbau der Verhaltensbeschreibung entstehen, und andererseits verbessert die Zusammenfassung zu Pfaden mit vielen Operationen die Optimierungsmöglichkeiten. Als Nachteil muß eine erhebliche Steigerung der Knotenzahl durch gleichartige Operationen in verschiedenen Pfaden in Kauf genommen werden. Bei der Zuordnung der Operationen zu Hardware-Komponenten erfolgt jedoch wieder eine Zusammenfassung durch Mehrfachausnutzung von Funktionsblöcken.

4.3   Validierung der Prozessorbeschreibung

Neben der Optimierung und der Synthese wird der Flußgraph auch zur Validierung der Architektur verwendet. Eine Sensibilisierung der Kontrollpfade des Prozessors wird durch das Aufsammeln aller Pfadbedingungen, wie zum Beispiel der Befehlswort- oder der Statusbitbelegungen, und einer anschließenden Synthese von Testprogrammen erreicht. Es läßt sich aufgrund dieser Angaben überprüfen, ob alle Befehle in der Verhaltensbeschreibung enthalten sind und das geforderte Verhalten zeigen.

5. Architektursynthese

Ausgehend von der internen Verhaltensbeschreibung des Prozessors als Daten- und Kontrollflußgraph werden bei der Architektursynthese die Strukturen des Datenpfads und der Steuereinheit festgelegt.

Die Analyse der manuellen Vorgehensweise beim Entwurf einer Prozessorarchitektur ergaben, daß der größte Engpaß beim Entwurf der Steuereinheit besteht. Auf diesem Gebiet liegt auch der Schwerpunkt unserer Arbeiten, d.h. bei der Ableitung der Ansteuergleichungen für den Datenpfad und der Bewertung von Entwurfsentscheidungen für die Implementierung der Steuereinheit. Sind die Entscheidungen getroffen und die Gleichungen gefunden, so kann die Steuereinheit durch bestehende PLA-, Logik- oder FSM-Generatoren in Hardware realisiert werden.

Die Vorgabe, möglichst einfache Werkzeuge zu erstellen und diese zu einer komfortablen Entwurfsumgebung zu kombinieren, legt die Wahl interaktiver Programme nahe. Dabei kann ein Teil der Aufgaben durch den Anwender ausgeführt werden. Eine dieser Aufgaben ist in unserem Falle die zur Zeit noch manuelle Vorgabe des Datenpfads, seiner Operationen, der Steuerleitungen und seines Zeitverhaltens.

Das Abbilden der Prozessorbefehle auf die Hardware durch das Aktivieren der Steuerleitungen in korrekter zeitlicher Reihenfolge kann im einfachsten Fall durch einen
Tabelleneditor erfolgen. Dabei werden die Steuerleitungen des Datenpfads als Zeilen-
bezeichnungen und die Elementaroperationen der Befehle als Spaltenbezeichnungen
angegeben. Einträge in den Schnittpunkten von Zeilen und Spalten legen fest, wann in
einem Befehl welche Steuerleitungen aktiviert werden müssen. Bild 5.1 zeigt eine Tabelle
für den Modell-Prozessor ROC.

ROC - FSM — Spaltengruppen: INSTR-FETCH (a–e), SUB A,(B)+ (f–G)

	ROC - FSM	a	b	c	d	e	f	g	h	i	j	k	A	B	C	D	E	F	G
M	C-Interrupt																		
e	C-Address	X					X						X			X			
m	C-In																		
o	C-Out				X						X			X				X	
r	C-Expand-Sign																		
y	C-Expand-Zero																		
R	C-A-In											X							X
e	C-A-Out								X									X	
g	C-B-In			X					X				X				X		
	C-B-Out	X	X				X	X					X	X					
A	C-A-In								X									X	X
l	C-A-Out									X									
u	C-B-In		X					X		X			X		X		X		
	C-B-Out			X				X					X		X				
	C-Function-Code			INC				INC				SUB	INC			INC			SUB
S	C-In											X							X
t	C-ALU-In											X							X
a	C-Shifter-In																		
t	C-Condition-Code				X										X				
IR	C-In			X									X						

Bild 5.1:   Eine Tabelle für die Zuordnung der Steuerleitungen zu Befehlen

Schon die menügesteuerte Manipulation der Tabelle bringt eine erhebliche Zeit-
ersparnis gegenüber der manuellen Vorgehensweise, da dieser Entwurfsschritt sehr
änderungsintensiv ist. Die Fehleranfälligkeit der Zuordnung wird durch automatische
Konsistenzüberprüfungen und Optimierungsschritte verringert.

6. Ausblick

Die Erweiterung der Entwurfsumgebung um Werkzeuge zur vollautomatischen
Generierung der Steuergleichungen für einen gegebenen Kontrollflußgraphen und einen

festgelegten Datenpfad ist zur Zeit Gegenstand unserer Entwicklungen. Die interaktiven Eingriffsmöglichkeiten sollen dabei aber erhalten bleiben.

Weitere Entwicklungen betreffen die automatische Synthese des Datenpfads aus der Datenflußdarstellung der Verhaltensbeschreibung.

Ein wesentlicher Faktor bei der Implementierung solcher Werkzeuge ist die Einbeziehung von Methoden zur prognostischen Bewertung der Auswirkungen von Architekturentscheidungen, um ein aufwendiges "trial and error"-Verfahren zu vermeiden. Erste Ergebnisse hierzu sind veröffentlicht [EndKle87].

Literatur

[AhoSet86]   Aho, A.V.; Sethi, R.; Ullman, J.D.: Compilers - Principles, Techniques, and Tools, Addison-Wesley, 1986.

[EndKle87]   Endriß, H.; Klein-Heßling, G.; Lawitzky, G.; Schallenberger, B.: Fast Evaluation of Design Alternatives - A New Approach for Exploratory Chip Design, North Holland, Vol. 21, 1987.

[Sandwe84]   Sandweg, G.: Regelmäßige Strukturen für Prozessorbausteine GI - 14. Jahrestagung, Springer - Verlag, 1984, pp. 376-390.

[SanSeq86]   Sandweg, G.; Séquin, C.H.: Entwurfsautomatisierung bei höchstintegrierten Schaltungen, Informatik-Spektrum 9, 1986, pp. 247-252.

[Steele84]   Steele, G.L.: Common Lisp, Digital Press, 1984.

[Tricke87]   Trickey, H.: Flamel: A High-Level Hardware Compiler, IEEE Trans. Computer-Aided Design, vol. CAD-6, no. 2, 1987.

System Architectures for Functional Programming Languages:
Problems and Solutions

Klaus Berkling
CASE Center Syracuse University
Syracuse, NY 13244-1190

<u>Abstract:</u>

This paper considers various approaches to the solving the problems of implementing functional programming languages. Emphasis has been put on the basic problems, their solution in terms of abstract machines and their realizations. No claim is made with respect to an exhaustive enumeration of all current machine projects and functional languages.

Introduction

The title of this talk might be paraphrased to "Functional Programming Languages: Problem or Solution?" More than 20 years ago Peter Landin wrote his classical paper "The mechanical evaluation of expressions" [Lan64]. Since then this has been an issue in computer science. Also, about the same time low level integrated circuits made computing power a common commodity. But, since then we know the term "software crisis", too. This term describes a state of affairs, where it is uncertain, if programs from an embarrassingly small size on can be produced in time and with predictable behaviour. The reason for this is, that a system, consisting of software, firmware, and hardware. has a much larger state space than planned, anticipated, or desired. Considering the combinatorial explosion of all possible preconditions seems to be too much for a human brain or a collective of human brains. Typically, error margins are to loose. The error which is finally trapped, that is the state finally recognized as a non-permissible one, has been reached after a long chain of states remote from the true cause of the unwanted behaviour. Proving a program correct depends on the prior creation of another representation of that program (specification) the correctness of which is held selfevident. The root of these problemes lies in the ease by which the conventional computer allows to introduce irreversible state changes. The store instruction as well as the jump instruction with their respective programming language counterparts, the assignment statement and the GOTO order do just that. The former resets the state of a memory cell, the latter resets the state of the instruction counter, neither one saving the old state.

The proponents of functional programming have promised for a long time, to lead the way out of the software crisis. Their main argument refers to the mathematical foundation of functional programming based on the lambda calculus [Chur 41].

However, as so many researchers have experienced, the implementation of functional programming languages is surprisingly difficult. As a consequence, implementations are still slow and extensive. Currently, many researchers are working on versions which are competitive with conventional procedural systems in terms of capacity and efficiency without oversimplifications and undo restrictions. In the following we will consider the problems encountered and the solutions found, but we will leave the question if functional programming languages are the problem or the solution to be answered in the future.

1. Basic Problems

The conventional von Neumann computer has typically an arithmetic-logical unit, which could "function" for all datatypes representable as finite length bitstrings. It is to some degree a higher order functional unit. It has four ports, three input ports for two arguments and one function, and one output port for the result. The function is also a bitstring statizised by an operation code register selecting a specific function on one or two bitstrings. Here ends the "functional" operation of a conventional computer. Some other agent has to fill in a sequence of instructions fetching the operands from some location and storing the results in some other location. The word "some " underlines the additional processing effort needed to use the device. However, one of the advantages of the functional programming style consists of being able to write the computation, the result of which becomes the input or argument of some other computation, "in situ". This avoids the specification of intermediate locations and movements from and to them. By now, the compiler technology for converting expressions into sequences of conventional instructions is so far developed, that even high level integration technology does not seem to render special hardware economical and competitive, except some support for stacks.

Stacks are as old as computer science, a famous old patent by Samelson and Bauer bears the date 1957. There exists an intimate relationship among expressions, their abstract tree structures, their concrete syntactical representations, and stacks. The linking concept is the sequencing of nodes and leaves caused by a recursively defined tree traversal. Note the all important property of a stack to preserve the old state when set to a new one. This property is used in the context of expressions to ensure the complete traversal of expressions by stacking subexpresions for later use in the desired sequence.

In an example of this method Postfix Polish Code is stored in one stack and evaluated using another stack. The first stack is only popped, the second stack is pushed and popped. Capital letters denote leaves, the other letters nodes in the following. This organization together with evaluation pushes only operands to the second stack. We call the first stack C for control, because the symbol on top of C controls the action. If it is an operator, it finds its operands evaluated on top of the other stack which we will call S. No unevaluated operands ever get onto S! The sample expression is:

(a(b(cD(eFG))H)(k(mNP)Q)

A sequence of stack movements corresponding to a tree traversal looks like this:

```
                    stack C     stack S

a b c D e F G H k m N  P  Q
         a b c D e F G H k m   N P Q
         a b c D e F G H k   R1 Q
         a b c D e F G H   R2
           a b c D e F G   H R2
             a b c D e F   G H R2
               a b c D e   F G H R2
                 a b c D   R3 H R2
                   a b c   D R3 H R2
                     a b   R4 H R2
                       a   R5 R2
                           R6
```

Another method uses 3 stacks such that Prefix Polish Code is always maintained in two stacks, and node symbols only occur in the third stack. The main property of this system is: At all times during operating the system the third stack holds a path as a sequence of nodes to some subtree, the two stacks hold separated left subtrees of that path and right subtrees of that path, each in Prefix Polish Code, respectively. Using the same expression as above we can obtain the following snapshot:

a

b

c

e

___ , <u>D</u> , F   G , <u>H</u> , <u>k , m , N , P , Q</u> , ___

———

focus of attention

The sequence a b c is the path to the subtree e F G. Simple sequences of pushes and pops cause this path point to any other node or leave as needed. This method is used in the GMD string reduction machine. [Berk75] The operation is generally controlled by the tops of all three stacks to recognize instances of reduction rules; other additional stacks were used for intermediate storage of subtrees in the course of executing a reduction rule.

The stack property is also used to stack instruction counter settings for proper returns after excursions into subroutines, iterative, or recursive constructs, thus avoiding destructive GOTO's. The property is also used to claim and release storage space in a last-in first-out discipline, thus avoiding avoiding fragmentation and costly, word by word, reclaiming of storage space. The latter has a particular important use for representing the "environment", a dynamic datastructure required by all languages with a scope structure for variables to hold temporary results. This leads us to a very deep and complex problem area known by the name abstraction.

2. Abstraction

Most procedural programs follow with modifications the pattern: read input - compute - write output. This is functional in character, but not made explicite as, for example, in the form: "compute (input) = output". Some hints to the functional character at the top level are visible in the UNIX operating system. The important aspect is, that the program (function) is an entity in itself, its source code is translated by a compiler to an object code, and both are "abstracted" from a particular set of input data. The functional character is not so much a matter of a programming language or syntax. It is a matter of employing the general principle where algorithm are abstracted from particular data to become functions, operators, which obtain particular data by a process called "application to arguments". The conventional systems consisting of von

Neumann hardware and procedural languages realize that principle at the top end by a strict separation of program and data (which is in general neither necessary nor desirable). Programs are abstracted from data, and the system is abstracted from program, language, and data. At the lower end, the arithmetic-logical unit is also abstracted from function and arguments by the input wires. We can talk about a functional architecture if the principle of abstraction is consistently and consequently applied at all intermediate levels of the computation. New problems arise at the intermediate levels because data or arguments are represented as functions applied to arguments this occurring and recurring at all levels.

The tool to abstract an expression from a subexpression consists of writing a variable in place of this expression, that is why variables are some times called place holders. Other terms for the device "variable" are formal parameter, dummy argument, and for the subexpression actual parameter, argument. The notion of being "variable" implies the understanding that the variable does not hold the place for a specific expression. Consequently, one needs another device to allow for different instantiations of expressions for variables.

3. Variables

It is absolutely necessary to limit the scope of a variable with respect to time and space. The scope determines where and when the same denotation of a variable, for example by a characterstring, denotes the same argument. Otherwise unique names each for different times and instantiations would have to be generated to avoid confusion. To scope the variables in an expression one prefixes this expression with a list of these (so far free) variables, which then become bound by the process. A similar device with the same effect attaches a "where" or "let" clause to an expression. This is the spatial part of the scope. The time part of scoping limits the scope to a particular instantiation of the expression. The packet consisting of the bound variable list and the expression operates like a function. It is applied to a list of arguments by first manufacturing an instantiation of the expression (called body of the function), and then replacing consistently variables by arguments from the corresponding lists.

Abstraction and its inverse, application, as described above is very simple to implement, but shows only the tip of the iceberg. Abstracted expressions may occur arbitrarily nested. A bound vraiable list may not contain all variables occurring in the corresponding body hinting that the structure is nested in surrounding scopes. Thus, in addition to the bound variable list, the body, an additional structure, namely a linked list of all variable-value pairs originating from preceding nesting levels is necessary to complete and "close" the function. The architectural concept is called "closure". A closure (a completed, closed function) is applied to an argument list by first pairing the bound variables to corresponding arguments, then appending the linked list of preceding scopes, and finally execute the substitution as described above. The linked list aquired the name environment. It dynamically changes with moving from one scope to another. It plays an important role in all scoped and block structured languages. Maintaining it dynamically, providing fast access to early entries, and being correct is the major task in compiler design and runtime structure design. Peter Landin had recognized the architectural needs for dealing with generally scoped variables and incorporated them into his SECD machine [Lan64]. The E in the acronym comes from the environment, the S from the stack mentioned earlier, and the C from control which holds the input. These three structures comprise already the essence of the SECD machine. The dump D is required in cases of nesting. The state of a currently active SEC machine has to be saved on the dump D when, because of nesting, another SEC machine has to be started. After the new machine terminates with a value, the prior SEC is restored to continue using this value just returned. Because of arbitrary nesting, the dump D is a dynamically changing stack according to changing scopes.

In order to realize all the difficultes in providing architectural support for general scoping, we have to make another point. The general form of the environment is a cactus stack. This refers to a structure where many small stacks are linked together as a tree at various nodes. This tree has two classes of leaves, one class of leaves are recorded as environments in closures, the other class comprises environments from executed closures. Access to such environments has been released, but not storage space. This is not possible, because one cannot find out from a leave of the tree the distribution of active and inactive leaves. As a consequence, while maintaining a cactus environment, more and more storage is claimed, which can only be reclaimed by an explicite reclaimer - garbage collector. This is a co-process which inspects, when called, all accessible structure and returns unaccessible storage to the free pool.

The requirements of abstraction obviously need complicated run time structures, which in turn consume processing power for their creation, deletion and maintainance. The ensuing inefficiencies have their cause in: 1) many levels of indirectness needed to retrieve data correctly from the environment, 2) time consuming context switches installed by dumping and restoring nested processes, 3) delaying storage releases by necessity limitting capaciy until explicite reclaimer - garbage collection processes are called.

Improvements on the architectural level can only be expected by changing the representation of the computational structure, or by shifting processes from the execution phase proper to a preprocessing phase (compiling), or to a postprocessing phase. The rational for the shifting of proccesses is, that preprocessing time is spent only once and/or can be hidden in the loading time, and that postprocessing time can be hidden in output processes.

In the following sections we will describe implementation techniques for functional languages which approach abstraction differently. Indeed, from the - still incomplete description of abstraction, the issue of evaluation order has not been addressed yet - one might conclude that there must be more efficient and less cumbersome ways to accomplish it. One approach uses "structural abstraction", the other one shifts abstraction to a preprocessing phase.

4. Structural Abstraction

John Backus gave a Turing Award Lecture in1978 with the title: "Can programming be liberated from the von Neumann style? A functional style and its algebra of programs" [Back78]. The software crisis has worsened, programming languages had improved their efficiency based on ever faster hardware, but programming still was very difficult. Therefore, John Backus proposed the RED-languages FP and FFP, and called them REDuction languages. The line of thought we are going to follow here develops like this: How far can we get with a CS type language and evaluation? Not very far. We have only primitive, atomic functions and constants available, those which are not defined in terms of the language level under consideration. The important capability, namely to define a function and set it aside as an entity - to abstract! - is missing. Out of mathematics comes the idea of composition. With juxtaposition to denote application we define as equivalent:

$$(f (g (h \, arg))) \equiv [f , g , h] \, arg$$

and obtain a new function $[f , g , \ h]$, which is composed from functions f, g, and h. The sequence, list or tuple is a new syntax structure with the argument abstracted out. Two other structures are introduced in FP and FFP, a sequence of constants and a sequence of functions. A function applied to a sequence of constants (apply-to-all) is equivalent to a sequence of applications of the same function:

$$<fc,fd,fe> \equiv f<c,d,e>$$

A sequence of functions applied to a constant is equivalent to a sequence of applications:

$$<fc,gc,hc> \equiv \{f,g,h\}c$$

The term "structural abstraction" is applicable, because constants or functions are placed in appropriate positions of structures by implicit convention - no explicit denotation of a place is needed.

Some trivial extensions are pretty obvious: selectors for structures and a conditional device. Much more important for the power of a language is selfapplication, ways and means to instantiate an object as function and as its own argument, such that it can recur on itself. This device is called metacomposition.

A RED-language of the type just described seems to be a very barren landscape. But, because of that, two aspects of the language become clearly visible: The clear and simple (reduction)semantics and, as a consequence, the possibility of a program algebra. The latter means that different representations of composite functions which are convertible by the theorems of the algebra compute equal results if applied to equal arguments, but with a different space-time complexity. Reduction semantics means, that all computation is executed by application of reduction rules which replace, rewrite a redex by its reductum. There are basically two classe of reduction rules. One class replaces applications of primitive functions to constants by other constants ($< = 3\ 4 > \rightarrow 7$). The other class executes the inverse of structural abstraction, it shuffles argument and/or functions into structures into their appropriate places defined by reduction rules. The process terminates, when all redexes have been replaced by their respective reductums.

G. Mago, obviously intrigued by the "shuffling" idea, conceived an architecture which does exactly this: shuffling functions and constants [Mago79]. The abolishment of variables does not relieve from the necessity to bring together function and arguments, operators and operands. A stack implementation of the CS-type, although feasible, is bound to be inefficient because the many redexes which could occur by structural abstraction are all located in the depth of stacks where they are not immediately accessible. At most one is recognizable at the top. All these redexes could be reduced concurrenntly, provided they are independent and do not share substructures. G. Mago's massive parallel architecture consequently features two main structures, 1) a string of N processing elements, one for each language token, long enough to hold large non-toy function-data combinations, and 2) a tree connection network, which permits a connection between any two processing elements in not more than 2logN steps. The machine operates in two phases. In the recognition and planning phase all redexes existent in the string are located, marked, and prepared for execution. In the shuffling phase, the contents of the string is partitioned, moved, shifted, relocated, and copied as prescribed by the reduction rules. The phases alternate until no more redexes are detected.

This architecture is remarkable because of its decisive departure from instruction sequencing to accommodate a given language structure. It is also remarkable because of the enormous complexity necessary to reap the full concurrency at each point of the computation.

Also, FP and FFP REDlanguages do not need to be compiled for this architecture. In contrast, an extensive preprocessing phase is required by the approach described in the next section.

5. Combinators

David Turner published at about the same time of John Backus's Turing Award Lecture a paper entitled "A New Implementation Technique for Applicative Languages" [Tur79]. Curry and Schoenfinckel had designed combinators to facilitate the manipulation of logical expressions which have more complicated scope structures than functions [Cur58],[Schf24]. Thus, combinators should be able to handle corresponding problems for functions easily. The method consists of repeatedly removing a bound variable from an expression, but leaving a trail of combinators which enables an argument to "move" by successive applications of combinators along this trail to its destination. The process continues until all bound variables are removed. This is clearly an abstraction process which is factored out to a preprocessing phase. The resulting combinator code is a path system which can be executed by a very simple processor without any reference to variables at all. Combinators are simple restructuring functions taking a few arguments only. Combinator expressions are conveniently represented as graph structures such that the arguments of a combinator are pointers. Let p, q, and r be pointers to some graphs and arguments to the combinator function S, then the combinator S is executed by restructuring

```
S p q r → p  (q  )
              \  /
               r
```

The sharing of r ensures that it need be reduced only once. The operation is strictly local and can be accomplished by a few changes to a few memory cells and addresses. The details of representing the graph structures is of minor importance. However, the set of combinators used in the abstraction process is of the essence. Using only three (e.g., S , K , I) leads to an exponential growth in the size of the resulting combinator code as compared to the size of the original expression. The use of the rank 4 combinators S' , B' , C' , K' , and I exhibits very clearly how combinators work.

Let us consider an arbitrarily large expression containing variables, and select a particular node of it. The abstraction process creates for this node a cluster of combinators which is a functional composition applied to I:

$$D_n = (X_n \ldots (X_2 (X_1 I)) \ldots),$$

where each X may be separately instantiated by one of the rank 4 combinators above. The composite combinator D_n is then applied to n+2 arguments:

$$D_n \ p \ q \ a_n \ldots a_2 \ a_1 \ ,$$

where p and q are the subexpressions of the original nodes, and the a_k are the arguments on route to their destinations. To visualize a reduction step we rewrite D_n as $X_n \ D_{n-1}$. Now we instantiate X_n to each of the rank 4 combinators:

$$S' \ D_{n-1} \ p \ q \ a_n \ a_{n-1} \ldots a_1 \ \rightarrow \ D_{n-1} \ (p \ a_n) \ (q \ a_n) \ a_{n-1} \ldots a_1$$

$$B' \ D_{n-1} \ p \ q \ a_n \ a_{n-1} \ldots a_1 \ \rightarrow \ D_{n-1} \ p \ \ \ (q \ a_n) \ a_{n-1} \ldots a_1$$

$$C' \ D_{n-1} \ p \ q \ a_n \ a_{n-1} \ldots a_1 \ \rightarrow \ D_{n-1} \ (p \ a_n) \ q \ \ \ a_{n-1} \ldots a_1$$

$$K' \ D_{n-1} \ p \ q \ a_n \ a_{n-1} \ldots a_1 \ \rightarrow \ D_{n-1} \ p \ \ \ q \ \ \ a_{n-1} \ldots a_1$$

The argument a_n is distributed to both subtrees, either to the left one, or to the right one, or not at all. Successive reductions exhaust the D-structure and end with (I p' q'), which reduces to (p' q'), where

$$p' = p \ a_i \ldots a_j$$
$$q' = q \ a_m \ldots a_k \ ,$$

and the $a_i \ldots a_j$ and $a_m \ldots a_k$ are subsets of the $a_n \ldots a_2 \ a_1$.

Kenneway has recognized that the composite combinator D only distributes arguments successively to subexpressions, but this can be encoded into a bitstring, called directorstring and the distribution can be accomplished without resorting to combinators at all [Kenn82]. One may realize now how little combinators actually accomplish, and why there are so many of them. A different selection of combinators leads only to more complicated and obscured structures for D, while the overall effect of directing arguments to subtrees remains the same. Arguments pass through the nodes of the expression in succession until they have reached their destinations. The notion of arguments passing through the nodes will come up again later, but with a coarser grid of nodes. The extreme simplicity of combinator functions has convinced two groups to construct processors with combinators as instruction set. The machines are known as SKIM and NORMA [Clar80,[Sche86].

Combinator graph reduction is generally considered 5 to 10 times faster than SECD-type implementations, disregarding the abstraction process. This is attributed to the lack of time consuming environment accesses. The demonstration above hints that the speed differential could be even greater by using director strings.

Combinators are as fundamental as the lambda calculus, and are so easy to implement that compromises are not necessary. Thus, a combinator reduction system can handle higher order functions. Moreover, it operates in normal order. It is therefore more stable in the presence of undefined or infinite arguments. We did not yet consider the subject of evaluation order. Since normal order always terminates if a normal form exists, it is more desirable than applicative order, but more difficult to implement in the presence of variables. An argument containing variables cannot simply be moved by moving a reference to it, which is the case for combinators. The next system considered can be characterized by "partial abstraction". Combinator properties are preserved, but not all variables are abstracted out all the way.

6. Super Combinators

Let us reconstruct the line of thought followed by John Hughes when he created super combinators in 1982 [Hugh82]. A combinator takes a few arguments - and only these - and combines them into a specific structure. It is not necessary to use a linked list connected to a cactus environment. A fixed length vector with indexed access is an efficient means for intermediate storage of the arguments. Why not using the same method for user defined functions? This is not directly possible because local function definitions , "where" and "let" clauses lead to a scope structure which requires a cactus stack with linked lists and consequent inefficiencies. But we may be able to solve this problem by transformation of the input in the preprocessing phase into a form where all variables occurring in the body of a user defined function also appear in its bound variable list. In other words, the function is closed, the function does not contain free variables.

The evaluation of a transformed functional program is then separated in two different alternating operations: 1) locate a super combinator and assemble the complete redex from the graph structure, and 2) execute the super combinator, which reconstructs "in situ" part of the graph structure. The functional program consists of a collection of super combinators which are compiled into a sequence of instructions of some conventional computer machine language thus taking advantage of the efficiencies of conventional architectures. The compiled form has to adhere to the interface convention that all arguments are accessible via a vector stack, and the result has to be deposited on that stack. The result is, in general, a graph structure assembled from the arguments. That is what super combinators have in common with combinators. What is different, however, is that the asssembly plan is custom made for a given functional program. There is still another complication: super combinators contain other super combinators. Thus, the nesting of evaluation machines has to be taken into account, and the evaluation with super combinators leads to dump and restore operations just as in the SECD machine. What then are the advantages? These are: 1) Direct access to the environment because of its representation as a vector. 2) No cactus stack structure and no closures. 3) Release of access to parts of the environment is also release of storage. This has been achieved by passing all arguments - not through all nodes - but through all super combinator nodes. This stepwise passing through all nesting levels is not as excessive as in the combinator case, but sufficient to avoid time consuming accesses into the deeper layers of an environment.

The transformations required to prepare the input seem simple enough: one has to augment every bound variable list by all - so far - free variables in its respective body. As a consequence, all instances of calls have to be augmented by corresponding arguments, which are in this case single variables. There is a problem which denotation should be chosen for these new variables in new argument positions, because they are in a different scope now and the set of variables in this scope has to be inspected in order to avoid confusion. The transformation has to be repeated recursively for every bound variable list while avoiding confusion. The process is called lambda lifting causing obviously a proliferation of new bindings and long bound variable lists.

The number of non-significant argument transmissions can be reduced if subexpressions larger than a single variable are abstracted out. The subexpressions can be chosen as large as possible without containing any variables occurring in the bound variable list: maximal free expressions. The process becomes rather complicated if the full recursive generality is taken into account. Also, the process is not deterministic, the sequence in which maximal free expressions are abstracted out leads to different results with respect to performance, and arguments may be evaluated more than absolutely necessary, namely once.

Constants are considered as variables bound outside the system on a fictitious level. All instances of constants are free but not considered for the lambda lifting process. The same is true for primitive functions and combinators, although they are bound on the system level, all instances of them are free. Super combinators are bound on the top level of a program, but all instances inside this program are free. Why are these names for constants, primitive functions, combinators and super combinators exempt from the transformation process? Because these names are not variables anymore, what they stand for, does not vary anymore with varying scope. In the case of super combinators this is true at least for the program from which they have been generated. The gain in efficiency experienced when using super combinators is due to eliminating scope changes from the execution phase and shifting them to the preprocessing - compiling phase.

The introduction of two obviously different naming systems for functions (global) and data (local) implies an unsymmetric treatment of functions and data. As a consequence, higher order functions will work less well than on a general combinators system.

Thomas Johnsson has introduced the G-machine in 1983 [Johns83]. When compiling a super combinator the conceptual clarity (and portability!) can be enhanced by establishing an abstract machine with a set of instructions especially designed to manipulate the data structures chosen to represent the expressions, graphs, and environments. Storage is divided into several areas for input, output, compiled code, some stacks, a heap, and a dump. The G-machine manipulates data structures in these areas very much like the SECD machine, except that super combinators operate like primitive, but custom made, functions.

7. Graph Reduction and the Lambda Calculus

Graph reduction has been considered so far only in the context of combinators, that is, objects which are complete and closed. Variables in the sense of place holders have disappeared. Most of the time pointers to objects are moved, not the objects themselves. Only if a (super) combinator gets into operator position, the action the combinator stands for takes place. Major sources of inefficiencies have been removed from the execution phase, but at the cost of introducing a scopefree naming system, where all names are global (and all named objects are mutually recursive!), and at the cost of introducing a complicated preprocessing - compiling phase with all the negative aspects of a black box process, where input and output are not obviously related. All the advantages of reduction semantics, the step by step transparent transformation from problem statement to solution are lost in the name of efficiency. Two questions may be asked now: what makes functional languages inherently difficult to implement, and what fundamental advantage of conventional - procedural systems makes them ultimately prevail at the end?

We can get a hint towards an answer if we try to imagine the construction of floating point arithmetic unit based on Roman Numerals as number representation. Obviously the same abstract object may be represented in various different ways with widespread differences in the ease of manipulating it.

When considering the lambda calculus we can make some observations: 1) Most explications and representations of the lambda calculus employ certain symbols to denote abstraction and application, and denote variables by instances of symbols from some alphabet, preferably letters from the common alphabet, or strings of letters. 2) The lambda calculus allows arbitrary constellations of abstractions, applications, and with any number of abstractions between variable occurrences and their corresponding abstractions. 3) There is no discernable object like a function in the lambda calculus except as special case. 4) Being closed means only that all variables occurrences have to be accompanied by an abstraction - somewhere.

The confusion and collision of variables, and the problems of implementing them correctly is clearly caused by their representation in terms of an alphabet, and not by the lambda calculus itself! Most of all variable occurrences are free, because all abstractions are in sequence. Thus, to implement free variables is a primary concern. The functions is a derived concept, the state of a variable being free is the normal one.

The author has invented in the late 1960's an indexing method for variables which amounts to the equivalent of DeBruijn indices [Berk82][Debruijn72]. In this scheme, directly bound variables - those with no other abstractions intervening - get the index 0, all other instances of variables get the index n, if n other abstractions intervene. There are

no identifiers denoting variables. Instead of writing a sequence of abstractions $\lambda v_1 \lambda v_2 \ldots$

λv_n one may compound it and write simply λ^n . We state the all important property of this representation: it is independent from all arbitrary outside choices (like characterstrings), it depends only on the structure of the lambda expression. It is also independent from all implementation devices like pointers, addresses, storage locations, and similar foreign constructs. Consequently, there can be no confusion and collision of variables, unless one treats these indices as identifiers. These indices have to be adjusted when the lambda expression undergoes transformations. But the adjustment is local and can be done by counting, it is not necessary to inspect a large set of variables to avoid confusing choices.

The discernable object in the lambda calculus is the head normal form. It can be characterized by the pattern

$$\lambda^m \ ap^n \ ^{\#} \ le^n .$$

It is the sequence of symbols obtained by a preorder traversal of a lambda expression in head normal form. The application nodes have each a lambda expression (le) as right subtree, the "variable" index denoted by $^{\#}$ is an integer smaller than m. The author has developed head order reduction which reduces a general lambda expression to normal form in in terms of obtaining head normal forms [Berk87]. The pattern of a general lambda expression obtained by a preorder traversal is:

$$le \ \equiv \ \lambda^* \ ap^* \ \lambda^* \ ap^* \ \dots . \ \lambda^* \ ap^* \ ^{\#} \ le^*$$

$$\equiv \ ^{\#}$$

The stars mean an arbitrary number of occurrences with the restriction that the le's and ap's occur in equal numbers. This restriction becomes superfluous if we compound every ap with its corresponding le in one conceptual unit. Thus we have:

$$le \equiv \ \lambda^* \ (ap - le)^* \ \lambda^* \ (ap - le)^* \ \dots \ \lambda^* \ (ap - le)^* \ ^{\#} \ | \ ^{\#}$$

The reduction process which transform the general pattern into head normal form is called beta reduction in-the-large. A beta redex appears in preorder traversal as an ap node followed by a lambda node. A beta reduction removs an ap-λ pair and substitutes the argument into the body. Since another pair may be exposed immediately, we consider all these beta reductions together (in-the-large). In

$$\lambda^* \ \underline{(ap - le)^* \ \lambda^*} \ (ap - le)^* \ \dots \ \lambda^* \ (ap - le)^* \ ^{\#}$$

combining all possible pairs in the underlined region into a pattern enclosed by $<|$ leaves either unmatched ap's or unmatched λ's in the pattern. Thus we have two cases to consider:

$$\lambda^* \ \underline{(ap - le)^*} \ <ap - le \ \lambda \ | \ ^* \ \underline{(ap - le)^*} \ \dots \ \lambda^* \ (ap - le)^* \ ^{\#}$$

or:

$\underline{\lambda^*}$ <ap — le λ | * $\underline{\lambda^*}$ (ap — le)* ... λ* (ap — le)* #

If we could move the pattern <| to another position to the right, the flanking $\underline{\lambda^*}$ or $\underline{(ap — le)}$ could be fused so as to bring us closer to the head normal form. In the first case no particular difficulties arise. The following transformation is clearly equivalence preserving, because the lambda expressions (↑) have not been moved over λ*'s and thus retain their scope.

λ* (ap — le)*(ap — <ap — le λ | * le)*<ap — le λ | * ...

$$\uparrow \qquad\qquad\qquad \uparrow$$

$$\lambda^* \ (ap — le)^* \ ^\#$$

Three succeding ap — le composites can be fused into one:

λ* (ap — le')* ... λ* (ap — le)* # .

The process of finding <| patterns is repeated until the expression collapses to the form

λ* (ap — le')* λ* # .

Let us assume that the matching occurrences allow us t o write

λ* (ap — le')* (ap — le' λ)^m # .

The pattern (ap — le' λ)^m # has a special significance. The pattern corresponds to an application of a selector function to m arguments le:

$\lambda v_1 \lambda v_2 \dots \lambda v_n$ vk $le_1 \, le_2 \dots le_n$ → le_k for $k \le n$.

In this case the process of finding matching patterns <| continues with

λ* (ap — le')* le_k.

For:

$\lambda v_1 \lambda v_2 \dots \lambda v_n$ vk $le_1 \, le_2 \dots le_n$ → v_k for $k > n$

we have reached a head normal form representing v_k by # again

λ* (ap — le')* # .

If, however, the matching pattern <| is flanked by λ*, the transformation has to be preceded by an eta expansion in-the-large. For a description see [Berk87].

Once the head normal form is reached, the same process is recursively applied to all le's, either in sequence, or concurrently.

This description seems overly complicated, but leads to a very simple straightforward, efficient implementation. The ap — le composite is actually an instruction with ap as operation code, and an address pointing to le. This permits graph reduction. Head order reduction obtains the head normal form by reading sequentially a pattern of the form

$$\lambda^* \ (ap \ - \ le)^* \ \lambda^* \ (ap \ - \ le)^* \ \dots \ \lambda^* \ (ap \ - \ le)^* \ \#$$

which could be called the left rim of a general lambda expression, while at the same time writing sequentially the corresponding head normal form. The $<|$ patterns, however, are stacked in a separate storage area, because they are shared among many le's and do not change anymore. They behave like an environment. The process decribed above actually implies a theoretical base for the environment concept. No particular distinction is made between free and bound variables. The system is complete and returns, in general, a normal form constructed out of nested head normal forms, if it exists. An extension to primitive functions and corresponding datatypes simply means that some head normal forms have a primitive function in head position, and constants of corresponding datatypes in argument positions. Additional reduction rules replace head normal forms of that type by constants of corresponding datatypes.

<u>Summary</u>

Several systems architectures devoted to functional languages have been described in this paper. It has been demonstrated that abstraction and application interact in a very rich structure when more complex functions are composed from simple ones. At this point in time it seems safe to predict, that reduction semantics will remain an important issue, that graph reduction will be preferable to string reduction, because efficient string reduction requires expensive massive parallelism, and that functional languages will have to be mapped to conventional von Neumann computer technology in order to become competitive. What is still an open question, is the decision to use (super)combinators or not. They certainly constitute a significant restriction compared to the general lambda calculus. With respect to the practical value of functional languages one may foresee the time when they are as efficient as procedural languages, but outperform them because of their ultimately higher reliability in the construction and the use of programs.

Very little attention has been paid to the important problems of evaluation order in this paper. These problems are part of a larger problem, namely that of stability and can only be treated in that context. Termination is not a value in itself, an operating system does not terminate, but must be stable. Concurrency (or parallel processing) plays an important role to stabilize a set of processes. The "lazy" evaluation order is on application of concurrency, where several **processes** cooperate in obtaining a result, which could not be obtained by a single **sequentially** process. Also, many processes which are non-terminating in the classical sense, **can** be organized so as to return finite partial results while looping.

It might very well be the case that not before a language combines functional and relational capabilities we will have a viable replacement for procedural languages - and a solution to the software problem.

References

[Back78]
Backus J., Can programming be liberated from the von Neumann style? A functional style and its algebra of programs. Communicatios of ACM, Vol. 21, August1987, pp. 280-294.

[Berk75]
Berkling K.J., Reduction Languages for Reduction Machines. In: Proc 2nd Int. Symp. Computer Architecture. Houston, Jan. 1975. New York, ACM-IEEE 75CH0916-7c, pp. 133-140.

[Berk82]
Berkling K.J., A Consistent Extension of the Lambda Calculus as a Base for Functional Languages. (with E. Fehr) Information and Control, 55(1-3):89-101.

[Berk86]
Berkling K.J., Headorder Reduction: a Graph Reduction Scheme for the Operational Lambda Calculus, Technical Report No.8613, CASE Center, Syracuse, 1986, also: Conference Proceedings of the Graph Reduction Workshop, 1986, Santa Fe, New Mexico.

[DeBruijn72]
de Bruijn N.G., Lambda Calculus notation with nameless dummies. Indag Math. 34, pp. 381-392, 1972.

[Chur41]
Church A., The Calculi of Lambda-Conversions. 1941, Princeton University Press.

[Clar80]
Clarke T.J.W., Gladstone P.J.S., MacLean C.D., Norman A.C., SKIM - S,K,I, Reduction Machine . August 1980, Proceedings 1980 Lisp Conference, Stanford, California.

[Cur58]
Curry H.B., Feys R., Combinatory Logic Voume 1, 1958, North Holland.

[Hugh82]
Hughes R.J.M., SUPER-COMBINATORS: A New Implementation Technique for Applicative Languages, August 1982, Conference Record of the 1982 ACM Symposium on Lisp and Functional Programming, Pittsburg, Pennsylvania.

[Johns83]
Johnsson T., The G-Machine: an Abstract Machine for Graph Reduction. August 1983, Programming Methodology Group, Chalmers University of Technology, Goteborg, Sweden.

[Kenn82]
Kenneway J.R., and Sleep M.R., Director strings as combinators. Department of Computer Science, University of East Anglia.

[Lan64]
Landin P.J., The mechanical evaluation of expressions. Computer Journal, Vol. 6, 1964, pp. 308-320.

[Mago79]

Mago, G.A., A network of microprocessors to execute
reduction languages. Two parts. International Journal of
Computers and Information Sciences 8, 5 (1979),349-385,
8, 6, (1979), pp. 435-471.

[Tur79]
Turner D.A., A New Implementation Technique for
Applicative Languages. Software Practice and Experience,
Vol. 9, 1979, pp. 31-49.

[Sche86]
Scheevel M., NORMA: a graph reduction processor. In
Proceedings of the 1986 ACM Symposium on Lisp and
Functional Programming, Cambridge Mass., 1986.

[Schf24]
Schoenfinckel M., On the Building Blocks of Mathematical
Logic, 1924 , From Frege to Gödel: A Sourcebook in
Mathematical Logic, van Heijenoort Ed.

COMPILED GRAPH REDUCTION ON A
PROCESSOR NETWORK†

Martin Raber
Thomas Remmel
Erwin Hoffmann
Dieter Maurer
Fritz Müller
Hans – Georg Oberhauser
Reinhard Wilhelm

Fachbereich 10 – Informatik
Universität des Saarlandes

ABSTRACT

Compiled graph reduction has proven successful for the sequential implementation of functional programming languages. In order to use this method for parallel evaluation we developed a parallel abstract machine for the implementation of functional languages on a processor network. It is based on Th. Johnssons G – machine [Johnsson], an abstract machine performing compiled graph reduction.

We first present some ideas concerning the modification of the sequential G – machine in order to reduce the overhead of the reduction. Then we give a summary of the parallel machine and discuss some aspects of its realization, especially what kind of communication and work distribution will be used.

1. Introduction

Functional programming is an attractive candidate for parallel computing because of its potential for concurrent execution without the need to program parallelism explicitly. The key point is that in functional languages parallelism is implicitly supported by the underlying semantics. Due to the absence of side effects the evaluation of a subexpression may be started as soon as descriptions for the values of its free variables are available. This provides for a high degree of potential parallel evaluation.

At the moment, compiled graph reduction seems to be the most efficient way to implement functional programming languages with lazy evaluation on conventional machines ([Keller],[Hudak84],[Johnsson],[Fairbairn86]). Functions are compiled into machine code which, when executed, performs the associated reduction. This approach renders a great deal of flexibility since code may be generated in such a way that the explicit construction of subgraphs representing intermediate results is avoided whenever possible.

As an example consider a function definition of the form

        f x y z ▬ if (x ▬ 1) then ..y..z.. else ..y..z..

Unlike the direct graph reduction approach the code generated for the body of f never builds up the graph representing the whole if – then – else – construct. Since the conditional is strict in its

---

† work supported by the Deutsche Forschungsgemeinschaft in the SFB 124 - VLSI-Design
and Parallelism

first argument, it will be evaluated in any case. Constructing a graph representing this argument is an unnecessary overhead. As for the graphs for the then – and else – part, it is clear that only one of them will be needed. To construct both is a waste of resources. Using compiled graph reduction the value of the boolean expression is calculated. Depending on its result the application of f would be replaced by the value of the then – expression or by the value of the else – expression. In that way compiled graph reduction tries to avoid the overhead associated with the construction of graphs if they are not needed, e.g. for implementing closures.

In [Johnsson] Th. Johnsson introduced an abstract graph reduction machine, called the G – machine, realizing this concept. Extending his approach to parallel compiled graph reduction we developed an abstract machine for the implementation of functional programming languages on a processor network. The idea behind this new machine is that at a certain moment not only one but many G – machines are working concurrently on the evaluation of a functional program. Henceforth we will refer to Johnsson's machine respectively ours by using the term 'sequential' respectively 'parallel' G – machine.

The implementation of the parallel G – machine is aimed at processor networks consisting of identical processors with local memory and communication by message passing. The processing elements of the abstract machine (i.e. sequential G – machines) will be mapped onto the processors of the target architecture, so that work may really be done in parallel.

In the following we first discuss some ideas how the sequential G – machine can be modified to reduce the overhead of reduction. Then we present the concept of the parallel G – machine and discuss some aspects of its implementation, especially communication and work distribution.

2. Modification of the sequential G – machine

The G – machine gains much of its efficiency by working on the stack as long as possible (inexpensive) before writing to the heap (expensive). This has been achieved by short – circuiting the evaluation of primitive functions such as ADD, SUB or IF, known to be strict in certain arguments. The same principle may be applied to user defined functions if strictness information is provided. Assuming an argument to be strict it may be evaluated before executing the function body thus often speeding up the reduction process. The reason is that the evaluation of the argument may possibly be performed using only the stack without doing any graph rewriting. More precise information about the speed – up achieved may be found in [Fairbairn86].

Unfortunately, it is not always detectable whether an expression passed as an argument to a function will be evaluated or not. In such cases, evaluation has to be suspended and the G – machine represents the suspended expression as a graph. This graph is either evaluated later on via graph reduction or never accessed again. Thus it could have been evaluated directly using the shortcuts mentioned above, or it could have been discarded saving the efforts spent to construct the graph.

Based on this observation J. Fairbairn [Fairbairn87] proposed to replace the graph for an expression by a pointer to code necessary to compute the desired value. Obviously, this code accesses local variables, thus a frame pointer is needed as well. Thus an expression e is now represented by a closure consisting of a code sequence to evaluate e and a frame containing the local variables needed by the code.

The same idea may be applied to the G – machine. Instead of constructing a graph, when an expression is passed as an argument, only two pointers and a frame are created. For example, if we have to suspend the evaluation of an expression e with free variables x and y the following structure will be created:

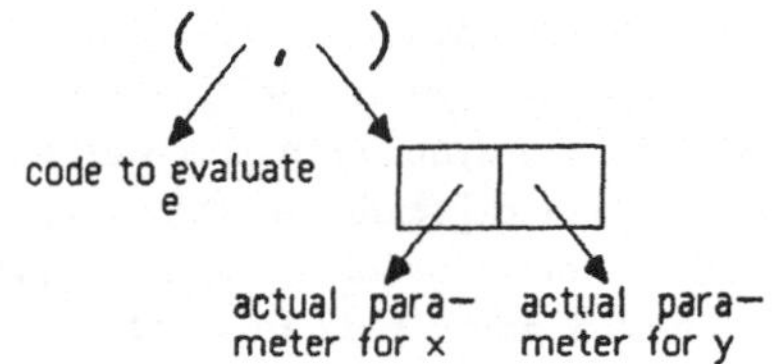

Furthermore, it will be more efficient to provide each code sequence only with those variables it really has references to. This has several benefits.

When a functional program is evaluated on a processor network the representation of the expressions as (code, frame) – pairs is also a representation of the work that has to be distributed over the network. Thus providing the code sequences only with those variables they really need implies smaller messages to be exchanged between processors.

Besides, no problems with space leaks can arise. A garbage collector treating frames as atomic, may retain data structures actually not needed if a code sequence is provided with all visible variables. To overcome this problem the frame pointers would have to be annotated with bit pattern indicating which entries of the frame are needed. The garbage collector would use these pattern in order to release those entries not longer referenced.

Another modification is made because the sequential G – machine will be used in a parallel environment, i.e. as the basic processing element of the parallel G – machine. In an implementation on a processor network each processor has to manage several stacks, one for each sequential G – machine it executes. For efficient management stacks should be kept small. Therefore, a *Slide* instruction is introduced discarding stack elements as early as possible.

Regard a function f whose body essentially consists of a call to a function g. The actual parameters for a call of f are no longer needed when suspensions for the arguments of g are created. Therefore they may be removed from the stack before executing the call of g.

The detailed consequences of the modifications may be seen in the paragraphs about the compilation rules and the abstract machine presented later on.

3. Concept of a parallel G – machine

3.1. Source language

The following table shows the source language of the parallel G – machine. A program in this language consists of a set of recursive functions and an applicative expression, whose value is the value of the program.

program $::=$

$f_1 \ x_1 \ \cdots \ x_{n_1} = e_1$

$\cdots$

$f_m \ x_1 \ \cdots \ x_{n_m} = e_m$

e_0

$e ::=$ identifier $\mid$ constant $\mid$ e e $\mid$
let $x_1 = e_1$ *and* ... *and* $x_m = e_m$ *in* e $\mid$
letrec $x_1 = e_1$ *and* ... *and* $x_m = e_m$ *in* e $\mid$
spawn $x_1 = e_1$ *and* ... *and* $x_m = e_m$ *in* e $\mid$
strict $x_1 = e_1$ *and* ... *and* $x_m = e_m$ *in* e

This language extends the source language of the sequential G – machine by two constructs, *strict* and *spawn*. The spawn – construct allows to express parallel evaluation. The strict – construct allows to change from the default normal order to applicative order reduction.

We will use the source language as a target language of a more comfortable one providing local function definitions and other pleasing features. Our goal is a clever compiler detecting automatically whether strict or spawn may be used, thus helping the user at that issue. For that purpose proposals made in [Hudak85] for the detection of parallelism, in [Maurer85b],[Burn85] and [Burn87] for strictness analysis, and in [Maurer87] for relevance analysis may be applied.

3.2. Compilation rules

The abstract compiler from the source language to G – machine code is described by 5 compilation schemes

$$F [f x_1 \cdots x_m = e]$$
gives code for a function, which evaluates applications of this function to canonical form

$$E [e] r n s$$
generates code evaluating the expression e to canonical form. A pointer to that result is left on the stack, if it is a constant such as bool, integer and nil or a list. If the result is a partial application pointers to arguments are left on the stack, whereas the function name may be found in a special register

$$M [e] r n s$$
does the same as the E – scheme for the special case of intermediate calculations for strict arguments. In that case the part of the stack where that calculation is performed has to be separated from the rest.

$$B [e] r n s$$
generates code computing the value of e and leaves the result on the stack

$$P [e] r n s$$
generates code to construct a frame containing the free variables of e and a pair pointing to the code to evaluate e and to the frame. An optimization may be made if the compiler detects that the needed frame was built before. In that case only a pointer will be created.

In the compilation schemes, r is a mapping from variables to their location on the stack. Additionally, each variable is tagged as being either global or local. When delaying the evaluation of an expression a closure (c,f) will be created as described earlier in the paper. In the case of evaluating such a closure later on, f becomes the actual environment. In order to avoid copying f onto the stack an additional tag is introduced marking variables used in c as global. With that distinction it is possible to generate two different *Push* – instructions, *Pushloc* for local variables and *Pushglob* for global ones. The difference is that *Pushloc* addresses a variable by the topof-stack register whereas *Pushglob* uses a new register *glob*, which is set to f during the execution of c.

Parameter n denotes the actual stack depth and s is the number of elements being discarded before the function call in e will be executed.

The detailed compilation schemes may be found in the appendix.

3.3. The abstract machine

In this paragraph we roughly describe the modified sequential G – machine and the parallel machine. More details about the abstract parallel G – machine may be found in [Raber].

The modified sequential G – machine
A sequential G – machine is additionally provided with two registers, one called *func* and another called *glob*. *func* is needed to store the function name when an expression evaluates to a partial application. *glob* is used to address the global variables referenced by an expression. Furthermore we have replaced the dump by a mark stack where each element can store a pointer to the stack p a code pointer c, a frame pointer f, and a pointer to a graph node *node*.

Evaluation mechanism of the modified machine
When reducing an application f $e_1 \cdots e_n$ closures for those e_i not known to be needed have to be built. Therefore the e_i are translated by the P – scheme, either generating a *Push* instruction, if e_i is a variable, or a *Mkframe* and a *Pushlabel* instruction creating the desired (code, frame) – pair as described earlier in this paper.

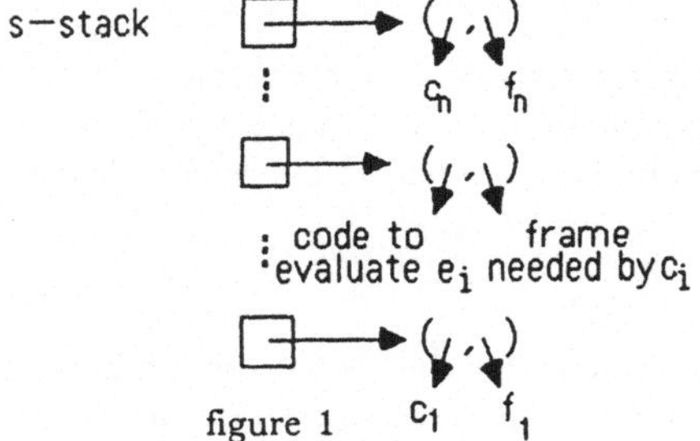

figure 1

Assume that the call of f is the body of a definition g $x_1 \cdots x_k$ = f $e_1 \cdots e_n$ and that $a_1 \ldots, a_k$ were the actual parameters for the x_i's. Then the $a_1, \ldots, a_k$ are no longer needed, after the closures for the e_i's are created. Therefore a *Slide* instruction removes them from the stack.

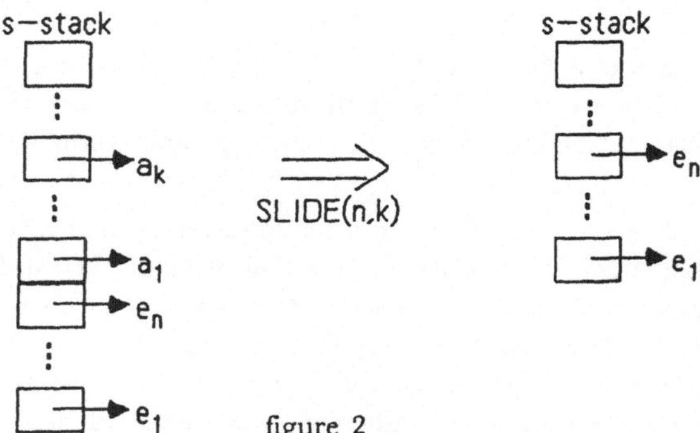

figure 2

Assuming one of the e_i being the actual parameter bound to a variable x in an application x $d_1 \cdots d_m$, the reduction of x, i.e. the evaluation of e_i, will be started by an *Eval* instruction as soon as closures for the d_j are pushed onto the stack. *Eval* has the following effects:
At first a mark is pushed onto the stack initialized with the content of register *glob* and the address of the next instruction in order to restore the correct environment when resuming the reduction later on at that point. Furthermore a pointer to e_i is stored in the mark needed by the following *Update* instruction. Afterwards c_i becomes the new content of the code sequence

and the register *glob* is set to f_1 in order to supply c_1 with its actual parameters (Note that $e_1 = (c_1, f_1)$). In that way the additional register *glob* avoids to copy the frame referenced by f_1 onto the stack.

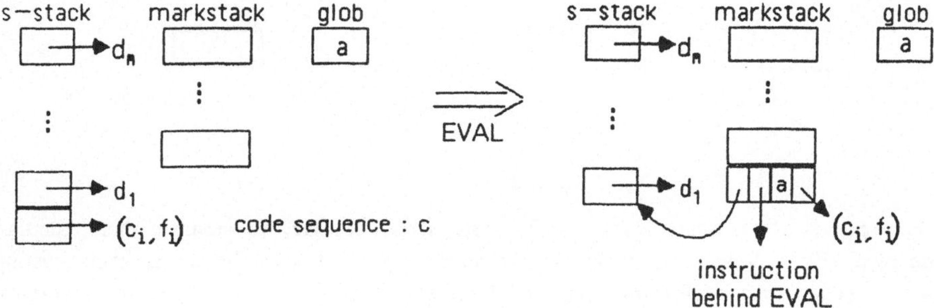

figure 3

In the case e_1 evaluates to a partial application $g\ b_1 \cdots b_k$ the instruction executed last was a *Jfun g* which failed because of too few arguments. Then g will be stored in the register *func* in order to save it for further reduction and an *Update* instruction overwrites e_1 with a closure consisting of a *Jfun g* instruction as code and $b_1 \cdots b_k$ as frame component.

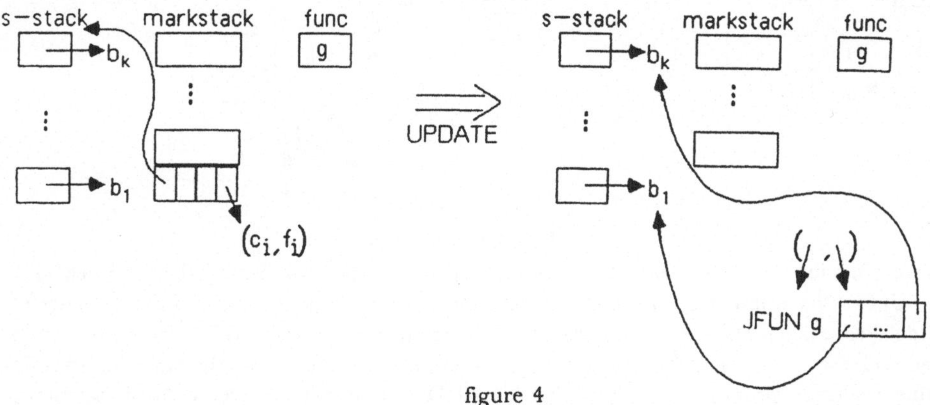

figure 4

Afterwards a *Reduce* instruction continues the reduction by trying to apply the function g stored in register *func* to the arguments on top of stack. In case of success the code of g will be executed and the register *func* is set to nil.

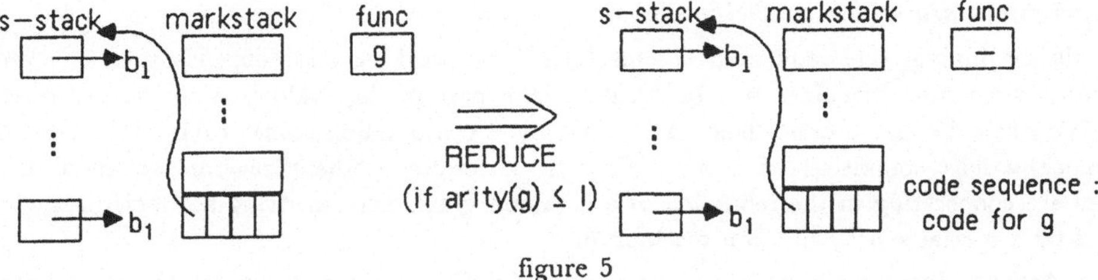

figure 5

A *Return* instruction is executed when the preceeding *Jfun* or *Reduce* instruction fails. In that case the *Return* instruction initializes the register *glob* with the content of the frame component of the topmost mark and the code sequence with the code component (figure 6). Each time *Reduce* or *Jfun* are successful the *Return* instruction effectively will be ignored.

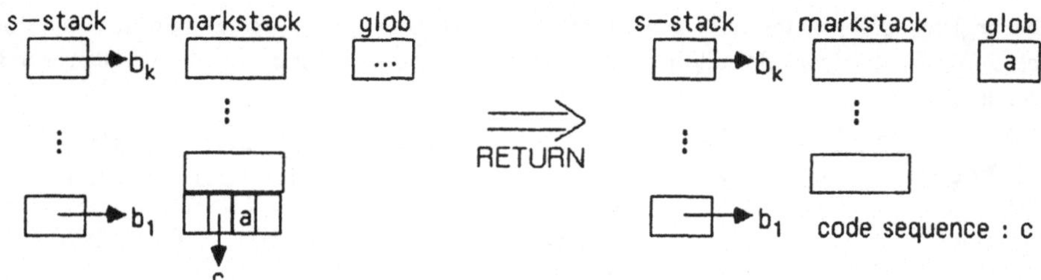

figure 6

In order to evaluate arguments known to be strict it is necessary to separate their calculation from the rest. By a *Mark* instruction a new mark is pushed onto the mark stack storing the environment needed to continue the reduction later on. If such a strict argument evaluates to a partial application a (code, frame) – pair has to be created by a *Pack* instruction in order to establish the right situation for further evaluations.

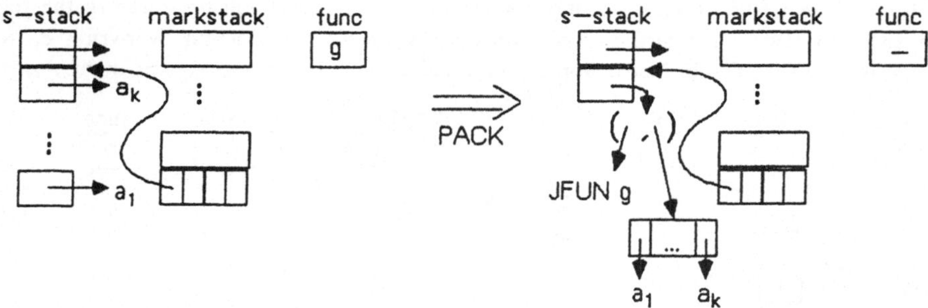

figure 7

Summing up there are two features characterizing the main ideas behind the modified G – machine. Unlike the original G – machine we use the compact form of (code, frame) – pairs to represent delayed evaluations. This representation saves time and space during the construction of closures and they may be efficiently evaluated later on. Furthermore, the way Johnssons's G – machine evaluates primitive functions such as ADD is imitated for user defined functions, because it has been proved that the reduction process is often significantly sped up in that way [Johnsson] [Fairbairn86].

The transitions rules may be found in the appendix.

Evaluation mechanism of the parallel machine

At the beginning, one sequential G – machine starts working and, depending on the program, other sequential machines will be created, take part in the evaluation of the expression and vanish when they have done their task. The whole computation comes to an end when the 'first' machine has completed its work. Thus at a certain moment several sequential G – machines are cooperating in the reduction of a common graph and, in doing so, their teamwork is guided by a special synchronisation mechanism.

The *Activate* instruction creates a new sequential G – machine being initialized with the topmost stack element and an *Eval* instruction. Furthermore it locks the node being referenced by the topmost stack element.

A data cell (a pair consisting of a code pointer and a frame pointer) is locked as long as it is under evaluation by a sequential G – machine. Other G – machines are not allowed to access this data cell until it is overwritten with the result of the reduction.

The synchronization mechanism avoids an expression being evaluated several times.

4. Realization of a parallel G – machine

Overview

The processing elements of the abstract machine will be mapped onto the processors of a homogeneous processor network.

In order to achieve this mapping each processor will be equipped with mainly five processes,

- a communication handler:
  takes care of the communication with the neighbours in the network

- a scheduler:
  In general the number of sequential G – machines existing at a time exceeds the number of the processors in the network. Thus each processor has to execute several of them. The scheduler selects the G – machines ready for execution and assigns them to the reduction unit. At first a simple strategy such as LIFO will be used but later on we want to exploit speculative computations making a priority driven scheduling necessary.

- a work manager:
  An important goal is to spread the work evenly over the network. The work manager can try to locally achieve this in two ways: It may request work from its neighbours when it is running out of work or it may decide to actively send some of its work to less loaded neighbours.

- a reduction unit:
  an implementation of the sequential G – machine

- a garbage collector:
  takes care of storage management. At the moment we think of a mixture between a reference count mechanism (easy to implement) and a mark scan mechanism with a compacting collector (to detect cyclic graph structures).

We now describe communication and work distribution in more detail.

4.1. Communication

The processor network has only local memory and the exchange of information between the processors is done by message passing. The following types of messages are sent between two processors A and B.

Sending a work description

One processor, say A, decides to give some of its work to processor B. Then A has to send a description of the work to processor B.

A work description contains a pointer to the code for the function to be evaluated, a pointer array, called a frame, providing access to the free variables of the function body and a return adress for the result of the computation. If processor B needs a data cell referenced by a pointer of the frame, it has to ask processor A for the value of that data cell. Therefore, the work description message should be extended by those data cells known to be required by processor B. These data cells correspond to the strict arguments of the function being evaluated.

The data cell on processor A containing the work description is marked to indicate that there already is a G – machine evaluating it. When another G – machine needs the value of the data cell it has to wait until the data cell is overwritten with the result of the computation.

Asking for a value

Processor B only gets pointers to those arguments of a function f not on positions known to be strict. If processor B needs such an argument it asks processor A for the value of the corresponding data cell. Until an answer is received processor B suspends the G – machine having accessed the data cell asked for. Processor A answers as follows depending on the status of the data cell when the message from processor B arrives:

- The data cell is already evaluated: Then A reports the result to B.

- The data cell is under evaluation: Then processor A remembers that B needs the result of this data cell. After the G – machine evaluating the data cell has finished processor A reports the result to processor B.

- The data cell is neither evaluated nor under evaluation: Then A creates a new G – machine in order to evaluate this data cell. We allow the work distribution manager to decide on what processor the new G – machine should be executed instead of fixing this decision in advance.

Sending a result

When the evaluation of a data cell has been completed on a processor the processor is responsible to report this fact to all sequential G – machines waiting for the result, either by bringing them into a ready state by itself or by sending messages to other processors to do so.

Other messages are described in the paragraph about work distribution.

4.2. Work Distribution

A good work distribution strategy should guarantee that no processor of the network is idle for a long period of time while others are overly busy. Besides it should preserve locality (i.e. a process should be evaluated on a processor near to that one where the result of the computation is needed) and should be computable with a minimum overhead especially in commmunication.

We consider two basic approaches to work distribution :

- Passive distribution : A processor distributes a part of its work on request by other processors.

- Active distribution : A processor distributes a part of its work without being asked for by other processors.

Our work distribution strategy is a combination of both: active distribution if the load of the network is low, passive distribution otherwise.

If the load of the network is low many processors are idle. The existing and newly produced work has to diffuse rapidly through the network, even if locality cannot be preserved. Typically this is the situation at the beginning of an evaluation, when only one processor works. Active distribution takes care of the fast diffusion of work in this case. In that situation it is too slow to distribute only on demand, because a processor only requests work in certain intervals thus delaying a rapid transport of work through the network.

If the load of the network is high we have a completely different situation. In that case it will be unnecessary and even bad to continue with active distribution. When almost all processors are busy it is senseless to distribute work as soon as it is produced on a processor because there are no neighbours to execute it. Using active distribution in this situation has even the negative consequence that single processors receive too much work thus slowing down the performance significantly.

Therefore it will be more efficient to use a strategy where work is distributed on demand. If one processor becomes idle or expects to become idle it asks its neighbour for work. Thus it is able to control the amount of work it receives avoiding an overload as in the active case. Besides preserving locality is the main goal now. It is achieved by the viscous flow of work implied by the passive distribution.

Our decision whether the load of the network is low or high is done locally on each processor based on information about its neighbours. Thus we only get an approximation to the global state. We think that the approximation is good enough to achieve an acceptable work distribution and that it is computable at a justifiable expense. This expectation is based on experiments performed with a simulator [Maurer85a],[Metzger].

Prospects

The present concept will be implemented on a network of transputers. Besides we are working on a scheduling strategy that can handle speculative computations [Burton] , on a reference counting algorithm (similar to an approach in [Hughes]) that can manage cyclic structures and on strategies how code could be distributed.

Appendix

Compilation schemes

Scheme F

$$F [f x_1 \cdots x_m = e] = E [e] r m m ; \text{RETURN}$$
$$\text{where } r = [x_1 = (m,loc) \cdots x_m = (1,loc)]$$

Scheme E

1. $E [i] r n s$ = SLIDE $(0,s)$; PUSHINT i
   and similarly for bool, nil

2. $E [\text{ADD } e_1 e_2] r n s$ = $B [e_1] r n 0$; $B [e_2] r (n+1) s$; ADD; MKINT
   and similarly for sub, mul, div, neg, eq, not

3. $E [\text{cons } e_1 e_2] r n s$ = $P [e_1] r n$; $P [e_2] r (n+1)$; SLIDE $(2,s)$; CONS

4. $E [\text{if } e_1 e_2 e_3] r n s$ = $B [e_1] r n 0$; JFALSE l_1;
   $E [e_2] r n s$; JMP l_2;
   $l_1 : E [e_3] r n s$; l_2:
   where l_1 and l_2 are unique labels

5. $E [\text{let } d \text{ in } e] r n s$ = $P [e_1] r n$; ... ; $P [e_m] r (n+m-1)$;
   $E [e] r' (n+m) (s+m)$
   where $d = [v_1 = e_1 \text{ and } \cdots \text{ and } v_m = e_m]$
   and $r' = r[v_1 = (n+1,loc) \cdots v_m = (n+m,loc)]$

6. $E [\text{letrec } d \text{ in } e] r n s$ = ALLOC m;
   $P [e_1] r' (n+m)$; REWRITE m;
   ...
   $P [e_m] r' (n+m)$; REWRITE 1;
   $E [e] r' (n+m) (s+m)$
   where d and r' as above

7. $E [f e_1 \cdots e_m] r n s$ = $P [e_m] r n$; ... ; $P [e_1] r (n+m-1)$;
   SLIDE (m,s);

8. $E [x\ e_1 \cdots e_m] \ r\ n\ s = $ JFUN f
$P [e_m] \ r\ n; \ldots ; P [e_1] \ r\ (n+m-1);$
$P [x] \ r\ (n+m);$
SLIDE $(m+1,s);$
EVAL; UPDATE; REDUCE

9. $E [\text{strict}\ d\ \text{in}\ e] \ r\ n\ s = M [e_1] \ r\ n\ 0;$ PACK;
...
$M [e_m] \ r\ (n+m-1)\ 0;$ PACK;
$E [e] \ r'\ (n+m)\ (s+m)$
where d and r' as above

10. $E [\text{HD}\ e] \ r\ n\ s = M [e] \ r\ n\ s;$ HD; EVAL; UPDATE;

11. $E [\text{spawn}\ d\ \text{in}\ e] \ r\ n\ s = P [e_1] \ r\ n;$ ACTIVATE;
...
$P [e_m] \ r\ (n+m-1);$ ACTIVATE;
$E [e] \ r'\ (n+m)\ (s+m)$
where d and r' as above

Scheme B

1. $B [\text{ADD}\ e_1\ e_2] \ r\ n\ s = B [e_1] \ r\ n\ 0; B [e_2] \ r\ (n+1)\ s;$ ADD
and similarly for all primitive functions

2. $B [\text{if}\ e_1\ e_2\ e_3] \ r\ n\ s = B [e_1] \ r\ n\ 0;$ JFALSE $l_2;$
$B [e_2] \ r\ n\ s;$ JMP $l_2;$
$l_1 : B [e_3] \ r\ n\ s;\ l_2$

3. $B [\text{let}\ d\ \text{in}\ e] \ r\ n\ s = P [e_1] \ r\ n; \ldots; P [e_m] \ r\ (n+m-1);$
$B [e] \ r'\ (n+m)\ (s+m)$
where $d = [v_1 = e_1$ and $\cdots$ and $v_m = e_m]$
and $r' = r[v_1 = (n+1,loc) \cdots v_m = (n+m,loc)]$

4. $B [\text{letrec}\ d\ \text{in}\ e] \ r\ n\ s = $ ALLOC m;
$P [e_1] \ r'\ (n+m);$ REWRITE m;
...
$P [e_m] \ r'\ (n+m);$ REWRITE 1;
$B [e] \ r'\ (n+m)\ (s+m)$
where d and r' as above

5. $B [\text{strict}\ d\ \text{in}\ e] \ r\ n\ s = M [e_1] \ r\ n\ 0;$ PACK;
...
$M [e_m] \ r\ (n+m-1)\ 0;$ PACK;
$B [e] \ r'\ (n+m)\ (s+m)$
where d and r' as above

6. $B [\text{spawn}\ d\ \text{in}\ e] \ r\ n\ s = P [e_1] \ r\ n;$ ACTIVATE;
...
$P [e_m] \ r\ (n+m-1);$ ACTIVATE;
$B [e] \ r'\ (n+m)\ (s+m)$
where d and r' as above

7. $B [e] \ r\ n\ s = M [e] \ r\ n\ s;$ GET

Scheme M

1. $M [\text{ADD}\ e_1\ e_2] \ r\ n\ s = B [\text{ADD}\ e_1\ e_2] \ r\ n\ s:$

2. $M [\text{if}\ e_1\ e_2\ e_3] \ r\ n\ s = B [e_1] \ r\ n\ 0;$ JFALSE $l_2;$
$M [e_2] \ r\ n\ s;$ JMP $l_2;$

3. M [let d in e] r n s $= $ $\begin{array}{l} l_1 : M \ [\ e_3 \ ] \ r \ n \ s; \ l_2 \end{array}$
  P [e_1] r n; ... ; P [e_m] r $(n+m-1)$;
  M [e] r' $(n+m)$ $(s+m)$
  where $d = [v_1 = e_1$ and $\cdots$ and $v_m = e_m]$
  and $r' = r[v_1 = (n+1,loc) \cdots v_m = (n+m,loc)]$

4. M [letrec d in e] r n s $=$ ALLOC m;
  P [e_1] r' $(n+m)$; REWRITE m;
  ...
  P [e_m] r' $(n+m)$; REWRITE 1;
  M [e] r' $(n+m)$ $(s+m)$
  where d and r' as above

5. M [strict d in e] r n s $=$ M [e_1] r n 0; PACK;
  ...
  M [e_m] r $(n+m-1)$ 0; PACK;
  M [e] r' $(n+m)$ $(s+m)$
  where d and r' as above

6. M [spawn d in e] r n s $=$ P [e_1] r n; ACTIVATE;
  ...
  P [e_m] r $(n+m-1)$; ACTIVATE;
  M [e] r' $(n+m)$ $(s+m)$
  where d and r' as above

7. M [HD e] r n s $=$ M [e] r n s; HD; EVAL; UPDATE;

8. M [e] r n s $=$ MARK(l); E [e] r n s; l;
  where l is a new label

P – Scheme

1. P [x] r n $=$ PUSHLOC $n - m$ if $r(x) = (m,loc)$
  PUSHGLOB m if $r(x) = (m,glob)$

2. P [e] r n $=$ PUSHLOC $n - n_1$;
  ...
  PUSHLOC $n - n_p$;
  PUSHGLOB m_1;
  ...
  PUSHGLOB m_q;
  MKFRAME $p+q$;
  PUSHLABEL (E [e] r' n' 0; RETURN);
  where $r' = [x_1' = (1,glob), \cdots , x_k' = (k,glob)]$
  and $x_1', \cdots , x_k'$ are the variables referenced in e
  and $r (x_1') = (n_1, loc)$ $i = 1..p$
  and $r (x_{p+j}') = (m_j, glob)$ $j = 1..q$

Modified G – machine

Configuration

A configuration of the machine is a 8 – tuple (o, c, s, m, E, G, glob, func).

o   output tape
c   code sequence
s   stack of node pointers and basic values
m   mark stack, where each element is a 4 – tuple (p, c, fr, n)

p pointer to s (location to be marked)
c pointer to code
fr pointer to a frame
n pointer to the graph (node to be updated)

G   graph
E   environment
glob   register to address the global variables
func   register to store a pointer to the code – part of a partial application

In the following we present some of the transition rules, which are different from Johnsson's machine.

Components not changed during a transition are marked with ' – ' and topofstack represents the length of s.

Transition rules

Return

$$(\ -, \ \text{return.c, s, } (p, c_1, fr, n).m, \ -, \ -, \ gl, \ - \ ) \rightarrow$$
$$(\ -, \ c_1, \ p.n.s, \ m, \ -, \ -, \ fr, \ - \ ) \quad \text{if } n \neq \text{nil}$$
$$(\ -, \ c_1, \ s, \ m, \ -, \ -, \ fr, \ - \ ) \qquad \text{if } n = \text{nil}$$

Jfun

$$(\ -, \ \text{Jfun f.c, s, } (p, c_1, fr, n).m, \ E[\ f = (c_2,k) \ ], \ -, \ -, \ g \ ) \rightarrow$$
$$(\ -, \ c_2, \ s, \ (p, c_1, fr, n).m, \ E[\ f = (c_2,k) \ ], \ -, \ -, \ g)$$
$$\text{if } | \ \text{topofstack} - p \ | \geq k$$
$$(\ -, \ c, \ s, \ (p, c_1, fr, n).m, \ E[\ f = (c_2,k) \ ], \ -, \ -, \ f)$$
$$\text{if } | \ \text{topofstack} - p \ | < k$$

Pushlabel

$$(\ -, \ \text{Pushlabel c.c}_1, \ n.s, \ -, \ -, \ G, \ -, \ - \ ) \rightarrow$$
$$(\ -, \ c_1, \ n'.s, \ -, \ -, G[\ n' = (c,n) \ ], \ -, \ - \ )$$

Remark: Node (c,n) is marked unevaluated and unlocked.

Mkframe

$$(\ -, \ \text{Mkframe k.c, } n_1 \cdots n_k.s, \ -, \ -, \ G, \ -, \ - \ ) \rightarrow$$
$$(\ -, \ c, \ n.s, \ -, \ -, \ G[\ n = (n_k \cdots n_1) \ ], \ -, \ - \ )$$

Pack

$$(\ -, \ \text{Pack.c, } n_1 \cdots n_k.s, \ (p, c_1, fr, n).m, \ -, \ -, \ -, \ g \ ) \rightarrow$$
$$(\ -, \ c, \ n.s, \ (p, c_1, fr, n).m, \ G[\ n = (\text{Jfun g,f'}), \ f' = (n_1 \cdots n_k) \ ], \ -, \ -, \ \text{nil})$$
$$\text{if } g \neq \text{nil}$$
$$\text{where } k = |\text{topofstack} - p|$$

Remark: If g = nil pack is a nooperation.

Reduce

$$(\ -, \ \text{reduce.c, s, } (p, c_1, fr, n).m, \ E[\ g = (c_2,l) \ ], \ -, \ -, \ g) \rightarrow$$
$$(\ -, \ c, \ s, \ (p, c_1, fr, n).m, \ E[\ g = (c_2,l) \ ], \ -, \ -, \ g)$$
$$\text{if } l > | \ \text{topofstack} - p \ |$$
$$(\ -, \ c_2, \ s, \ (p, c_1, fr, n).m, \ E[\ g = (c_2,l) \ ], \ -, \ -, \ \text{nil})$$
$$\text{if } l \leq | \ \text{topofstack} - p \ |$$

Eval
$(-, \text{eval.c, n.s, m, } -, G[\ n = node],\ gl,\ -)\ \rightarrow$
$\qquad (-, \text{eval.c, n.s, m, } -, G[\ n = node],\ gl,\ -)$
$\qquad\qquad\qquad\qquad$ if node is locked
$\qquad (-, c_1, \text{n.s, (topofstack, c, gl, n).m, } -, G[\ n = node\ ],\ f_1,\ -)$
$\qquad\qquad\qquad\qquad$ if node $= (c_1, f_1)$ is not·evaluated
$\qquad (-, c_1, n_1 \cdots n_k\text{.s, m, } -, G[\ n = node\ ],\ gl,\ -)$
$\qquad\qquad\qquad\qquad$ if node $= (c_1, f_1)$ is evaluated
$\qquad\qquad\qquad\qquad$ and $f_1 = (n_1, \ldots, n_k)$
$\qquad\qquad\qquad\qquad$ here node represents a partial application
$\qquad (-, c, \text{n.s, m, } -, G[\ n = node],\ gl,\ -)$ otherwise

Mark
$(-, \text{mark l.c, s, m, } -, -, gl,\ -) \rightarrow$
$\qquad (-, c, \text{s, (topofstack, l, gl, nil).m, } -, -, gl,\ -)$

Update
$(-, \text{update.c, p.n.n}_1 \cdots n_k\text{.s, m, } -, G[\ n = node, n_1 = node'\ ],\ -,\ g) \rightarrow$
$\qquad (-, c, n_1 \cdots n_k\text{.s, m, } -, G[\ n = (\text{Jfun } g, f), f = (n_1 \cdots n_k), n_1 = node'\ ],\ -,\ g)$
$\qquad\qquad\qquad$ if $g \neq nil$
$\qquad\qquad\qquad$ here node' represents a partial application
$\qquad (-, c, n_1 \cdots n_k\text{.s, m, } -, G[\ n = node', n_1 = node'\ ],\ -,\ nil)$
$\qquad\qquad\qquad$ if $g = nil$ and $k = 1$
$\qquad \text{where } k = |\ topofstack - (p + 2)\ |$

References

[Burn85]

G.L. Burn, C.L. Hankin, S.Abramsky, The Theory and Practice of Strictness Analysis for Higher Order Functions, LNCS Vol.217 Programs as Data Objects, Copenhagen 1985, Springer

[Burn87]

G.L. Burn, Evaluation Transformers – A Model for the Parallel Evaluation of Functional Languages, 3rd Int. Conf. on Functional Prog. Lang. and Computer architecture, Portland, 1987

[Burton]

F.Warren Burton, Speculative computation, parallelism, and functional programming. (Short paper) IEEE Trans. Comput. $C - 34{,}12$ (Dec.1985), pp. $1190 - 1193$

[Fairbairn86]

J. Fairbairn and S. Wray, Code Generation Techniques For Functional Languages, 1986, ACM Conference on Lisp and Functional Programming (Proceedings) pp. $95 - 104$

[Fairbairn87]

J. Fairbairn and S. Wray, TIM: A Simple, Lazy Abstract Machine To Execute Supercombinators, Departmental Research Report CSC/87/R6, University of Glasgow

[Hudak84]

P. Hudak and D. Kranz, A combinator based compiler for a functional language, 11th ACM Symposium on Principles of Programming Languages, ACM, Jan., 1984, pp. $122 - 132$

[Hudak85]

P. Hudak and B. Goldberg, Serial Combinators "Optimal grains of Parallelism", LNCS Vol.201 Functional Programming Languages and Computer Architecture Nancy, September 1985, Springer

[Hughes]

J. Hughes, Managing Reduction Graphs With Reference Counts, Departmental Research Report CSC/87/R2, University of Glasgow

[Johnsson]

Th. Johnsson, Efficient Compilation of lazy Evaluation, Proceedings of the ACM SIG-PLAN 84 Symposium on Compiler Construction SIGPLAN Notices Vol. 19 No. 6 pp. 58 – 69, 1984

[Keller]

R. M. Keller, Distributed Computation by Graph Reduction, Systems Research Vol. 2, no. 4, pp. 285 – 295, 1985

[Maurer85a]D. Maurer and H.G. Oberhauser, Ein Simulator für die parallele Reduktion von Kombinatorcode, Technischer Bericht, Fachbereich 10, Universitiät des Saarlandes, D – 6600 Saarbrücken, 09/1985

[Maurer85b]

D. Maurer, Strictness computation using special λ – expressions, LNCS Vol.217 Programs as Data Objects, Copenhagen 1985, Springer

[Maurer87]

D. Maurer, Relevanzanalyse – eine Kombination von Striktheits – und Datenflußanalyse zur effizienten Auswertung funktionaler Programme, Dissertation, Universität des Saarlandes, to appear 1987

[Metzger]

J. Metzger, Eine Untersuchung geeigneter Netzwerke und Arbeitsverteilungsstrategien für die parallele Reduktion von Kombinatorkode, Diplomarbeit, Universität des Saarlandes, 1987

[Raber]

M. Raber, T. Remmel et al., A Concept For A Parallel G – Machine, SFB – Bericht 06/1987 des SFB 124 – C1, Universität des Saarlandes

An Or-Parallel Logic Programming Machine for Non-shared Memory Architectures

Johannes Engels

Institut für Informatik
Abteilung 3
Römerstraße 164
D5300 Bonn 1

ABSTRACT

Or-parallelism is an adequate principle for implementing loosely coupled programs in logic programming. An extended Prolog inference engine able to deal with interrupts is developed. This engine is a basis for implementing or-parallel logic programming languages on computer architectures without shared memory. For this machine two different logic programming languages are sketched.

<u>Keywords:</u> Prolog, or-parallelism, message passing.

1. Introduction

Large efforts are being made to run programs in parallel in order to gain a higher performance. Present research concentrates on message-passing computer architectures and networks.
Logic programs are well suited for parallel execution. The best known logic programming language is Prolog. This paper discusses an inference engine for executing logic programs based on Prolog on a message-passing computer architecture.

Chapter two gives an overview of Prolog and parallelism in Prolog. Chapter three describes the machine and its operating system. Chapters 5 and 6 deal with inter-process communication and load balancing. Chapters 7 and 8 discuss two programming languages based on the machine described and compare them with related concepts.

2. Prolog

Prolog is a high-level language influenced by automatic reasoning (especially the resolution principle [Robin65a]). The main advantage of Prolog is its declarative semantics, based mainly upon the semantics of first order predicate logic. Good descriptions of Prolog can be found in [Bratk86] and [Clock84] for example.
Prolog has been chosen to be one of the main languages of the fifth generation computer project ([Fuchi86a]).

2.1. Sequential Prolog

A Prolog program consists of a database and a goal. The database is a collection of definite clauses and the goal is a headless Horn clause. All clauses with the same functor and arity in their head form a procedure. A procedure consists of facts (definite clauses without body) and rules.
Prolog has the following declarative semantics: To evaluate a procedure, it is sufficient to evaluate one clause of the procedure; the clauses of a procedure are connected by the logical "or"-operator. To evaluate a clause, all predications in the body of the clause have to be evaluated; the predications are connected by the logical "and"-operator.

Example 1 (the factorial function in Prolog):

```
f(0, 1).                          % a fact
f(N, X) :- N > 0, N1 is N - 1,    % a rule
           f(N1, X1), X is N * X1.
?- f(2, X).        % one goal:      X = 2!
?- f(3, 6).        % another goal: 6 = 3!
```

Prolog programs are executed in a depth-first manner: The clauses of procedures are applied from top to bottom of the database, and the predications of a clause from left to right. This evaluation strategy constitutes the "procedural" semantics of Prolog programs.
As example 1 shows, it is possible to apply different goals to the same database.

2.2. Parallelism in logic programs

Obeying only the declarative semantics of Prolog, the evaluation algorithm has the freedom to choose the order in which clauses are solved and the order in which predications of a clause are solved. The first is an or-choice and the second an and-choice. Performing the evaluations in parallel yields or- and and-parallelism.
[ConKi81a] classifies parallelism into four categories:

And-parallelism computes the predications of a clause in parallel. The results of the computations are unified. This may lead to a high overhead. Languages like Concurrent Prolog [Shapi83a] or Guarded Horn Clauses [Ueda 85a] allow each predication to deliver at most one solution. This principle makes and-parallelism tractable but it changes semantics significantly. Other approaches like Delta Prolog [Perei86a] try to implement concepts such as distributed backtracking.
The idea of and-parallelism is to get the "first solution" very fast.

Or-parallelism computes the clauses of a procedure in parallel. These computations are independent.
The idea of or-parallelism is to get "all solutions" very fast. It may take longer than and-parallelism to produce the first solution.
Stream and search-parallelism are restrictions of and- and or-parallelism.

These kinds of parallelism do not need hardware support. The kind of parallelism described by [BeerG86a] does. The idea is to couple "Prolog chips" in the following way: While the first chip unifies the head of a clause, the second one tries to compute the first predicate in the body of that clause. "Prolog chips" implement an abstract instruction set for Prolog and can execute Prolog programs very efficiently.

The exploitation of parallelism in logic programming may lead to different semantics from Prolog. Here are three approaches, each represented by an example:

a) ORBIT ([Yasuh84a]) tries to execute Prolog programs in parallel and to preserve the semantics of Prolog.

b) Delta Prolog ([Perei86a]) enriches Prolog with message-passing constructs and executes programs in parallel. Programs containing only Prolog language constructs have the same semantics as in Prolog.

c) Concurrent Prolog ([Shapi83a]) extends Prolog with the commit operator, a control construct that restricts the number of solutions. The semantics of Prolog is not preserved.

Our approach is of type a) and b).

2.3. Or-parallelism with message passing

The target machine for our implementation are machines with a large number of sophisticated nodes (processor and local memory). These nodes need not share memory, but should be connected by high-performance busses. This design urges some consequences upon the inference engine:

The absence of shared memory between different nodes implies that processes on different nodes should not share variables. Because the machine should be able to schedule the processes very freely between different nodes, no process should share variables with other processes. Otherwise shared variables would have to be locked before each operation they are involved in, because unification treats all variables as write variables.
This leads us to use or-parallelism and message passing.

2.3.1. Or-parallelism

The main difference between Prolog and languages like LISP, FORTRAN
etc. is that a Prolog program may deliver several solutions for a
problem, whereas the other languages behave like functions and deliver
exactly one solution.
The solutions are found by using different clauses of procedures.   Or-
parallelism is the natural way to deal with logic languages because it
is just the principle of generating multiple solutions for predications.

Or-parallelism has the advantage of easy implementation because there
are no shared variables.
Two branches of an or-parallel computation are independent; but it is
easy to implement a semantics where processes from different or-
parallel branches can communicate. Then process creation looks like a
fork in a C-program. A closer discussion of this idea will follow in
the chapter on languages.

2.3.2. Message passing

A natural method of inter-process communication on architectures
without shared memory is message passing, since the operating system
would have to emulate other concepts by message passing. Because of the
manner in which Prolog handles parameter passing, one can use unification or pattern matching and not just assignment.

Full unification results in the introduction of shared variables,
because whenever a message containing a variable is sent to another
process it implies that this variable is shared by both processes. To
avoid this we use one-way pattern matching only. This means that variables in messages are treated as if they are new variables and that
they match with anything else.

3. Machine and operating system

This chapter deals with the Prolog machine and its operating system. The machine may be a supercomputer with a number of nodes or may be a system of computers in a network.
Nodes are symmetric in the sense that they can all perform the same operations: There is no master-slave relationship.

The operating system is considered part of the node. It enables the machine to schedule the processes etc. Operating system calls can be viewed as supervisor calls that a processor performs on special events. These calls are treated as if they were micro-coded.

3.1. The node

A node is the smallest unit able to execute logic programs written in a superset of Prolog. A node consists of a processor, local memory and a connection to other nodes, and works sequentially.
Several nodes may be connected so that they cooperate in executing a large program in parallel.
Currently, a node is simulated on a UNIX system as a process but it could be micro-programmed or even be hard-wired on a chip, like the chip described in [BeerG86a].

In order to implement this node, we extended a Prolog inference engine (an interpreter) with interrupt handling and communication facilities.
We use the following interrupts: "time interrupt" after a specified number of machine cycles (generated by the inference engine); "message pending" when a message has arrived; "split process block" if a process block is to be split (this interrupt may be generated by a built-in predicate); and a user interrupt like the Control-C-interrupt of UNIX.
If an interrupt occurs, the engine is able to halt execution and call the operating system to carry out process scheduling and communication.

```
====================================================================

+-----------------------------------------------------------+
¦                                                           ¦
¦                 Prolog inference engine                   ¦
¦                                                           ¦
+----------------------+---------------+                    ¦
¦                      ¦               ¦                    ¦
¦ interrupt handling   ¦ new built-in  ¦                    ¦
¦                      ¦ predicates    ¦                    ¦
+----------------------+---------------+--------------------+
             /\         /\
             ¦¦         ¦¦                          +------
             \/         \/                          ¦ other
+---------+    +------------+    +---------------+   ¦ nodes
¦ process ¦    ¦            ¦    ¦               ¦   ¦
¦ control ¦<==>¦ process    ¦<==>¦ communication ¦<==¦====>
¦ data    ¦    ¦ scheduling ¦    ¦ to other nodes¦   ¦
+---------+    +------------+    +---------------    ¦
                                                     ¦
Figure 1: The architecture of the inference engine.  ¦

====================================================================
```

Figure 1 is a diagram of the inference engine:

The top half shows a Prolog inference engine extended by a mechanism
for interrupt handling and new built-in predicates. This inference
engine can execute "Prolog processes". A process is a Prolog program
that can be executed without interaction with other programs. Information belonging to a process is stored in a process block.
When an interrupt occurs or when messages have to be sent, the process
scheduling part is called. This part of the node handles process creation, scheduling and termination. It stores process control data on the
one hand, and on the other hand it communicates with other nodes via
the "communication" box.

3.2. The operating system

The operating system performs tasks such as process creation, process termination, process scheduling and communication.

After a specified number of cycles, the inference engine is interrupted and the operating system is able to schedule processes. The main operations are:

a) swapping processes
b) splitting processes

The first operation depends on the execution time of the actual process. It is simply a means to schedule all processes in a fair manner. The second operation aims to achieve two goals: to obtain a certain number of processes (for load balancing) and to implement a bounded depth-first search strategy. When a process is split the following actions are taken:

- the process block is copied (to get another process)
- the topmost choice point of the blocks is changed:
    + the old process cannot backtrack to another clause of
      the topmost choice point
    + the new process executes the rest of the clauses pointed to by the
      topmost choice point.

The next example illustrates this:

Example 2:

```
    a(1) :- ......        .        % database
    a(2) :- ..., b(X),    .
    a(3) :- ......        .
    a(4) :- ......        .


    ?- a(X), d.                    % goal
```

The execution of "a(1)" has failed and the processor is executing "b(X)" in "a(2)". The splitting of this process will have the following effect: The new process will start executing "a(3)" and go to "a(4)" on backtracking. After executing "a(3)", it will continue with "d". The old process will continue with the execution of "b(X)". The only change for this process is that it is not able to backtrack to "a(3)" or "a(4)".

According to the semantics of the implemented language, splitting of processes may depend on the depth of a process and on the global process scheduling situation or on the program. (The depth of a process is the sum of all choice points contained within it and its ancestors.) Splitting affects the ordering of the solutions of a side effect-free process only, and does not change the declarative semantics of a program.
The overhead caused by splitting is the time needed for process creation, termination and scheduling. These operations may include communication depending on the distribution of the processes. Because there are no shared variables, there is no overhead during the execution of a process.

3.3. Communication between nodes

When we want to execute logic programs in parallel, the fact that a node can communicate with other nodes is of crucial importance. Nodes may request other nodes to generate solutions for subproblems. Therefore we have messages for different purposes: inter-process communication, requests for initiation or termination of processes, etc.

If a message arrives from another node, an interrupt is set. At a definite point in the machine cycle, the receiving inference engine halts execution of the current process, the node receives and processes the message and the engine continues execution.

4. Inter-process communication

A message-passing mechanism, as described for inter-process communication, can be implemented easily because the nodes themselves use this principle.

But there is another way to view communication: We can think of it as being remote procedure calls: A procedure call (or, better, application of a predication) in Prolog in its simplest form means the unification of this predication with a fact. To achieve synchronous communication, we synchronize the communicating processes, match the communication procedure and go on. The only restriction is that we avoid shared variables.

Example 3:

```
% the program of process Process_Id_1
..., synch_comm(Process_Id_2, Message_1), ...

% the program of process Process_Id_2
..., synch_comm(Process_Id_1, Message_2), ...
```

A process executing "synch_comm" (synchronous communication) waits until both partners execute this statement. Then both messages are matched. Because we want to avoid shared variables, each variable from the other process is substituted by a new variable. For example, if we match the following messages, we get the following results:

Example 4:

```
a(U, U, V, a, b, c)        % term 1 before matching
a(X, d, Y, a, Z, c)        % term 2 before matching

a(d, d, Y', a, b, c)       % term 1 after matching
a(d, d, V', a, b, c)       % term 2 after matching
```

V' and Y' are new variables, i. e. they do not occur anywhere else.

5. Load balancing

Load balancing is a major problem for supercomputers. Our approach is to decide locally, i. e. at a node, where to put the processes. There is no master-slave relationship between nodes.
The logical machine has two means for mapping processes to nodes:

a) Distribution of the database:

A node can only compute a predicate if it has the appropriate part
of the database in its memory. If it has the whole matching procedure in its memory, it can compute all solutions for this predicate. If it does not have all clauses of the procedure in its
memory, a request to compute the predicate has to be sent to other
nodes.

b) The ticket concept:

A process block may be executed on different nodes (because of the
distributed database). The system aims to distribute process blocks
uniformly over the nodes. Each node should be able to decide where
to send its process blocks. But how does a node know the load on
other nodes? The idea is to enable every node to send only a limited number of control blocks to other nodes. This can be achieved
by giving each node a number of tickets for other nodes. A process
block can only be sent if there is a ticket for the destination
node. The ticket is returned from the destination node when the
execution of the process block has terminated. [Kluge83a] describes
this principle for reduction machines.

We now take a closer look at database distribution: The programmer can
force a certain distribution of processes by the way he distributes the
database. One way to distribute the database is to give each node the
same database. Then there would be no distribution of processes. Or we
may give different clauses of procedures to different processes. We
call these procedures "distributed" because the procedure is distributed among different nodes. We may think of this distribution as being
horizontal if we consider the database to be a matrix with columns as
procedure definitions. The vertical distribution has no effect on the
load balancing of the system; it just moves execution of a goal from
one node to another, and only one node is active. Vertical distribution
of the database is interesting for networks with different nodes: A
small node could be a preprocessor and have a small part of the program
only. Due to distribution of the database, heavily computational parts
would be sent to other nodes.
If we distribute procedures among different nodes, the computation of
such procedures has to be split and we get processes which run on different nodes.

The combination of the ticket concept and the distribution of the database has to be handled with care, because deadlocks may arise in the

following situation: The database is distributed and a node that has no more tickets needs to start a computation on another node. In this case we have to create extra tickets.

The distribution of tickets and of the database are means for the programmer to adopt his application to a particular computer architecture without modifying the program. (Programs which rely on special scheduling algorithms are erroneous.)

6. Languages

To give an idea of the flexibility of the machine, two languages are sketched, one with and one without explicit process control.

6.1. A language with parallel constructs

This language is Prolog combined with process control and message-passing constructs. Due to the use of or-parallelism variables are not shared.

The following is an incomplete overview of the constructs for process handling:

"split(X)": The current process is split into two processes. X is unified with the process number of the newly created process, for example:

Example 5:

```
a(X) :- b(X), split(Y), c(Z).     % clause 1
a(X) :- d(X).                     % clause 2
a(X) :- e(X).                     % clause 3

?- a(X).                          % goal
```

The execution of the goal has the following effect: After execution of "b(X)", "split(Y)" splits the process block into two blocks. The old block will execute the first clause of "a(X)" only, whereas the new block will execute the second and third clause of "a(X)".

"process_id(X)": X is unified with the process number.

"send(Process_id, Message)": Sends message to process with process number Process_id. This communication is asynchronous.

"receive(Process_id, Message)": Receives message from process with process number Process_id. The message and Message are unified. The receiving process waits for the message.

"wait(Process_Id)": Wait for termination of process with process number Process_id.

"terminate": Terminates the executing process.

To handle parallel in-/output we use built-in predicates with channels:

"read_channel(Channel, Term)": Like "read(Term)" but reads from Channel.

"write_channel(Channel, Term)": Like "write(Term)" but writes to Channel.

To demonstrate the computational power of the "split" construct, we will implement the UNIX "fork" operation:

<u>Example 6:</u>

```
% the definition of the UNIX fork operation
% comment: X has to be unbound on procedure call

fork(X) :- split(X).    % this is executed by the father
fork(0).                % and this by the son

% a goal for demonstrating the semantics
?- a, fork(X), b(X).
```

After computing "a", the "fork" operation will split the process block into two (almost) identical blocks. The only difference is that one will execute the first and the other the second clause of the "fork" procedure. That means that the father gets X unified with the son's process number and the son will get a "return value" of zero.

Because the process blocks are identical, all of them are able to backtrack to "a".

The cut

The cut needs special treatment because it has to be local to the process block.

Example 7:

```
a :- b, split(_), !, c.      % clause 1
a :- d.                      % clause 2
```

Without the "split" operation, "d" would not be executed after successful computation of "b". After the "split" operation, the cut becomes local and has no influence on the the second clause.   Backtracking to "b" is still disabled by the cut.

Applications for this language

This language can be used to implement a multi-user operating system on a Prolog machine: The system opens an I/O-channel for each connected terminal and attaches "Prolog shells" to them. Users are able to log in to a huge Prolog program that may be an expert system or a deductive database system.

6.2. A language without parallel constructs

In contrast to the above, this language does not provide the user with
means for explicit process control. The aim of the language is to compute Prolog programs in parallel. Large programs are executed in an
or-parallel manner without bothering the user with process control. The
idea was published in [Engel87a].

The side effects cause by built-in predicates are a specific problem
for parallel execution. To manage them, we divide a program into a control section which consists of Prolog procedures, and a computation
section which consists of Pure Prolog procedures. Side effects are
allowed in the control sections only.
The Prolog section contains the control structure of the program and is
executed sequentially. It can initiate computations in the computation
section. These computations are executed in parallel.
As the search strategy for the computation level, we implement a
bounded depth-first search that behaves globally like breadth-first and
locally like depth-first search.

Process scheduling for the computation level

A node tries to split process blocks in order to have more parts that
can be computed in parallel (cf. Orbit). This splitting of process
blocks is done on demand, i.e. if other nodes might be idle.
Because the splitting and scheduling of process is not controlled by
the user, it can only be performed if it does not change the semantics
of the program. Therefore the computation level operations are restricted to Pure Prolog.

7. Related Concepts

There are several parallel logic programming languages; [Fuchi86a]
gives a good overview. We want to compare our approach with typical
representatives of other paradigms.

7.1. Concurrent Prolog and related languages

[TakFu86a] gives an overview of languages that implement a commitment operation. We will discuss Concurrent Prolog as a prototype for these languages.

Concurrent Prolog is described in [Shapi83a]. The idea of Concurrent Prolog is to use and- and or-parallelism. Communication is done by shared variables and synchronisation is achieved by read-only annotation of variables. Read-only variables are only allowed to unify if they are bound.

The main drawback of Concurrent Prolog is the impossibility of computing more than one solution for a procedure. This is due to the commit operator.

The semantics of Concurrent Prolog differ very much from those of Prolog; therefore, comparison is impossible. The only thing that can be said is that every Concurrent Prolog program can be rewritten in our language with parallel constructs.

7.2. Delta Prolog

Delta Prolog is described in [Perei86a]. It uses and-parallelism and message passing. The special operator "//" may be used instead of "," and its semantics is to compute its arguments in parallel. The arguments of the "//"-operator may share variables. Therefore, there are two possibilities for process communication: shared variables and message-passing operations.

If a goal of the form "a // b" fails, a complicated algorithm for backtracking is performed in order to simulate the behavior of Prolog in executing "a, b".

Due to the shared variables and the distributed backtracking, it seems to be hard to implement this language in an efficient way.

The following example gives a comparison of the process-creating mechanism in Delta Prolog and our approach:

<u>Example 8:</u>

```
    Delta Prolog:  a(X, Y) :- b(X) // c(Y).

    Our Approach:  a(X, Y) :- split(_), b(X).
                   a(X, Y) :- c(Y).
```

If X and Y are not shared, both programs are equivalent, but the second
is faster because it does not perform distributed backtracking.

7.3. <u>ORBIT</u>

ORBIT is described in [Yasuh84a]. It implements "full Prolog" using
or-parallelism. Choice points are split into process bundles, a more
general approach than our split algorithm.

The main differences between ORBIT and the language without explicit
process control is that the latter implements a distributed load
balancing algorithm whereas ORBIT uses a global scheduler. In ORBIT,
each processor uses the same database. ORBIT uses a complex algorithm
to split process blocks. Constructs for process synchronisation are
mentioned.

7.4. <u>Prolog on a broadcast network</u>

[Warre84a] describes the execution of Prolog programs on a broadcast
network. This is related to our language without parallel constructs.
The main difference is that [Warre84a] uses broadcast communication and
not node-to-node communication.

The use of broadcast communication causes some overhead because it is
not trivial to check if all solutions for a predicate are computed. In
our approach, a process terminates if it has computed all solutions.
Because each process knows how many sons it has, we know when all sons
are terminated. This means that all solutions are generated.

8. Current work

The machine is being implemented in C in a UNIX environment. Because of the symmetry of the overall architecture it will not be difficult to implement the machine on SUPRENUM or a SUPRENUM-like architecture. We only need to change the external communication procedures.
Currently we are implementing the process scheduling mechanism for one processor. Parts of the communication routines are also implemented.

9. Conclusions and future research

The use of or-parallelism leads to much simpler inference engines than and-parallelism does. Because the machine does not use shared variables, there is no problem in connecting different computers to one system. This is one of the advantages in comparison with systems that rely on a shared memory.

The node of a Prolog machine described is a minor extension of existing Prolog inference engines and is a good basis for implementing parallel logic programming languages. Therefore "Prolog chips" could be used to implement these nodes. This would lead to highly efficient nodes.

The node is being extended with a PLM-like emulator. Once the machine has been implemented, we plan support for debugging parallel logic programs.

Acknowledgements

I would like to thank Professor Zima for his contribution to and Barbara M. Chapman for her help in preparation of this paper.

10. References

[BeerG86a]   Beer J., Giloi W. K.: "POPE - a parallel-operating Prolog
              engine"
              GMD - FIRST / TU Berlin, 1000 Berlin 12

[Bratk86]   Bratko Ivan: "PROLOG, Programming for Artificial Intelli-
              gence"
              Addison-Wesley, International Computer Science Series,
              1986

[Clock84]   Clocksin W. F., Mellish C. S.: "Programming in PROLOG"
              2nd edition, Springer Verlag, New York, 1984

[ConKi81a]   Conery J. S., Kibler D. F.: "Parallel interpretation of
              logic programsion principle"
              Proc. 1981 Conf. on Functional Prog. Languages and Comp.
              Architectures, ACM, pp. 163-170

[Engel87a]   Engels Johannes: "Logikprogrammierung für Superrechner"
              Research   Report   870104,   Institut   für   Informatik,
              Universität Bonn, D5300 Bonn 1, Germany

[Fuchi86a]   Fuchi Kazuhiro, Furukawa Koichi: "The Role of Logic Pro-
              gramming in the 5th Generation Computer Project"
              Third Int. Conf. on Logic Progamming, LNCS 225, Springer
              1986, pp. 1-24

[Kluge83a]   Kluge Werner E.: "Cooperating Reduction Machines"
              IEEE Transactions on Computers, Vol. 32, No. 11, Nov. 83

[Perei86a]   Pereira L. M., Monteiro L., Cunha J., Aparicio J. N.:
              "Delta Prolog: A distributed backtracking extension with
              events"
              Third Int. Conf. on Logic Programming, LNCS 225, Springer
              1986, pp. 69-83

[Robin65a]   Robinson J. A.: "A machine-oriented logic based on resolu-
              tion principle"
              J. ACM 12 (1965), 23-41

[Shapi83a]   Shapiro Ehud: "A subset of concurrent PROLOG and its
              interpreter"
              Technical Report, Weizmann Inst. of Science, Rehovot
              76100, Israel

[TakFu86a]   Takeuchi Akikazu, Furukawa Koichi: "Parallel logic pro-
              gramming languages"
              Third Int. Conf. on Logic Programming, LNCS 225, Springer
              1986, pp. 242-254

[Ueda 85a]   Ueda K.: "Guarded Horn clauses"
              Tech. Report TR-103, ICOT (1985)

[Warre84a]   Warren D.S., Ahamad M., Debray S.K., Kale L.V.: "Executing
              distributed PROLOG programs on a broadcast network"
              1984 Int. Symp. on Logic Programming, IEEE No. 522, pp.
              12-20

[Yasuh84a]   Yasuhara Hiroshi, Nitadori Kazuhiko: "ORBIT: a parallel
              computing model of PROLOG"
              New Generation Computing 2, 1984, pp. 277-288

Konzept eines flagorientierten vollparallelen Assoziativprozessors auf der Basis der Flagalgebra

Djamshid Tavangarian
J. W. Goethe Universität-Frankfurt,
Technische Informatik
D-6000 Frankfurt a. M. 11

Kurzfassung:

Der Beitrag stellt die Architektur eines assoziativen Monoprozessors vor, der sowohl arithmetische als auch komplexe Suchoperationen für Datensätze parallel durchführt. Die Basis dieser Architektur bildet ein Transformationsverfahren, mit dem die wortorientierten Daten eines Datensatzes in einen Bildbereich überführt und durch flagorientierte Daten in einem Flagvektor dargestellt werden. Ein Datum im Bildbereich wird mittels eines Flags in einer definierten Position des Flagvektors repräsentiert, das das Vorhandensein des Datums anzeigt. Die Flags in einem Flagvektor sind die Operanden einer Operation. Die Parallelarbeit wird durch die simultane Verarbeitung der Flags eines Flagvektors erreicht. Die Ergebnisse einer Operation liegen ebenfalls als Flags vor, die durch eine Rücktransformation als wortorientierte Daten zur Verfügung gestellt werden. Zur Beschreibung und Ausführung der Operationen für die Flagvektoren wird eine zu Mengen-Theorie und boolescher Algebra isomorphe Algebra (genannt Flag-Algebra) definiert. Die wichtigsten Axiome, Aussagen und Rechenvorschriften dieser Algebra, die als eine generelle Grundlage zur Entwicklung von flagorientierten Hardware-Systemen eingesetzt werden kann, werden erläutert. Darüberhinaus werden die für die vorgestellte Architektur geeigneten Sprachen vorgestellt und diskutiert sowie eine Effizienzbetrachtung vorgenommen.

1. Einleitung

Bei der Entwicklung von modernen Rechnerarchitekturen wird eine Effizienzsteigerung durch Parallelarbeit angestrebt. Eine Betrachtung paralleler Rechnerarchitekturen hinsichtlich ihrer Mechanismen zur Ausführung von Befehlen und zur Verarbeitung von Daten führt zu den von Flynn /FLY/ angegebenen SIMD- und MIMD-Rechnerklassen.

Bei den Architekturen der MIMD-Klasse (Multiple Instruction stream Multiple Data stream) verarbeiten autonome Einzelprozessoren konkurrierend einen eigenen Befehlsstrom in Verbindung mit dem zugehörigen Datenstrom.

Die wesentliche Problematik der Rechner dieser Klasse liegt in den gegenseitig ausschließenden Zugriffen auf gemeinsame Hardware-Einrichtungen wie Speicherbänke, Peripheriegeräte u.ä., was beispielsweise über Semaphormechanismen gelöst wird /GIL/. Darüberhinaus entstehen zahlreiche Software-Probleme, wenn MIMD-Architekturen (teilweise mit großer Zahl von Prozessoren) zur beschleunigten Ausführung eines Prozesses eingesetzt werden.

Die SIMD-Architekturen (Single Instruction stream Multiple Data stream) bedürfen keiner gesonderten Mechanismen zur Verteilung und Koordination paralleler Aktionen, da stets nur eine Anweisung gleichzeitig auf mehrere Daten, die beispielsweise auf unterschiedliche Rechenwerke verteilt vorliegen, ausgeführt wird. Eine derartige Architektur erfordert nur eine zentrale Steuerungseinheit, die im wesentlichen den Befehlsstrom organisiert, die Verteilung der Daten vornimmt und die Steuerung von Rechenwerken bewerkstelligt.

Die SIMD-Architekturen sind aufgrund der zentralen Steuerung und der feldartigen Struktur ihrer Rechenwerke besonders für die Bearbeitung von Problemen mit strukturierten Datentypen, wie sie die Vektor- und Matrixoperationen darstellen, geeignet, so daß mittlerweile die SIMD-Maschinen recht hohe Verbreitung gefunden haben.

Zu dieser Gruppe gehören neben den Feldrechnern vom Typ ILLIAC IV, SOLOMON und Connection-Machine sowie den Vektorrechnern, die auch Pipeline-Rechner genannt werden (z.B. CRAY-1 und CYBER 205) /BOH, GIL, HWB/ auch die Assoziativprozessoren /YAU, THU, RAM/. Die wichtigsten Merkmale eines Assoziativprozessors sind die inhaltsorientierte Verarbeitung und die inhaltsorientierte Wiedergewinnung von Daten bzw. Informationen, die parallel ausführbar sind.

Die inhaltsorientierte Verarbeitung von Daten wird im allgemeinen durch Einsatz von Assoziativspeichern und Assoziativspeicheremulatoren oder durch ein Ensemble von Prozessorelementen in einem Feld, die durch ein Netzwerk verbunden sind und zentral gesteuert werden, bewältigt /YAU/.

Resultierend können diese Architekturen aus der Hardwaresicht als Systeme mit mehreren Verarbeitungseinheiten eingestuft werden.

Eine bewährte und praktische Methode zur Lösung vieler komplexer technischer Vorgänge ist durch die Anwendung von Transformationen (z.B. Integral-, Fourier-, Laplace-Transformation u.ä.) gegeben.

Der in dieser Arbeit verfolgte Ansatz legt ebenfalls für die parallele Verarbeitung eines assoziativen Datensatzes in nur einer Verarbeitungseinheit eine neu entwickelte Transformationsmethode zugrunde, die *"Flag-Transformation"* genannt wird. Damit werden die wortorientierten Daten eines Datensatzes in *"flagorientierte Daten"* transformiert und zur Verknüpfung bereitgestellt. Mit der Flag-Transformation wird ein neues Konzept vorgestellt, das als Grundlage zur Entwicklung von integrierten Schaltungsmoduln verwendet werden kann, die sowohl die Speicherung von inhaltsorientierten Daten als auch die vollparallele Durchführung von unterschiedlichen Such- und Arithmetik-Logik-Operationen übernehmen können.

Ein Prozessor, der dieses Konzept zur inhaltsorientierten Verarbeitung von Daten zugrunde legt, wird als ein *"flagorientierter Assoziativprozessor"* bezeichnet. Ein flagorientierter Assoziativprozessor besteht im wesentlichen aus drei Teilen:

Im ersten Teil werden die Daten, die jeweils n Bit lang sind, einer Abbildung unterzogen. Nach der Abbildung werden die Datenwörter im Abbildungsbereich durch einen Bitvektor repräsentiert. Im Bitvektor werden die Daten des Datensatzes jeweils durch einen Repräsentanten, der als "Flag" bezeichnet wird, dargestellt. Ein Flag stellt eine boolesche Größe mit den Werten "True" (=1) und "False" (=0) dar. Mit dem Flag wird das Vorhandensein eines Datums (Operanden) angezeigt. Eine Bearbeitung der Daten erfolgt durch die Manipulation der entsprechenden Flags im System.

Der zweite Teil wird zur Speicherung und zur Durchführung von Operationen (als ein Operationsteil) eingesetzt. Der Operationsteil der Anordnung führt eine Operation für die als Flags gespeicherten Operanden durch. Da die Operanden jeweils als eine 1-Bit-Information vorliegen, können die verlangten Operationen durch die simultane Verknüpfung der Flags bewältigt werden. Die Verknüpfungen basieren auf einigen Axiomen und Aussagen, die in Anlehnung an die Grundlagen der Mengentheorie und der Boole'schen Algebra unter Berücksichtigung der speziellen Eigenschaften der Flagvektoren abgeleitet werden. Diese Axiome und Aussagen bilden eine zu der Mengentheorie isomorphe Algebra, die als *"Flag-Algebra"* bezeichnet wird. Sie wird zur Beschreibung paralleler flagorientierter Operationen und zur architekturellen Entwicklung entsprechender Schaltkreise verwendet.

Der Hardware-Aufwand eines nach diesem Konzept realisierten Systems weist trotz vollparalleler Arbeitsweise einen vertretbaren Umfang auf.

Die Ergebnisse einer parallelen Operation werden ebenfalls als Flags bestimmt. Eine parallele Operation, die mehrere Operanden umfaßt, kann auch mehrere Flags als Ergebnis einer Operation liefern. Eine sequentielle Ausgabe der Ergebnisse erfordert ihre Auflösung und Vereinzelung. Im dritten Teil eines flagorientierten Systems werden die Ergebnisse aufgelöst und nach ihrer

"Rücktransformation" wieder als wortorientierte Daten zur Verfügung gestellt.

In diesem Beitrag werden die Grundlagen zur Transformation und zur Rücktransformation der Daten sowie der Flag-Algebra vorgestellt. Aufbauend auf dieser Algebra wird die Architektur eines Assoziativprozessors entwickelt, der über umfangreiche parallele Operationen verfügt.

2. Flag-Transformation

Bei einem n-Bit Datenwort ist die geordnete Menge aller möglichen Wörter (Wertebereich):

$$S = \{ S_j \mid S_j \in \{0,1\}^n \quad j = \sum_{k=0}^{n-1} 2^k * s_{j,k} \}$$

wobei das Wort S_j die Binärstellen $s_{j,1}$ bis $s_{j,n}$ (Bitkombinationen) umfaßt, d.h.

$$S_j = (s_{j,n-1} \; s_{j,n-2} \; \cdots \; s_{j,k} \; \cdots \; s_{j,1} \; s_{j,0}).$$

Die für eine gegebene Aufgabenstellung zu speichernden n-Bit-Daten (S'_1 bis S'_q) können als eine ungeordnete Untermenge S' aus S aufgefaßt werden, wenn man voraussetzt, daß ein Datenwort jeweils nur einmal im Datensatz vorkommt:

$$S' = \{ S'_1, \; S_2, \; \ldots\ldots \; S'_q \} \qquad \text{mit} \qquad S' \subseteq S$$

Diese Voraussetzung stellt bei inhaltsadressierbaren Daten keine Einschränkung dar, da es in den meisten Fällen ausreicht, wenn ein Datum nur einmal im Speicher vorliegt /RAM/.

Für die Transformation der Daten in diesem Konzept wird mit Hilfe einer Indikatorfunktion **FLAG** jeder Teilmenge S' von Daten aus S ein Boole'scher Vektor $F \in \{0,1\}^{2^n}$ (mit 0=false, 1=true) nach folgender Vorschrift zugewiesen:

$$\text{FLAG} : \mathcal{P}(S) \longrightarrow \{0,1\}^{2^n}$$

$$\text{FLAG} (S') = F = (f_0, \; f_1, \; f_2, \; f_3, \; \ldots, \; f_j, \; \ldots, \; f_{2^n-1})$$

$$\text{mit} \quad f_j = 1 \longleftrightarrow S_j \in S', \quad \forall \, j \in \{0 .. 2^n-1\}$$

Nach der Flag-Transformation erhält man zur Darstellung von möglichen n-Bit Daten eines Datensatzes im Bildbereich einen Bitvektor der Länge 2^n. Eine Koordinate f_j des Vektors F, die eine definierte Position im Vektor besitzt, wird als Repräsentant des Datums S_j interpretiert und als *Flag* des Wortes S_j bezeichnet. Der Vektor F, der die Flags beinhaltet, wird *Flagvektor* genannt. Zur Durchführung von Operationen werden die Flagvektoren im Bildbereich verknüpft. Die Ausführung der Operationen mit Hilfe von Flagvektoren wird besonders begünstigt, da die Daten eines Datensatzes nach der Transformation sortiert vorliegen.

3. Rücktransformation

Nach der Durchführung von Operationen im Bildbereich ist eine Umwandlung der Flags in ihre äquivalenten Datenwörter erforderlich. Die Umwandlung der Flags wird durch die *inverse Flag-Abbildung (FLAG^{-1})* erreicht. Die inverse Flag-Abbildung für einen Flagvektor

$$F = (f_0, \; f_1, \; \ldots, \; f_j, \; \ldots, \; f_{2^n-1}),$$

die durch FLAG^{-1}(F) dargestellt wird, wird nach folgender Vorschrift gebildet:

$$\text{FLAG}^{-1} (F) : \{0, 1\}^{2^n} \longrightarrow \mathcal{P}\{S\}$$

$$\text{FLAG}^{-1} (F) = S' = \{ S'_1, \; S'_2, \; S'_3, \; \ldots, \; S'_q \}$$

$$\text{mit} \quad S_j \in S' \longleftrightarrow f_j = 1, \quad \forall \, j \in \{0 .. 2^n-1\}$$

Nach der inversen Flag-Abbildung ist S' eine geordnete Menge, falls die inverse Abbildung für die Flags des Flagvektors F in aufsteigender (absteigender) Reihenfolge beginnend mit f_0 (f_{2^n-1}) durchgeführt wird.

4. Flag-Algebra

Die im folgenden aufgeführten Betrachtungen sollen die wichtigsten Grundlagen der Flag-Algebra, die zur Durchführung mathematischer Verknüpfungen von Flagvektoren und zur Implementierung von assoziativen Funktionen für die durch Flagvektoren dargestellten Daten Verwendung finden, in zwei Teilen beschrieben werden. Im ersten Teil (a.) werden einige Definitionen angegeben. Als Grundlage sollen Daten mit n Bit Wortlänge verwendet werden. Der zweite Teil (b.) umfaßt die Beschreibung der mit den Flagvektoren ausführbaren Grundverknüpfungen.

a. Definitionen:

Leerer Flagvektor: Ein Flagvektor, der eine leere Menge S'={ } repräsentiert, heißt F_{LEER} :

$$F_{LEER} = (f_0 , f_1 \dots , f_j , \dots , f_{2^n-1}) \quad \text{mit} \quad f_j = 0 , \; \forall \, j \in \{0..2^n-1\})$$

Einelement-Flagvektor: Ein Flagvektor wird als ein Einelement-Flagvektor bezeichnet, wenn nur eine der 2^n Elemente des Vektors mit "1" belegt ist. In diesem Fall umfaßt eine zur Abbildung vorliegende Datenmenge nur ein Element (z.B. S_k), d.h.

$$S' = \{S_k\}$$
$$FLAG\ (S') = F_{S'} = (f_{S'0} , f_{S'1} , f_{S'2} , \dots , f_{S'k} , \dots , f_{S'2^n-1})$$
mit $f_{S'j} = 1$, für $j=k$ und $f_{S'j} = 0$ sonst.

Vollbesetzter Flagvektor: Ein Flagvektor, der keine "0"-Elemente beinhaltet, heißt F_{VOLL}:

$$F_{VOLL} = (f_0 , f_1 \dots , f_j , \dots , f_{2^n-1}) \quad \text{mit} \quad f_j = 1 \; ; \; \forall \, j \in \{0..2^n-1\}$$

Länge eines Flagvektors: Die Zahl der Flagpositionen in einem Flagvektor wird als Länge des Vektors bezeichnet und durch L(F)=|F| dargestellt. Ein Flagvektor, der die möglichen Kombinationen eines n Bit Datenwortes beschreiben kann, hat die Länge $L(F) = |F| = 2^n$. Die Länge eines Flagvektors F kann auch kurz als L bezeichnet werden, wenn Verwechselungen ausgeschlossen sind.

Ordnungszahl eines Flagvektors: Der Logarithmus dualis (ld) der Länge eines Flagvektors wird als Ordnungszahl des Vektors bezeichnet und durch

$$ORD(F) = \lfloor ld\ (|F|) \rfloor$$

dargestellt. Die Ordnungszahl ist identisch mit der durch einen Flagvektor repräsentierbaren Wortlänge der Daten, so daß sie auch kurz als Wortlänge des Flagvektors bezeichnet wird. Beispielsweise besitzt ein Flagvektor F mit 2^n Flagpositionen eine Ordnungszahl von $ORD(F) = ld(2^n) = n$, d.h. mit dem Vektor können n-Bit-Daten dargestellt werden.

Sollen umgekehrt die Daten einer Menge $S' = \{S'_1 , S'_2 , \dots, S'_q \}$ durch Flags in einem Flagvektor dargestellt werden, so kann mit der Ordnungszahl die Länge des Flagvektors bestimmt werden. Hierfür gilt:

$$L(F) = |F| = 2^{\lceil ld(S'_{jMAX}) \rceil} , \quad \text{wobei} \quad S'_{jMAX} = MAX\{ S'_j \mid S'_j \in S' \}$$

Füllungsgrad eines Flagvektors: Die Anzahl der Flags in einem Flagvektor F, die den Wert "1" haben, wird als Füllungsgrad des Vektors bezeichnet, d.h.

$$G(F) = \sum_{j=0}^{|F|-1} INT(f_j)$$

Wobei $INT(f_j) \in \{0,1\}$ eine Funktion zur Umwandlung der Boole'schen Größe eines Flags f_j in ihre äquivalente numerische Größe darstellen. Mit der Funktion erhält man für INT(false)=0 und für INT(true)=1.

Der Füllungsgrad eines Flagvektors entspricht der Mächtigkeit der Menge der Daten, die er repräsentiert.

Unterflagvektor (Inklusion): Ein Flagvektor $F_2 = (f_{20}, f_{21}, ... f_{2j}, ... f_{2,2^n-1})$ ist ein Unterflagvektor von $F_1 = (f_{10}, f_{11}, ... f_{1j}, ... f_{1,2^n-1})$, wenn gilt:

$$F_2 \subseteq F_1 \longleftrightarrow (f_{2j} = 1 \rightarrow f_{1j} = 1, \forall j \in \{0 .. L-1\})$$
$$\text{mit } L = |F_1| = |F_2|.$$

Teilflagvektor : Ein Flagvektor $F_2 = (f_{20}, f_{21}, ... f_{2j}, ... f_{2,L_1-1})$ ist ein Teilflagvektor von $F_1 = (f_{10}, f_{11}, ... f_{1j}, ... f_{1,L_2-1})$ mit einem *Translationsfaktor* k, wenn gilt:

$$F_2 \, \mathcal{T} \, F_1 \longleftrightarrow ((L_1 \leq L_2) \wedge (0 \leq k \leq L_1 - L_2) \wedge (f_{2i} = f_{1,k+i}, \forall \, 0 \leq i \leq L_2 - 1))$$
$$\text{mit } L_1 = |F_1| \text{ und } L_2 = |F_2|.$$

Indizierter Flagvektor: Nach der Durchführung der Flag-Abbildung für die Daten einer Menge

$$S' = \{S_1', S_2', S_3', ... , S_q'\}$$

sind die Daten durch entsprechende Flags im Flagvektor ihrem Wert nach sortiert. Die Reihenfolge der Daten in der ursprünglichen Menge wird bei der Abbildung nicht berücksichtigt. Falls die Daten der Menge S' jedoch die Elemente eines Vektors mit definierter Reihenfolge sind, kann man durch Einführung von Indizes die Reihenfolge der Daten nach der Abbildung beibehalten. Beispielsweise liegt eine Menge

$$S' = \{S_1', S_2', S_3', S_4'\} = \{4, 2, 0, 7\}$$

zur Durchführung der Flag-Abbildung vor. Das Resultat der Abbildung ist ein Flagvektor

$$F = (1 \quad 0 \quad 1 \quad 0 \quad 1 \quad 0 \quad 0 \quad 1).$$
$$ 0 \quad 1 \quad 2 \quad 3 \quad 4 \quad 5 \quad 6 \quad 7$$

Im Flagvektor liegen die zugehörigen Flags der Daten nun sortiert mit der Reihenfolge 0, 2, 4, und 7 vor.

Soll die ursprüngliche Reihenfolge der Daten erhalten bleiben, so werden die Flags jeweils mit einem Index erweitert. Der Index gibt die Position des zugehörigen Datums in der Menge S' an:

$$F_{INDIZIERT} = (1_3 \quad 0 \quad 1_2 \quad 0 \quad 1_1 \quad 0 \quad 0 \quad 1_4)$$

Eine andere Darstellungsform erhält man, wenn die Daten der Menge S' nach der Abbildung durch einen Flagvektor $F = (f_j, j=0..L-1)$ und einen *Indexvektor* $I = (i_j, j=0..L-1, i_j \in \{0..L-1\})$ repräsentiert werden. Dabei werden die Flags im Flagvektor (F) und die Indizes in einem zweiten Indexvektor (I) dargestellt. Falls eine Position j im Flagvektor besetzt ist ($f_j = 1$), so enthält die gleiche Position des Indexvektors die zugehörige Indexzahl.

Damit gilt für das angegebene Beispiel :

Flagvektor : $F = (1 \quad 0 \quad 1 \quad 0 \quad 1 \quad 0 \quad 0 \quad 1)$
Indexvektor : $I = (3 \quad 0 \quad 2 \quad 0 \quad 1 \quad 0 \quad 0 \quad 4)$

In dieser Darstellungsform sind nur solche Positionen im Indexvektor besetzt, die jeweils durch ein Flag im Flagvektor markiert sind. Die restlichen Positionen sind jeweils gleich Null.

Äquivalente Flagvektoren: Zwei Flagvektoren $F_1 = (f_{1\,0}\ ,\ f_{11}\ ,\ ....\ f_{1j}\ ,\ ...\ f_{1\,,2^n-1})$ und $F_2 = (f_{20}\ ,\ f_{21}\ ,\ ...\ f_{2j}\ ,\ ...\ f_{2,2^n-1})$ sind äquivalent, wenn gilt:

$$F_2 \equiv F_1 \longleftrightarrow (f_{2j} \equiv f_{1j}\ ,\ \forall j \in \{\,0\,..\ L\}) \quad \text{mit } L = |\,F_1\,| = |\,F_2\,|$$

Für indizierte Flagvektoren F_1 und F_2 gilt, daß zusätzlich die zugehörigen Indexvektoren $I_1 = (i_{1j},\ j=0..L_1-1)$ und $I_2 = (i_{2j},\ j=0..L_2-1)$ gleich sind, d.h.

$$F_2 \equiv F_1 \longleftrightarrow ((f_{2j} \equiv f_{1j}) \wedge (i_{2j} = i_{1j})\ ,\ \forall j \in \{\,0\,..\ L\}) \quad \text{mit } L = |\,F_1\,| = |\,F_2\,|$$

Flagvektorsysteme: Flagvektorsysteme sind Vektorgebilde, die sich aus mehreren Flagvektoren gleicher Länge zusammensetzen. Ein Flagvektorsystem kann eine eindimensionale (Spalten- oder Zeilen-Flagvektorsystem) oder eine mehrdimensionale Anordnung (z.B. eine Matrix von Flagvektoren) aufweisen. Solche Flagvektorsysteme werden insbesondere bei der Beschreibung von Kaskadierungen von Flagvektoren eingesetzt.

Verkettung von Flagvektoren: Sind mehrere Flagvektoren in einem Flagvektorsystem zusammengefaßt, so wird durch Verkettung ihrer Flags das Flagvektorsystem in einen Flagvektor umgewandelt. Dabei ist die Länge des neuen Vektors die Summe der Längen der einzelnen Flagvektoren.

Die Verkettungsoperation stellt eine Kaskadierung von gleichartigen Moduln dar, die zur Realisierung eines größeren Flagvektors eingesetzt werden, wobei die Wortlänge des Vektors und auch der Umfang der repräsentierbaren Daten erhöht werden.

Zerlegung von Flagvektoren: Die komplementäre Operation zur Verkettung von Flagvektoren wird als Zerlegungsoperation bezeichnet. Dabei werden die Flags eines Vektors in Gruppen aufgeteilt, die jeweils neue Flagvektoren darstellen. Die neuen Flagvektoren bilden gemeinsam ein Flagvektorsystem.

b. Grundoperationen mit Flagvektoren:

Komplement eines Flagvektors: $\qquad \overline{F} = (\ \overline{f_j}\ |\ j \in \{\,0\,..\ 2^n\text{-}1\})$

Vereinigung von Flagvektoren:

$$F_{VER} = F_1 \cup F_2 = (f_{j\,VER} = f_{1j} \vee f_{2j}\ ,\ \forall\, j \in \{0..L\text{-}1\}) \quad \text{mit} \quad L = |\,F_1\,| = |\,F_2\,|$$

Durchschnitt von Flagvektoren:

$$F_{DUR} = F_1 \cap F_2 = (f_{j\,DUR} = f_{1j} \wedge f_{2j}\ ,\ \forall\, j \in \{0..L\text{-}1\}) \quad \text{mit} \quad L = |\,F_1\,| = |\,F_2\,|$$

Zwei Flagvektoren heißen disjunkt, wenn das Ergebnis der Durchschnittsverknüpfung ein leerer Flagvektor ist.

Äquivalenz-Funktion:

$$F_{\ddot{A}QU} = (F_1 \equiv F_2) = (f_{j\,\ddot{A}QU} = f_{1j} \equiv f_{2j}\ ,\ \forall\, j \in \{0..L\text{-}1\}) \quad \text{mit} \quad L = |\,F_1\,| = |\,F_2\,|$$

Symmetrische Differenz (EXOR-Funktion):

$$F_{SYM} = F_1 \neq F_2 = (f_{j\,SYM} = f_{1j} \neq f_{2j}\ ,\ \forall\, j \in \{0..L\text{-}1\}) \quad \text{mit} \quad L = |\,F_1\,| = |\,F_2\,|$$

In den Verknüpfungsoperationen Vereinigung, Durchschnitt, Äquivalenz und symmetrische Differenz können auch mehrere Flagvektoren beteiligt sein. Da die Flags bei diesen Operationen jeweils durch Boole'sche Größen dargestellt werden, gelten für diese Operationen das *Assoziativ-*, das *Kommutativ-* und das *Absorptionsgesetz.*

<u>Unsymmetrische Differenz zweier Flagvektoren:</u>

$$F_{UNSYM} = F_1 - F_2 = F_1 \cap \overline{F_2} = (f_{jUNSYM} = f_{1j} \wedge \overline{f_{2j}}), \ \forall \ j \in \{0..L-1\}) \quad \text{mit } L = |F_1| = |F_2|$$

<u>Produkt zweier Flagvektoren:</u> In den bisher betrachteten Operationen wurden Flagvektoren verknüpft, die wiederum zu Flagvektoren als Ergebnis führten. Man kann auf die vielfältigste Weise Verknüpfungen von Flagvektoren vornehmen, die z.B. als Ergebnis der Verknüpfung zweier Flagvektoren ein Flagvektorsystem (zwei- oder mehrdimensionale Flagvektorsysteme) liefern. Eine derartige Verknüpfung kann beispielsweise das Produkt zweier Flagvektoren F_1 und F_2 mit $L(F_1) = L(F_2)$ angeben.

5. Konzept des flagorientierten Assoziativprozessors

Eine flagorientierte Assoziativprozessorarchitektur, die die Durchführung der Transformation und der Rücktransformation von Daten sowie die Ausführung von flagorientierten Operationen in nur einer Einheit erlaubt, ist in Abb. 1 angegeben.

Das Programm und die wortorientierten Daten werden im Programm- und Datenspeicher (PD-Sp.) untergebracht. Während des Programmablaufs werden die Daten durch die Transformationseinheit transformiert und im Flagspeicher und/oder Flagregister gespeichert, die als Operanden für die Operationen herangezogen werden. Zum Transfer der Daten sind zwei Busse eingesetzt. Während ein Bus nur für die Flagvektoren zuständig ist, sind in dem zweiten Bus sowohl Daten als auch die Steuersignale zusammengefasst.

Zur Steuerung der Datenwege und des sequentiellen Ablaufs von Operationen ist das Steuerwerk zuständig, das seine Daten aus dem PD-Speicher erhält.

In dieser Architektur können sowohl Such- als auch Arithmetik/Logik- Operationen für Daten, die flagorientiert vorliegen, mit Hilfe der Flag-Algebra in effizienter Weise parallel ausgeführt werden.

Der besondere Vorteil dieses Konzeptes ist, daß im Gegensatz zu den bekannten Verfahren komplexe Such- und Arithmetik/Logik-Operationen teilweise durch einfache boolesche Verknüpfungsoperationen der Flags ersetzt werden, so daß vollständige Schleifen durch Einzelbefehle ersetzt werden können. Diese Operationen werden nach der Erläuterung der Komponenten der Architektur im Kap. 6 beschrieben.

5.1 Speicherung von Flags:

Die Speicherung eines Flags f_j, das als Repräsentant des Datenwortes S_j eine binäre Information darstellt, erfordert nur eine Speicherzelle, so daß zur Speicherung von Elementen eines vollständigen Flagvektors für n-Bit Daten eine lineare Speicheranordnung mit 2^n Speicherzellen eingesetzt werden kann, die als Flagspeichervektor bezeichnet wird. Für jedes mögliche Datum S_j aus der Menge S ist die Flagspeicherzelle an der Position j reserviert, die zur Speicherung des zugehörigen Flags f_j verwendet wird. Damit liegt eine geordnete Anordnung von 2^n Flagspeicher zellen vor, die jeweils durch ihre Positionen in der Anordnung mit den zu speichernden n-Bit Wortinhalten $(S_j, \forall j \in \{0..2^n-1\})$ in Korrespondenz stehen.

Prinzipiell kann zur Durchführung der Abbildung eine Decoderschaltung eingesetzt werden. Unter der Annahme, daß zu jedem Zeitpunkt nur ein Datenwort zur Abbildung vorliegt, entspricht die Decoderschaltung dem Adressdecoder eines konventionellen RAMs /TA1, TA2/.

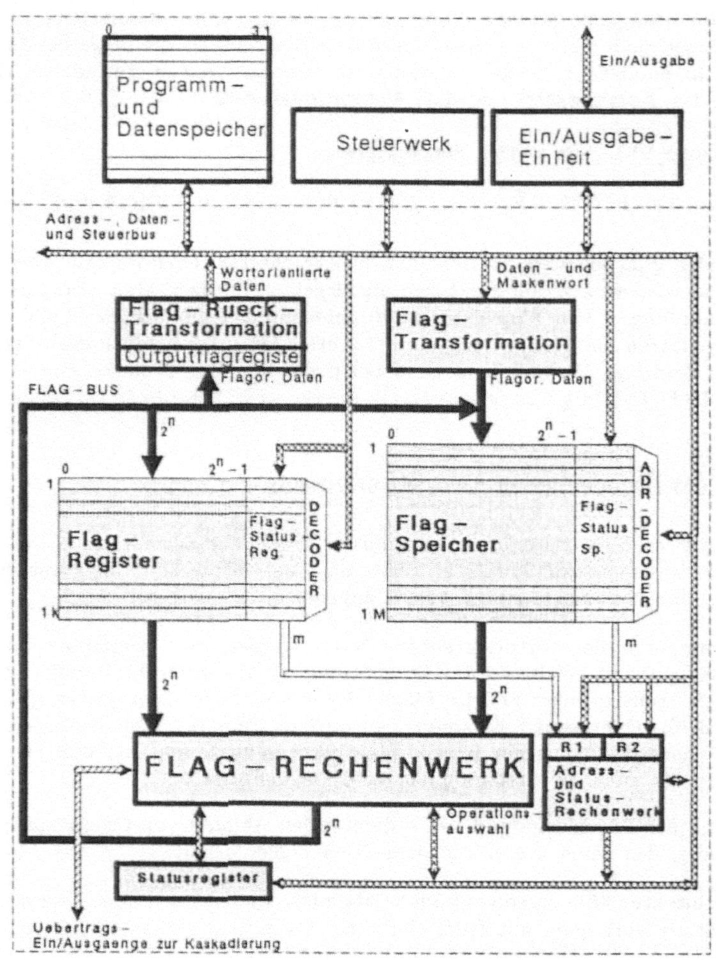

Abbildung 1: Architektur des flagorientierten Assoziativprozessors

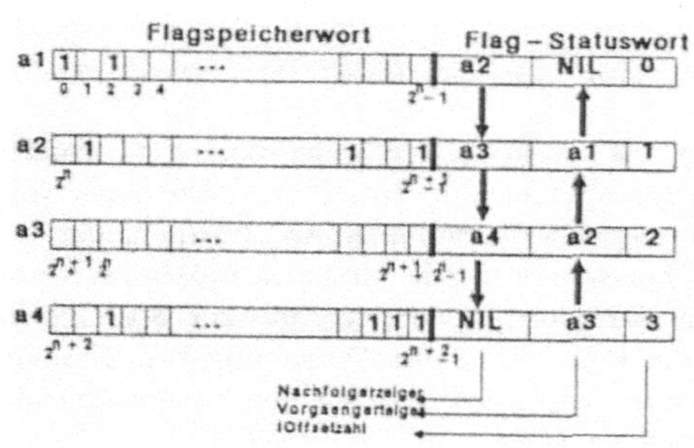

Abbildung 2a:
Verkettung von Flagvektoren

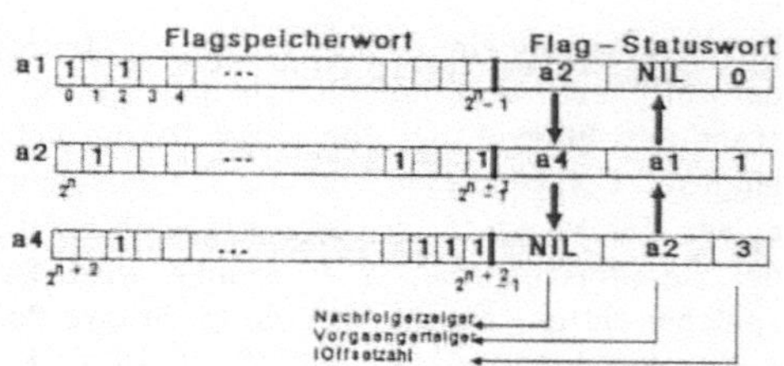

Abbildung 2b:
Speicherung verkettete Flagvektoren

Mit dem Decoder, der einen n-zu-1-aus-2^n-Decoder darstellt, kann für jedes Datenwort das entsprechende Flag erzeugt werden. Die Maskierung der Suchargumente und Daten stellt einen fundamentalen Vorgang in einem Assoziativprozessor dar. Durch die Maskierung eines Datenwortes wird im allgemeinen der unbekannte Teil des Wortes gekennzeichnet. Eine selektive Maskierung der Bitpositionen eines Wortes S_i wird mit einem Maskenwort M_i vorgenommen.

Bei einem maskierten Suchargument sind mehrere Speicherzellen des Flagvektors zu berücksichtigen. Unter Berücksichtigung der Bedingung, daß bei q maskierten Bitstellen eines Datums 2^q Flags als mögliche Kombinationen vorliegen, kann die Decoderschaltung derart erweitert werden, daß sie im Falle einer Maskierung des Suchargumentes die Flagabbildung auf die in Frage kommenden Flag-Zellen erweitert und damit eine simultane Adressierung der Flagzellen ermöglicht. Dieser Decoder wird als maskierter Decoder bezeichnet, der als Eingänge sowohl das Datenwort als auch das Maskenwort besitzt /TAV1, TAV2/.

Der Flagspeicher wird mit konventionellen RAM-Bausteinen realisiert. Dabei wird ein Speicherfeld realisiert, das q-Bit Adresseingänge zur Adressierung von Datenwörtern mit jeweils (2^n+p)-Bit Wortlänge besitzt. In einem derartigen Speicherfeld können 2^q Adressen generiert werden, wobei jede Adresse für einen Flagvektor mit einer Länge von 2^n reserviert ist. Größere Flagvektoren werden durch die Verkettung von Speicherwörtern realisiert. Sollen beispielsweise die Daten eines Datensatzes mit n+2 Bit Wortlänge gespeichert werden, so können vier Flagvektoren mit den Adressen a_1 bis a_4 verkettet werden (Abb. 2a).

Die Verkettung in der Speicheranordnung erfolgt mit Zeigern, die in p zusätzlichen Bitstellen eines Speicherwortes (Flagstatusfeld) aufgenommen werden. Im Einzelnen sind die p Bitstellen des Statusfeldes aufgeteilt in ein Zeigerfeld für den Vorgänger, ein Zeigerfeld für den Nachfolger und in ein weiteres Feld für die **"Offsetzahl"**. Für die Adresse eines **Vorgänger-** bzw. eines **Nachfolger-Flagvektors** werden jeweils eine Wortlänge von q-Bit eingesetzt. Die Offsetzahl stellt die Wertigkeit des ersten Flags im Flagvektor dar. Mit der Offsetzahl wird die Speicherung von leeren Flagvektoren vermieden, was zur Reduktion des erforderlichen Speicherraumes führt. Beispielsweise kann der Flagvektor mit der Adresse a_3 im Speicher (Abb. 2b) außer acht gelassen werden, wenn in ihm keine Flags gesetzt sind.

In dieser Anordnung erhält man für die Speicherung der Flags eine Speicheranordnung, die Flagvektoren beliebiger Länge speichern kann. Soll eine Operation auf einen Flagvektor angewandt werden, so werden die Teilflagvektoren sequentiell herangezogen.

Um den Zeitaufwand für die Durchführung von Transformationen und Rücktransformationen von Daten minimal halten zu können und eine Verlagerung der Daten in einen Massenspeicher zu vermeiden, ist es sinnvoll, für die Speicherung der Flagvektoren ein Speicherfeld mit einer relativ großen Kapazität von beispielsweise 1M Wörtern mit je (256+48) Bit Wortlänge einzusetzen, so daß ein Speicherwort jeweils 256 Bit für einen Teilflagvektor und 48 Bit für die Flagstatusinformationen bestehend aus 20 Bit Flagnachfolgeradresse, 20 Bit Flagvorgängeradresse und 8 Bit Offsetzahl beinhalten kann.

Die wichtigsten Operationen in Verbindung mit dem Speicher sind Schreiben, Lesen und Entfernen von Flags.

Schreiboperation: Eine Schreiboperation (oder Ergänzungsoperation) liegt vor, wenn die Elemente eines Flagvektors $F=(f_j, \forall j \in \{0..2^n-1\})$ mit den Elementen eines weiteren Flagvektor $F_{SM}=(f_{SMj}, \forall j \in \{0..2^n-1\})$ erweitert werden sollen.

Falls F_{SM} ein Einelement-Flagvektor (d.h. Maskenwort M=0) ist, so handelt es sich um eine einfache Schreiboperation (single write). Enthält F_{SM} jedoch mehrere Elemente (beispielsweise durch Maskierung), so kann der Vorgang als eine simultane Ergänzung des Vektors F betrachtet werden (multi write).

Die Schreiboperation kann durch die Vereinigungsverknüpfung der Flags beider Vektoren beschrieben werden:

$$F := F \cup F_{SM}$$

Das Ergebnis der Verknüpfung in dieser Beziehung ist wiederum durch den Flagvektor F dargestellt. Der neue Vektor F enthält die Elemente beider Vektoren.

Entfernung von Daten: Bei inhaltsorientierter Verarbeitung eines Datensatzes ist es notwendig, daß ein zu verarbeitender Datensatz $F=(f_j, \forall j \in \{0..2^n -1\})$ während der Verarbeitung durch Entfernung von bestimmten Daten aktualisiert wird. Die zu entfernenden Daten sollen in einem weiteren Flagvektor $F_{SM}=(f_{SMj}, \forall j \in \{0..2^n -1\})$ spezifiziert sein. Die Entfernungsoperation der Daten kann durch den Durchschnitt der Flagvektoren F und $\overline{F_{SM}}$ beschrieben werden:

$$F := F \cap \overline{F_{SM}}$$

Mit dieser Funktion werden die Flags der zu entfernenden Daten jeweils durch "0" ersetzt, womit angezeigt wird, daß die korrespondierenden Datenwörter als nichtvorrätig gelten.

Ein Sonderfall liegt vor, wenn alle Elemente des Flagvektors F jeweils durch "0" ersetzt werden, so daß ein leerer Flagvektor vorliegt. Dieser Fall kommt einer Initialisierung eines assoziativen Speichers gleich, die beim Einsatz oder Test solcher Speicher notwendig sein kann.

Leseoperation: Zur Ausgabe der Daten, die als Flags in einem (Teil-) Flagvektor F vorliegen, wird der (Teil-) Flagvektor in ein Output-Register übernommen. Eine Prioritäteneinrichtung wird zur Isolation und Rücktransformation der Flags eingesetzt. Dabei wird dem ersten Flag (f_j) im Flagvektor die höchste Priorität zugeordnet und isoliert, das durch einen Einelement-Flagvektor (F_j) dargestellt wird. Mit der inversen Flag-Abbildung wird jenes Flag in das äquivalente Datenwort umgewandelt und zur Ausgabe bereigestellt, d.h.

$$FLAG^{-1} (F_j) = S' = \{S'_j\} = \{ j \}$$

Nach der Ausgabe wird das Flag f_j aus dem Flagvektor im Output-Register entfernt, so daß das nächste Flag im Vektor die höchste Priorität erhält und isoliert bzw. ausgegeben wird. Dieser Vorgang wird so lange wiederholt, bis ein leerer Flagvektor vorliegt.

5.2. Flagregister:

Hier wird ein Speicherfeld eingesetzt, das die gleiche Struktur wie beim Flagspeicher jedoch mit kleinerem Speicherraum aufweist. Die temporären Daten bzw. Operanden werden in diesen Registern gespeichert.

5.3. Statusregister:

Im Statusregister werden die besonderen Eigenschaften eines Flagvektors, der nach einer Operation als Ergebnis vorliegt, gekennzeichnet. Diese Informationen sind:

- **Leerer Flagvektor:** falls ein Flagvektor keine Flags beinhaltet.
- **Carry-Down, Carry-Up:** Übertragssignal für den Flagvektor mit der niedrigeren bzw. höheren Wertigkeit, falls eine Verkettung vorliegt.
- **Overflow, Underflow:** Zeigt den Überlauf von mehreren Flags aus dem Flagvektor nach der Operation in einer der beiden Richtungen des Vektors.
- **Interrupt: Erlaubt** eine Programmunterbrechung.
- **Trefferanzeige:** Zeigt ein Treffersignal an, falls infolge einer Suchoperation Daten (Flags) existieren, die das Suchkriterium erfüllen.
- **Vorgänger-, Nachfolger-Anzeige:** Falls ein Flagvektor einen Vorgänger- und/oder einen Nachfolger-Flagvektor besitzt, werden sie mit zwei Statusbits angezeigt. Der Vorteil liegt darin, daß zur Fortsetzung der Operationen keine gesonderten Überprüfungen der Inhalte der Statusflagspeicher notwendig werden.

5.4. Flag-Rechenwerk:

Das Flag-Rechenwerk führt die Operationen mit den Flags aus. Für eine Operation werden bis zu zwei Flagvektoren als Operanden eingesetzt, die jeweils aus dem Flag-Speicher und aus dem Flagregister herangeholt werden. Die Operationen sind sowohl Suchoperationen als auch Arithmetik-Logik-Operationen. Die Ergebnisse werden über den Flag-Bus weitergegeben.

Bei der Beschreibung der Speicheroperationen sind die Konjunktions-, Disjunktions- und die Komplementbildung von Flagvektoren angegeben, die mit dem Flag-Rechenwerk ausgeführt werden können. Darüberhinaus sollen im folgenden mit Hilfe der angegebenen Definitionen und Rechenvorschriften die wichtigsten Operationen beschrieben werden, die in der angegebenen Architektur ausführbar sind. Auf die Erläuterung konventioneller Operationen (z.B. Transferoperationen, Interruptoperationen u.ä.) wird hier verzichtet, da sie auf bekannte Weise implementierbar sind.

Identitätsoperation:

Die Identitätsoperation entspricht einem Suchvorgang nach bestimmten Daten (Suchargumente oder Suchwörter genannt) in einem Datensatz, der hier durch einen Flagvektor $F=(f_j\ ,\ \forall j \in \{0..2^n-1\})$ im Flagspeicher repräsentiert wird. In einem weiteren Flagvektor $F_{SM}=(f_{SM_j}\ ,\ \forall j \in \{0..2^n-1\})$ im Flagregister sollen die Suchargumente spezifiziert sein. Der Vektor F_{SM} wird als **Vektor der Suchargumente** bezeichnet. Die Konjunktion beider Vektoren F und F_{SM} liefert als Ergebnis die Flags der möglichen Treffer:

$$F_T = F \cap F_{SM} \quad \text{mit } f_{Tj} = f_j \wedge f_{SM\,j}\ ,\ \forall j \in \{0, ..., 2^n-1\}.$$

Das Ergebnis dieser Operation ist also ebenfalls ein Flagvektor F_T (**Trefferflagvektor**), in dem die Treffer der Identitätsoperation vorliegen. Die Treffer werden jeweils durch "1" im Vektor angezeigt. Der Füllungsgrad des Treffervektors F_T gibt die Anzahl der Treffer (G_T) an.

Will man überprüfen, ob mindestens ein Treffer (T_{ges}) vorliegt, so kann diese Aussage durch Disjunktion aller Elemente des Treffervektors ermittelt und das entsprechende Trefferbit im Stausregister gesetzt werden:

$$T_{ges} = \bigvee_{j=0}^{2^n-1} f_{Tj} = \bigvee_{j=0}^{2^n-1} (f_j \wedge f_{SMj})$$

Größer-Gleich- und Kleiner-Gleich-Suchoperationen:

Diese Suchoperationen werden jeweils mit einem Suchargument S_{SK} ausgeführt. Für das Suchargument erhält man nach der Flag-Abbildung einen Einelement-Flagvektor F_{SK}. Bei einer Größer-Gleich- (GE) Suchoperation können nur die Positionen f_k bis f_{2^n-1} im Flagspeichervektor einen Treffer liefern, da sie jeweils einen Wert gleich oder größer als S_{SK} repräsentieren. Ein Treffer liegt vor, wenn mindestens ein Flag in diesem Bereich existiert. Die Flags außerhalb dieses Bereiches können keine Treffer liefern, da sie jeweils einen Wert kleiner als Suchargument repräsentieren.

Mit dieser Betrachtung kann die Überprüfung des für die Suche relevanten Flags durch die Konjunktion zwischen dem Flagvektor F und einem **Suchflagvektor** für GE-Operation

$$F_{SKGE} = (\ f_j = 0\ ,\ \forall j \in \{0..k-1\}\ \wedge\ f_j = 1\ ,\ \forall j \in \{k..2^n-1\}),$$

in dem die Flags 0 bis k-1 jeweils gleich "0" und die Flags k bis 2^n-1 jeweils gleich "1" sind, vorgenommen werden:

$$F_T = F \cap F_{SKGE}$$

In dieser Beziehung repräsentiert der Flagvektor F_{SKGE} die Menge der Datenwörter, die als Treffer in Frage kommen.

Im Falle einer Kleiner-Gleich- (LE) Suchoperation mit dem gleichen Suchargument wird aber ein Suchflagvektor F_{SKLE} anstatt des F_{SKGE}-Vektors in obiger Beziehung zugrunde gelegt, der wie folgt aussieht:

$$F_{SKLE} = (\,f_j = 1,\ \forall\, j \in \{0..k\}\ \wedge\ f_j = 0,\ \forall\, j \in \{k{+}1..2^n{-}1\})$$

Suchoperationen außerhalb und innerhalb von Grenzen:

Die Suchoperationen außerhalb (OL) und innerhalb (BL) von zwei gegebenen Grenzwerten erfordern jeweils zwei Suchargumente S_1 und S_2 mit $S_1 \le S_2$, die die Grenzwerte spezifizieren. Diese Operationen können prinzipiell mit Hilfe der GE- und LE-Suchoperationen durchgeführt werden, wobei aber mehrere Suchschritte notwendig sind.

Eine parallele Ausführung der OL- und BL-Suchoperationen kann auch hier durch die Konjunktion des Flagvektor F eines Datensatzes mit entsprechenden Suchflagvektoren F_{SOL} und F_{SBL} durchgeführt werden, die die Trefferflagvektoren F_{TOL} und F_{TBL} als Ergebnisse liefern:

$$F_{TOL}=(F \cap F_{SOL}) \qquad \text{für OL- und} \qquad F_{TBL}=(F \cap F_{SBL}) \qquad \text{für BL-Suchoperation mit}$$

$$F_{SOL}=((f_{SOLj}=0,\ \forall\, j \in \{S_1{+}1...S_2{-}1\}) \wedge (f_{SOLj}=1,\ \forall\, j \in \{0..S_1\}) \wedge (f_{SOLj}=1,\ \forall\, j \in \{S_2.. |F|{-}1\}))$$

als Suchflagvektor für OL-Suchoperation und

$$F_{SBL}=((f_{SBLj}=1,\ \forall\, j \in \{S_1 .. S_2\}) \wedge (f_{SBLj}=0,\ \forall\, j \in \{0..S_1{-}1\}) \wedge (f_{SBLj}=0,\ \forall\, j \in \{S_2{+}1 .. |F|{-}1\}))$$

als Suchflagvektor für BL-Suchoperation.

Maximum- und Minimum-Suche in einem Datensatz:

Für die bisher abgeleiteten Hardwarelösungen zur Durchführung der Suchoperationen wurden die Treffer ausschließlich mit Hilfe von Suchflagvektoren gewonnen. Bei den Maximum- (MAX-) und Minimum- (MIN-) Suchoperationen werden die Flags eines Flagvektors $F=(f_j,\ \forall\, j \in \{0..2^n{-}1\})$ selbst zur Überprüfung herangezogen. Da die Daten durch ihre Flags im Flagvektor sortiert vorliegen, ist bei der Suchoperation MIN (MAX) die Flag-Zelle zu bestimmen, die als erste (letzte) Zelle des Flagvektors ein Flag beinhaltet. Mit anderen Worten: bei einer MIN-Suchoperation repräsentiert ein Flag f_j die kleinste Größe im Speicher, wenn das Flag $f_j{=}1$ ist und an den Positionen bis dahin, d.h. die Flags von 0 bis $j{-}1$, jeweils nicht besetzt sind:

$$F_{MIN}= (\,f_{MIN,j} = f_j \wedge (\,\bigwedge_{k=0}^{j-1} (\,\overline{f_k}))\ ;\ \forall\, j \in \{0..2^n{-}1\}\,)$$

Analog hierzu repräsentiert bei der MAX-Suchoperation die Flagposition j genau dann ein Maximum, wenn sie besetzt (="1") ist und die darauf folgenden Positionen, d.h. die Flag-Zellen $j{+}1$ bis $2^n{-}1$, jeweils unbesetzt sind:

$$F_{MAX}= (\,f_{MAX,j} = f_j \wedge (\,\bigwedge_{k=j+1}^{2^n-1} (\,\overline{f_k}))\ ;\ \forall\, j \in \{0..2^n{-}1\}\,)$$

Inversion der Daten:

Eine Invertierung von durch einen Flagvektor F repräsentierten Datenwörtern eines Datensatzes wird wie folgt als Flagvektor F_{INV} definiert:

Originaldaten: $\qquad$ FLAG^{-1} (F) $\quad = \{\,S_1,\ S_2,\ ...\ ,\ S_k\,\}$

Invert. Daten: $\qquad$ FLAG^{-1} (F_{INV}) $= \{\,\overline{S_1},\ \overline{S_2},\ ...\ ,\ \overline{S_k}\,\}$

Dabei ist $\overline{S_j} = 2^n{-}1{-}S_j$, $\ \forall\, j \in \{1..k\}$.

Die Inversion der Daten im Bildbereich erfolgt durch die Spiegelung der Flags am "Mittelpunkt" des Flagvektors $F=(f_j,\ \forall\, j \in \{0..2^n{-}1\})$. Danach erhält man einen gespiegelten Flagvektor:

$$F_{INV} = (\,f_{INV,j} = f_{(2^n-1)-j},\ \forall\, j \in \{0..2^n{-}1\}\,)$$

Der Flagvektor F_{INV} repräsentiert als Ergebnis der Operation die invertierten Daten des Datensatzes. Die Spiegelung der Flags kann auch segmentweise für einen Flagvektor durchgeführt werden.

Addition zweier Flagvektoren:

Zwei Flagvektoren F_1 und F_2 können nach folgendem Verfahren addiert werden:

$$F_{SUM} = F_1 + F_2 = (\ f_{jSUM} = f_{1j} * f_{2j} * U_j \quad \forall j \in \{0..2^n-1\}\ )$$
$$\wedge (\ U_j = (f_{1j-1} \wedge f_{2j-1}) \vee (f_{1j-1} \wedge U_{j-1}) \vee (f_{2j-1} \wedge U_{j-1}),$$
$$\forall j \in \{1..L\}) \wedge (L = |F_1| = |F_2|)$$

Falls $F_1 = F_2$ ist, so kann mit der Addition $F_{SUM} = F_1 + F_1 = 2*F_1$ als Ergebnis ein Flagvektor ermittelt werden, in dem die inkrementierten Datenwörter im Originalbereich repräsentiert werden, d.h.

$$FLAG^{-1}(F_1) = \{S_1, S_2, \ ... \ ,S_k\}$$
$$\text{und} \quad FLAG^{-1}(F_{SUM}) = FLAG^{-1}(2*F_1) = \{S_1+1, S_2+1, \ ..., \ S_k+1\}.$$

Arithmetik/Logik-Operationen:

Das aus der Addition von zwei gleichen Flagvektoren ermittelte Ergebnis kann auch durch eine 1-Bit-Shiftoperation erzielt werden, die zu der Inkrementierung der durch den Flagvektor dargestellten Originaldaten führt. Sollen die Daten in einem Flagvektor jeweils um die Größe j erhöht werden, so wird eine Shiftoperation um die j Stellen eingesetzt, die mit Hilfe eines Schaltnetzes realisiert und parallel ausgeführt werden kann. Eine Shiftoperation um j Stellen in umgekehrter Richtung kommt einer simultanen Subtraktion der Originaldaten gleich.

Nach diesem Verfahren wird also eine parallele Addition oder Subtraktion durch eine lineare Verschiebung aller Flags in einem Flagvektor bewältigt. Das Prinzip der Flagverschiebung kann auch zur Durchführung weiterer auf Originaldaten bezogener Arithmetik/Logik-Operationen (z.B. Multiplikation, Division, Konjunktion, Disjuktion u.ä.) angewandt werden.

Die Distanz für die Verschiebungen eines Flags hängt einerseits von der gewünschten Operation und andererseits von der Größe des zweiten Operanden ab. Beispielsweise beträgt die Distanz der Verschiebungen bei einer Multiplikation zweier Zahlen i und j, die durch entsprechende Flags vorliegen, (i*j-i), d.h. das Flag i wird in die Speicherzelle an der Position l=i*j gespeichert. Die Verschiebung aller Flags in einem Flagvektor mit jeweils entsprechender Distanz kommt einer simultanen Multiplikation der Daten gleich /TA2/.

Auf ähnliche Weise können die Verschiebungsdistanzen einzelner Operanden für unterschiedliche Operationen bestimmt werden /TA2/.

Unter Berücksichtigung, daß die Flags als jeweils eine 1-Bit-Information vorliegen, kann das Rechenwerk durch ein zweistufiges Schaltnetz zur Verknüpfung der Flags realisiert werden, was einer PLA-Schaltungsstruktur mit einer Konjunktionsmatrix und einer Disjunktionsmatrix entspricht /TA2/. Das Schaltnetz kann als eine kaskadierbare Schaltung entworfen werden, um mit einer Kaskadierung die Bearbeitung größerer Flagvektoren zu ermöglichen /ROL/.

5.5. Flagstatus-Rechenwerk:

Die Berechnung von Adressen sowie Zeigerinformationen, die als wortorientierte Informationen vorliegen, erfordert ein konventionelles Rechenwerk, das Additions-, Subtraktions- und Vergleichsoperationen durchführen kann. Die Daten werden über Steuerbus und/oder Flagstatusspeicher bzw. Flagstatusregister in zwei Register R_1 und R_2 übernommen und verknüpft.

6. Sprachoberfläche

Die Sprachen, die für eine flagorientierte Architektur hinsichtlich ihrer Bearbeitungsmechanismen als günstig eingestuft werden können, sind i. a. durch **assoziative Sprachen** gekennzeichnet. Die assoziativen Sprachen können in drei Kategorien aufgeteilt werden /STU/:

In der ersten Kategorie sind Sprachen zusammengefasst, die auf dem **Tripel-Ansatz** basieren. Bei diesem Ansatz werden die Beziehungen zwischen den Daten durch ein Tripel i. a. als (ATTRIBUT, OBJEKT, WERT) dargestellt. Diese Darstellung wird interpretiert als "Attribut von Objekt ist Wert", womit beispielsweise eine Aussage der Form "Farbe von Blume ist rot" beschrieben wird. In einem Assoziativprozessor können durch die Spezifikation von ein, zwei oder drei Elementen des Tripels die fehlenden Elemente aus einem Datensatz ermittelt werden. Beispiele für diese Sprachen, die für den Bereich der künstlichen Intelligenz geeignet erscheinen, sind in /SAV, FEL/ zu finden.

Die zweite Kategorie stellt die Sprachen dar, die auf dem **Relationen-Modell,** vorgestellt in /COD/, aufbauen. In diesem Modell werden die Relationen als Mengen strukturierter Tupel interpretiert, die Attribute mit definierten Datenstrukturen aufweisen. Die Daten, auf die die Relationen angewandt werden sollen, werden in einem Feld untergebracht. Sie weisen ebenfalls die gleichen Datenstrukturen auf.

Die primären Ziele in diesen Sprachen sind die Speicherung von Informationen als Relationen und ihre Wiedergewinnung aufgrund vorliegender Teilinformationen sowie die Veränderung von Informationen der Felder innerhalb von Tupel in einer Relation. Hierfür werden die Operationen der **"relationalen Algebra"** zugrunde gelegt. Beispiele für diese Sprachen, die insbesondere in Bereichen der Datenbanken und künstlichen Intelligenz eingesetzt werden können, sind in /SCH/ und /STU/ angegeben.

Die dritte Kategorie repräsentiert Sprachen, die speziell zur assoziativen Verarbeitung von Daten in Architekturen mit einem **Ensemble parallel arbeitender Prozessoreinheiten** eingesetzt werden. Der Schwerpunkt dieser Sprachen liegt in der Formulierung der Auswahl von geeigneten Prozessoren und der Ausführung paralleler Operationen /WIL, FER/.

Für einen flagorientierten Assoziativprozessor, der eine Einprozessorarchitektur aufweist, sind die Sprachen der ersten und der zweiten Kategorie besonders gut geeignet. Speziell sind aber die relationalen Sprachen vorzuziehen. Die Gründe hierfür sind:

(a) Die in solchen Sprachen definierten Relationen können größtenteils mit Hilfe der Operationen der Flag-Algebra direkt hardwaremäßig realisiert werden, die die entsprechenden Operationen parallel, d.h. in nur einem Schritt, ausführen können.

(b) Die auf dem Relationenmodell basierenden Sprachen können ohne Einschränkung zusätzlich mit der Möglichkeit der Formulierung zur Parallelverarbeitung ergänzt werden, was teilweise bei den vorhandenen Sprachen bereits existiert. Diese Eigenschaft ist insofern wichtig, als die flagorientierten Prozessoren auf einfache Weise kaskadiert werden können, um die Wortlänge der Daten und den Speicherumfang für die Flagvektoren zu erhöhen /TA1, TA2/.

Darüberhinaus kann eine Sprache, die für einen flagorientierten Assoziativprozessor eingesetzt wird, aufgrund der besonderen Eigenschaften der Flag-Algebra mit weiteren strukturmäßig neuen Elementaroperationen ergänzt werden, die eine drastische Effizienzsteigerung unter Beibehaltung von Datenstrukturen ermöglichen.

Als Beispiel sollen die Elemente zweier Datensätze mit je p Elementen auf Gleichheit überprüft werden:

Im Originalbereich kann dieses Problem z.B. durch den Einsatz eines Bucket-Sort-Algorithmus gelöst werden, der eine Komplexität von $O(p)$ aufweist.

Im Bildbereich, wenn die Datensätze jeweils durch die entsprechenden Flagvektoren vorliegen, liefert eine Äquivalenzfunktion der korrespondierenden Flagvektoren das Ergebnis dieser Überprüfung in nur einem Schritt, d.h. mit O(1), was eine hohe Effizienzsteigerung gegenüber einer konventionellen Lösung bedeutet.

Weitere Elementaroperationen erhält man, wenn bei der Durchführung einer Operation die negierten Flagvektoren ergänzend berücksichtigt werden. Beispielsweise können bei einer Identitätsabfrage ein oder beide Operanden einer Komplementbildung unterzogen werden, so daß folgende Funktionen entstehen:

$$F_{RESULT} = F_1 \cap \overline{F_2} \quad : \quad \text{liefert alle Daten in einem Datensatz } F_1, \text{ die im Datensatz } F_2 \text{ nicht existieren (unsymetrische Differenz) und}$$

$$F_{RESULT} = \overline{F_1} \cap \overline{F_2} \quad : \quad \text{liefert alle Daten, die weder in } F_1 \text{ noch in } F_2 \text{ existieren.}$$

Weitere Beispiele können unter Berücksichtigung weiterer Suchoperationen mit negierten Flagvektoren abgeleitet werden.

7. Effizienzbetrachtung

Ein Ansatz zur Bestimmung der Effizienzsteigerung für die angegebene Architektur bildet ein Maß, das durch den erreichbaren *Parallelitätsgrad* gegeben ist und zu einer Erhöhung der Verarbeitungsgeschwindigkeit führt. Der Parallelitätsgrad wird als die Zahl der ausführbaren Operationen in einer Zeiteinheit bezeichnet.

Der Parallelitätsgrad in dem vorgestellten Assoziativprozessor hängt prinzipiell von der Länge der Teilflagvektoren ab, da die Flagpositionen der Operanden unabhängig von ihrer Belegung mit Flags simultan bei der Durchführung einer Operation berücksichtigt werden. Die Länge eines Teilflagvektors (Zahl der Positionen) in der angegebenen Architektur beträgt 256. Die erreichbare Verarbeitungsgeschwindigkeit hängt aber vom Füllungsgrad eines Teilflagvektors ab.

Unter Annahme, daß eine Befehlsverarbeitung eine Zykluszeit von $t = 1\,\mu$ s erfordert, kann mit der angegebenen Architektur eine theoretisch maximale Verarbeitungsgeschwindigkeit (V_{max}) von

$$V_{max} = 2^n/t = 256/10^{-6} = 256 \quad \text{MIPS}$$

erreicht werden, wenn alle Flagpositionen Berücksichtigung finden.

Eine minimale Verarbeitungsgeschwindigkeit V_{min} wird erreicht, wenn aber nur eine Position eines Teilflagvektors besetzt ist, d.h. der Teilflagvektor nur ein Flag beinhaltet. In diesem Fall beträgt die Verarbeitungsgeschwindigkeit

$$V_{min} = 1/t = 1/10^{-6} = 1 \quad \text{MIPS.}$$

Die Größen V_{max} und V_{min} stellen die Eckwerte bei der Bestimmung der Verarbeitungsgeschwindigkeit dar.

Die tatsächlich für eine gegebene Aufgabenstellung erreichbare Verarbeitungsgeschwindigkeit, die zwischen diesen Größen liegt, hängt aber von dem tatsächlichen Füllungsgrad der Teilflagvektoren ab, die für die Datensätze der Aufgabenstellung verwendet werden.

Unter der Annahme, daß jeweils ein Viertel der Teilflagvektoren mit Flags besetzt sind -d.h. mit 25% Füllungsgrad-, kann eine quasi durchschnittliche Verarbeitungsgeschwindigkeit errechnet werden :

$$V_{Durchschnitt} = 2^{n-2}/t = 64/10^{-6} = 64 \quad \text{MIPS}$$

8. Zusammenfassung

In diesem Beitrag wurde ein neues Verfahren zur Konzeption vollparalleler Assoziativprozessoren vorgestellt, die neben der Speicherung von Daten zur Bewältigung sowohl von arithmetisch--logischen Operationen als auch von komplexen Suchoperationen und damit als Universal--Assoziativprozessoren zur Lösung unterschiedlicher Probleme eingesetzt werden können. Eine solche Einheit beinhaltet im Gegensatz zu den bisher realisierten bzw. konzipierten Parallelarchitekturen nur eine Verarbeitungseinheit.

Die Basis dieses Verfahrens bildet die Flagtransformation, bei der die wortorientierten Daten eines Datensatzes als flagorientierte Daten in einem Flagvektor dargestellt und zur Durchführung von Operationen eingesetzt werden. Zur Beschreibung der Operationen wurde eine Algebra definiert, die als Flag-Algebra bezeichnet wird. Für die Flag-Algebra sind die wichtigsten Axiome und Rechenvorschriften beschrieben.

Durch Eigenschaften und Vorteile, die mit der Flag-Transformation und der Flag-Algebra erzielt werden, wird die Entwicklungsarbeit zur Realisierung von derartigen assoziativen Hardwaresystemen besonders begünstigt. Die wichtigsten dieser Eigenschaften sind:

- Nach der Flag-Transformation der Daten eines Datensatzes liegen sie automatisch durch die festgelegten Positionen der Flags im Flagvektor sortiert vor.

- Eine inhaltsorientierte Verarbeitung der Daten ist durch Abfragen und Manipulationen der Flags möglich und wird durch die Tatsache, daß die Flags sortiert vorliegen, besonders unterstützt.

- Da die Flags als Repräsentanten von Daten jeweils durch eine 1-Bit- Information vorliegen, ist eine simultane Verarbeitung mehrerer Flags mit einfachen Hardwarekonstrukten möglich, was eine parallele Bearbeitung von Originaldaten bedeutet.

Aufbauend auf diesem Verfahren wurde eine flagorientierte Assoziativprozessorarchitektur vorgestellt, die die erforderlichen Transformationen und die Verknüpfung von Flagvektoren durchführt. Der Prozessor beinhaltet zwei Rechenwerke. Ein Rechenwerk führt die flagorientierten Operationen für die im Flagspeicher und im Flagregister als Flagvektoren gespeicherten Datensätze durch. Das zweite Rechenwerk ist für die Berechnung der Adressen der Flagvektoren und der Statusinformationen eingesetzt. Die Flagvektoren werden im Flagspeicher gespeichert. Durch Zeiger, die im Speicher den Flagvektoren zugeordnet sind, wird eine Verkettung mehrerer Teilflagvektoren erreicht, so daß einerseits die Flagvektoren beliebig lang sein können und andersseits die Speicherung von leeren Teilflagvektoren vermieden wird.

Die Komponenten dieser Architektur sind für eine Realisierung als integrierte kaskadierbare Schaltungsmoduln besonders geeignet. Speziell können die Einheiten für die Flag-Transformation und Rücktransformation sowie das Flagrechenwerk jeweils als Schaltnetze realisiert werden, die durch eine Kaskadierung zur Erhöhung der Wortlängen und der Größe von bearbeitbaren Flagvektoren in einem Prozessor beitragen und trotzdem parallel arbeiten /TA2, ROL/.

Eine Erweiterung der Wortlängen der Operanden sowie eine Erhöhung der Operandenzahl kann auch durch die Kaskadierung von nach diesem Konzept realisierten Prozessoren erreicht werden. Die Kaskadierung solcher Prozessoren erfolgt durch Hintereinanderschaltung gleichartiger Einheiten, die simultan jeweils einen Teil der Flagvektoren bearbeiten. Dabei werden Übertragssignale zwischen den Prozessoren eingesetzt, um die Erzeugung von Suchflagvektoren zu ermöglichen /TA1/. Ein solches Feld erfordert jedoch nur einen Programmspeicher für alle Prozessoren.

Derartige Assoziativprozessoren können besonders effektiv zu Problemlösungen in Bereichen der Datenbanken, künstlichen Intelligenz, CAD u.ä. eingesetzt werden.

9. Literatur

/FLY/   Flynn, M.   Some Computer Organisations and their Effectiveness, IEEE Trans. Comp., Vol. C-21, 1972

/GIL/   Giloi, W.   Rechnerarchitektur, Springer-Verlag, 1981

/BOH/   Bode, A./ Händler, W.   Rechnerarchitektur, Springer-Verlag, 1982

/HWB/   Hwang, K. Brigges, F.A.   Computer Architecture and Parallel Processing, McGraw-Hill Co., 1984

/RAM/   Ramamoorthy, C. Turner, J.L./ Wah, B.W.   A Design of a Fast Cellular Associative Memory for Ordered Retrieval , IEEE Trans. on Comp. (1978), Vol. C27, No. 9

/YAU/   Yau, S.S./ Fung, H.S.   Associative Processor Architectures-A Survey , Computing Surveys , Vol. 9, No. 1, 1977

/WAL/   Waldschmidt, K.   Associative Memories and Processors, CompEURO 87, Hamburg 1987

/THU/   Thurber, K.J./ Wald, L.D.   Associative and Parallel Processors, Computing Surveys ,Vol.7,No.4, 1975

/TA1/   Tavangarian, D.   Associative Random Access Memory, Elektronische Rechenanlagen, Vol.27,No.5,Oldenbourg-Verlag, 1985

/TA2/   Tavangarian, D.   Flagorientierte Arithmetik-Logik-Einheiten für inhaltsadressierbare Daten, NTG/GI-Fachtagung Architektur und Betrieb von Rechensystemen, Stuttgart, 1986

/ROL/   Roll, G. Strugala, M. Tavangarian, D. Waldschmidt, K.   Ein Assoziativprozessor auf der Basis eines modularen vollparallelen Assoziativspeicherfeldes, NTG/GI-Fachtagung Architektur und Betrieb von Rechensystemen, Stuttgart, 1986

/STU/   Stüttgen, H.   A Hierarchical Associative Processing System Lecture Notes in Computer Science, Springer, 1985

/SAV/   Savitt, D.A. et al   ASP-A New Concept in Language and Mashine, Organization, AFIPS, 1967

/FEL/   Feldman, J.A. Rover, P.D.   An ALGOL based Associative Language, CACM, Vol. 12, Aug. 1969

/COD/   Codel, E.F.   A Relational Model of Data for Large Shared Databanks, CSAM, Vol. 13, June 1970

/SCH/   Schmidt, J.W. Mall, M.   PASCAL/R-Report Univ. of Hamburg, Rep. 66, 1980

/WIL/   Wilson, D.E.   PEPE Support Software, IEEE Comp Con, 1972

/FER/   Fernstrom, C. Kruzela, I. Svensson, B.   LUCAS - Associative Array Processor, Lecture Notes in Computer Science, Springer-Verlag, 1986

Transaktionsorientierte Datenverwaltung in einem intelligenten Disk Controller

J. Kreyßig, H. Schukat, H.Ch. Zeidler
Institut für Datenverarbeitungsanlagen
Technische Universität Braunschweig
Hans-Sommer-Straße 66
Tel. 0531/391-3727

Zusammenfassung

Zugriffe auf den Sekundärspeicher bilden einen immer größeren Engpaß im zeitlichen Ablauf eines Prozesses. Zeitliche Verbesserungen (Leistungsfähigkeit, Kapazität) sind dabei nicht so sehr durch die Weiterentwicklung des eigentlichen Datenzugriffs als vielmehr durch Reduzierung des I/O-Verkehrs und Parallelisierung verschiedener Prozesse zu erwarten. Im Rahmen dieses Artikels wird die Auslagerung von Teilen des Datenverwaltungskerns eines Betriebssystems in einen "Intelligent Disk Controller" beschrieben. Nach einer Übersicht über den Stand der Technik bei Plattensteuerungen und transaktionsorientierter Datenverwaltung wird die Spezifikation für einen intelligenten Disk Controller vorgeschlagen. Verschiedene Realisierungsvorschläge werden etabliert und abschließend die Implementierung von Hardware und Software vorgestellt.

1. Einführung

Ansatz für die folgenden Ausführungen ist die Idee, einen Disk Controller mit aufgabenspezifischer Funktionalität auszustatten, und beispielsweise Teile der Datenverwaltungsdienste eines Betriebssystems in die Peripherie zu verlagern. Eine solche Einheit könnte mit einem kleinen, jedoch auf die Funktionen zugeschnittenen Befehlssatz arbeiten und neben der Entlastung des Hauptrechners den Datentransfer zur Übertragung von Verwaltungsinformationen zwischen Betriebssystem und Sekundärspeicher auf ein Minimum reduzieren.

Diese Vorgehensweise wäre eine Antwort auf die Tatsache, daß Zugriffe auf den Sekundärspeicher infolge der unterschiedlichen Entwicklung bei Haupt- und Massenspeichern einen großen zeitlichen Engpaß bilden.

Da in der Zukunft spektakuläre Entwicklungen beim Sekundärspeicherzugriff allein nicht zu erwarten sind, bleibt noch die Möglichkeit, zeitliche Verbesserungen in der notwendigen Datenverwaltung durch Reduzierung des Ein-/Ausgabeverkehrs und eventuelle Parallelisierung verschiedener Prozesse zu erreichen.

Bei der in diesem Artikel beschriebenen ausgelagerten Betriebssystemkomponente handelt es sich um eine transaktionsorientierte Datenverwaltung, die vollständig die physikalische Organisation der zu verwaltenden Dateien übernimmt. Aus der Sicht des nutzenden Rechners sind nur logische Dateien bekannt, da der Rechner keinerlei Kenntnis über bzw. Einfluß auf die physikalische Lage der Daten im Sekundärspeicher hat.

Um die Konsistenz der Dateien zu gewährleisten, wurde ein Schattenseitenkonzept und ein Aktivierungskonzept zur definierten Übernahme von Änderungen (Two-Phase-Commit) realisiert, wie es z.B. aus Datenbankanwendungen bekannt ist /Gray 78/.

Die Auslagerung der Betriebssystemkomponente zur Datenverwaltung bietet unter anderem folgende Vorteile:

- Der übergeordnete Rechner benötigt keinerlei Kenntnis über die physikalischen Eigenschaften des Sekundärspeichers, da er über eine logische Schnittstelle auf die Daten zugreift.

- Die Schnittstelle zwischen Rechner (Betriebssystem) und externem Speichermedium wird mit weniger Verwaltungsdaten belastet.

- Es verbleibt nur noch ein Minimum an Datenverwaltungsarbeit beim Betriebssystem.

- Die Verwaltung der Dateien kann parallel in verschiedenen externen intelligenten Plattensteuerungen durchgeführt werden.

- Es wird eine einheitliche Schnittstelle zum Externspeicher auf höherem Niveau geschaffen, die auch von anderen ausgelagerten Komponenten (z.B. Such- oder Sortierprozessor) genutzt werden könnte.

Kapitel 2 beschreibt existierende Plattensteuerungen und die transaktionsorientierte Datenverwaltung, und in Kapitel 3 werden Überlegungen zum Aufbau einer intelligenten Plattensteuerung diskutiert. Abschließend ist die Realisierung dargestellt.

2. Stand der Technik

2.1. Plattensteuerungen

In den letzten Jahren wurde versucht, die Geschwindigkeitslücke zwischen Haupt- und Sekundärspeicher durch verschiedene technische und architektonische Verbesserungen zu verringern, wobei vor allem die Entwicklung von Schreib-/Leseköpfen in Dünnfilmtechnologie, die senkrechte Aufzeichnungstechnik und spezielle Kodierungstechniken (z.B. Run Length Limited - RLL) zu Verbesserungen geführt haben.

Die folgende Tabelle zeigt jedoch am Beispiel der IBM-Magnetplatten, daß diese Entwicklungen nur zu geringen Fortschritten führten, wenn man sie z.B. mit den Geschwindigkeitssteigerungen in der Halbleitertechnologie vergleicht. Die technischen Daten sind /HBPS 81/ entnommen:

Plattentyp	IBM 3330	IBM 3350	IBM 3370	IBM 3380
Verfügbarkeit	1971	1976	1979	1981
Zugriffszeit	30ms	25ms	20ms	16ms
Transferrate	0.8 MB/s	1.2 MB/s	1.8 MB/s	3.0 MB/s

Erst in letzter Zeit wurde damit begonnen, den Speicherzugriff durch zusätzliche Hardware zu beschleunigen. Ein Beispiel hierfür ist die Unterstützung des Sekundärspeichers durch einen schnellen Zwischenspeicher (Cache) /Smit 85/, der die notwendigen Plattenzugriffe verringert, wenn überwiegend lesend auf die Daten zugegriffen wird und eine Lokalität der Zugriffe vorausgesetzt werden kann. Bei einigen Anwendungen kann der Cache jedoch auch einen Zeitverlust bedeuten, wie z.B. beim sequentiellen Durchsuchen von Dateien in Datenbankanwendungen, da dann das Inhaltsverzeichnis des Cache stets überflüssigerweise durchsucht werden muß und die nur einmal benötigten Daten zusätzlich in den Cache geladen werden.

Alle Verfahren in dieser oder ähnlicher Richtung bedeuten jedoch keine erhöhte Funktionalität des Massenspeicherzugriffs, so daß auch dann die Schnittstelle zwischen Rechner und Sekundärspeicher ausschließlich durch einige primitive Befehle realisiert ist, wobei folgende unbedingt notwendig sind:

- Positioniere Kopf

- Suche Sektor

- Lies/Schreib Sektor

Dies führt zu einer erheblichen Belastung des I/O-Kanals mit zusätzlichen Verwaltungsinformationen und läßt sich durch eine neu definierte Schnittstelle auf höherem Niveau verringern. Dazu ist jedoch eine geeignete Einbindung ins Betriebssystem notwendig.

2.2. Transaktionsorientierte Datenverwaltung

Die transaktionsorientierte Datenverwaltung eines Betriebssystems unterstützt Mechanismen zur Konfliktbehandlung bei parallelen Zugriffen auf eine Datei sowie zum Wiederanlauf nach Fehlern (Recovery). Alle aufgelaufenen Änderungen in einer Datei werden dabei nur zu bestimmten Zeitpunkten definiert festgeschrieben; so bleiben die Dateien auch über einen Systemzusammenbruch hinaus in einem konsistenten Zustand /EGLT 76, Ston 84/.

Zur Lösung der Probleme bei konkurrierenden Zugriffen auf eine Datei durch unterschiedliche Transaktionen werden verschiedene Verfahren eingesetzt. Sie lassen sich danach charakterisieren, ob die Überprüfung der Zulässigkeit vor oder nach dem Zugriff auf die Datei erfolgt. Verfahren, die vor dem Zugriff prüfen, wie z.B. den Schutz durch Schreib- bzw. Lesesperren /GLPT 75/, werden als pessimistisch bezeichnet, wohingegen Verfahren, die erst unmittelbar vor dem Ende einer Transaktion überprüfen, ob diese überhaupt zulässig war, als optimistisch bezeichnet werden; sie gehen zunächst davon aus, daß es zu keinem Konflikt kommen wird. Zu diesen Verfahren gehören z.B. Zeitmarken /BeGo 81/.

Wird eine Transaktion durch einen Fehler unterbrochen, so muß die transaktionsorientierte Datenverwaltung garantieren, daß alle betroffenen Dateien in einen konsistenten Zustand gebracht werden, d.h. alle Transaktionen, die ihren Propagierungspunkt erreicht haben, müssen beendet werden, wohingegen die Änderungen der übrigen rückgängig zu machen sind. Zwei gebräuchliche Verfahren sind in /ABCE 76/ bzw. /Trai 82/ beschrieben.

Die transaktionsorientierte Datenverwaltung bildet einen relativ ab-
geschlossenen Teil eines Betriebssystems und ihre Schnittstelle läßt
sich mit nur wenigen mächtigen Befehlen beschreiben. In /DKLS 86/
wurde ein "Data Management Kernel" (DMK) als Teil eines Betriebssystems beschrieben, der die Schnittstelle zu einer transaktionsorien-
tierten Datenverwaltung mit nur wenigen Befehlen bildet und als eine
Komponente eines Betriebssystems verstanden werden kann, wie z.B.
auch die Auftragsverwaltung oder die Ablaufsteuerung. Dieser DMK hat
dabei keinerlei Kenntnis über den Inhalt der von ihm verwalteten Dateien, sondern betrachtet sie als eine Menge von Bytes. Seine Funktionen beschränken sich also ausschließlich auf die transaktionsorientierte Verwaltung dieser Dateien. Um zu zeigen, daß sie auch einen
Systemfehler überstehen, erhielten sie den Namen **"Persistent Object"**
(PO). Auf diesen DMK setzt die anschließend beschriebene intelligente
Plattensteuerung auf.

3. Intelligenter Disk Controller mit Datenverwaltungsfunktionen

Zur Realisierung der ausgelagerten Datenverwaltungsfunktionen sind
zunächst Überlegungen notwendig, welche der in /DKLS 86/ vorgestellten Befehle des "Data Management Kernel" (DMK) ausgelagert werden
können und welche beim übergeordneten Rechner verbleiben müssen.
Außerdem sind einige neue Befehle zu definieren, die - bedingt durch
die Auslagerung - zusätzlich erforderlich sind.

3.1. Der Befehlssatz

Die Dienste einer ausgelagerten Datenverwaltung können durch wenige
Instruktionen realisiert werden, wobei auch der ausgelagerte "Data
Management Kernel" (DMK) keinerlei Kenntnis über die innere Struktur
der von ihm verwalteten Dateien zu haben braucht, sondern sie eben-
falls als eine Folge von Bytes betrachtet. Abgeleitet vom Namen der
Dateien erhielt die intelligente Plattensteuerung die Bezeichnung
"Persistent Object Manager" (POM).

Zur Formatierung und Initialisierung der Platte dient die Funktion
"Initialize Disk" (INID). Parameter sind hierbei charakteristische
Daten der Platte wie z.B. die Anzahl der Zylinder oder die Schrittge-
schwindigkeit, und Daten des Betriebssystems wie z.B. die Länge einer
Datenseite (variabel zwischen 0.5 und 4 KByte).

Den Zugriff auf ein Persistent Object (PO) gestattet die Instruktion **"Access Persistent Object"** (ACPO). Innerhalb der Instruktion wird eine Zugriffserlaubniskontrolle durchgeführt und überprüft, ob der Zugriff in Konflikt mit anderen Transaktionen steht. In der ursprünglichen Version des DMK, also als integrierter Teil des Betriebssystems, hatte nach dem Abschluß des Befehls die Seitenverwaltung des Betriebssystems (Page Management System) Zugriff auf das ganze bzw. Teile des betreffenden PO im virtuellen Speicher. Um Geräteabhängigkeiten zu vermeiden, kennt die ausgelagerte Version des DMK keine virtuelle Speicherverwaltung, so daß das Einbinden des referierten PO in den virtuellen Speicher weiterhin durch das Betriebssystem des übergeordneten Rechners erfolgen muß.

Ein Zugreifer kann Teile eines Persistent Object gegen den Zugriff durch andere Transaktionen mit Hilfe von Lese- bzw. Schreibsperren schützen. Diese Aufgabe erfüllt die Instruktion **"Lock Persistent Object"** (LKPO). Die minimale Sperrgranularität beträgt dabei eine Seite.

Den Transfer von Seiten eines Persistent Object zwischen dem Persistent Object Manager und der Seitenverwaltung des Betriebssystems des übergeordneten Rechners ermöglichen die Befehle **"Page In"** (PGIN) und **"Page Out"** (PGOUT). Die Speicherung der Daten beim Befehl PGOUT erfolgt dabei optional auf die Originalseiten oder auf Schattenseiten /Lori 77, Trai 82/. Nur wenn die Speicherung der Änderungen auf Schattenseiten erfolgt, unterstützt der POM eine transaktionsorientierte Datenverwaltung, und die erfolgten Änderungen können am Ende einer Transaktion rückgängig gemacht werden. Eine Untersuchung der Vor- und Nachteile bei der Verwendung von Schattenseiten findet sich in /BGML 81/.

Zur Beschleunigung des Seitentransfers kann bei den Befehlen PGIN bzw. PGOUT eine Liste von Seiten spezifiziert werden, d.h. für eine Gruppe von Seiten muß nur einmal Verwaltungsinformation an den POM gesandt werden. Dies bringt besonders Vorteile bei objektorientierten Anwendungen (z.B. Nicht-Standard Datenbanken), bei denen häufig große zusammenhängende Datenmengen zwischen Rechner und Sekundärspeicher übertragen werden müssen.

Das Löschen von Seiten innerhalb eines Persistent Object gestattet der Befehl **"Page Disconnect"**. Dies unterstützt in eleganter Weise eine virtuelle Speicherverwaltung. Nimmt man ein PO zur Speicherung eines großen virtuellen Adreßraumes, so brauchen nur die genutzten

Bereiche tatsächlich im PO vorhanden zu sein, und nicht weiter genutzte Teile des Adreßraumes können gegebenenfalls mit dieser Instruktion freigegeben werden.

Vorgenommene Änderungen in einer Menge von POs können am Ende einer Transaktion entweder alle gültig (Commit) bzw. rückgängig (Backout) gemacht werden, wozu ein spezielles Aktivierungskonzept (Two-Phase-Commit) eingesetzt wird. Diese Operation wird von der Instruktion **"Commit Persistent Object"** ausgeführt, wobei ein spezifizierter Parameter angibt, ob die während der Transaktion vorgenommenen Änderungen tatsächlich gültig gemacht werden sollen. Da es sich bei der externen Realisierung um ein verteiltes System handelt /Kohl 81/, muß die Funktion in zwei Teilbefehle aufgeteilt werden. Im ersten Teil der Instruktion wird eine neue Version des PO auf der Platte fixiert, die auch einen Systemzusammenbruch übersteht. Erst mit dem zweiten Teil des Befehls wird endgültig entschieden, ob die Version die alte ersetzen soll. Der Befehl wird zunächst auf der Platte gespeichert, und an den Rechner gemeldet, daß er akzeptiert wurde. Danach erst wird mit der Ausführung begonnen. Der Aspekt der Datensicherheit ist in Kapitel 3.3 ausführlich dargestellt.

Beim Start des Systems (Power On) wird automatisch der Befehl **"Disk Recovery"** gestartet, der gegebenenfalls die Festschreibung von Änderungen zu Ende führt (Commit) bzw. die alte Version - entsprechend dem Status vor dem Systemzusammenbruch - wiederherstellt (Backout). Zusätzlich wird die Liste der freien Seiten überprüft, da - bedingt durch einen Systemzusammenbruch - auf der Platte Seiten existieren können, die als belegt markiert sind, jedoch freigegeben werden können, die als belegt markiert sind, jedoch freigegeben werden können.

3.2. Die Verwaltung der Persistent Objects

Zur Verwaltung der Persistent Objects (PO) sind in den folgenden Abschnitten zwei Verfahren vorgestellt, die je nach maximaler Größe der Platte und der POs unterschiedliche Vor- bzw. Nachteile besitzen.

3.2.1. Seitenbeschreibungstabellen

Eine Möglichkeit der Verwaltung der Dateien ist der Einsatz einer Seitenbeschreibungstabelle (Disk Layout Table - DLT). Für jede Seite der Platte ist dabei ein Eintrag vorhanden und die Reihenfolge der

Seiten eines Persistent Object (PO) wird durch die Verkettung der zugehörigen Einträge in der DLT festgelegt. Dieses Verfahren ist jedoch nur sinnvoll, wenn diese Tabelle resident im Speicher des Persistent Object Manager gehalten werden kann; dadurch werden unnötige Plattenzugriffe vermieden. Anderenfalls, wenn z.B. die Seiten eines PO auf der Platte verstreut sind, kann das Auffinden einer Seitenadresse durch wiederholtes Nachladen der DLT sehr zeitaufwendig werden. Im ungünstigsten Fall ist es sogar möglich, daß für jedes Aufsuchen eines Seitenzeigers in der DLT-Kette ein neuer Plattenzugriff erforderlich wird. Dies bedeutet jedoch, daß die Länge eines Eintrags in der DLT auf 16 Bit (insgesamt 64K Seiten) beschränkt werden muß. Theoretisch sind dann bei variabler Seitengröße folgende Plattenkapazitäten möglich:

Seitengröße (Kilobyte)	Plattenkapazität (Megabyte)
0.5	32
1	64
2	128
4	256

3.2.2. Indexstruktur

Die Verwaltung großer Platten mit einer Indexstruktur erscheint sinnvoller. Dies bedeutet aber, daß u.U. der Zugriff auf eine Seite eines Persistent Object (PO) nicht mehr mit einem Plattenzugriff ausgeführt werden kann, wie dies bei der Benutzung einer speicherresidenten Seitenbeschreibungstabelle der Fall ist. Andererseits sind jedoch sehr viel weniger Plattenzugriffe notwendig als bei einer langen, nicht mehr resident speicherbaren Seitenbeschreibungstabelle.

Geht man jedoch davon aus, daß der Großteil der POs nur aus wenigen Seiten besteht /Saty 81/, kann ein schneller Zugriff ermöglicht werden, wenn eine Reihe von Adreßzeigern im Verwaltungskatalog der POs gespeichert wird. Werden zusätzliche Seiten benötigt, kann auf diese über zusätzliche Index- bzw. Subindextabellen zugegriffen werden. Die Adreßzeiger referieren dann nicht direkt die Datenseiten, sondern zunächst die Index- bzw. Subindextabellen.

Wenn z.B. acht Adreßzeiger in einem Datenverwaltungskatalog gespeichert werden, ergeben sich folgende maximale Größen eines PO.

| Seitengröße (KByte) | Zeiger/Seite | Größe eines PO mit | | |
		direktem Zugriff (KByte)	indiz. Zugriff (MByte)	subindiz. (GByte)
0.5	128	4	0.5	0.06
1.0	256	8	2.0	0.5
2.0	512	16	8.0	4.0
4.0	1024	32	32.0	32.0

Der Einsatz dieser Index-/Subindexstruktur ermöglich es, auch eine ganze Platte mit nur einem Persistent Object zu beschreiben, um so große Datenbanken oder virtuelle Speicherräume zu implementieren.

3.3. Datenkonsistenz

Um das Rücksetzen (Backout) der Änderungen in einem Persistent Object (PO) bis zum Zeitpunkt des Commit zu ermöglichen, werden Schattenseiten verwendet. Dies bedeutet, jedes Schreiben einer Seite durch den Befehl "Page Out" erfolgt nicht auf die Originalseite des PO, sondern auf eine freie Seite, die damit zur Schattenseite erklärt wird. Hierfür gibt es in jedem Katalogeintrag nicht nur eine Zeigergruppe für das gültige PO (Originalversion), sondern eine zweite für die Schattenversion.

Am Beispiel eines Katalog-Eintrages mit nur einem Zeiger pro Gruppe und einer Indexseite ist der Mechanismus zur Schattenseitenerstellung in Abbildung 1 dargestellt. Bei einer Indexseite ist das höchste Bit des Zeigers gesetzt. Bevor eine Änderung des PO vorgenommen wird, haben die Zeiger für die Schattenversion die gleichen Werte wie die Zeiger für die Originalversion. Dies wird im Zeiger durch das zweithöchstwertige Bit (Schattenseiten-Bit) gekennzeichnet.

Wenn jetzt eine Seite des Persistent Object (z.B. Seite 1) geändert wird, so wird dafür eine Schattenseite erstellt. Dazu ist es erforderlich, von den eventuell vorhandenen Index- und Subindexseiten, über die diese PO-Seite erreicht wird, Kopien anzufertigen. Damit erhält man auch Schattenversionen der Index- und Subindexseiten.

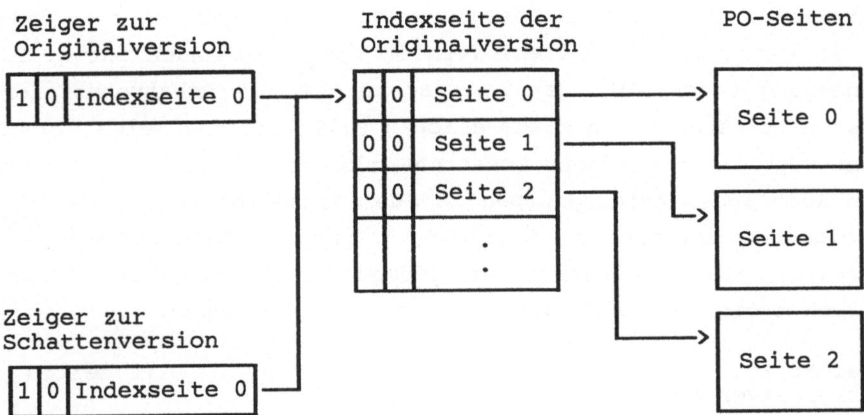

Abb. 1: Katalog-Eintrag und PO-Struktur ohne Schattenseiten

Der Zeiger zur Schattenversion des Persistent Object zeigt dann - je
nach Tiefe der Indexstruktur - auf die Schatten-Subindexseite, Schatten-Indexseite oder Schatten-PO-Seite. In eventuell vorhandenen In-
dex- und Subindexseiten geschieht für die betroffenen Zeiger entsprechendes. Alle geänderten Eintragungen werden durch Setzen des
Schattenseiten-Bit markiert. Für das obige Beispiel ergibt sich nach
Änderung der PO-relativen Seite 1 die in Abbildung 2 dargestellte
Struktur mit einer Schattenseite 1'.

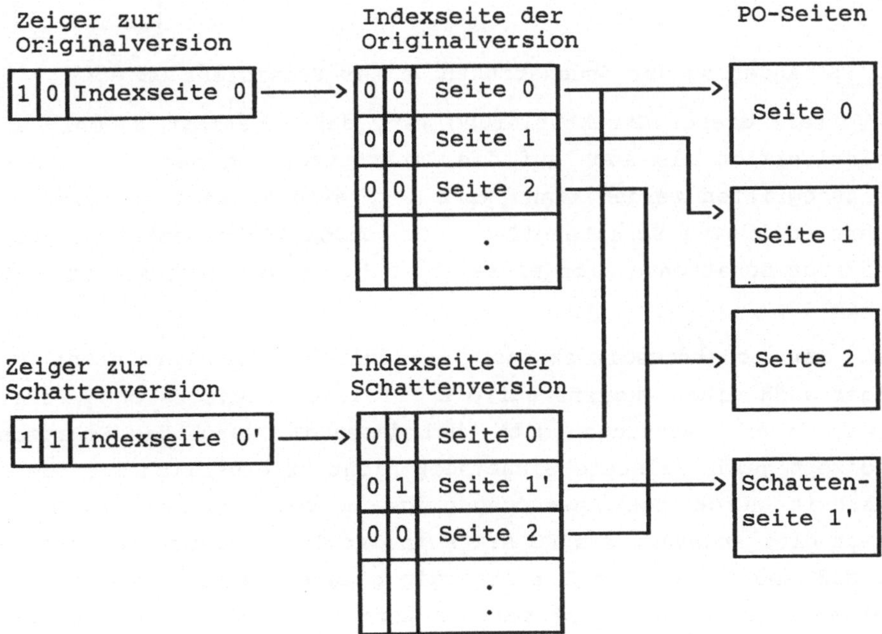

Abb. 2: Katalog-Eintrag und PO-Struktur mit Schattenseite

Dieser Mechanismus gilt insbesondere auch dann, wenn eine zu ändernde Seite in der gültigen (alten) Version nicht vorhanden ist (z.B. bei Verlängerung eines PO) oder sich sogar für die Schattenversion die Indexstruktur ändert. In einem solchen Fall wird die Zeigergruppe der Originalversion in die neue Schatten-Indexseite kopiert. Entsprechend können auch Index-Zeigergruppen in Subindexseiten kopiert werden. In dem folgenden Beispiel in Abbildung 3 hat die Schattenversion eine Indexseite, die Originalversion jedoch nicht. Dies ist durch das Schreiben zweier neuer PO-Seiten 1' und 2' entstanden.

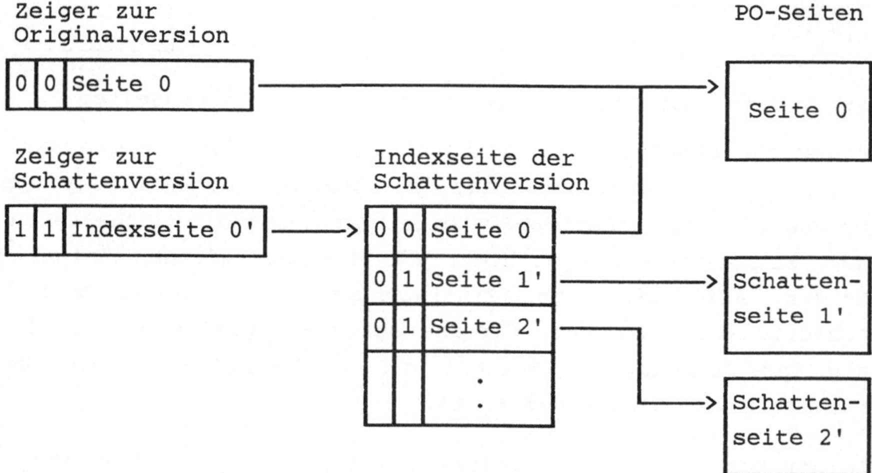

<u>Abb. 3</u>: Änderung der Indexstruktur eines Persistent Object

Ein Vorteil dieser Strukturierung ist, daß jederzeit sowohl auf die Originalversion als auch auf die Schattenversion des Persistent Object zugegriffen werden kann. Wird dort eine weitere Änderung durchgeführt, die eine Schatten-(Index-/Subindex-)Seite betrifft, so wird keine neue Schattenversion erstellt, d.h. es gibt maximal eine Schattenversion.

Neben dem Schattenseitenkonzept ermöglicht der Persistent Object Manager auch einen Zugriff auf die Persistent Objects ohne Schattenseiten, da es Anwendungen gibt, bei denen die durch das Schattenseitenkonzept gewährleistete Sicherheit nicht erforderlich ist oder eine Sicherheit durch das Anwendungsprogramm gewährleistet wird. Dabei erfolgt eine Änderung des PO stets in der Originalversion; das bedeutet, daß Änderungen nicht rückgängig gemacht werden können. Es wird in einem solchen Fall trotzdem ein Commit durchgeführt, um die Verwaltungsinformationen für das PO zu aktualisieren.

Eine komplexe Funktion wie die Instruktion "Commit Persistent Object" kann nicht atomar realisiert werden und muß daher notwendigerweise wiederanlauffähig sein. Hierzu bedient sich der Persistent Object Manager eines Aktivierungskonzepts (Two-Phase-Commit), mit dem die Änderungen quasi-atomar gültig gemacht werden können. Dies war ursprünglich für verteilte Datenbanken vorgesehen und ist z.B. in /Baye 84/ beschrieben.

Beim Persistent Object Manager wird dieses Konzept folgendermaßen realisiert:

In der ersten Phase sendet der Host als Koordinator den Befehl "Prepare-To-Commit". Dieser sichert daraufhin zusätzlich zur alten (gültigen) auch die neue (Schatten-)Version des Datenobjekts auf der Platte und sendet nach erfolgreicher Durchführung eine Fertigmeldung an den Host zurück. Damit ist Phase 1 beendet.

Der Host als Koordinator bestimmt aufgrund dieser Rückmeldungen die nächste Aktion:

Hat der Persistent Object Manager für alle betroffenen Persistent Objects eine Fertigmeldung zurückgegeben, wird die Transaktion als beendet angesehen und der POM veranlaßt, die neue Version der Datenobjekte als gültig zu erklären. Die alte gültige Version wird also durch die Schattenversion ersetzt, wozu nur einige Zeiger im Katalogeintrag des betroffenen PO geändert werden müssen. Der POM hat dafür zu sorgen, daß der Befehl unabhängig von Systemausfällen sicher ausgeführt wird.

Wurde jedoch von mindestens einem PO keine Fertigmeldung zurückgesendet, bedeutet dies, daß die Transaktion als ganzes nicht zu Ende geführt werden kann. In diesem Fall wird in allen betroffenen POs das Rücksetzen der Änderungen veranlaßt, d.h. die Schattenseiten werden gelöscht.

3.4. Die Realisierung des Disk Controller

3.4.1. Realisierung eines Mehrprogrammbetriebs

Beim Entwurf der Software-Struktur wurde u.a. berücksichtigt, daß während der Plattenzugriffe des Persistent Object Manager (POM) bzw. der Datenübertragungen (Direct Memory Access) des POM an den übergeordneten Rechner bereits mit der Bearbeitung neuer Instruktionen begonnen werden kann. Hierfür wurde eine unterbrechende Steuerung realisiert, die nach dem Start bzw. Ende einer Platten- bzw. DMA-Operation eine Prozedur zur Programmverwaltung aufruft. Diese entscheidet, welche Instruktion neu gestartet bzw. welche alte fortgesetzt werden soll. Die Seitentransferbefehle "Page In" und "Page Out" haben dabei einen gewissen Vorrang, um den Datentransfer zu beschleunigen.

Dieser Vorgang führt zur Problematik der verkoppelten Prozesse beim Mehrprogrammbetrieb (Multiprogramming) und erfordert eine Prozeßsynchronisation /Hans 77/. Da die Instruktionen des POM nicht vollständig unabhängig sind, sondern gemeinsame Betriebsmittel (globale Variable, Tabellen) nutzen, müssen diese geeignet synchronisiert werden. Realisiert wird dies beim Persistent Object Manager durch Sperren. Benötigt eine Instruktion ein gemeinsames Betriebsmittel, so wird zunächst in einer nicht unterbrechbaren Operation die zugehörige Sperre getestet und, falls sie nicht gesetzt ist, gesetzt. Andernfalls wird die Instruktion in eine Warteschlange eingereiht. Das gegenseitige Warten von Instruktionen auf gemeinsame Betriebsmittel birgt die Gefahr von Verklemmungen (Deadlock) bzw. unbestimmt lange wartenden Prozessen (Lifelock). Durch eine hierarchische Vergabe der Betriebsmittel wird dies beim POM verhindert.

3.4.2. Aspekte der Hardwareimplementierung

Ziel der Implementierung war eine sehr kompakte Einheit, wobei ein IBM PC-AT als Testumgebung dienen sollte. Hierdurch war der mögliche Umfang der Hardware von vornherein beschränkt und z.B. der Aufbau eines speziellen Bit-Slice-Prozessors oder eine Datenbusbreite von mehr als 16 Bit nicht möglich.

Nach einem Vergleich verschiedener Mikroprozessoren (68000, 80186, 80286, 32016 und Z8001) wurde der 80186 der Firma Intel (10 MHz Version) ausgewählt, der zwar nicht ganz die Geschwindigkeit z.B. des 80286 erreicht, dafür aber bereits viele normalerweise externe Bausteine integriert hat (Taktgenerator, Adreßdecoder, DMA-Baustein, Interruptcontroller und Timer). Außerdem hat er die gleiche Schnittstelle wie der Prozessor des PC-AT (80286), so daß - wie z. B. im Falle des 68000 - keine zusätzliche Anpassung notwendig ist.

Das Blockschaltbild des Persistent Object Manager und den Anschluß des Sekundärspeichers zeigt Abbildung 4.

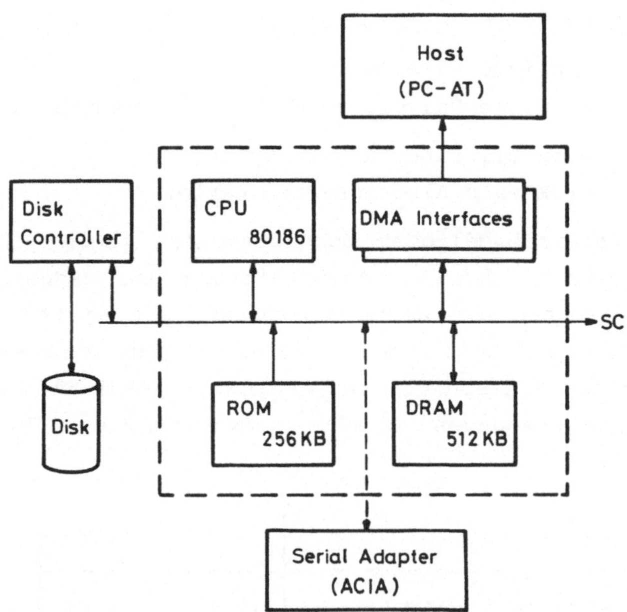

Abb. 4: Gesamtstruktur des "Persistent Object Manager"

Neben dem Mikroprozessor verfügt der Persistent Object Manager über ein dynamisches RAM mit einer Kapazität von 512 KByte, ein ROM (256 KB) und die erforderlichen Schnittstellen zum übergeordneten Rechner und zu einem Festplattenadapter (original PC-AT Disk-Controller). Die gesamte Größe der Hardware konnte so auf den Umfang einer PC-Erweiterungskarte beschränkt werden und umfaßt ca. 100 integrierte Schaltkreise, wobei viele Funktionen durch PALs (Programmable Array Logic) realisiert sind.

3.4.3. Erste Meßergebnisse

Die Bewertung des Persistent Object Manager (POM) ist schwierig, da für eine genaue Beurteilung zunächst eine Anpassung an ein bestehendes Betriebssystem erfolgen muß. Aus diesem Grunde wurden bisher nur Zeitmessungen für die einzelnen Instruktionen durchgeführt. Als Vergleichsgrundlage dienen hierzu aus der Literatur bekannte Datenverwaltungssysteme, die in verteilten Datenbanken eingesetzt sind.

Zwei dieser Systeme werden in /DiMi 82/ beschrieben und miteinander verglichen, wobei auch die Ausführungszeiten von einigen Basisinstruktionen angegeben sind.

Es handelt sich um folgende Systeme:

CFS: Cambridge File Server
            Cambridge University Computer Laboratories

XDFS: Xerox Distributed File System
            Xerox Palo Alto Research Center

Aufgrund der unterschiedlichen Schnittstellen (beim POM schneller) und der unterschiedlichen Prozessorleistung und Magnetplatte (beim POM langsamer) können die Werte jedoch nur als erster Anhaltspunkt für die Leistungsfähigkeit des Persistent Object Manager (POM) dienen. Die Werte der Systeme CFS und XDFS sind /DiMi 82/ entnommen und zusammen mit den Messungen am POM in der folgenden Tabelle dargestellt:

	CFS	XDFS	POM
Befehlsübertragung, Antwort	12 ms	38 ms	5,4 ms
Lesen einer Seite (0.5 KB)	41 ms	76 ms	20 ms
Schreiben einer Seite (0.5 KB)	64 ms	142 ms	24 ms
Transaktion: Öffnen, 256 KB Schreiben, Schließen	5,1 s	49,5 s	2,4 s

4. Zusammenfassung und Ausblick

In diesem Artikel wurde die Realisierung einer intelligenten Plattensteuerung vorgestellt. Diese beinhaltet die ausgelagerte transaktionsorientierte Datenverwaltung eines Betriebssystems und verringert so erheblich die Übertragung von Verwaltungsinformationen.

Die Implementierung des Persistent Object Manager auf einem PC-AT ist abgeschlossen; zur Zeit werden Messungen für eine abschließende Bewertung durchgeführt. Erste Ergebnisse sind positiv, wobei als Vergleichsgrundlage Geschwindigkeiten von Datenverwaltungssystemen in verteilten Datenbanken dienen /DiMi 82/. Anzustreben ist die Einbindung des POM in ein bestehendes Betriebssystem, um eine exakte Bewertung vornehmen zu können. Von großem Interesse sind besonders Aussagen darüber, wieviele Befehle gleichzeitig durch den POM bearbeitet werden können.

Eine weitere Leistungssteigerung kann durch den Anschluß mehrerer Datenverwaltungskomponenten an einen übergeordneten Rechner erzielt werden, wenn die vom System genutzten Dateien geeignet verteilt sind und die Arbeit der Datenverwaltung auf mehrere intelligente Plattensteuerungen verteilt werden kann.

Die Schnittstelle des Persistent Object Manager bietet zusätzlich die Möglichkeit des Zugriffs aufgabenspezifischer Komponenten auf die Datenverwaltung. Ein Beispiel für eine solche Erweiterung ist eine Suchkomponente, deren Funktionen (z.B. Pattern Matching) durch spezielle Hardware unterstützt werden können. Eine solche Suchkomponente, die wie der POM parallel zum Host arbeiten kann, wurde zusätzlich zum POM entwickelt und in /DKSW 87/ und /KSZe 87/ vorgestellt. Das Ergebnis dieser Verbindung von externer, transaktionsorientierter Datenverwaltung und externer Volltextsuche ergibt den in Abbildung 5 dargestellten "Intelligent Disk Controller" (IDC).

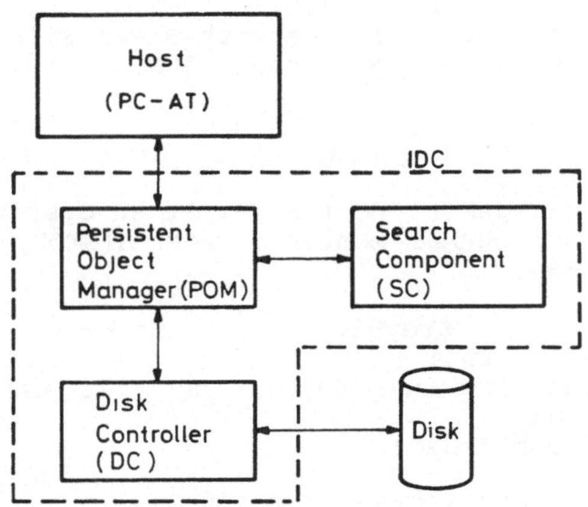

Abb. 5: Gesamtstruktur des "Intelligent Disk Controllers"

5. Danksagung

Die beschriebene Entwicklung wurde im Rahmen eines gemeinsamen Projektes von IBM Deutschland und der TU Braunschweig als Prototyp erstellt. Viele haben an dem Konzept und der Realisierung mitgewirkt. Die Autoren bedanken sich besonders bei H. Auer, F. Hildebrand, H. Diel und H. Weber.

Ein besonderer Dank gilt J.H. Bleher, C. v. Krogh und H.-O. Leilich für ihre Unterstützung bei der Durchführung des Projektes.

6. Literaturverzeichnis

/ABCE 76/ Astrahan, M.; Blasgen, M.W.; Chamberlin, D.D.;
Eswaran, K.P.; Gray, J.N.; Griffiths, P.P.; King, W.F.;
Lorie, R.A.; McJones, P.R.; Mehl, J.W.; Putzolu, G.R.;
Traiger, I.L., Wade, B.W.; Watson, V.:
"System R: Relational Approach to Database Management"
ACM Transactions on Database Systems, Vol. 1, Nr. 2(1976),
pp. 97-137

/Baye 84/ Bayer, R.:
"Verteilte Datenbanksysteme"
Informatik Spektrum, Band 7, Heft 1(1984), pp. 4-19

/BeGo 81/ Bernstein, P.A.; Goodman, N.:
"Concurrency Control in Distributed Data Base Systems"
ACM Computing Surveys, Vol. 13, Nr. 2(1981), pp. 185-221

/BGML 81/ Blasgen, M.; Gray, L.; McJones, P.; Lindsay, B.;
Lorie, R.; Price, T.; Putzolu, E.; Traiger, I.:
"The Recovery Manager of the System R Database Manager"
ACM Computing Surveys, Vol. 13, Nr. 2(1981), pp. 223-242

/DiMi 82/ Dion, J.; Mitchell, J.G.:
"A Comparison of Two Network-Based File Servers"
Communications of the ACM, Vol. 25, Nr. 4(1982),
pp. 233-245

/DKLS 84/ Diel, H.; Kreißig, G.; Lenz, N.; Scheible, M.;
Schöner, B.:
"Data Management Facilities of an Operating System Kernel"
Proc. of Anual Meeting, ACM SIGMOD, Boston MA, 1984,
pp. 58-69

/DKSW 87/ Diel, H.; Kreyßig, J.; Schukat, H.; Weber, H.;
Zeidler, H.Ch.:
"Special Hardware Supporting File Management and Query
Functions"
(to be published)

/EGLT 76/ Eswaran, K.P.; Gray, J.N.; Lorie, R.A.; Traiger, I.L.:
"The Notions of Consistency and Predicate Locks in
Database System"
Communications of the ACM, Vol. 19, Nr. 11(1976),
pp. 624-633

/GLPT 75/ Gray, J.N.; Lorie, R.A; Putzolu, G.F.; Traiger, I.L.:
"Granularity of Locks and Degrees of Consistency in a
Shared Data Base"
Modeling in Data Base Management Systems, (ed. Nijssen),
North Holland, 1976, pp. 365-394.
Also: IBM Research Report RJ1654, 1975

/Gray 78/ Gray, J.N.:
"Notes on Database Operating Systems"
IBM Research Report RJ2188, 1978

/Hans 77/ Hansen, P.B.:
"Betriebssysteme"
Carl Hanser Verlag, München Wien, 1977

267

/HBPS 81/   Harker, J.M.; Brede, D.W.; Pattison, R.E.; Santana, G.R.;
            Taft, L.G.:
            "A Quarter Century of Disk File Innovation"
            IBM Journal of Research and Development, Vol. 25,
            Nr. 5(1981), pp. 677-689

/Kohl 81/   Kohler, W.H.:
            "A Survey of Techniques for Synchronization and Recovery
            in Decentralized Computer Systems"
            ACM Computing Surveys, Vol. 13, Nr. 2(1981), pp. 149-183

/KSZe 87/   Kreyßig, J.; Schukat, H.; Zeidler, H.Ch.:
            "A Filter Processor as Part of an Intelligent Disk
            Controller"
            Proc. 5th. IWDM, Karuizawa, Japan, 1987, pp. 426-439

/Lori 77/   Lorie, A.L.:
            "Physical Integrity in a Large Segmented Database"
            ACM TODS, Vol. 2, Nr. 1(1977), pp. 91-104

/Saty 81/   Satyanarayanan, M.:
            "A Study of File Sizes and Functional Lifetimes"
            ACM Operating Systems Review, Vol. 15, Nr. 12(1981),
            pp. 96-108

/Smit 85/   Smith, A.J.:
            "Disk Cache-Miss Ratio Analysis and Design Considerations"
            ACM Transactions on Computer Systems, Vol. 3, Nr. 3(1985),
            pp. 161-203

/Ston 84/   Stonebraker, M.:
            "Virtual Memory Transaction Management"
            ACM Operating Systems Review, Vol. 18, Nr. 2(1984),
            pp. 8-16

/Trai 82/   Traiger, I.L.:
            "Virtual Memory Management for Database Systems"
            ACM Operating Systems Review, Vol. 16, Nr. 4(1982),
            pp. 26-48

Überlegungen zu
einer Hardware-Architektur
zur schnellen Analyse von Programmiersprachen

Klaus-Dieter Lewke
Universität-GHS Paderborn
Warburger Str 100, Postfach 1621
4790 Paderborn
Tel. (05251) 60-3075

Zusammenfassung

Eine Hardware-Implementierung für die ersten Stufen eines Compilers wird vorgestellt. Da tabellenorientierte Analysemethoden verwendet werden, kann durch Austausch der Übergangstabellen der Automaten jede gängige Programmiersprache unterstützt werden. Zusätzlich ergibt sich als Vorteil, daß diese Tabellen durch vorhandene Werkzeuge generiert werden können. Möglichkeiten zur Geschwindigkeitssteigerungen gegenüber einer in Software realisierten Lösung beruhen —neben den schnelleren direkt in Hardware realisierten Operationen— auf Pipelining für die verschiedenen Stufen des Compilers, Parallelisierung innerhalb der Stufen und Einsparung bzw. spezielle Abstimmung von Speicherzugriffen.

1 Einleitung

Die vorgestellten Ergebnisse wurden im Rahmen einer Projektgruppe von 15 Studenten und 2 Betreuern (Prof. Rammig und mir) im Sommersemester 85 und Wintersemester 85/86 erarbeitet. Aufbauend auf einer groben Architekturvorgabe sollten die Studenten die einzelnen Komponenten und eine leicht adaptierbare Bus-Schnittstelle entwickeln. Als nächstes ist eine Realisierung in Standardzellentechnik mit dem VENUS-Entwicklungssystem geplant, das Hochschulen im Rahmen des EIS-Projektes zur Verfügung steht ([Hörbst et. al. 86], [Kaesser 87]).

Compilerteile zur syntaktischen und lexikalischen Analyse können aus Grammatiken generiert werden ([Dencker 77],[Lesk 75],[Johnson 75]). Dabei werden die entsprechenden Analyseautomaten in Form von Tabellen erstellt, die während eines Compilerlaufes durch feste, von der zu übersetzenden Programmiersprache unabhängige Algorithmen interpretiert werden. Durch den Einsatz von Generatoren erhält man leicht änderbare und fehlerarme Analysatoren. Handgeschriebene Analysatoren (insbesondere Scanner) sind jedoch in der Geschwindigkeit den generierten tabellengesteuerten überlegen.

Wird aber der Tabelleninterpreter direkt in Hardware realisiert, läßt sich gegenüber handgeschriebenen Analysatoren eine wesentlich höhere Geschwindigkeit erreichen. Dabei behält man während der Compilerentwicklung die Vorteile der Änderbarkeit und Fehlerarmut. Speichert man die (von der Programmiersprache abhängigen) Tabellen auf RAMs, läßt sich ein solcher Prozessor dynamisch an jede Programmiersprache anpassen. Integriert man noch ein standardisiertes Verfahren zur Symbolverwaltung, werden alle Informationen für eine anschließende semantische Analyse und Codeerzeugung bereitgestellt. (Diese Teile eines Compilers sind der Unterstützung durch Spezialprozessoren mit eingeschränkten Möglichkeiten weniger zugänglich, da die Fähigkeiten eines General-Purpose-Prozessors benötigt werden.)

Zur Korrektur von syntaktischen Fehlern wurde ein Verfahren integriert. Da dieses Verfahren tabellengesteuert arbeitet und den Parser verwendet, reichen auch für diesen Teil eingeschränkte Fähigkeiten des Prozessors aus. Die benötigte Tabelle kann bei der Generierung der Steuertabelle des Parsers mit erzeugt werden.

2 Architektur

Schon auf der obersten Entwurfsebene galt es, folgende durch die VLSI-Technik gegebenen Randbedingungen zu berücksichtigen:

1. Beschränkung der Chipfläche

2. Beschränkung der Zahl externer Anschlüsse

3. Weitgehende Abhängigkeit der Verarbeitungsgeschwindigkeit vom langsamen Datentransport über Chipgrenzen hinweg.

Die Lösung eines dieser Probleme kann ein anderes verstärken. (So kann etwa die Aufteilung auf mehrere Chips, um einen Engpass in Fläche oder Kommunikationskanälen zu beheben, zu mehr Datenaustausch über Chipgrenzen führen.) Wir glauben jedoch, mit unserer Architektur eine günstige Lösung dieser Probleme gefunden zu haben.

Die Aufteilung des Prozessors orientiert sich an klassischen Phasen der Compilierung. Abweichend davon wurde der Scanner aufgeteilt in AUTOMAT und SYMBOLER . Zwischen den einzelnen Bausteinen, die einzelnen Phasen entsprechen, werden Daten nur in einer Richtung ausgetauscht. Speicher sind den Bausteinen exklusiv zugeordnet.

Die Architektur ist in Abb. 1 dargestellt. AUTOMAT erhält über den Bus den Quelltext und zerlegt ihn in Token. An SYMBOLER wird der Text des Tokens, sowie der ermittelte Typ (z.B. ganze Zahl, Bezeichner, etc.), die Hashadresse und Informationen über die Position im Quelltext weitergegeben. Weiter wird mitgeteilt, ob der Text überhaupt in der Symboltabelle eingetragen werden muß (z.B. ist die Abspeicherung von Operatorsymbolen uninteressant). Über eine FIFO wird nur der Text, in der anderen die ermittelten Attribute des Token übergeben (s.u.). SYMBOLER trägt die Symbole in die Symboltabelle ein und reicht an PARSER die syntaktische Symbolklasse weiter. Für semantisch relevante Symbole wird deren Adresse in der Symboltabelle weitergegeben. PARSER erzeugt daraus den Ableitungsbaum (d.h. einen Postorder-Durchlauf desselben). Dabei wird für die semantisch relevanten Blätter jeweils die Adresse in der Symboltabelle weitergegeben. Weitere Ausgaben sind Fehlermeldungen. Die Zugriffe auf die Steuerdaten des Analyseprozesses und die Verwaltung von intern erzeugten und benötigten Daten, dem Parserstack und gegebenenfalls eine berechnete Fehlerkorrektur, werden von ZUGRIFF organisiert.

Eine Auswertung der Symbole —etwa die Bestimmung einer dezimal aufgeschrieben Zahl— findet nicht statt, weil die Auswertung sprachabhängig ist.

Durch alle 3 Stufen werden Informationen über Positionen im Quelltext weitergereicht, um gute Fehlermeldungen zu ermöglichen.

Zur Generierung von Adressen für die Ein- und Ausgabe wird ein DMA-Baustein verwendet. Damit werden drei Datenströme verwaltet: die Eingabe (das zu analysierende Proramm), als Ausgaben der Ableitungsbaum und die generierten Fehlermeldungen. Die Programmierung der DMA erfolgt von außen, d.h. das umgebende Rechensystem teilt mit, von welchen Bereichen gelesen, bzw. auf welche Bereiche geschrieben wird. Ebenso werden von außen die Steuertabellen für AUTOMAT und PARSER sowie die primäre Symboltabelle geladen.

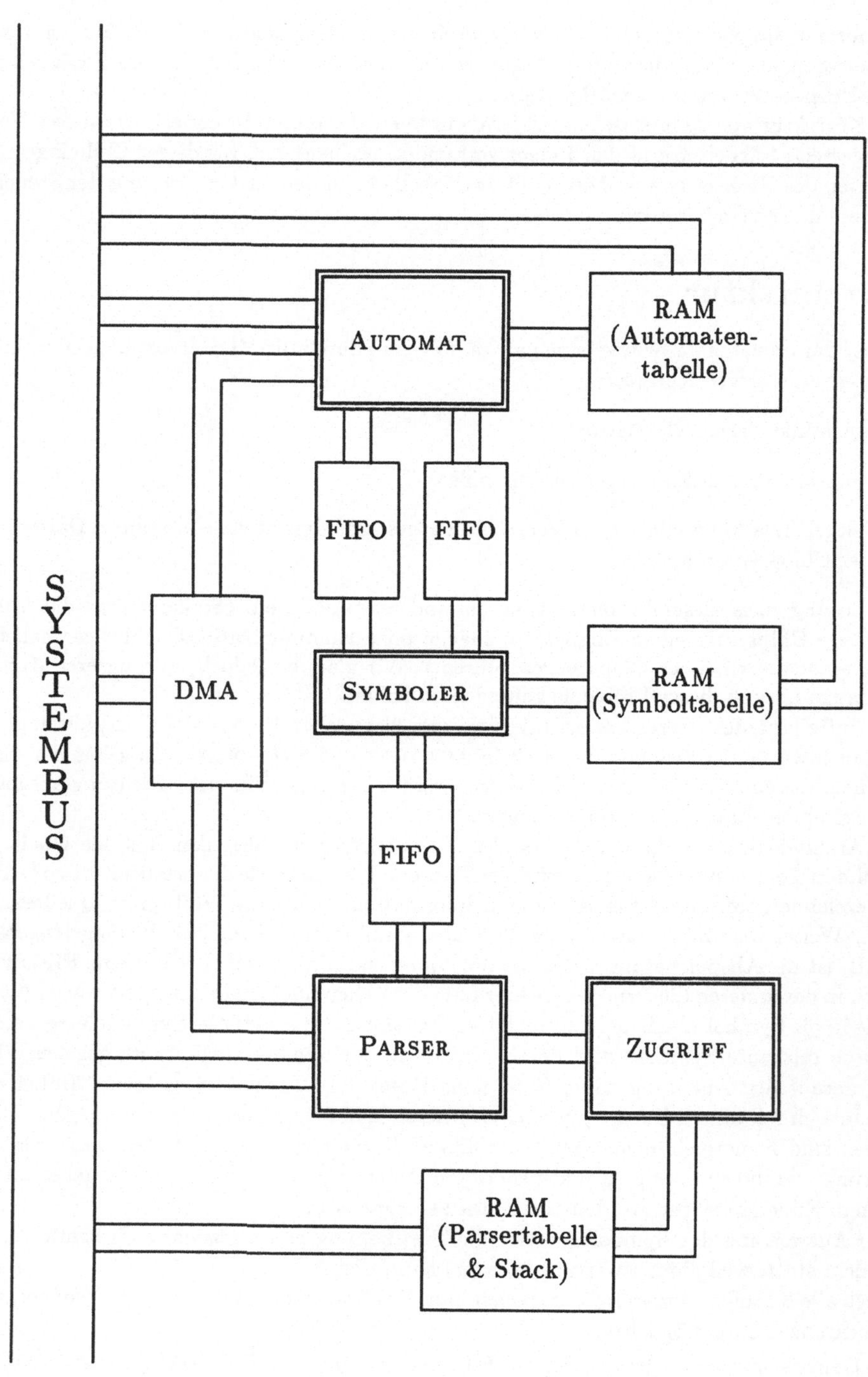

Abb. 1 : Architektur

Jeder zu entwerfende Chip in dieser Aufteilung erfüllt die Restriktionen bzgl. Größe und Anzahl der Anschlüsse. Durch FIFOs ist es möglich, daß die Stufen mit wechselnden Geschwindigkeiten arbeiten. Zum zweiten ermöglichen sie, daß einerseits weiterzureichende Daten weggeschrieben werden können und andererseits —sofern überhaupt vorhanden— Eingabedaten sofort ohne Anforderung zur Verfügung stehen. Beides kann geschehen ohne Protokolle und Wartezeiten. Auf die zur Analyse eines Programms durch diesen Prozessor benötigte Zeit addiert sich durch den Einsatz der FIFOs höchstens einmal die Durchlaufzeit der FIFOs. Dies spielt bei großen Programmen keine Rolle mehr. Zusätzlich gewinnt man dadurch Platz auf den anderen Chips.

Durch die Aufteilung der Scan-Phase auf AUTOMAT und SYMBOLER wurde eine Steigerung der Geschwindigkeit erreicht: einerseits durch die gewonnene Fläche, durch die in AUTOMAT Speicherzugriffe eingespart werden können, andererseits durch die Erhöhung der Anschlußzahl, die parallelen Zugriff auf Automaten- und Symboltabelle erlaubt.

Durch die Verwendung von zwei FIFOs zwischen AUTOMAT und SYMBOLER kann SYMBOLER die Hashadresse, die während der Verarbeitung in AUTOMAT ermittelt wird, als erstes lesen, aber AUTOMAT benötigt für den Text keine interne Pufferung.

Für DMA, RAMs und FIFOs ist der Einsatz von auf dem Markt erhältliche Bausteinen vorgesehen.

Da die Steuertabellen in jedem Fall zu groß sind, um auf den Chips integriert zu werden, läßt sich an diesen Stellen Datentransfer über Chipgrenzen nicht vermeiden. Um den Geschwindigkeitsverlust durch Speicherzugriffe gering zu halten, wurde ein Verfahren entwickelt (siehe unten), um Zugriffe einzusparen.

Unter anderem wegen der integrierten Fehlerbehandlung war der Flächenbedarf für PARSER zu groß, um gleichzeitig die komplizierten Zugriffsoperationen auf kompaktierte Parsertabellen aufzunehmen. Deshalb wurde die gesamte Datenverwaltung für PARSER auf einem eigenen Chip realisiert. Dies geschah mit der Absicht, die Möglichkeit zu haben, später einen Speicher zu entwickeln, der speziell die entsprechenden Zugriffsoperationen unterstützt. Durch die Abtrennung der Zugriffsroutinen auf einen eigenen Chip ist für ein Programm mit wenigen Fehlern eine geringe Geschwindigkeitseinbuße zu erwarten, zumal die gewonnene Fläche dazu benutzt werden kann, die Bestimmung der Aktionen des Kellerautomaten zu beschleunigen. Solange keine aufwendige Fehlerkorrektur nötig wird, ist der Geschwindigkeitsengpass eher in AUTOMAT oder SYMBOLER zu erwarten, da hier jedes Zeichen einzeln betrachtet werden muß.

3 Einsparung von Speicherzugriffen

Eine Einsparung ergibt sich trivialerweise dadurch, daß man alle (skalaren) Variablen in Registern halten kann. In einem Universalprozessor, auf dem die Compilerphasen verschränkt ablaufen, reicht die Zahl der Register möglicherweise nicht aus. Daneben werden, wenn es der Platz zuläßt, kleinere Vektoren auf dem Chip gespeichert.

Die Steuertabellen für AUTOMAT und PARSER lassen sich als Programme für eben diese Spezialprozessoren auffassen. Leider haben diese Programme nicht die Eigenschaft, daß, abgesehen von Sprüngen, nacheinander auszuführende Befehle auf aufeinanderfolgenden Adressen gespeichert sind. Vielmehr beinhaltet jeder Befehl einen bedingten Sprung, dessen Sprungziel aufwendig zu berechnen ist. Eine in Prozessoren üblicherweise realisierte Form von Pipelining in der man eine Stufe zum Laden der nächsten Instruktion vorsieht, und so für den unvermeidlichen Speicherzugriff Standzeiten im Prozessor vermeidet, kann aus diesem Grund hier nicht realisiert werden.

Wir untersuchten deshalb, ob es bei den Zugriffen auf die Steuertabellen ein Lokalitätsprinzip gibt. Wenn also relativ häufig die gerade adressierte Eintragung der Tabelle nach wenigen Schritten erneut angefordert wird, kann der langsame Speicherzugriff unterbleiben. Voraussetzung dafür ist, daß auf dem Chip die letzten k Tabellenzugriffe (für ein nicht zu großes k) und deren Ergebnis gespeichert werden. Benötigt wird dazu ein Assoziativspeicher, so daß alle Speicherzellen parallel auf das Vorhandensein der gesuchten Information überprüft werden können.

Bei durchgeführten Tests zeigten sich für AUTOMAT schon bei kleiner Speichergröße (8 Elemente) große Trefferraten, wenn man statt des einzelnen Zeichens Klassen von Zeichen betrachtet. Dabei gehören Zeichen zu einer gemeinsamen Klasse, wenn sie gleiche Übergänge im zugrunde liegenden endlichen Automaten bewirken. Für PARSER wurde eine Trefferrate von 80% erst bei 70 gespeicherten Aktionen erreicht, um eine Trefferrate von 50% zu überschreiten, mußten bereits 60 Aktionen gespeichert werden. Dies auf dem Chip zu implementieren, hätte zu viel Chipfläche gekostet. Der Einfluß der Verwaltungsstrategie (etwa LRU oder FIFO) auf die Trefferrate war dabei gering.

Als weitere Möglichkeiten zur Einsparung von Zugriffen werden die Fälle von bedeutunglosen Zeichen (Blanks, Zeilenwechsel, etc.) und zu überlesenden Kommentaren in AUTOMAT besonders behandelt. Dazu enthält AUTOMAT spezielle Register, die die Kodierung von zu ignorierenden Zeichen enthalten. Beim Lesen eines Kommentars wird bis zum Kommentarende der Zugriff auf die Tabelle unterlassen. Dadurch wird eine beträchtliche Geschwindigkeitssteigerung bei der Analyse von gut kommentierten und formatierten Programmen bei gleichzeitiger Unabhängigkeit des Prozessors von der Programmiersprache und der Zeichenkodierung (z.B. ASCII oder EBCDIC) erreicht.

4 Einzelne Komponenten

Die in den einzelnen Stufen realisierten Algorithmen entsprechen weitgehend den in Compilern üblichen Verfahren. Deshalb werden die Verfahren nur insoweit erläutert, wie es zum Verständnis notwendig ist oder durch die Hardwarerealisierung Besonderheiten auftreten.

4.1 AUTOMAT

Aufgabe ist es, das jeweils längstmögliche relevante Symbol (Token) zu erkennen und dessen Typ an den Symboler weiterzureichen. Gleichzeitig sind Zeilen und Spalten der Eingabe zu zählen. Das theoretische Modell ist ein (modifizierter) endlicher Automat. Die Schwierigkeit besteht darin, das Ende eines Symbols zu erkennen, was eigentlich nur dadurch geschehen kann, daß ein Zustand erreicht wird, aus dem kein erkennender Zustand mehr erreicht werden kann. Das zu erkennende Symbol endet dann mit dem Zeichen, in dem der Automat zum letzten Mal einen erkennden Zustand angenommen hat. In Programmiersprachen (außer FORTRAN) liegen diese beiden Punkte in einem korrekten Programm nur wenige Zeichen auseinander. AUTOMAT enthält deshalb einen internen Puffer von 4 Zeichen. Die zu ermittelnden Attribute können entweder in AUTOMAT selbst berechnet werden (z.B. die Länge in Zeichen oder die Quelltextposition), oder sind aus dem erreichten Endzustand des endlichen Automaten abzulesen. Letztere Information existiert auf dem RAM in Form einer Tabelle. Da es in der Regel mehrere Zeichen gibt, die gleiche Übergänge im endlichen Automaten bewirken, werden Zeichen zu Klassen zusammengefaßt (s.o.). Die entsprechende Abbildungstabelle (Zeichen→Klasse) wird auf dem Chip gehalten. Ebenso werden, wie schon erwähnt, 8 Eintragungen der Automatentabelle gespeichert, um Zugriffe auf das RAM einzusparen.

4.2 PARSER und ZUGRIFF

4.2.1 Speicherung der Steuertabelle

PARSER führt die syntaktische Analyse gemäß der LR(1)-Methode bzw. der SLR(1) oder LALR(1) durch. (SLR(1) und LALR(1) unterscheiden sich von LR(1) nur durch andere Tabellen ([Aho, Ullman 72]).) Die Tabelle enthält für jedes Paar aus Parserzustand und Symbol einen Eintrag, der aussagt, wie der Folgezustand zu ermitteln, der Stack zu verändern und ggf. welches Stück eines

Ableitungsbaums erkannt ist. In der Regel ist diese Matrix zu groß, um direkt abgespeichert zu werden. Einen Vergleich verschiedener Methoden zur Kompaktierung findet man in [Dencker et. al. 84]. Wir haben uns für die dort als GCS bezeichnete Methode entschieden, weil sie bei fester Zeit für Ermittlung eines Parserübergangs einen geringen Platzbedarf hat.

Hierbei wird eine Tabelle angelegt, die für jedes Paar aus Zustand und Symbol aussagt, ob dies ein Fehlerfall ist oder nicht (jeder Eintrag nur 1 bit). Damit ist in der Parsertabelle jeder Fehlereintrag unwesentlich geworden. Also werden zwei Zeilen oder Spalten der Matrix zusammengefaßt, wenn sie in jeder Position die gleiche Eintragung haben oder eine Eintragung unwesentlich ist. Man benötigt dann zwei eindimensionale Felder, in denen jeweils gespeichert ist, auf welche Zeile (bzw. Spalte) ein Zustand (bzw. Symbol) der komprimierten Matrix abgebildet wurde.

Es werden also mehrere Zugriffe benötigt, um einen Parserübergang zu ermitteln. Dennoch ist diese Methode im Vorteil gegenüber anderen Methoden, bei denen Listen durchsucht werden müssen. Da die Verwaltung von Daten von PARSER nach ZUGRIFF ausgelagert wurde, ist im Falle einer anderen Darstellungsmethode der Tabelle nur ZUGRIFF durch eine Neuentwicklung zu ersetzen.

4.2.2 Fehlerbehandlung

Zur Fehlerbehandlung wurde das Verfahren der vollständigen rücksetzungsfreien Verbesserung ausgewählt (siehe [Röhrich 80], [Röhrich 82]).

Das Verfahren nutzt folgende Eigenschaften der LR-Analyse. Wenn ein Fehler auftritt, existiert immer eine Zeichenkette, die den bisher analysierten Text zu einem korrekten Programm fortsetzt. Mit Hilfe einer solchen Fortsetzung kann man eine Korrektur vornehmen, indem man ein Anfangsstück der Fortsetzung einfügt und/oder einen Teil des noch nicht analysierten Programms löscht. (Schlechtestenfalls wird die gesamte Fortsetzug eingefügt und der ganze Rest des Programms gelöscht.) Es existiert ein Verfahren, um die einzufügenden und zu löschenden Texte optimal zu bestimmen.

Zur Erzeugung der Fortsetzung wird eine Tabelle benutzt, die für jeden Parserzustand ein Zeichen enthält, das in diesem Zustand eingefügt werden kann. (Dazu müssen evtl. Parserzustände aufgespalten werden.) Läßt man den Parser aus dieser Tabelle statt aus der Eingabe lesen und speichert diese Symbole ab, erhält man die gesuchte Fortsetzung. (Dafür benutzt man dann natürlich eine Kopie des Stacks.)

Die folgenden Aspekte haben dabei für die Auswahl dieses Verfahrens eine Rolle gespielt:

1. Das Verfahren arbeitet tabellengesteuert und ist somit für alle LR(1)-Sprachen einsetzbar, ohne die volle Mächtigkeit eines Universalprozessors zu verlangen.

2. Es arbeitet rücksetzungsfrei, d.h. die Korrektur beginnt an der Stelle, an der der Fehler entdeckt wird. Eine Wiederherstellung alter Zustände entfällt damit.

3. Die vorgenommene Korrektur dient gleichzeitig als Hinweis zur Fehlerbehebung durch den Programmierer. Eine komplizierte Erzeugung von Fehlermeldungen entfällt dadurch.

4. In jedem Fall wird ein vollständiger Ableitungsbaum erzeugt. Also sind keine Informationen zu erzeugen, um in einem solchen Fall in der semantischen Analyse Fehlverhalten zu verhindern.

5. In jedem Fall kann durch dieses Verfahren eine Korrektur durchgefürt werden. Es ist also kein Aufwand für komplizierte Sonderfälle notwendig. (Dies gilt nicht für alle Verfahren.)

Alle diese Eigenschaften lassen das Verfahren ideal für eine Implementierung auf einem wenig flexiblen Spezialprozessor erscheinen, zumal der für die Erzeugung der Korrektur benötigte Parser ohnehin vorhanden ist.

4.2.3 Beschleunigung des Datentransfers zwischen PARSER und ZUGRIFF

Zur Minimierung von Standzeiten durch Datentransporte werden in PARSER 16 Speicher für Stackelemente verwendet, dadurch werden Datentransporte erst notwendig, wenn beim Wachsen oder Schrumpfen dieser Bereich verlassen wird.

In ZUGRIFF sind noch keine Verfahren zur Beschleunigung der Datentransporte vorgesehen, da bisher AUTOMAT und SYMBOLER als langsame Komponenten des Systems erachtet wurden. Sollte sich diese Annahme im Betrieb als falsch herausstellen, ergeben sich dazu mehrere Möglichkeiten.

Als erstes könnte man versuchen, einen Speicherbaustein mit integrierten Zugriffsoperationen für Parsertabellen zu entwickeln. In einer nicht so weitgehenden Lösung kann die Information, die von PARSER angefordert wurde, zur Vorbereitung der nächsten Anfrage genutzt werden. Wenn z.B. die Information über einen neuen anzunehmenden Zustand an PARSER weitergegeben wurde, wird der nächste Zugriff auf die Steuertabelle diesen Zustand betreffen. Also können die Teile der Ermittlung der nächsten Parseroperation, die nur vom Zustand abhängen, im voraus erledigt werden. Evtl. muß wegen des großen Speicherbedarfs dafür ein weiterer Chip vorgesehen werden.

Um im Fehlerfall Zeiten zum Kopieren des Stacks zu sparen, kann die Kopie schon nebenläufig im Normalbetrieb erzeugt werden.

5 Vergleich mit einer Softwarelösung

Häufig wird statt der in diesem Prozessor verwendeten tabellengetriebenen Form empfohlen, in einem Compiler den Analysator auszuprogrmmieren. Für den Scanner ist zudem die Ersparnis beim Erstellen durch einen Tabellengenerator nicht so bedeutend, da er sich meist leicht aus einem vorhanden Scanner für eine andere Programmiersprache anfertigen läßt. Der Geschwindigkeitsverlust (in Software) durch Tabelleninterpretation sollte jedoch in jedem Fall mehr als wettgemacht werden, da die Automatenaktionen, die auch in der ausprogrmmierten Form —nur effizienter— realisiert sind, in einer Hardwarelösung direkt Maschineninstruktionen entsprechen.

Als nachteilig könnte die geringere Flexibilität einer Hardwarerealisierung angesehen werden. So sind einfache Korrekturen lexikalischer Fehler oder Ausnutzung semantischer Information bei der Verwendung mehrdeutiger Grammatiken (z.B. kann die Deklaration eines Bezeichners ausgenutzt werden), nicht durch leicht vorzunehmende Abänderung der Software möglich. Es hat sich aber in der Praxis herausgestellt, daß sich Mehrdeutigkeiten in den Grammatiken vermeiden lassen, was auch im Sinne von sauber getrennten Übersetzungsphasen wünschenswert ist. Die Korrektur lexikalischer Fehler wird in unserer Realisierung in den Parser verlagert, dem in diesem Fall ein Fehlertoken übergeben wird. Daraufhin wird —nach der Meldung "lexikalischer Fehler"— genau wie bei der Korrektur eines syntaktischen Fehlers verfahren. Dies dürfte nur in seltenen Fällen zu einer für den Programmierer verwirrenden Fehlerdiagnose führen. Benötigt der Programmierer dadurch einen zusätzlichen Compilierversuch, sollte dies durch den Geschwindigkeitsgewinn ausgeglichen werden.

Weiter zeigte sich in einem Fall, daß eine in der Softwarelösung sinnvolle Strategie für einen Prozessor weniger angebracht sein kann. So wird für die Entwicklung von Scannern empfohlen, jedes Zeichen nur einmal anzufassen. Eine einfache Überlegung zeigt jedoch, daß eine in Pipelining vorgenommene zweistufige Lösung günstiger ist:

Sei a der Aufwand für das "Anfassen" eines Zeichens (z.B. Ein- und Ausgabe). Seien weiter v_1, v_2 die Aufwände für zwei Verarbeitungen. Dann ergeben sich für n Zeichen folgende Aufwände:

$$n \cdot (v_1 + v_2 + a) \quad \text{seriell mit 1× Anfassen}$$
$$n \cdot (v_1 + v_2 + 2a) \quad \text{seriell mit 2× Anfassen}$$
$$n \cdot \max(v_1, v_2) + 2a + \min(v_1, v_2) \quad \text{in 2 Pipelinestufen}$$

Dies wurde durch Aufspaltung des Scanners in AUTOMAT und SYMBOLER berücksichtigt.

Eine abschließende Messung des Geschwindigkeitsgewinns ließ sich, da das Projekt noch nicht abgeschlossen ist, noch nicht vornehmen. In AUTOMAT wird die zur Verarbeitung eines Zeichens benötigte Zeit bei ca. 8 Takten liegen. Da dies vermutlich die langsamste Komponente ist, erhält man in erster Näherung bei einer Taktung mit 4 MHz einen Durchsatz von 500 000 Zeichen pro Sekunde. Abhängig vom umgebenden Rechnersystem kann die Verarbeitungsdauer von der Verfügbarkeit des Busses oder der Zeit zum Laden der Steuertabellen dominiert werden.

6 Abschlußbemerkungen

Der vorgestellte Prozessor resultiert aus einer Umsetzung bekannter Methoden in Hardware. Zusätzlich zum Phasenkonzept eines Compilers in Software wurde die Symbolverwaltung als eigenständige Phase realisiert. Da der Speicherzugriff sich als das Haupthindernis beim Erreichen hoher Geschwindigkeit herausstellte, wurden Methoden zur Vermeidung von Zugriffen untersucht und in AUTOMAT implementiert. Sollte sich herausstellen, daß sich der Engpaß nach PARSER verlagert hat, ist zu überlegen, ob die Geschwindigkeit weiter gesteigert werden muß, sei es durch günstigere Organisation der Tabellen oder durch die oben erwähnten Methoden.

Die Steuertabellen (das Programm) lassen sich durch den Einsatz vorhandener Werkzeuge für den Compilerbau generieren. Es müssen nur die Tabellen umgesetzt werden in die vom Prozessor verlangte Form. Die dazu notwendige Software ist mit geringem Aufwand zu erstellen.

Abschließend möchte ich den Teilnehmern der Projektgruppe, R. Beimdiek, Th. Franken, J. Friedrich, U. Glässer, H. Ihmor, L. Jostameling, H.-J. Kaufmann, K. Matuschke, K. Neutze, D. Nolte, T. Reski, F. Rupprecht, M. Schrewe, U. Simon, G. Vorloeper für ihren Beitrag zu dieser Arbeit danken. Mein besonderer Dank gilt Uwe Glässer für seine Anregungen zu diesem Tagungsbeitrag. Prof. Uwe Kastens und Peter Pfahler haben durch ihre Unterstützung der Projektgruppe beim Einsatz des Parsergeneriersystems PGS und durch Diskussion der Details der von uns aufgegriffenen Methoden maßgeblich zur Entwicklung des Prozessors beigetragen.

7 Referenzen

[Aho, Ullman 72]   A. Aho, J. Ullman
The Theory of Parsing, Translation, and Compiling
Volume 1: Parsing
Prentice Hall, 1972

[Aho, Ullman 78]   A. Aho, J. Ullman
Principles of Compiler Design
Addison Wesley, 1978

[Clark 80]   W.A. Clark
From Electron Mobility to Logical Structure
Computing Surveys, Vol. 12, No. 3, September 1980

[Dencker 77]
P. Dencker
Ein Neues LALR-System
Diplomarbeit Universität Karlsruhe, 1977

[Dencker et. al. 84]
P. Dencker, K. Dürre, J. Heuft
Optimization of Parser Tables for Portable Compilers
ACM Transactions on Programming Languages and Systems,
Vol. 6, No. 4, 1984, pp. 546-572

[Hörbst et. al. 86]
E. Hörbst, M. Nett, H. Schwärtzel
VENUS: Entwurf von VLSI-Schaltungen
Springer Verlag, 1986

[Johnson 75]
S.C. Johnson
YACC - Yet Another Compiler Compiler
Comp. Sci. Tech. Rep. No. 32,
Bell Labs, Murray Hill, NJ, 1975

[Kaesser 87]
A.W. Kaesser
Projekt E.I.S (Entwurf integrierter Schaltungen)
Spektrum der Wissenschaft, 6/1987 pp. 15-16

[Lesk 75]
M.E. Lesk, E. Schmidt
LEX - Lexical Analyser Generator
Comp. Sci. Tech. Rep. No. 39,
Bell Labs, Murray Hill, NJ, 1975

[Mead, Conway 80]
C. Mead, L. Conway
Introduction to VLSI-Systems,
Addison Wesley 1980

[Röhrich 80]
J. Röhrich
Methods for Automatic Construction of Error Correcting Parsers
Acta Informatica, 1980

[Röhrich 82]
J. Röhrich
Behandlung syntaktischer Fehler
Informatik Spektrum 1982, pp. 171-184

[Tredennick 81]
N. Tredennick
How to Flowchart on Hardware
IEEE Computer, Vol. 14, No. 12, Dec. 1981, pp. 87-102

[Waite, Goos 84]
W.M. Waite, G. Goos
Compiler Construction
Springer Verlag, 1984

Alternative Rechnerarchitektur für Datenübertragungs-
Controller mit hohen Datenraten

Dipl.Ing. Felix Fehlau
NIXDORF Computer AG, Paderborn
Entwicklungsbereich Elektronik
Pontanusstr. 55
4790 Paderborn
05251-146234

Dipl.Ing. Michael Rupprecht
RWTH - Aachen
Lehrstuhl für Informatik IV
Ahornstr. 55
5100 Aachen
0241-804523

1. Zusammenfassung

Die Architektur von Datenübertragungs-Controllern ist geprägt durch den
Einsatz von Mikroprozessoren und entspricht der klassischen von-Neumann-
Struktur. Eine bestehende Controller-Struktur wird vorgestellt und
Leistungsengpässe aufgezeigt. Höhere Datenraten von 10 - 140 MBit/s, wie sie
in den nächsten Jahren für moderne Datennetze zu erwarten sind, erfordern
extrem hohe Durchsatzraten. Deshalb wird die Frage nach alternativen
Rechnerarchitekturen, die diesen Anforderungen gerecht werden können,
diskutiert und ein Konzept für eine Multiprozessor- Architektur vorgestellt.
Die Ausnutzung der in der Protokollschichtung und in den Protokollen selbst
vorhandenen Parallelitäten steht dabei im Vordergrund.
Die Überlegungen werden im Rahmen einer Forschungskooperation zwischen der Fa.
Nixdorf und dem Lehrstuhl Informatik IV, Prof. Dr. O.Spaniol, RWTH Aachen
weiter konkretisiert.

2. Einleitung

Das Ziel, die Zentraleinheiten möglichst effektiv auszunutzen, führte in den
letzten Jahren zur Dedizierung von Ein-/Ausgabe-Funktionen auf spezielle
Subrechnersysteme. Diese Front-End (FE) -Systeme haben in der Regel eine
Auftragsschnittstelle und arbeiten vollkommen autonom und zeitlich parallel
zum Hauptrechnersystem. Als Beispiel sei hier auf die Struktur einer
Workstation verwiesen (Abb.1.), bei der die folgenden Komponenten je ein
Subsystem darstellen:

- CPU mit Speicher meist mit einer oder mehreren seriellen Schnittstellen

- Display Controller, der die Ansteuerung eines hochauflösenden Bildschirms
  übernimmt.

- Disk-Controller zur Bedienung der angeschlossenen Magnetplatten bzw. Flexible Disk-Peripherie.

- Kommunikations-Controller, der den Anschluss an ein Lokales Netz oder ein Fernnetz ermöglicht.

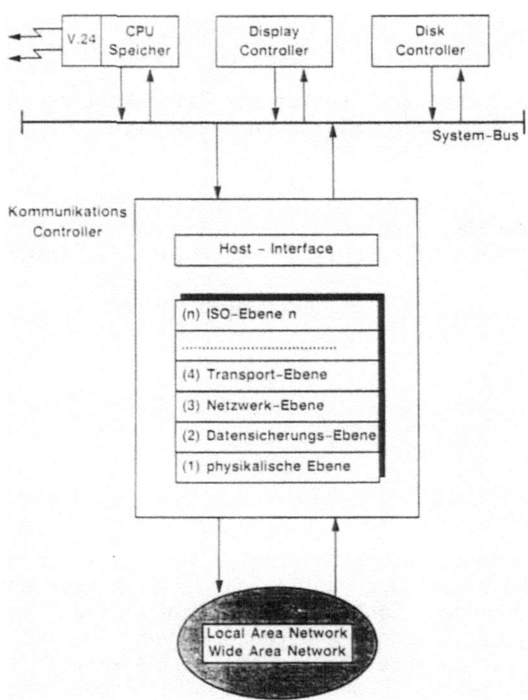

Abb.1. Rechnerstruktur einer Workstation mit Netzanschluss

Im Bereich der Datenübertragung gehören zu den I/O-Funktionen die Bedienung des physikalischen Übertragungsmediums selbst, sowie die logische Bearbeitung der transferierten Daten. Die dazu notwendigen Aufgaben werden durch das Open Systems Interconnection-Referenzmodell der ISO (International Standardization Organization) in sieben Schichten strukturiert. Dabei ist die unterste Ebene, Schicht 1, für die Steuerung des physikalischen Mediums zuständig. Schicht 2 sichert einen Übermittlungsabschnitt, indem Übertragungsfehler des Mediums erkannt und behoben werden. Die Netzwerk-Ebene sorgt für den geregelten Übergang in andere Netze und die Transportebene sichert die Kommunikation zwischen zwei Endteilnehmern über alle Netze hinweg. Die Sitzungsebene regelt den Ablauf von Terminal-Sitzungen oder Prozess- Verbindungen durch Checkpoints, aber auch eventuell notwendige Gebühren- Verrechnung. Ebene 6, die Darstellungsebene, eliminiert syntaktische Unterschiede unter Beibehaltung der eigentlichen Inhalte der Nutzinformation (Anpassung verschiedener Terminalformate,Verschlüsselung, Datenkompression etc.). Die oberste Schicht stellt allgemeine Anwendungen wie File-File-Transfer, Remote-Job-Entry etc. zu Verfügung.

Im Referenzmodell bietet dabei eine Schicht n einer überlagerten Schicht n+1 Dienste an und macht ihr damit alle unterlagerten Schichten transparent.

Aus dem Spektrum der Protokolle sind auf Kommunikations-Controllern meist die netzabhängigen Schichten 1 bis 3, sowie das Transportprotokoll implementiert. Es gibt jedoch Einsatzgebiete, in denen die Standardisierung bis zur Ebene 7 einschliesslich vorgedrungen ist (vgl. MAP), und alle Ebenen auf einem FE-System ablaufen.

Um die Komplexität der ablaufenden FE-Protokoll-Software zu verdeutlichen, soll hier kurz auf eine Möglichkeit der Implementierung eingegangen werden. In Abb.2. erkennt man die schichtenweise Abbildung der Protokolle in eine oder mehrere Tasks. Die gesamte Protokoll-Software ist eingebettet in ein Realzeit-Betriebssystem. Die Schnittstellen-Software zum Host und zum Netz wird in Form der Host-Interface-Task und der Medium Access Control (MAC)-Task als Interrupt-Prozesse realisiert. Diese beiden Prozesse sowie die ständig präsenten Komponenten der Protokoll-Tasks, die die sog. Service Access Points darstellen, sind statisch vorhanden. Die Protokollteile, die eine logische Verbindung repräsentieren, werden beim Verbindungsaufbau dynamisch, initiiert durch den statischen Teil der Ebene, kreiert und nach dem Verbindungsabbau wieder deaktiviert. Die Kommunikation der Tasks untereinander erfolgt mit Hilfe von Eingangswarteschlangen, die vom Betriebssystem verwaltet werden. Durch das Schreiben einer Information in eine Warteschlange wechselt die empfangende Task in den Zustand "ready" und wird vom Scheduler aktiviert.

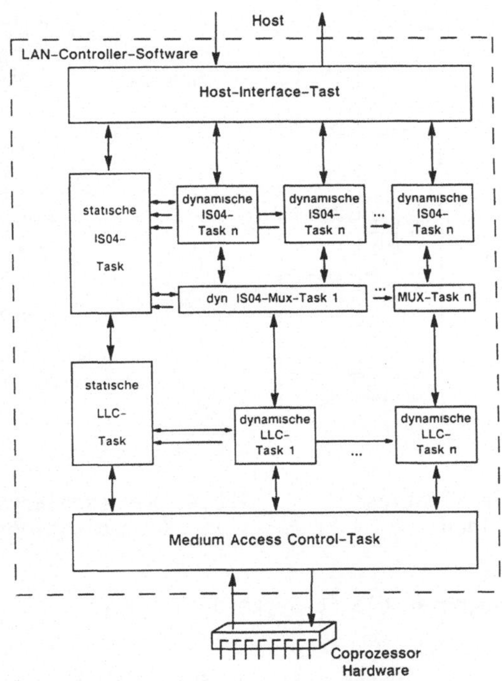

Abb.2. Beispiel für eine Systemimplementierung

Um im nächsten Abschnitt eine Abschätzung der Lastverteilung auf der Basis der Teilaufträge im System vorstellen zu können, werden die wichtigsten Auftragsfolgen dargestellt (Abb.3.). Ein Host-Sendeauftrag (Fall a) wird vom Host-Interface (HIF) zur obersten Protokollschicht, hier das Transportprotokoll (Ebene 4), dessen Verbindungskomponente durch eine dynamische Task repräsentiert wird, weitergereicht. Der Auftrag wird für den

Host quittiert (PUT_resp) und nach einer entsprechenden Bearbeitung (Header vorhängen, ggf. Segmentierung etc.) über die Multiplexer-Task (MUX-IS04) der nächst tieferen Ebene zugeleitet. Das Logical-Link-Control (LLC) - Protokoll bearbeitet den Sendeauftrag und bereitet ein Information-Frame auf, das dem MAC übergeben wird. Von hier gelangt das Frame dann auf das Netz.
Empfangsaufträge (Fall b) durchlaufen die gleichen Instanzen in umgekehrter Richtung. Dabei muss jedoch von der Ebene 2 bzw. 4 ggf. eine Quittung zum Netzpartner generiert werden.
Die letzten beiden Beispiele (Fall c und d) beschreiben die Abläufe beim Empfang von Quittungen.

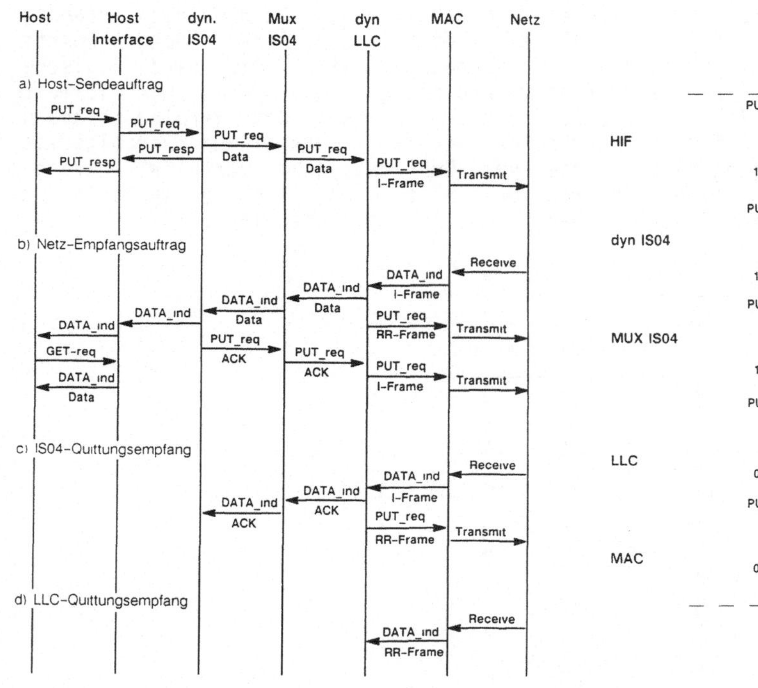

Abb.3. Beispiel für die wichtigsten
Kommunikationsfolgen

Abb.4. Warteschlangenmodell eines
Kommunikations-Controllers

3. Spezielle Anforderungen an die FE-Systemarchitektur

Je nach Protokollart auf der Datensicherungsebene muss das FE-System beim Empfang auf Zeichen oder ganze Zeichen-Pakete reagieren. Bei der ersten Art den zeichenorientierten Protokollen (z.B. BSC) kann sich der Betriebsmodus durch das Auftreten eines Steuerzeichens während des Nachrichtenempfangs ändern. Das System muss die Umschaltung des Modus bis zum nächsten einlaufenden Zeichen erledigen. Bei bitorientierten Protokollen (z.B. HDLC) muss das Protokoll "nur" auf das Paket als Ganzes reagieren und die Bearbeitung bis zum nächsten Paket abgeschlossen haben. Damit ist ein Datenübertragungs-Controller nach DIN 44300 ein Echzeitsystem, "bei dem

Programme zur Bearbeitung anfallender Daten ständig betriebsbereit sein müssen derart, dass die Verarbeitungsergebnisse innerhalb einer vorgegebenen Zeitspanne verfügbar sind". Die Echtzeitanforderungen haben gleichermassen Einfluss auf die Rechnerarchitektur (Rechnertyp, Kommunikationsmechanismen zw. Komponenten), das Software-Engineering (Entwurf, Modellierung, Validierung, Implementierung), das Betriebssystem (Ereignisbehandlung) sowie die zu verwendenden Algorithmen (effiziente Implementierbarkeit).
Gerade der Wunsch möglichst viele Protokolle vom Host zum FE-System zu verlagern, führt zu einer komplexen Software-Architektur, die in übersichtlicher Weise nur als Multitasking-System implementiert werden kann. Die damit verbundenen Anforderungen wie die Unterstützung der Synchronisations-Mechanismen etc. sollen hier nicht näher erläutert werden.

Um die Leistungsverteilung auf dem Controller zumindest überschlägig beurteilen zu können, soll hier ein grobes Warteschlangen-Modell mit vereinfachenden Annahmen vorgestellt werden. Da von einer Vielzahl von am Netz aktiven Stationen und ebenfalls einer Reihe unabhängiger Benutzerprozesse im Host, die den Controller belasten, ausgegangen werden kann, wird die Netz- und Hostlast poisson-verteilt angenommen. Weiterhin sollen nur die Vorgänge modelliert werden, die im "eingeschwungenen" Zustand d.h. während der Datenphase und nicht in der Verbindungsauf- und abbauphase stattfinden. Für die hier dargestellte Protokollschichtung wurden die tatsächlichen Aufenthaltszeiten in den Komponenten in Abhängikeit von den Auftragsarten gemessen. Als Netzwerk diente ein ETHERNET mit einer Übertragungsrate von 10 MBit/s.
Die Modellierung (Abb.5.) basiert auf zwei Auftragsketten, eine für das Senden und eine für das Empfangen. Je nach Auftragsart enthalten die Schichten unterschiedliche Warteschlangen mit verschiedenen Servicezeiten. Bei jeder Warteschlange kommt die FIFO-Strategie zur Anwendung. Das so gewonnene Warteschlangennetz wurde in Hinblick auf die Auslastungen der einzelnen WS für maximale Systembelastung analysiert.
Es zeigt sich, dass die Schnittstellen und zentrale Protokollkomponenten (Multiplexer) Leistungsengpässe des Systems darstellen. Gerade die Schnittstellen zum Netz und zum Host müssen hohe Datenraten bewältigen. Um den Prozessor des FE-Systems von diesen reinen Datentransfer-Aufgaben zu entlasten, bietet sich der Einsatz des Direct Memory Access (DMA) -Mechanismus an. Zur Anwendung kommen DMA-Bausteine oder DMA-Kanäle, die bereits auf dem Mikroprozessor-IC integriert sind (z.B. 80186).

Gerade netzseitig unterliegt das System dem Zwang auf alle Anforderungen (d.h. Empfang von an diesen Knoten adressierten Paketen) in Echtzeit zu reagieren; Resourcenengpässe führen sofort zu Datenverlust. Die hohen Datenraten moderner Netze (bis 16 MBit/s) fordern eine sehr hohe Verfügbarkeit des bearbeitenden Prozessors (200-300 Aufträge/sec). Zur Entlastung des General-Purpose-Prozessors bietet sich ein dedizierter Kommunikations-Coprozessor (allg. ein I/O-Subsystem) an, der exklusiv für das Senden und Empfangen von Daten zur Verfügung steht. Solche Coprozessoren oder Chip Sets sind z.Zt. für die wichtigsten Netzwerke als VLSI-Bausteine verfügbar. Sie haben nicht nur den Vorteil, in ihrer Funktionsweise auf die Belange des Netzwerks optimiert zu sein; sie realisieren auch die in den Standards (z.B. CCITT, ISO oder IEEE) festgelegten Schnittstellen und lassen dem Systementwickler bezogen auf die physikalischen Medien keine Freiheitsgrade bei der Implementierung. Dies bedeutet einen Schritt in Richtung auf "Offene Systeme".

Der Coprozessor erhält über den internen Systembus Zugriff auf den FE-Speicher. Dort kann er mit Hilfe eines DMA-Kanals die Empfangsdaten schreiben bzw. die Sendedaten lesen. Zur Kommunikation mit dem Hauptprozessor wird der

Interrupt-Mechanismus verwendet.

Die abgeschlossene Bearbeitung eines Sendeauftrags oder der Empfang eines Datenpakets wird vom Coprozessor per Interrupt gemeldet. Hierbei gibt es die Möglichkeit den Interrupt zu priorisieren und/oder zu vektorisieren. Damit empfangene Daten die nachrückenden Pakete nicht blockieren, muss auf eine genügend schnelle Interrupt-Reaktion geachtet werden. Zu diesem Zweck kann die Interrupt-Service-Routine entsprechende Komplexität erhalten, oder eine Interrupt-Task mit hoher Priorität gestartet werden.

Der Hauptprozessor seinerseits stimuliert den Coprozessor bei einem Sendeauftrag durch ein Steuersignal oder einen Schreibzugriff auf dessen I/O-Ports. Daraufhin übernimmt er selbstständig das Einlesen des Auftragsfeldes und der angeketteten Datenpuffer.

Den Protokollen muss für ihre vielfältigen Timer-Überwachungs- Mechanismen ein ausreichend genauer Hardware-Timer zur Verfügung stehen.

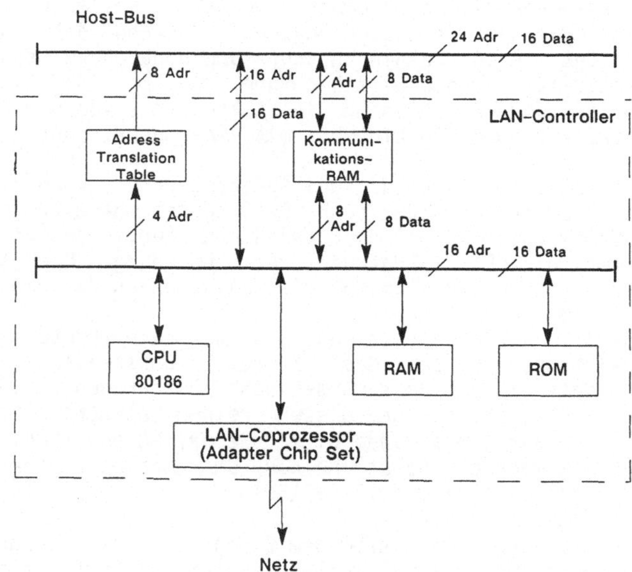

Abb.5. Hardwarestruktur eines Kommunikations-Controllers

4. Leistungsgrenzen

Trotz Hardware-Unterstützung wird die Bedienung der Schnittstellen des Controllers immer zu Leistungsengpässen führen. Aber auch die sequentielle Bearbeitung vieler virtueller Verbindungen in den verschiedenen Ebenen weist Leistungsobergrenzen auf. Dies liegt vor allem an der steigenden Verwaltungsarbeit beim Aktivieren/Deaktivieren der verschiedenen Tasks. Ein geeigneter Prioritäten-Algorithmus zur Prozessorvergabe kann in einem bestimmten Betriebspunkt zwar noch Realzeitanforderungen befriedigen, führt aber in einem Hochlastfall, der durch einen sehr spontanen Netzverkehr (Burst) durchaus kurzzeitig auftreten kann, auch zu nicht mehr akzeptablen Wartezeiten der Tasks mit geringer Priorität und möglicherweise zu Pufferengpässen.

5. Wege zur Verbesserung der Leistungsfähigkeit

Um die Leistungsfähigkeit eines Controller-Systems zu erhöhen, können verschiedene Wege eingeschlagen werden. Unter Beibehaltung der dargestellten Rechnerstruktur können durch die Steigerung der Prozessor-Geschwindigkeit die Service-Raten an jeder Warteschlange im System gleichmässig erhöht werden. Wenn alle Daten in einem Speicher liegen, stellt dann die Speicherzugriffsrate die Obergrenze für die Leistungssteigerung dar.

Die DMA-Speicherzugriffe in den gemeinsamen Speicher verzögern die Prozessor-Zugriffe, wenn gleichzeitige Schreib-/Lesewünsche anstehen. Eine Trennung von reinen Nutzdaten und Protokolldaten in zwei verschiedene Speicher mit entsprechenden Bussystemen könnte die DMA-Aktivitäten von den Prozessor-Zugriffen entkoppeln. Dies ist immer dann sinnvoll, wenn nennenswerte Nutzdatenmengen pro Zeiteinheit übertragen werden (File-Server-Anwendungen). Bei einer Anwendungen mit vielen kleinen Datenpaketen wird der Vorteil durch die bei diesem Verfahren notwendigen zusätzlichen Synchronisierungs-Mechanismen wieder aufgehoben.

Die für Kommunikations-Controller typische Aufgabenstellung der Multiplexer-Funktion (viele Verbindungen am Host-eine Verbindung zum Netz) beinhaltet jedoch auf der Systemebene bereits einen hohen Grad von Parallelität. Zur Ausnutzung dieser Parallelität müssen mehrere Prozessor-Einheiten zu einem System zusammengefasst werden. Dabei ist gleichermassen eine Verteilung von virtuellen Verbindungen (vertikaler Prozess) als auch von zu einer Ebene gehörenden Prozessen (horizontale Prozesse) auf je eine Prozessor-Einheit denkbar. Im ersten Fall könnte ein System durch redundante Auslegung vieler gleichartiger Wege auch einen Beitrag zur Fehlertoleranz liefern.

6. Protokollspezifikation mit einem modifizierten Petrinetz

Um die Leistungsfähigkeit eines Systems durch parallel ausgeführte Aktivitäten zu steigern, müssen die Algorithmen zunächst so spezifiziert werden, dass die nebenläufig ausführbaren Teile als solche erkennbar bleiben. Eine Darstellung der Algorithmen z.B. mittels Struktogrammen ist hierzu ungeeignet, da die Aktivitäten hier in eine sequentiellen Abfolge umgewandelt werden. Die Petrinetze (vgl /Rei82/ und /Rei85/) haben sich dagegen als Mittel zur Darstellung der gegenseitigen Abhängigkeiten von Prozessen bewährt.

Petrinetze beschreiben einen Algorithmus, indem sie diesen in verschiedene Aktivitäten zerlegen. Für jede Aktivität gibt es Bedingungen, die erfüllt sein müssen, damit die Aktivität ausgeführt werden kann. Eine Aktivität die ausgeführt wird, verändert die Bedingungen, die dann nachfolgende Aktivitäten auslösen können.

In einem Petrinetz beschreibt man Bedingungen, indem man Stellen definiert und dann mit einer Vorschrift beschreibt, welchen Inhalt (Token) diese haben müssen. Die Aktivitäten werden durch Transitionen beschrieben. Jede Transition hat eine oder mehrere Stellen in ihrem Vorbereich. Hat jede Stelle im

Vorbereich einen Inhalt, der die korrespondierende Vorschrift erfüllt, dann ist die Transition schaltfähig. Mit einer schaltenden Transition sind Aktivitäten verknüpft. Ausserdem werden die Stellen im Nachbereich der Transition mit Token geladen, die durch Vorschriften spezifiziert sind. Die Vorschriften des Vorbereiches werden V-Vorschriften genannt, die des Nachbereiches N-Vorschriften.

Mathematisch wird ein solches Netz als ein 4-Tupel N = (S,T,F,A) dargestellt:

S   (Stellen) und
T   (Transitionen) sind disjunkte endliche Mengen.
F   ist die Vereinigungsmenge der Menge der V-Vorschriften und der N-Vorschriften. Die V-Vorschriften sind Teilmenge der Relation (SxT) und die N-Vorschriften Teilmenge der Relation (TxS).
A   ist die Anfangsbelegung. Für alle S muss ein Inhalt aus I angegeben werden A c (SxI).

Für die Umsetzung eines Protokoll-Algorithmus, der durch eine Zustandsautomaten spezifiziert ist, wurde ein modifiziertes Petrinetz definiert.

Die Forderung der einzuhaltenden Reihenfolge der aufeinander folgenden Nachrichten wird darin durch sog. FIFO-Stellen erfüllt (vgl /Fin83/). Für eine unbegrenzte Anzahl von Warteplätzen in den FIFO-Stellen ist ein Netz bestehend aus diesen Stellen kontaktfrei. Als zweite, besondere Art von Stellen gibt es solche, die ihr Token nicht beim Schalten der koinzidenten Transitionen abgeben (Read without Delete - RWD). Somit ist in einer solchen Stelle immer ein Token vorhanden. Um ein sinnvolles Markenspiel zu gewährleisten, muss es auch zulässig sein, ein solches Token zu überschreiben.

Durch die ausschliessliche Verwendung der beiden hier beschriebenen Typen von Stellen ist das Netz immer kontaktfrei. Eine bei anderen Netzmodellen nötige Überprüfung der Stellen im Nachbereich kann daher entfallen. Dies ist gerade in Hinblick auf eine Implementierung des Netzes auf einem Recher eine zeitsparende Vereinfachung.

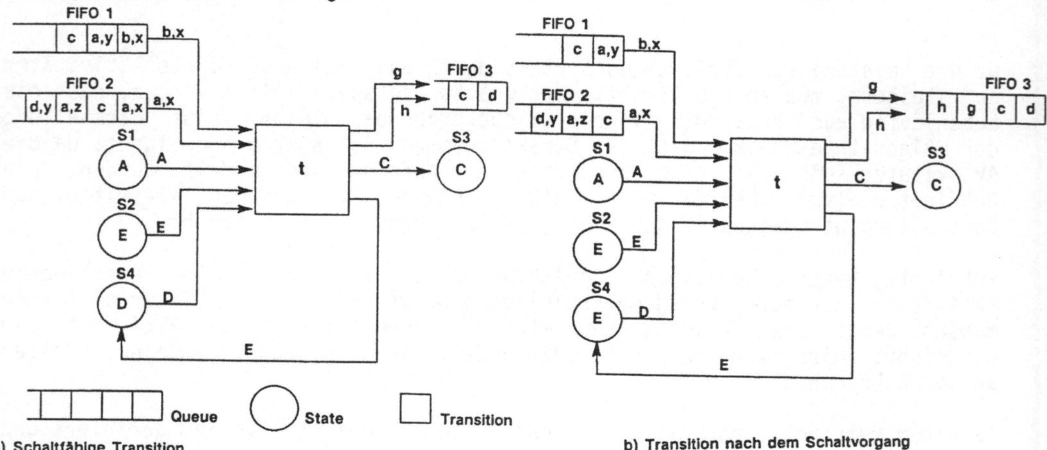

Abb.6. Modified Coloured FIFO Net - Beispiel nach /Dre87/

Die Semantik der RWD-Stellen bildet einerseits die Protokollzustände ab, welche ihren Zustand behalten bis zum Eintritt eines expliziten Ereignisses, andererseits entspricht dieses Verhalten einer normalen Speicherzelle. Die Token selbst sind nicht uniform sondern "coloured" d.h. sie können von verschiedenem Typ sein. Für eine mathematisch exakte Definition des hier vorgestellten MCFN (Modified Coloured FIFO- Net) sei auf /Dre87/ verwiesen.

Ein solches Netz eignet sich nicht mehr, wie einfachere Netzmodelle, für mathematische Analyseverfahren, die zum Beispiel die korrekte Funktion eines Protokolles nachweisen könnten. Dies ist aber auch nicht Ziel der hier vorgestellten Umsetzung. Da viele Protokolle durch endliche Automaten spezifiziert wurden, ist ein Transformations- Verfahren definiert worden, das eine Umsetzung in das MCFN vereinfacht. Dabei werden die Zustände des Automaten und Ereignisse als Vorbedingung für eine Transition betrachtet. Das Schalten der Transition bewirkt die Änderung der Zustandsstellen im Nachbereich. Die mit den Zustandsübergängen verknüpften Aktivitäten werden in FIFO-Stellen im Nachbereich gelegt.

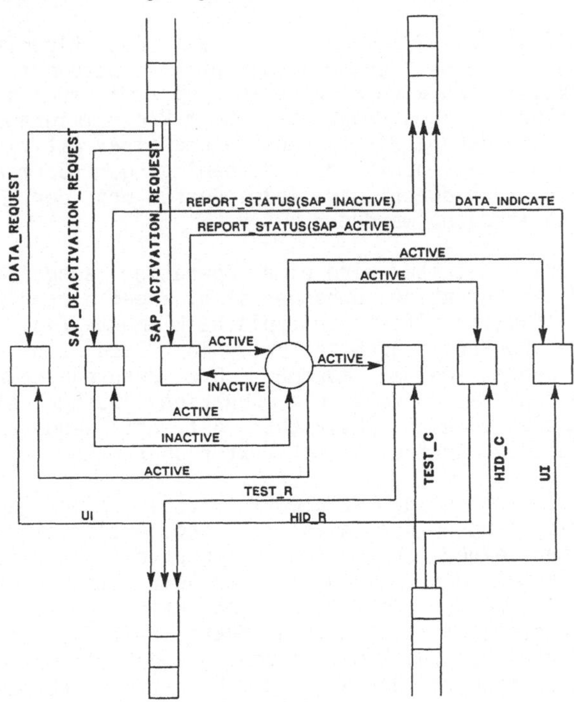

Abb.7. MCFN-Spezifikation für die Service Access Point Komponenete
des LLC - Protokolls

Abb.7. zeigt ein Beispiel für eine MCFN-Spezifikation eines kleinen Teils eines Logical-Link-Control Protokolls. Dieses sehr einfache Beispiel zeigt die Grundstruktur für Netzmodule. Die Schnittstellen zur über- bzw. unterlagerten Schicht werden mit Hilfe von FIFI-Stellen dargestellt. jede Transition ist mit der RWD-Stelle verbunden, die den Protokollzustand enthält.

7. Abstraktes Konzept einer alternativen Rechnerarchitektur

Das Ziel dieses Konzepts ist eine optimale Abbildung der Eigenschaften des MCFN auf eine Rechnerarchitektur. Einfluss auf die in Frage kommende Architektur nehmen nicht nur die unmittelbaren Eigenschaften des Netzmodelles, sondern auch die Eigenheiten der konkreten Netze, die Protokolle spezifizieren. Weiterhin müssen bei dieser Architektur die grossen Datenmengen berücksichtigt werden, die durch einen Controller transportiert werden.

Durch die Beschreibung der Protokoll-Algorithmen durch ein Petrinetz bleibt die protokollinhärente Parallelität erhalten. Diese Parallelität soll genutzt werden, die Rechenleistung des Controllers zu steigern. Dazu soll die Netzdarstellung ohne Sequentialisierung direkt auf die Architektur übertragen werden. Parallel schaltfähige Transitionen können dann auch zu parallel ausführbaren Aktivitäten im Controller führen. Das Netz bildet also die Kontrollstuktur für den Rechner.

Wie im Datenfluss (vgl /Gil82/) wird der Ablauf des Algorithmus bei einer Netzdarstellung durch eine "Zündregelsemantik" gesteuert. Das heisst, die Reihenfolge der Aktivitäten wird nicht beim Programmieren festgelegt, sondern erst bei der Ausführung eines Programmes. Beim Programmieren werden lediglich die Vorbedingungen angegeben, die zur Ausführung einer Aktivität erfüllt sein müssen. Da zu einem Zeitpunkt die Vorbedingungen für mehrere Aktivitäten erfüllt sein können, kann durch parallele Ausführung der Aktivitäten eine Leistungssteigerung erreicht werden.

Bei einer Datenflussarchitektur wird eine Operation ausgeführt, sobald die Operatoren für diese Operation vorhanden sind. Wegen dieser Zündregelsemantik findet man in Datenflussarchitekturen typische Elemente (vgl /Sri86/), die als Vorbild für eine Controllerarchitektur, die durch ein höheres Petrinetz gesteürt wird, verwendet werden können. Die Zündregelsemantik führt bei diesen Architekturen dazu, dass die Funktion "Suchen einer ausführbaren Aktivität" und "Ausführen einer Aktivität" getrennt werden. Diese Trennung wird in der konzipierten Controllerarchitektur übernommen.

Eine oder mehrere Entscheidungseinheiten (EE) sind auf das Finden schaltfähiger Transitionen spezialisiert. Sog. Aktionseinheiten (AE) führen die mit dem Schalten einer Transition verknüpften Aktivitäten durch. Die beiden so definierten Module kommunizieren über zwei Warteschlangen. In der Auftragswarteschlange werden die ausführbaren Aktivitäten von der EE abgelegt. Eine AE, die keine Aktivität mehr ausführt, holt sich selbstständig einen Auftrag aus der Warteschlange. Ein vollständig bearbeiteter Auftrag wird in der zweiten Warteschlange von der AE an die betreffende EE quittiert.

Die Entscheidungseinheit

Die Stellen mit ihren Inhalten sind in einem lokalem Speicher der EE lokalisiert. Für die RWD-Stellen sind normale Speicherbausteine vorgesehen. Die FIFO-Stellen werden mittels einer speziellen FIFO- Controller-Schaltung (s.h. /Rup87/) ebenfalls mit einem normalen Speicherbaustein realisiert. Die Elemente einer Queue sind über Pointer verknüpft. Die Verwaltung des freien Speicherplatzes erfolgt ebenfalls über eine verkettete Liste. Da die gesamte dynamische Speicherverwaltung und die Organisation der Queues durch die Hardware der FIFO-Controller-Schaltung erfolgt, wird der Prozessor in der EE hierdurch nicht belastet. Ausserdem erfordert ein Zugriff auf eine Queue in nur zwei bis drei Speicherzugriffszyklen, was eine Software- Realisierung nicht gewährleisten könnte.

In der EE muss darüberhinaus eine vollständige Beschreibung der Transitionen lokalisiert werden. Dies ist der Programmcode der Entscheidungsmaschine. In dieser Beschreibung müssen die Stellen des Vorbereiches und des Nachbereiches mit den zugehörigen Schaltbedingungen aufgeführt werden. Ausserdem müssen die Aktivitäten, die mit einer schaltenden Transition verknüpft sind, aufgelistet werden. In der EE sind also drei verschiedene Typen von Daten lokalisiert.

1. die RWD-Stellen (normales RAM)
2. die FIFO-Stellen (RAM mit FIFO-Schaltung)
3. Beschreibung der Transitionen (Programmcode)

Ein spezieller Prozessor kann aus den vorhandenen Daten schaltfähige Transitionen heraussuchen. Ein wichtiger Punkt hierbei ist eine effiziente Suchstrategie, um in der Menge aller Transitionen eine möglichst grosse Menge schaltfähiger Transitionen zu finden. Die Suchstrategie müsste dann auf einem Prozessor bzw. Schaltwerk implementiert werden. Hier wäre z.B. ein spezieller, mit Microcode programmierter Prozessor denkbar. Wird eine schaltfähige Transition gefunden, dann werden die korrespondierenden Aktivitäten in der Auftragswarteschlange abgelegt. Der Prozessor muss darüberhinaus regelmässig die Quittungen aus der Quittungswarteschlange entnehmen.

Die Aktionseinheit

Die AE entnimmt ihre Aufträge aus der Auftragswarteschlange. Die Aufträge sind typische Protokollaktivitäten, wie zum Beispiel das Starten eines Timers oder die Segmentierung eines Datenblockes. Die Aktivitäten in einem Protokoll sind abhängig von den Protokolldateneinheiten (PDU), die gemeinsam mit den Nutzdaten (die zu übertragenden Datenblöcke) in einem Datenspeicher liegen. Die AE muss daher eine Möglichkeit haben, in diesem Speicher Veränderungen vorzunehmen. Sie wird mit einer normalen prozeduralen Sprache programmiert. Der Programmcode liegt in einem lokalen Speicher der AE. Die Variablen, die nur für die Durchführung dieser einen Aktivität benötigt werden, liegen ebenfalls in diesem Speicher. Somit entsprechen solche Aktivitäten den Prozeduraufrufen, die aus höheren Programmiersprachen bekannt sind. Die angesprochenen Variablen sind dann die lokalen Variablen einer Prozedur.

Mit dem Auftrag werden einer AE die Parameter dieses Auftrages übergeben. Dies entspricht der Parameterübergabe bei einem Prozeduraufruf. Wie schon erwähnt, führen dieses Aufträge meist zu Änderungen an den PDUs. Zunächst ist geplant die Speicherung dieser Daten in einem zentralen Datenspeicher vorzunehmen. Alle AEs müssen auf diesen Speicher zugreifen können. Messungen an einem realisierten Controller haben gezeigt, dass dieser Datenspeicher erst bei einer Steigerung der Rechenleistung um den Faktor zehn zum Engpass wird. Für eine weitere Steigerung der Leistung des Gesamtsystemes sind dann jedoch auch Änderungen an diesem Speicher nötig. Denkbar wären hier mehrere verschränkte Speicherbänke oder eine Verteilung der PDUs auf mehrere Speicher. Als drittes Modul wird daher ein Datenspeicher definiert, der nur zur Aufnahme der PDUs dient.

Abb. 8 stellt ein Grundschema dar, das hinsichtlich der Kombinierbarkeit mehrerer Aktions- und/oder Entscheidungsmaschinen keine Einschränkung macht. Eine Entscheidungsmaschine, die die gesamte Protokollsoftware bearbeitet und mehrere Aktionsmaschinen versorgt, ist ebenso denkbar wie mehrere

Entscheidungsmaschinen mit mehreren Aktionsmaschinen. Zunächst ist ein Prototyp geplant mit nur einer Entscheidungsmaschine, mehreren Aktionsmaschinen und einem zentralen Datenspeicher. Dieser soll vor der tatsächlichen Realisierung modelliert und simuliert werden, da der Einfluss der verschiedenen Parameter wie Kommunikation zwischen EE und AE oder AE mit Speicher an einem solchen Modell leichter zu erfassen ist.

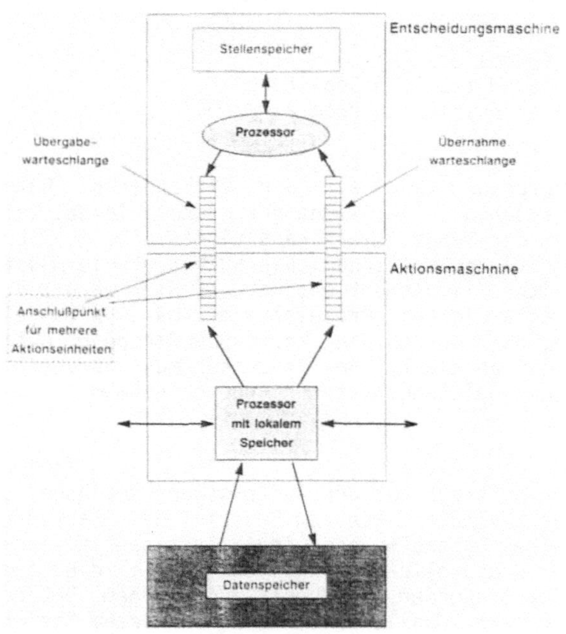

Abb.8 Grundschema für eine parallele Architektur nach /Rup87/

8. Ausblick auf das weitere Projekt

In der Fortführung des Projekts wird das Konzept und die Realisierbarkeit dieser Architektur näher untersucht. Dabei steht vor allem die Frage der Leistungsfähigkeit gegenüber konventionellen Architekturen im Vordergrund; insbesondere unter der Annahme schnell steigender Rechenkapazität kommerzieller Mikroprozessoren und kürzer werdender Speicherzugriffszeiten. Zu diesem Zweck wird das System funktionell modelliert und simuliert.

Parallel dazu wird die Problematik der Umsetzung von Protokoll-Spezifikationen in eine Netzdarstellung und weiter in ausführbaren Code untersucht. Ohne eine automatisierte Transformation ist die parallele Implementierung eines so komplexen Gebildes, wie es die Protokoll-Hierarchie darstellt, schwer denkbar.

9. Literaturverzeichnis

/Dre87/ M. Dreesen, "Parallelität in Kommunikationsprotokollen - Ein adäquates Netzkonzept", Diplomarbeit, RWTH Aachen, Lehrstuhl f. Informatik IV, 1987.

/Fin83/ A. Finkel, G. Memmi, "FIFO Nets: A new Model of Parallel Computation", Lecture Notes in Computer Science, Vol. 145, S. 111-121, Springer Verlag Berlin 1983.

/Gil82/ W.K. Giloi, "Datenflussprinzipien in Rechnerarchitekturen", NTG-Fachberichte, 1982, Vol. 80, S. 19-41.

/Pet80/ A note on coloured Petri nets, Inform. Process. Lett. 11,1,1980, S. 40-43.

/Rei82/ W. Reisig, "Petrinetze, Eine Einführung", Springer-Verlag, 1982.

/Rei85/ W. Reisig, "Systementwurf mit Netzen", Springer-Verlag, 1985.

/Rup87/ M. Rupprecht, "Spezifikation und Bewertung einer Rechnerarchitektur zur Protokollimplementierung auf der Basis von Stellen-/Transitions-Netzen", Diplomarbeit, RWTH Aachen, Lehrstuhl f. Informatik IV, 1987.

/Sri86/ V.P. Srini, "An Architectural Comparison of Dataflow Systems", IEEE-Computer, 1986, Vol. 7, No. 3, S. 68-88.

R e c h n e r n e t z e

Realisierung, Standardisierung, weitere Entwicklung

Dr. Udo Dierk
Nixdorf Computer AG
Unterer Frankfurter Weg
4790 Paderborn

Zusammenfassung

Computer ohne Kommunikationsfähigkeiten und Kommunikationsleistungen sind heute undenkbar. Außerdem ist durch die Miniaturisierung der Computer die Rechenleistung immer stärker an den Arbeitsplatz gewandert. Der dadurch entstandene Kommunikationsbedarf führt heute zu sehr komplexen Vernetzungsstrukturen. Durch die Digitalisierung von Sprache und Bildern entsteht ferner der Bedarf, alle digital verfügbaren Daten in einem Netz transportieren zu können. Die Integration der unterschiedlichen Netze ist gefordert. Neue, verteilte Anwendungen werden durch Vernetzung möglich, müssen jedoch auch erst in ihrer Nutzbarkeit verstanden werden. Kommunikation ohne Standardisierung ist nicht mehr denkbar, da immer mehr unterschiedliche Computersysteme verbunden werden müssen.

Diese Arbeit gibt einen Überblick über die Entwicklungsschritte der Kommunikation zwischen Computersystemen. Anschließend wird der heutige Stand der Realisierung unterschiedlicher Netzarchitekturen beschrieben. Hierbei werden sowohl herstellerspezifische als auch herstellerneutrale Konzepte betrachtet. Eine Übersicht über den Status der internationalen Normungsbestrebungen wird gegeben, wobei insbesondere die neuesten Entwicklungen von Hersteller- und Anwenderorganisationen wie SPAG und MAP/TOP erläutert werden. Ein Ausblick auf noch zu lösende Probleme und Herausforderungen beschließt diese Arbeit.

Entwicklung von Rechnernetzen

Die Entwicklung der Kommunikationsbedürfnisse und -beziehungen zwischen Rechnern läßt sich grob in 5 Stufen einteilen, die zum Teil noch heute existieren und durchaus, auch bei einer individuellen Installation, parallel vorkommen können :

- Zentrale Datenverarbeitung

- Zentrale Datenverarbeitung mit Kommunikation

- Rechnerverbund

- Netzwerke

- Multi-Netzwerk-Systeme

Die Stufen entwickelten sich vor allen Dingen aus geänderten Bedürfnissen der Benutzer und Betreiber für ihre interne Organisation und Aufgaben. Allerdings gab es auch technologische Neuerungen, wie zum Beispiel Arbeitzplatzrechner, digitale Vermittlungsstellen etc., die veränderte Möglichkeiten und demzufolge auch Bedürfnisse erzeugten.

Zentrale Datenverarbeitung

Diese Stufe ist durch eine zentrale Datenverarbeitungsanlage gekennzeichnet, an die direkt, d.h. über eine beschränkte Entfernung, Peripherie, wie Drucker, Lochkartenleser und -stanzer, und eventuell Terminals angeschlossen waren. Die Leitungen verliefen im Inhousebereich, verließen also nicht das Gebäude oder das Grundstück. Die Datenverabeitungsumwelt wurde durch den einzigen Großrechner bestimmt, die Terminals und die Peripherie waren mehr oder weniger dumm. Kleinere Rechner erledigten Spezialaufgaben, wie zum Beispiel Prozeßsteuerung. Die Rechenzentren wurden überwiegend im sogenannten "closed shop" Betrieb gefahren.

Bild 1: Zentrale Datenverarbeitung

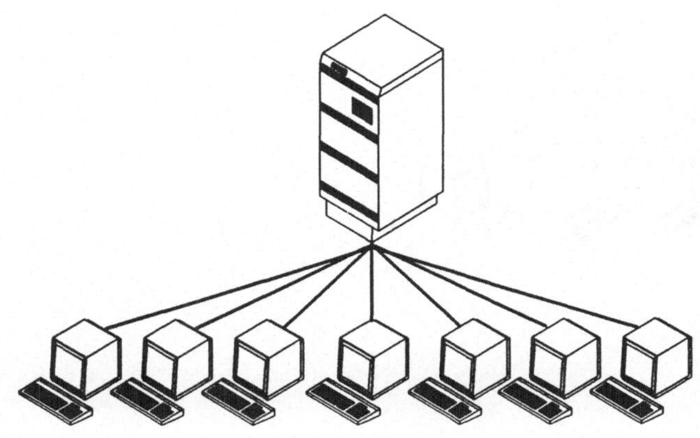

Die Kommunikationsbeziehung des Rechners beschränkte sich auf seine Terminals und Peripherie. Es entstanden eine Vielzahl von speziellen Terminalprotokollen. Zu nennen sind hier unter anderem BSC 2780, BSC 3270, U100, VIP 7700, LSV 1,2 und MSV 1,2. All diese Protokolle sind zunächst byteorientiert und gestatteten nicht die Übertragung von transparenten Daten. Hierfür bestand auch kein Bedürfnis, da ja lediglich die Peripherie mit darstellbaren Zeichen versorgt werden mußte.

Die Benutzer traten mit der Rechenanlage überwiegend durch Lochkarten als Eingabe und Drucklisten als Ausgabe in Verbindung. Vereinzelt wurde auch bereits Dialogbetrieb gefahren. Jedoch dominierte deutlich die Batchverarbeitung.

Zentrale Datenverarbeitung mit Kommunikation

Um die teuere Investition in die zentralen Großrechner besser und effizienter ausnutzen zu können, entstand bei den Benutzern schon bald der Wunsch nach dezentraler Ein- und Ausgabe von Daten. Dieser Wunsch wurde auch durch die Organisationsformen der damaligen Betreiberschaft unterstützt, die nicht nur an einem Ort Datenverarbeitungsleistung benötigten, sondern auch an dezentralen Stellen. Außerdem wurde der physikalische Transport der Datenträger, wie Magnetbänder, Lochkarten, Listen etc., zu umfangreich. Es entstanden die Remote Job Entry - Stationen.

Bild 2: Zentrale Datenverarbeitung mit Kommunikation

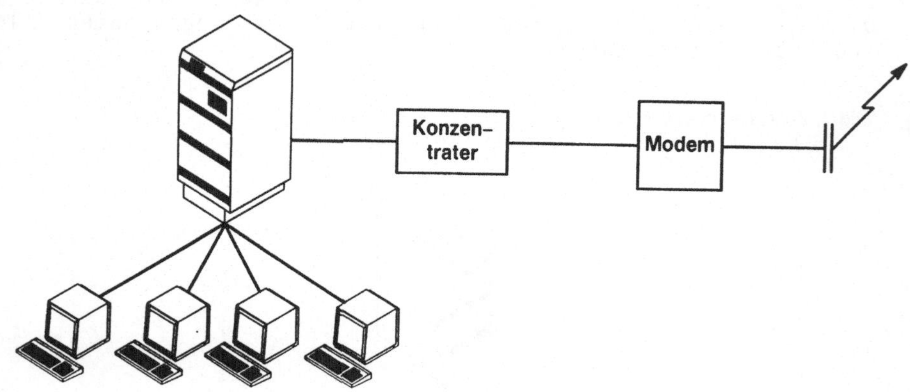

Die RJE-Stationen wurden über Wähl- oder Standleitungen mit dem zentralen Rechner verbunden. Damit wurde die strenge räumliche Beschränkung der angeschlossenen Peripherie aufgehoben. Allerdings wurden nach wie vor nur Lochkarten und Drucklisten als Ein- und Ausgabemedien verwendet.

Durch die Benutzung von Wählleitungen mußten neue Elemente in die Protokolle aufgenommen werden, um den Verbindungsauf- und -abbau der Stationen mit dem Zentralrechner zu ermöglichen. Die Benutzung von Postleitungen für die Kommunikation wurde notwendig. Damit begann die Partnerschaft zwischen Rechenzentrumsbetreibern und Post auf der einen und Rechnerherstellern und Post auf der anderen Seite. Verwendung fanden damals jedoch ausschließlich Telefonleitungen, da die Post noch nicht über getrennte Datennetze verfügte, wenn man einmal von dem speziellen Telexnetz absieht, dem "Urvater" aller technischen Datenkommunikation.

Rechnerverbund

Mit der zunehmenden Verbreitung von Großrechnern entstand eine Vielfalt von unterschiedlichen Rechenzentren mit unterschiedlichen Funktionen, Möglichkeiten und Belastungsgraden. Außerdem wuchs die Palette von verfügbarer Peripherie über Drucker, Magnetbänder und Lochkartenleser und -stanzer hinaus. Es gab graphische Ausgabegeräte (Plotter) und auch die ersten kleineren, allgemein einsetzbaren Rechner erschienen auf dem Markt. Dennoch blieb die Ausrichtung auf die zentrale Datenverarbeitungsanlge erhalten. Sie bestimmte noch die EDV-Landschaft.

Bild 3: Rechnerverbund

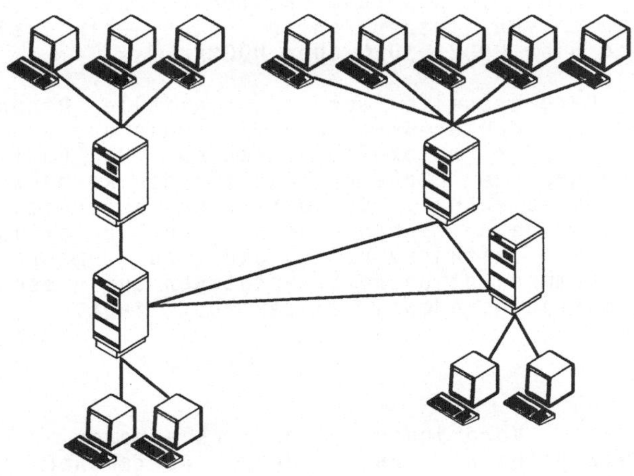

Der Nutzungswunsch von speziellen, am eigenen Standort nicht
verfügbaren Funktionen führte zum Funktionsverbund von Rechnern.
Die genutzten Möglichkeiten konnten sowohl spezielle Peripherie
als auch spezielle Programme sein. So existierte nicht auf allen
Anlagen Mitte der 70ger Jahre ein ALGOL-68 Compiler, den man
sich zum Beispiel durch den Rechnerverbund zu einem anderen
Rechnersystem erschließen konnte. Weitere Beispiele lassen sich
unschwer nennen.

Die Programme und Daten werden zum remote Rechner übertragen.
Bei der Nutzung spezieller Software werden die Ergebnisse
zurücktransferiert und auf dem eigenen Rechner abgespeichert.
Bei der Nutzung spezieller Peripherie werden häufig nur die
Daten übertragen, um ausgegeben zu werden.

Die Funktionsverbundsysteme bestanden überwiegend aus dem
Zusammenschluß verschiedene Rechnertypen.

Durch Zeitverschiebungen, aber auch durch unterschiedliche
Nutzung von Rechnern entstand die Idee des Lastverbundes, bei
dem freie Kapazitäten eines anderen Rechners für Programme des
eigenen genutzt werden. Die Programme und Daten werden vom
belasteten zum freien Rechner übertragen, dort bearbeitet und
anschließend zurückübertagen, wo dann die Ausgabe der Ergebnisse
erfolgt.

Als letzter Rechnerverbundtyp ist der Datenverbund zu nennen,
bei dem auf einem Rechner liegende Daten durch verschieden
Programme, auch von anderen Rechnern stammend, gemeinsam benutzt
werden. Hierbei werden die Programme zu den Daten oder auch die
Daten zu den Programmen transferiert.

Die Kommunikation der Rechner untereinander geschieht
überwiegend durch die Emulation einer Datenstation (Batch oder
Dialog) des anderen Rechners. Da auch transparente Daten
ausgetauscht werden können müssen, entstehen neue Varianten der
Terminalprotokolle. Außerdem entstehen neue Protokolle, die für
den Austausch von transparenten Daten entwickelt wurden. Zu
nennen sind hier HDLC, SDLC oder DDCMP.

Auf der Hardwareseite werden spezielle Rechnerkomponenten
entwickelt, die den Großrechnern die Bedienung und Steuerung der
Leitungen und der Protokolle abnehmen. Der Font-End-Prozessor
(FEP) wird geboren. Beherrschend für den Rechnerverbund bleibt
jedoch der Großrechner. Es entstehen zweiseitige Beziehungen
zwischen Rechnern, auch wenn die beteiligten Rechner
physikalische Leitungsverbindungen zu mehreren Rechnern
besitzen. Kommunikationsnetze entstehen auf diese Weise nicht,
da das Vermittlungsmonopol bei der Post liegt.

Netzwerke

Durch das Vordringen von kleineren Rechnern wie
Arbeitsplatzsystemen und dem Auftauchen der ersten
Personal-Computer verändert sich die EDV-Landschaft dramatisch.

Die Großrechner verlieren ihre dominante Stellung, die Rechnerleistung wird an den Arbeitsplatz gebracht. Der Großrechner wird zum Hintergrundsystem, welches Massendaten verarbeitet und speichert. Die Arbeitsplatzsysteme befriedigen die Bedürfnisse der Benutzer flexibler und schneller als herkömmliche Großrechner. Die Fachabteilung und der Sachbearbeiter gewinnt Freiheit gegenüber dem Rechenzentrum.

Außerdem entstehen spezialisierte Rechner, die ihre Aufgabe deutlich schneller und qualitativ hochwertiger erledigen können als Großrechner. Intelligente Drucker erleichtern die Druckersteuerung und -ausgabe, Graphik-Computer ermöglichen völlig neue Ausgabeformen. Spezielle Peripherie entsteht zum Beispiel für Bankenanwendungen, aber auch im wissenschaftlichen Bereich sorgen miniaturisierte "General Purpose Rechner" für völlig neue Anwendungsbereiche.

Aus dieser völlig veränderten EDV-Landschaft erwächst eine neue Dimension an Bedürfnissen nach Kommunikation. Die Benutzer an ihren Arbeitsplatzsystemen möchten auf periphere Geräte zugreifen, die nicht unmittelbar an ihrem Rechner verfügbar sind, Daten vom Zentralrechner sollen mitverarbeitet werden, erzeugte Daten dort abgespeichert werden. Die Anzahl der potentiellen Kommunikationspartner wächst, die Erreichbarkeit erhält eine eigene Qualität. Da eine vollständige Vermaschung aller an dieser Kommunikation benötigten Teilnehmer ausgeschlossen ist, muß eine Vermittlungsleistung angeboten werden, die Kommunikationsbeziehungen ermöglicht. Das Rechnernetz, an dem die Kommunikationspartner angeschlossen sind, entsteht.

Bild 4: Rechnernetze

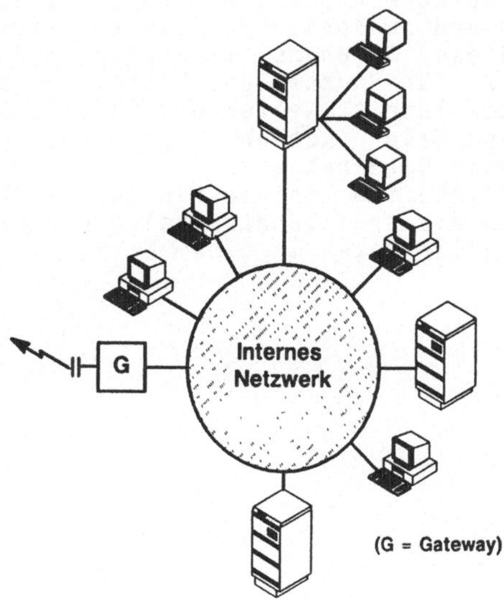

Das Kommunikationsystem als Rechnernetz erhält eine eigenständige Bedeutung. Es wird aus speziellen Rechnern gebildet, deren Aufgabe die Vermittlung von Kommunikationsbeziehungen, Konzentration von Leitungen, Verteilung von Resourcen, Protokollwandlung und vieles andere mehr ist. Solche Rechnernetze entstehen auf privater oder öffentlicher Basis. Die Post führt paketvermittelnde und leitungsvermittelnde Netze ein. Neue Übertragungstechnologien führen zu Hochgeschwindigkeitsnetzen für den Inhousebereich (LAN). Durch Gateways werden die Inhouse- mit den Weitverkehrsnetzen verbunden.

An die Kommunikationsprotolle werden völlig neue Anforderungen gestellt. Routing, Resourcenverwaltung, aber auch spezielle Anpassung an Übertragungstechnologien sind neue Herausfordeungen. Durch die Vielzahl der angeschlossenen Rechnersysteme fallen Terminalemulationen der jeweiligen Partnerrechner als Vehikel aus. Es entseht das Bedürfnis nach netzweit einheitlichen Kommunikationsprotokollen. Die Postgesellschaften (CCITT) entwickeln das X.25 Protokoll, auf dem die Deutsche Bundespost ihr Datex-P-Netz basiert. Hersteller bieten Netzsoftware wie SNA oder DECNET an. Aus dem ARPA-Netz in den USA entsteht TCP/IP. Die internationale Standardisierungsorganisation ISO entwickelt das Referenzmodell für Open Systems Interconnection (OSI) und darauf aufbauend standardisierte Protokolle in den 7 Schichten dieses Modells.

Multi-Netzwerk-System

Bis zu diesem Zeitpunkt beschäftigen sich die Datenverarbeitungssysteme ausschließlich mit Daten, die in ihnen erzeugt beziehungsweise für sie speziell aufbereitet wurden. Durch die Digitalisierung von Sprache und Bilddaten wird es möglich, auch Sprache und Bilder, sogar Bewegtbilder im Computer zu verarbeiten und zu speichern. Damit entsteht automatisch auch der Bedarf, diese Daten zu transportieren und die bis dahin getrennten Netze für Sprache und Daten zu verbinden. Man geht sogar noch einen Schritt weiter und fordert Netze, die alle drei Datentypen behandeln können. Es entstehen Gateways zur Verbindung dieser Datennetze.
Die Postgesellschaften entwickeln das ISDN-Netz für Daten und Sprache, durch die Breitbandtechnologie entsteht ein Netz für den Transport aller Daten in einem Netz.

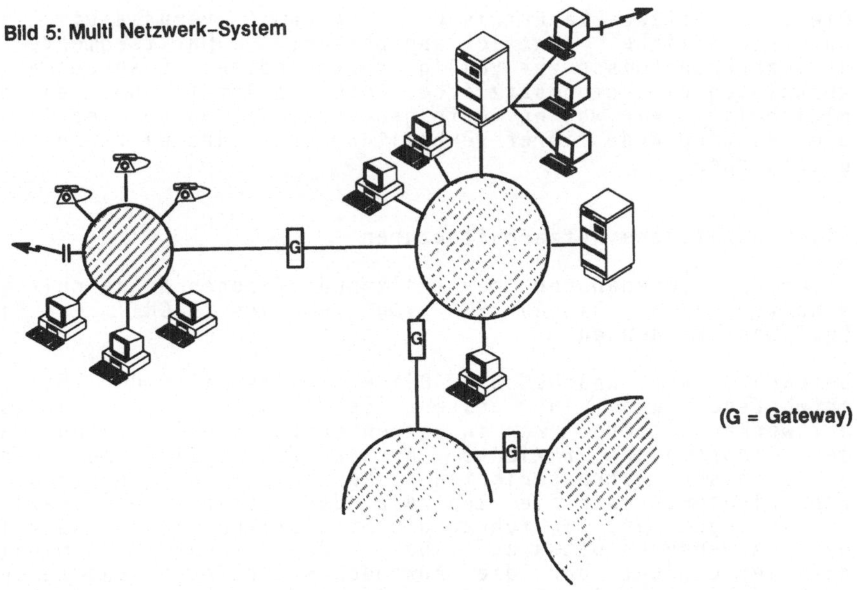

Das Netz hat endgültig eine dominierende Stellung in der
EDV-Landschaft erhalten. Die an der Kommunikation beteiligten
Systeme sind gleichberechtigt. Es spielt dabei keine Rolle, ob
es sich um einen Großrechner, einen PC oder ein intelligentes,
digitales Telefon handelt. Die Anwendung bestimmt die Relation
der Partner. Ein Arbeitsplatzrechner oder ein PC kann in einer
Beziehung Host, in einer anderen Terminal sein.

Stand der Realisierung

Wenn man sich diese fünf Entwicklungsschritte in der Rückschau
betrachtet, und nur so sind sie ja auch sichtbar geworden, dann
kann man heute die Phasen "zentrale Datenverarbeitung" und
"zentrale Datenverarbeitung mit Kommunikation" unter dem Aspekt
Kommunikation oder Datenfernverarbeitung als abgeschlossen
betrachtet. Aus diesen Phasen entstanden die byteorientierten
Protokolle wie BSC 3270, U100, MSV 1,2 und andere. Sie erfüllen
noch heute ihren Zweck und die überwiegende Anzahl von heutigen
Installationen mit Kommunikationsanschlüssen fahren mit diesen
Protokollen, wobei durch den Durchbruch der PC's und UNIX die
Anzahl dieser Installationen noch steigt, da auch die asynchrone
TTY- oder VT100-Prozedur zu den byteorientierten Protokollen
zählt.

Der Rechnerverbund, wie er in der Phase 3 charakterisiert worden
ist, existiert zwar noch, jedoch ist auch seine Reife längst
erreicht und die Anzahl der Installationen nimmt ab. Sie werden
ersetzt durch Netzwerke der Phase 4.

Diese Netzwerkbedürfnisse haben verursacht durch unterschiedliche Entwicklungsphasen, Marktsegmente und Benutzerbedürfnisse zu völlig verschiedenen Lösungen geführt, wenngleich die grundsätzliche Funktionalität bei allen etwa gleich ist. Wir wollen im folgenden den Stand der Realisierung, die Hintergründe ihrer Verbreitung und ihre Differenzierungen untersuchen.

Herstellerspezifische Netzarchitekturen

Unter den sogenannten herstellerspezifischen Netzarchitekturen sind vor allen Dingen SNA von IBM und DECNET von Digital Equipment zu nennen.

Betrachten wir zunächst SNA. Diese bereits mitte der 70ger Jahre entworfene und in ersten Schritten auch realisierte Netzwerkarchitektur war in ihren ersten Designstufen eine auf den Großrechner fixierte Architektur, die aus mehreren hierarchisch strukturierten Rechnerebenen bestand. Der Zentralrechner war die Zentrale des Netzes, er stellte die Verbindungen her, er führte die Statistiken, er war auch Träger der Anwendungssoftware. Das Begriffspaar Terminal-Host definierte nicht nur die Anwendungsrelation, sondern spielte auch in der Rollenverteilung im Netz eine entscheidende Rolle. Jeder beteiligte Rechner besaß genau eine definierte Funktion, ein dynamischer Tausch der Funktion war nicht möglich.

Zunächst war SNA als reines Standleitungsnetz realisiert. Der nächste Schritt war dann der Übergang auf Wählleitungen. Jedoch blieb zunächst der einzige Großrechner in diesem Netz der dominate Faktor. Ein solches von einem Großrechner "beherrschtes" Netz heißt Domain.

Der nächste Schritt war die Integration der vorhandenen X.25 Netze, in Deutschland Datex-P. Dabei wurde die Link-Ebene (SDLC) durch das X.25 Protokoll ersetzt. Damit erhöhte sich die Erreichbarkeit anderer SNA-fähiger Rechner sprunghaft und der Wunsch nach Verbindung bisher separierter SNA Netze entstand.

Das Problem, daß sich mehrere Großrechner in einem solchen Netz befanden, wurde durch die Funktion "Cross Domain Verbindung" gelöst. Nun konnte ein SNA-Netz aus mehreren Domains bestehen, die jedes von einem Zentralrechner verwaltet wurden. Immer noch war SNA ein hierarchisches, auf den oder die Zentralrechner fixiertes Netz.

Durch den zunehmenden Einfluß der Ideen der OSI Normung entwickelte IBM dann das Konzept der LU 6.2 und der Advanced Program to Program Communication (APPC). Diese bis dahin völlig neuen SNA Funktionen lösten SNA aus der strengen Fixierung auf den Zentralrechner. Sogenannte Peer-to-Peer Verbindungen wurden mit der PU 2.1 möglich und damit integrierte SNA das Konzept der gleichberechtigten Kommunikationsbeziehungen. Die LU, die bisher Repräsentant einer Anwendungsumgebung war, zum Beispiel war die

LU 2 Synonym für das 3270-Termine, wurde nun zu einer Betriebssystemresource für Kommunikationsverbindungen. Diese Resource wurde dynamisch verwaltet und den Anwendungsverbindungen zugeteilt. Mit einer solchen LU 6.2 ist keine Anwendungsrelation mehr verbunden.

Die Einführung von APPC ermöglichte den Aufbau von verteilten Anwendungen, da Transaktionen remote gestartet werden können, deren Ergebnisse dann wieder vom Initiator weiterverarbeitet werden können. Außerdem "versteckt" APPC den gesamten Aufwand für die Kommunikation von Daten vom Sender zum Empfänger, der Sender gibt im wesentlichen nur Kommandos für Empfang und Senden an. Das Absetzen von Kommunikationsaufträgen an das Betriebssystem wird von der Transportfunktionalität der Aufträge über das Netz gelöst, beide Vorgänge werden asynchron bearbeitet.

Die Integration von Netzwerkmanagementfunktionen ermöglicht die statistische Erfassung von netzrelevanten Daten, deren Auswertung und Interpretation. Allerdings ist diese Funktionalität auch heute noch an den zentralen Rechner einer Domäne gebunden. Hier ist also die Aufhebung der hierarchischen Struktur nicht erfolgt.

Der vorläufig letzte Schritt in der Entwicklung von SNA war dann die Integration des Token Ring als physikalische und Link Ebene. Damit werden die PC's als Terminals eingefangen.

Der Grund für die enorme Verbreitung von SNA ist sicherlich vor allem in der Installationsbreite von IBM Rechnern weltweit zu sehen. Allerdings war SNA auch das erste verfügbare Netzwerkprotokoll mit einer Architektur, die den Betrieb umfangreicher Netze gestattete. SNA ist inzwischen auf einer Vielzahl von Rechensystemen implementiert und längst nicht mehr auf IBM Rechner beschränkt.

Die zweite herstellerspezifische Netzwerkarchitektur von Bedeutung, wenn man die Anzahl der Installationen als Maßstab nimmt, ist DECNET von der Firma Digital Equipment.

Diese Architekur wurde von vornherein als eine verteilte Architektur entworfen und realisiert. Es existiert keine zentrale Instanz, Verbindungen werden direkt zwischen den gewünschten Kommunikationspartnern aufgebaut. Obwohl zunächst auch für Standleitungen und Wählleitungen konzipiert, wurden bereits sehr früh lokale Netztechnologien wie Ethernet in DECNET integriert. Auch stand sehr früh X.25 als Netzprotokoll zur Verfügung. Die DECNET-Netzsoftware erstreckte sich über alle Betriebssysteme von DEC Rechnern. Die Flexibilität von DECNET zeigt sich unter anderem auch darin, daß zum Beispiel die bei VAX Rechnern mögliche Clusterbildung ebenfalls über DECNET abgewickelt wird.

Auch die Verbreitung von DECNET beruht im wesentlichen auf der Installationsbasis von DEC Rechnern. Anders als bei SNA ist jedoch DECNET nie in größerem Umfang auf Rechnern anderer Hersteller implementiert worden.

Herstellerneutrale Netzarchitekturen

Die wesentliche herstellerneutrale Netzsoftware, die heute Bedeutung erlangt hat, ist die TCP/IP Software. Diese Protokolle sind aus dem in den USA in den 60ger Jahren installierten und bis heute funktionsfähigen ARPA-Netz entstanden. Ursprünglich als Netzprotokoll für Weitverkehrsnetze konzipiert, hat sie jedoch ihren Siegeszug mit der Verbreitung von UNIX und Ethernet angetreten. Die Anerkennung von TCP/IP als Standardsoftware des amerikanischen Verteidigungsministeriums DOD hat ebenfalls wesentlich zu der heutigen Bedeutung von TCP/IP beigetragen.

TCP/IP war von vornherein als Protokollsoftware für heterogene Rechnernetze konzipiert worden. Routingmechanismen waren dezentral konzipiert, die Link-Ebene war einfach, d.h. ohne Recovery Funktionen, dafür wurde eine umfangreiche Transport-Ebene geschaffen, die aufgetretene Fehler korrigiert. Der Overhead von TCP/IP ist relativ groß, da seine Header lang sind. Dies fällt bei der Benutzung von Ethernet durch seine hohe Übetragungsgeschwindigkeit kaum auf, bei Weitverkehrsnetzen macht es sich jedoch deutlich bemerkbar.

Der überwältigende Erfolg von TCP/IP ist ganz ohne Zweifel auf den Erfolg von UNIX insgesamt zurückzuführen. Durch die Integration von TCP/IP in den Kern des Berkeley-UNIX hatte man mit jeder Portierung von UNIX automatisch die Kommunikationssoftware verfügbar. Umfangreiche Neuimplementierungen waren überflüssig, Kompatibilität von vornherein sichergestellt. Heute ist TCP/IP sicherlich das erfolgreichste herstellerneutrale Protokoll überhaupt.

Inzwischen existiert TCP/IP auch für andere Betriebssysteme als UNIX, insbesondere für VMS von DEC und MSV und VM von IBM. Auch für MS-DOS ist es verfügbar. Es hat damit seine "Heimat" UNIX verlassen.

OSI Netzarchitektur

Der erste Schritt hin zur OSI-Netzarchitektur bestand in der Definition des sogenannten Referenzmodells mit seinen sieben Schichten. Dieses inzwischen zu einem internationalen Standard gewordene Modell hat vor allen Dingen Zweierlei erreicht.

Zum einen ist durch die Unterteilung von Kommunikationsprotokollen nach Funktionen in Schichten eine klare Strukturierung von Kommunikation ermöglicht worden. Der Begriff des "Service" spielt dabei eine zentrale Rolle, da er auf die Fuktionalität einer Schicht abhebt und nicht auf ihre

Realisierung durch ein spezielles Protokoll in dieser Schicht. Dieser Servicebegriff ermöglicht den Austausch von Protokollen und erlaubt damit die Migration von einer spezifischen Netzwerkrealisierung zu einer OSI basierenden Realisierung.

Zum anderen hat es durch die Definition und Einführung einer Reihe von Begriffen, von denen der des "Service" einer ist, zu einer Fachterminologie geführt, die es den Spezialisten ermöglichte, mit neutralen und nicht durch spezielle Realisierungen belegten Begriffen zu kommunizieren. Allerdings schufen diese Definitionen auch Verwirrungen, da zum Beispiel der Begriff "Service" von den Postgesellschaften völlig anders verwendet wurde. Diese unterschiedliche Interpretation zieht sich bis heute in die Definition von ISDN.

Die zweite Phase in der Definition von internationalen Protokoll-Standards war dann gekennzeichnet durch die Verabschiedung von Protokollen auf den Ebenen 2,3,4 und 5. Diese Standardisierung war geprägt durch eine intensive Zusammenarbeit zwischen der ISO und der CCITT, da nicht nur das Referenzmodell gemeinsam genutzt werden sollte, sondern vor allem auch der bereits vor der Standardisierung bestehende Postdienst TELETEXT integriert werden sollte. Dies führte zu einer Reihe von Kompromissen, die nicht immer zum Vorteil für die entwickelten Standards gereichten. Als Beispiel hierfür sei besonders die Transport-Ebene erwähnt, die heute fünf Transport-Klassen enthält, die untereinander nicht in jedem Fall kompatibel sind. Außerdem mußte häufig ein Ausgleich für vermeindliche kommerzielle Interessen der beteiligten Partner gefunden werden. So war der wesentlich Grund für die Einführung der Protokollklasse 0 der Transportebene die fehlende Multiplexfähigkeit, da damit mehr X.25 Verbindungen genutzt werden mußten, um simultan Kommunikation von unterschiedlichen Anwendungen zu ermöglichen.

Inzwischen ist diese Phase jedoch überwunden und die ersten Realisationen von Kommunikationsnetzen, die auf den OSI-Standards basieren, sind erkennbar. Hier ist vor allem in Deutschland das Deutsche Forschungsnetz DFN zu nennen, welches mit finanzieller Unterstützung des Bundesministeriums für Forschung und Technologie etabliert wurde. Zur Zeit sind alle in der Hochschullandschaft gängigen Rechnersysteme an dieses Netz anschließbar beziehungsweise werden es in Kürze sein.

Die Normung für die Ebenen 6 und 7 sind noch nicht soweit fortgeschritten. Hier muß noch Detailarbeit geleistet werden, um zu internationalen Standards zu gelangen.

An dieser Stelle sei es erlaubt, noch kurz auf das Referenzmodell einzugehen. Die Ebenen 5 bis 7 sind nicht unabhängig von der Anwendung, die oberhalb der Ebene 7 abläuft, zu sehen. So hat zum Beispiel eine Session-Ebene keinen eigenen Service, den sie unabhängig von der Presentation-Ebenen erbringen kann. Daher ist es sicherlich angebrachter, von Schichten 1 bis 4 und Anwendungssäulen zu sprechen, die auf der Transport-Ebene aufsetzen.

Bild 6: ISO Reference Model

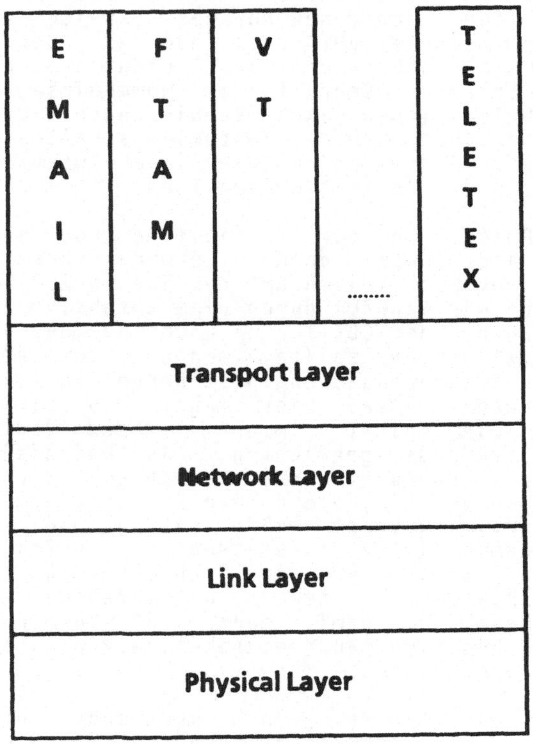

Heute verfügbare Anwendungssäulen sind Electronic Mail gemäß
X.400 (MHS), TELETEXT und Filetransfer FTAM. Weitere
Anwendungssäulen befinden sich zur Zeit in der Normung wie
Virtuelles Terminal VT. Mit diesem Bild wäre es dann auch
möglich, noch nicht standardisierte Anwendungssäulen auf dem
Transport-Service aufzusetzen, was wiederum die Migration von
herstellerspezifischen zu standardisierten Netzrealisationen
wesentlich erleichtert.

ISDN Netzarchitektur

Die ISDN Netzarchitektur ist geprägt durch ihre Herkunft aus dem Telefonbereich. Sie ist als leitungsvermittelndes Netz ausgelegt, wobei eine strenge Trennung zwischen Signalisierungs- und Datenkanälen besteht. Die Datenkanäle werden als transparente Kanäle dem Anwender zur Verfügung gestellt, deren Steuerung wird über den Signalisierungskanal zwischen Anwender und Netzbetreiber geregelt.

Architekturell, gemäß Referenzmodell, ist die ISDN-Architektur schwer einzuordnen, da sie je nach Betrachtungsweise entweder die Ebenen 1,2 und 3 oder nur die Ebene 1 abdeckt. Betrachtet man die Signalisierung, so deckt sie sicherlich die physikalische, die Link- und die Netzwerk-Ebene ab. Betrachtet man jedoch die Datenkanäle, so wird hier nur die physikalische Ebene abgedeckt.

Das Beispiel ISDN zeigt, daß auch das ISO-Referenzmodell noch weiterentwickelt werden muß, will es alle neuen Phänomene der Datenkommunikation abdecken. Die Modellbildung wurde seinerzeit stark von den Ideen der paketvermittelnden Netze beeinflußt.

Erste Erfahrungen mit ISDN können derzeit in Pilotversuchen in Deutschland und in den USA gemacht werden, wobei sich die ISDN Varianten in beiden Ländern unterscheiden. In den USA sind die Versionen 2B+D und 23B+D, in Europa die Versionen 2B+D und 30B+D gebräuchlich.

Stand der Standardisierung

Die internationale Normung bewegt sich heute auf zwei Feldern voaran. Zum einen wird die Standardisierung sogenannten Basic Standards vorangetrieben. Das sind die Standards für einzelne Protokolle oder Protokollklassen in den diversen Schichten des Referenzmodells. Diese Arbeit wird von der ISO und ihren Mitgliedsorganisationen auf nationaler Ebene wie DIN (BR Deutschland), AFNOR (Frankreich), BSI (Großbritannien) oder ANSI (USA), um nur einige zu nennen, getragen. Hierbei hat die ECMA (European Computers Manufacturers Association) wichtige Vorarbeiten geleistet, um solche Protokollstandards zu initiieren. Weitere entscheidende Einflüsse kommen von der CCITT.

Die bisher verabschiedeten Protokollstandards weisen jedoch einen so großen Variantenreichtum an Protokollklassen und innerhalb der Klassen an Optionen und zu vereinbarenden Freiheitsgraden auf, daß sie sich nicht unmittelbar in Herstellerimplementationen und -produkte umsetzen lassen. Deshalb sind, ausgehend von Initiativen aus der Computerindustrie in Europa, sogenannte Profile oder functional standards geschaffen worden, in denen alle Varianten und Optionen ausgeschlossen beziehungsweise als Teil der Profile definiert wurden. Solche Profile umfassen immmer entweder die Ebenen 1 bis 4 oder die Ebenen 5 bis 7 als Einheit.

Standardisiert werden somit nicht einzelne Protokolle, sondern als Gesamtheit Protokolle für die Ebenen des Transportsystems oder des Anwednungsbereiches. Diese Profile bauen auf existierenden basic standards auf. Insofern ist die bisherige Arbeit der ISO Voraussetzung für die Profilstandardisierung. Inzwischen fließen diese von der Industrie im Rahmen von SPAG (Standards Promotion und Application Group) und der europäischen Normungsinstitution CEN/CENELEC erarbeiteten Profile in die ISO zurück, wo sie dann zu internationalen Standards gemacht werden. Mit diesen Profilen ist die Industrie in der Lage, Implementationen zu realisieren und erste Produkte sind bereits auf dem Markt (Electronic Mail gemäß X.400 und TELETEXT).

ISO - Situation

Innerhalb der ISO sind Protokolle der Ebenen 1, 2, 3, 4 und 5 zu internationalen Standards vorangetrieben worden. Mit den Protokollstandards gemeinsam wurden ebenfalls Service-Standards formuliert, die den erbrachten Dienst eines Protokolls für die darüberliegende Ebene definieren. zur Zeit sind Standards für die Ebenen 6 und 7 in Arbeit und zum Teil bereits als draft international standards (DIS) verfügbar. trotzdem ist noch weitere Arbeit zu leisten, um zum Beispiel transaktionsorientierte Anwendungen protokollmäßig zu unterstützen. Weiter sind so wesentliche Funktionen wie Netzwerkmanagment und Directory Service, Dokumentenformate und Virtuelles Terminal zu Ende zu bringen. Hier werden die nächsten zwei Jahre zu Fortschritten führen.

Die Industrie - SPAG / COS / POSI

1983 hat sich aus der Runde "der 12", das sind die Firmen AEG, Bull, CGE, GEC, ICL, Nixdorf, Olivetti, Philips, Plessey, Siemens, STET, Thomson, die SPAG Gruppe gebildet, die sich zur Aufgabe gemacht hat, aus den bestehenden internationalen Standards Profile zu definieren, die es der Industrie ermöglichen, OSI Implementationen und Produktentwicklungen vorzunehmen. Dies Arbeiten mündeten in die Veröffentlichung dieser Profile im Guide for the Use of Standards (GUS), dessen 3. Edition nun vorliegt. Parallel dazu wurde ein Teil dieser Profile von CEN/CENELEC aufgenommen und zu vorläufigen Europäischen Standards erklärt.

Nachdem diese Arbeiten einen gewissen Stand erreicht hatten, stellte sich die Frage nach der Verifikation der darauf basierenden Implementationen, denn das alleinige Ziel der OSI Entwicklung ist die Interoperabilität von Computersystemen unterschiedlicher Hersteller, die den Regeln der Kommunikation gemäß OSI gehorchen. So enstand aus SPAG heraus ein Testlabor SPAG Services, welches 1986 seine Arbeit aufgenommen hat und zunächst von den Firmen Bull, ICL, Nixdorf, Olivetti, Philips, Siemens, STET und Thomson gegründet wurde. Am 1.1.1988 kommen Alcatel, British Telecom, Digital Equipment, Hewlett Packard und IBM hinzu.

Ebenfalls im Jahr 1986 hat sich in den USA die Corporation for Open Systems (COS) gegründet, die sich die Validierung, aber auch die Zertifizierung von Protokollimplementationen zum Ziel gesetzt hat.

Als drittes Standbein der weltweiten Aktivitäten auf dem Gebiet der Protokollvalidierung wurde ebenfalls in 1986 in Japan die Gruppe Promotion on OSI (POSI) gegründen.

Damit sind in den drei großen Regionen der industrialisierten Welt Europa, USA und Japan/Asien Gruppierungen entstanden, die sich mit der Protokollvalidierung beschäftigen. Inzwischen existieren vielfältige, institutionalisierte Kontakte zwischen den drei Partnern, um Doppelentwicklungen oder noch gravierender, unterschiedliche Entwicklungen zu vermeiden. Der regionale Ansatz ist jedoch notwendig, da jede Region seine spezifischen Eigenheiten besitzt, die optimal nur aus der Region heraus befriedigt werden können. Als Beispiel sei die sehr spezifische europäische Situation mit den nationalen Postgesellschaften und deren Monopolsituation genannt, die zum Teil auf Unverständnis oder zumindest Erstaunen in anderen Regionen stößt.

Die Anwender - MAP / TOP

Bereits 1984 hat sich in den USA, getrieben von General Motors, die Gruppierung MAP gebildet. Diese Gruppe hat sich zum Ziel gesetzt, eine Protokollhierarchie für die Anwendung von OSI in der Fabrikautomation zu definieren. Inzwischen ist diese Gruppierung weltweit auf mehrere hundert Mitglieder angewachsen und stellt somit ein enormes Potential an technischer Expertise, aber natürlich auch an Marktsegment dar, da es sich überwiegend um Computeranwender und nicht um Computerhersteller handelt. Im Sommer des Jahres 1988 wird in den USA eine große Demonstration der Ergebnisse dieser Arbeiten und der auf ihnen basierenden Implementationen der Hersteller zu sehen sein, die dann endgültig klarstellen wird, daß eine effiziente Kommunikation zwischen vielen heterogenen Computersystemen auf der Basis von OSI Standards möglich ist.

Parallel dazu hat sich, initiiert durch Boeing, die Vereinigung TOP gebildet, die sich die Verwendung von OSI Protokollen im Office Bereich zum Ziel gesetzt hat. Aufgrung der ähnlichen Zielsetzung haben sich beide Gruppen zusammengeschlossen, um die Resourcen noch stärker auf die gemeinsame Zielsetzung zu konzentrieren.

Intensive Kontakte zwischen MAP/TOP und SPAG, COS, POSI sind hergestellt.

Ausblick

Die anstehende große Herausforderung für die Kommunikationslandschaft der kommenden Jahre ist sicherlich auf technischem Gebiet die Integration verschiedener heutiger Netze zu einem großen und gemeinsam benutzbaren Kommunikationsnetz. ISDN ist dafür ein erster Ansatz, der die Trennung von Daten- und Sprachnetzen zu kostengünstigen Bedingungen aufhebt. Die Leitungsgeschwindigkeiten des Schmalband-ISDN reichen jedoch nicht aus, um Bewegtbilder wie zum Beispiel Videokonferenzen zu übertragen. Deshalb ist für die zweite Hälfte der 90ger Jahre das Breitband-ISDN geplant, welches auch diese Integration ermöglichen wird.
Um dieses Ziel zu erreichen, sind noch viele technologische Hürden zu überspringen, es steht jedoch außer Zweifel, daß dies in etwa in dem geplanten Zeitraum realisiert werden kann.

Das heute erkennbar größere Problem ist jedoch die Nutzung dieser technologischen Möglichkeiten für Anwendungen. So befindet sich die Realisierung von tatsächlich verteilten Anwendungen erst in den Kinderschuhen, da die Realisierung und auch die Nutzung äußert komplex sind. Ebenso ist die Verwaltung und Beherrschung solch umfangreicher Netze mit den heutigen Methoden des Netzwerkmanagment kaum zu leisten. Hier müssen neue Ansätze und Entwicklungen greifen, die heute zwar erkennbar , aber noch nicht realisiert sind.

Außerdem ist die Nutzung von verfügbarer Technologie durch den Anwender mit einer zeitlichen Verzögerung verbunden, die durchaus 5 bis 10 Jahre betragen kann. Als Beispiel sei Ethernet erwähnt, daß von DEC, XEROX und INTEL als Hochgeschwindigkeitsmedium für den Office-Bereich entwickelt worden ist, und sich erst 10 Jahre später in diesem Gebiet durchzusetzen begann. Weitere Änderungen und Anpassungen auf Anwenderseite müssen hinzukommen, um die verfügbare Technologie auch optimal umsetzen zu können. Ein elektronischer Briefkasten wird eben nicht schneller geleert als ein konventioneller, wenn sich die Arbeitsleistung des Sachbearbeiters nicht durch organisatorische oder technische Maßnahmen steigern läßt.

Ein weiteres gravierendes Problem ist die Lösung des Komplexes Datenschutz und Datensicherheit. Mit zunehmender Standardisierung sowohl der Kommunikationsmedien und Verfahren als auch der Betriebssysteme und Datenbanken gewinnt diese Frage an Brisanz. Hierbei kommen den Zugriffsrechten und der Autorisierung besondere Bedeutung zu. Man wird zu Methoden wie Fingerprinterkennung, Spracherkennung und ähnlichen nicht veränderlichen Merkmalen kommen müssen, um eine Lösung anbieten zu können.

A TOOL FOR MEASURING AND MONITORING DISTRIBUTED SYSTEMS DURING OPERATION

Dieter Haban and Dieter Wybranietz

INCAS[*]-Project, SFB124, University of Kaiserslautern; D-6750 Kaiserslautern

1. Introduction

Distributed systems demonstrate characteristics that will provide benefits, such as reliability, availability, ease of modularity, incremental growth, configuration flexibility, and high system performance. However, the increased activity in distributed systems have yielded a substantial lack in methods and tools for monitoring and measuring these systems to verify these features.

In general, measurement has been a fundamental technique in computer engineering [Fer78, Fer83, Svo76, Svo81]. The complexity of present computer systems makes measurement necessary but difficult. The hardware and software of conventional systems are generally not designed to be monitored. Monitoring tools in form of programs, stand-alone hardware devices, and hybrid tools have been available for many years. Measurement and monitoring becomes even more difficult in distributed systems. Since distributed systems feature asynchronous parallel processes, distributed systems show nondeterministic and non-reproducible behavior. Since communication among processes introduces significant delays and since processes run on several processors, there is a lack of adequate central control, precise global time and accurate global state. Measurement and monitoring activities have to be performed simultaneously at different nodes and the results have to be collected and evaluated in common at a central station to provide users for a unique view of their system.

This paper describes a transparent real-time monitoring tool which displays system behavior and measurement information about the execution of dynamicly changing distributed systems on a high resolution graphic screen in an application-oriented manner. Our underlying philosophy is to view performance and analytic measurements during operation as an integral part of the system. Our point of view can be justified since our monitoring facility does not interfere with the system to be monitored. The monitoring system is the last phase of the

---

* INCAS (Incremental Architecture for Distributed Systems) funded by the DFG as part

Distributed Test Methodology **DTM** [Hab87] developed in the INCAS project [Neh87]. DTM which consists of four phases accompanies the implementation (phases 1-3) as well as the operation (phase 4) of distributed systems. During implementation, the test tool allows users an adequate debugging of their system.

2. The Need for Adequate Tools

Measurement based on monitoring methods has been a fundamental technique in computer engineering. Therefore, it is surprising that only little interest has been paid to assist programmers and system developers in monitoring and measuring distributed systems. Even today, monitoring facilities are rarely integrated into programming languages and systems. Pure hardware monitors can be designed not to affect the activity of the measured system, but it is very difficult to identify interesting events in a problem-oriented manner. These monitors often use sophisticated features of the hardware to get valuable information. Simple observation of system buses, or probes connected to the processor, memory ports, or I/O channels do not solve monitoring problems in modern computer systems. In addition, hardware monitors cannot handle the dynamic creation and deletion of processes and the migration of program parts in memory, since valuable information is derived by relying on fixed addresses. The use of these monitors is generally restricted to experts. Their installation requires great expertise and thorough knowledge of the system. Hardware monitors [Ibb78, Wul81, Fro83] are a very useful tool for performance debugging of system software. However, they are inconvenient for measuring and monitoring application programs.

The EGPA instrumentation [Fro83] for measurement is based on a global physical time which is achieved by additional hardware for synchronization of the independent physical clocks of each processor in the pyramid. The EGPA measurement environment integrates a software and a hardware monitor which is called "Zählmonitor 3". A new version "Zählmonitor 4" [Hof87] is currently being under implementation. The "Zählmonitor 4" uses specific hardware to get information about processes since valuable information is no more directly accessible by the probes due to new processor architectures and cache memories. Several simultaneously operating comparators queue their results in a FIFO buffer for common evaluation of the local processor results. A software monitor is incorporated into "Zählmonitor 4" to obtain additional user-oriented information. Markers implemented by subroutines are used to identify interesting points in program execution. Activated markers are stored in a 100 entry-deep buffer. The transfer of a full buffer to disk takes 8-80ms. The evaluation of system events is done off-line from the disk.

By contrast, software monitors present information in an application-oriented manner, but the additional instructions executed by the measured system itself produce interference in time and space. Therefore, pure software monitors are not adaquate for continuous monitoring and measurement activities during system operation. Many software monitoring facilities for distributed systems are the basis for debugging systems [Ber82, Cur82, Smi82, Sno82, Bat83, Gar84, Har85, LeB85, LeB87, Yoy87]. One example of a debugging system that provides additional performance information in time-space diagrams and Kiviat-graphs [Kol76] is the program debugging and performance evaluation aids of M-MDS [Lam84]. However, their performance-measurement overhead is 13% and their trace-overhead about 18% per processor switch.

B.P.Miller's measurement tool DPM [Mil86] provides measurement information about distributed systems runing under UNIX. The extraction of monitoring data is integrated into the Berkeley UNIX-kernel, therefore the instrumentation is transparent. Any program can be monitored without special preparation of application processes. The monitoring data is sent over an IPC connection to one or more flexible filter processes which select, reduce, and store trace data. The kernel checks if the event is monitored by a process, then the kernel creates and stores a message containing trace data. To reduce monitoring overhead, messages containing events are buffered and sent together to the filter processes. The analysis of the trace data is left to users who customize the analysis routines to their special needs. The analysis and the retrieval of trace data produced by the filter processes is done after the computation has completed. Since no global clock is available accross machine boundaries, the timestamp of each event does not allow to totally order the activities. Only evident causality relationships, such as a message must have been sent before being received, allow an estimated ordering of the trace files. A first implementation was for the DEMOS/MP operating system [Mil84].

Another interactive and automatic performance measurement tool IPS by B.Miller [Mil87] allows the programmer to interactively evaluate the performance history of distributed programs running on the Crystal multicomputer network. The tool is based on a hierarchical model that provides performance data at different levels of abstraction from the whole program level down to procedure and statement level. Miller's hierarchical model of a distributed program consists of the program, machine, process, procedure and primitive activity level. The tool provides basic metrics, such as the number of processes, total execution time, total waiting time, and parallelism. In addition, IPS evaluates different complex metrics, such as response ratio, message traffic, load factor, utilization, and progress ratio. The raw data is collected during the first phase of IPS operation, the second phase, the data analysis, allows users to interactively access the measurement results. IPS automatically guides the programmer through the measurement hierarchy by identifying critical resource utilizations, by providing information about interaction and scheduling affects, and by analyzing the program time phase behavior.

Hybrid tools [Fer73, Svo73, Fer81] which consist of external hardware tools which receive data collected on the behalf by a software tool running in the measured system, seem to be a good trade-off between software and hardware monitors. The software part executed by the measured system should be kept very low.

System measurability defined in terms of information domain accessible by a monitor and the cost of monitoring [Svo76] can be achieved only with an integrated hardware-software support. Flexible built-in measurement facilities should be anticipated in early stages of computer system design. Temporary instrumentation changes system behavior and may cause new bugs when removing the instrumentation to achieve a higher performance of the program in actual use. The instrumentation should be a permanent part of the computer system and should be kept very inexpensive. Once the instrumentation is removed the measurability is reduced. Measurement should be an ongoing process, that is inseparable from the system allowing continuous extraction of valuable information.

3. The Underlying Monitoring Architecture

Our monitoring tool combines the advantages of software and hardware monitors (no change of system behavior, no slow down of performance, and present application-oriented information) while overcoming the deficiencies. Several additional requirements guided the design of our tool, such as transparency of the permanent instrumentation, integration of the tool into the complete system, no special preparation of application programs, easy customizing to various needs and environments. We have designed a special <u>Test and Measurement Processor</u> **TMP** [Hab86] which is part of each node in our multicomputer system (Fig. 1). The special test hardware supports easy monitoring, accurate measuring and (during implementation) remote control of distributed systems. Each TMP runs local parts of the monitoring software for its node. The local monitoring software is responsible for preprocessing and condensing the incoming information, locally storing details and summaries, and transfering individual summaries to the central monitor station. Easy-to-read information is depicted on a high resolution graphic screen connected to the central station. The central station can request more detailed information about processes residing on that node than it is frequently transfered by the local monitor software. Each node is monitored autonomously by the local monitoring software, but in cooperation with the central test station. Having autonomously operating local test software relieves the central test station of an immense amount of monitoring information and management tasks which occur when monitoring (and debugging) the execution of any parallel system. We use the same test architecture for debugging distributed systems during implementation.

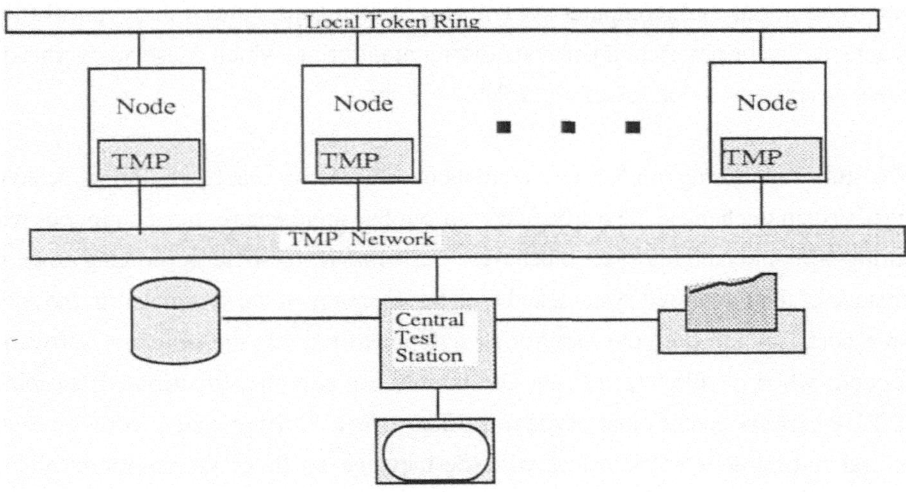

Figure 1: The Test and Monitoring Architecture

A similar approach that intends to dedicate a substantial part of the multiprocessor system to instrumentation is the PIE system [Seg85]. Currently, their system is based on software sensors, although work on hardware sensors is under way.

4. Test and Measurement Processor Concept

Our **underlying philosophy** is to view testing and performance measurements not as an occasional activity, but as an ongoing process that is inseparable from the system. This philosophy can be justified since the TMP concept allows continuous monitoring with little degradation of application system performance. The main idea (Fig. 2) for efficient execution time monitoring is that software in the measured system marks significant events but these events are categorized, processed, and displayed by dedicated hardware. With the aid of compiler information, the test software is able to interpret events and present them in an application-oriented manner. Since each TMP consists of a local processor and local memory, the TMP is able to run its own test and measurement software concurrently with the execution of the measured system.

Events are inserted at well-defined key points in the monitored system. Events represent significant behavior of the system, such as process creation and deletion, sending and receiving of messages, and connection and disconnection of communication paths. Measurement information is derived from the local time stamps of each event. We use a fixed number of events which are permanent parts of the operating system and which continuously deliver useful information about system behavior. In this way we have no corruption of system behavior by our monitoring tool during operation, the system always behaves the same, whether the TMP is present or not. In our multicomputer system, first experiments showed that typically 700-900 events actually occur per second per node during monitoring, which cause an overhead in the measured system of a value **lower than 0.1%**.

Real-time monitoring implies a separate monitor processor that leaves timing behavior and the target system unchanged. The advantages of our test architecture, like continuous real-time monitoring without changing system behavior and without significantly slowing down system performance of the monitored system, and high transparency of the system worth the additional hardware costs. In addition, the monitoring equipment reduces the immense software costs which occur when developing, testing and monitoring complex (distributed) systems. The second TMP network ensures that message traffic between TMPs as well as between each TMP and central station does not interfere with the message traffic of the monitored distributed system. Therefore, the monitoring overhead is reduced to its minimum namely the creation of the test and measurement events.

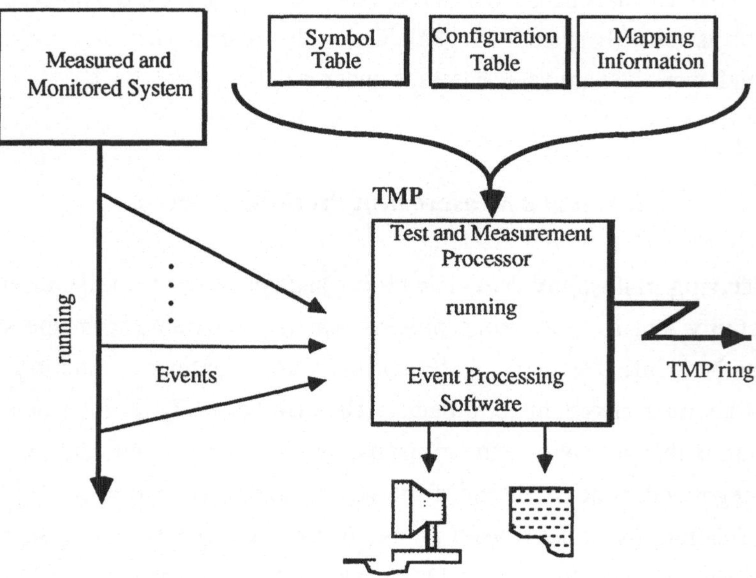

Figure 2: Principle of the Test and Measurement Processor Concept

4.1 Generation of Events

Our low-overhead mechanism for marking execution-time events consists of inserting special assembler store instructions at key points in the monitored code. One store instruction marks each event. Its format is:

STORE ADDR, VALUE

where the range of **ADDR** is fixed. Each address represents one event class. In our implementation, there are 256 different addresses which determine 256 event classes. We currently use about 60 event classes to monitor and test distributed systems implemented in our language LADY [Neh87, Wyb85], for example:

start process
block process

The store instruction writes through the local processor cache. Therefore, each event is directly visible on the system bus. The **VALUE** of the store instruction serves as an actual parameter to specify one event within each class, for example:

start process   <processID>
block process   <queueID>

Since VALUE occupies 4 bytes of storage, we are able to represent 256×2^{32} different events. Table 1 gives examples of standard events for monitoring system behavior.

process events	message transfer
start process <processID> stop process <processID> assign process <processID> resign process <processID> ready process <processID> block process <queueID>	receive message <portID> send message <portID> multicast send <portID> connect ports <portID><portID> disconnect ports <portID>
kernel events	**TMP events**
start idle process <idleID> init queue <queueID> exception <exceptionNo> enter monitor <monitorID> leave monitor <monitorID>	enable TMP disable TMP set time slice <precision> start trace

Table 1: Examples of Standard Events

4.2 Structure of the TMP

Our intention was to build a hardware component which could be easily connected to a system bus and which could monitor events on the bus without disturbing the measured system. Figure 3 shows the structure of a TMP and its integration into one node of our MC68000

- a MC68000 processor with local memory
- an I/O unit for local output on terminal or printer
- a network interface to connect all TMPs into a separate network
- an event processing unit (EPU) with local clock

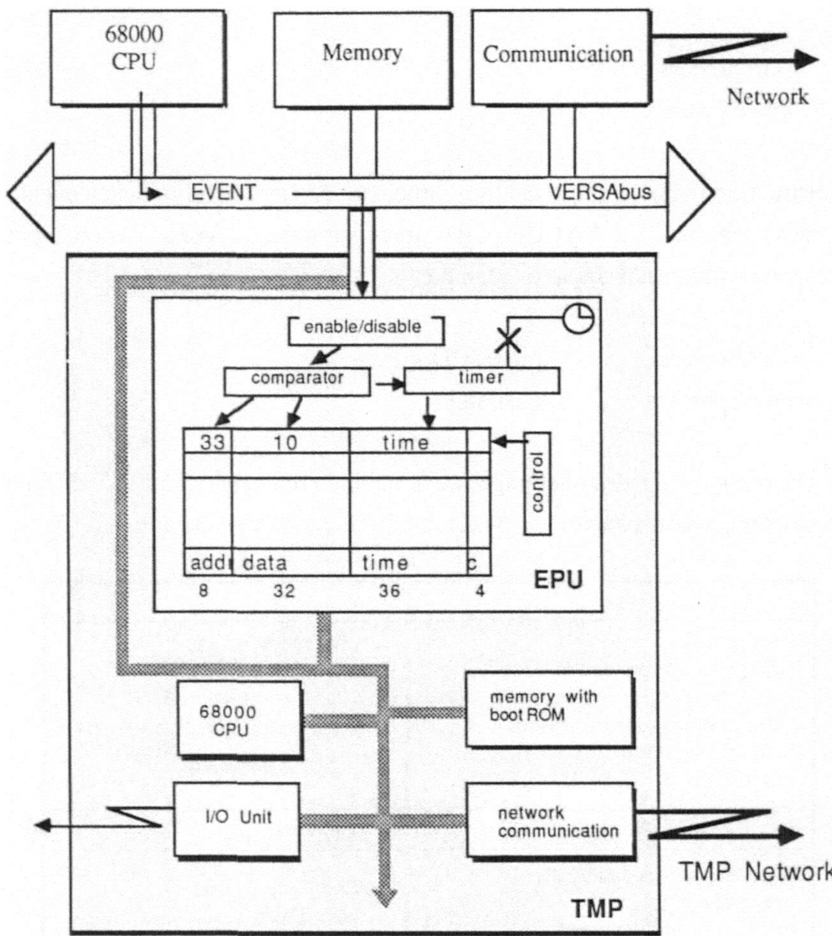

Figure 3: Structure of the Test and Measurement Processor TMP

The comparator within the EPU checks addresses on the system bus. If an address is within the range representing event classes, the matched address and the next data on the bus are stored with the timer contents in event memory. The store command representing one single event is a dummy operation in the monitored program and is only meaningful to the TMP. The location of the address range can be easily adapted to the actual hardware environment by a switch. We store only the one significant byte of the address. The EPU consists of a local event buffer for FIFO storage of events. We chose a depth of 16 entries to allow collection of fast clock. An event entry in EPU memory is 80 bits long:

- 8 bits representing the event class
- 32 bit data specifying which single event
- 36 bit time stamp in μs
- 4 bit control field such as CPU mode, overflow marker

The rate at which the time advances depends on the desired precision of the timer which is internal to the TMP. The time quantum in no way affects application performance. In order to relieve TMP software of events not interesting for a particular application, the monitor software can adjust the comparator to accept addresses only with certain bit patterns in the low order byte thereby selecting specific event classes. For test and debug purposes the test software of DTM phase 1-3 running on the TMP can access any data in the memory of the main processor to read and modify variables of the tested system. Additionally, the TMP hardware can be easily modified to be used in a VMEbus system.

4.3 Global Time

Monitoring and measuring activities have to be performed simultaneously at each node and the results have to be evaluated in common at a central station to provide users for a unique view of their system. The physical clock of each node totally orders the activities at each machine. However, the absence of a global time and a global state raises problems in distributed systems. Since two physical clocks will never run at exactly the same time rate, the difference between the two times increases continuously. The drift between a quarz-controlled ozillator and the real physical time is given by 10^{-6} sec per second. Therefore, a completely accurate physical global clock is impossible without special hardware.

To correlate the local monitoring and measuring data to obtain a single image of system performance some mechanisms have to be supported. One mechanism is to provide a global time by synchronizing logical or physical clocks. Clock synchronization algorithms can be classified in central-dictatoric, central-democratic, and decentral-democratic [Gor87]. In the central-dictatoric case, a central controller synchronizes remote clocks which is achieved by special hardware. The achievable clock accuracy is in the range of nanoseconds. The high global clock precision favorates this solution for hardware measurements in a distributed system. The main disadvantage is the tightly physical connection of the time services to the central controller which is not always possible. One example is the EGPA system [Fro83]. A central clock is necessary to measure message delays accurately across node boundaries but which is not of primary concern of our application-oriented tool.

Both democratic synchronization mechanisms are implemented in software. They are based on exchanging timestamps in messages and the update of logical clocks. Without going into details, one disadvantage is that the system of logical clocks can drift away significantly from the real physical time. The algorithms do not achieve a sufficient precision which is necessary for measurement purposes (see also [Kop87]). The accuracy of the clock synchronization is bounded by the unpredictable message delay, such as in [Lam82, Mar83, Gus84].

Another possibility to achieve a correlation between local measurement results is to derive the global time from the "post-mortem" analysis of local trace files, such as used by B. Miller [Mil86]. Based on the calculation of message delays a complete precedence graph is constructed after the execution of the system.

In our solution, the timer of the TMP can operate in two different modes: in an autonomous mode completely independent from the other TMPs or in a slave mode where it receives the clock pulses from another TMP (central-dictatoric). In the latter case, one TMP timer acts as a master and distributes its clock pulse via an additional wire to the other TMPs. A second additional wire can be used for a global TMP timer reset. However, the master/slave mode is only intended for special measurements since, generally, the installation of additional wires might be to costly or even impossible e.g. when the nodes of the system to be monitored are distributed over a building. We provide several algorithms which do not rely on a global physical clock. The algorithm to obtain a consistent view of execution behavior is described in chapter 4.4. The algorithm to evaluate measurement results in common at the central station is different from the latter one. In our monitoring system the central station receives concurrent streams of preprocessed and condensed measurement information after selectable periods of time (e.g. 1 sec, 2 sec, etc.). The central station evaluates given metrics (parallelism, usage factor) involving several distribution units, clusters of distribution units, or the complete system. This evaluation is based on information provided by each local monitor station about processes, distribution units, and machine information. The central station computes only higher level information comprised in the lower level information obtained by the local stations. The measurement information is computed with respect to a time interval. We incorporate a software solution which synchronizes the length of the time intervals at each node. The algorithm guarantees that the time intervals coincide accurrately without modification of physical clocks and without interference with measurement computations. Since we compute averages within the time intervals, small inaccuracies do not influence the commonly evaluated results.

4.4 Interpretation of Events

The local monitoring software is loaded together with information gathered during unit compilation into the memory of each TMP. The compiler information contains all necessary static type, semantic and structure information about the distributed system loaded on the network. A copy of the compiler information is loaded on each TMP and the central monitoring station. With the aid of these tables of information the monitoring software is able to interpret the incoming events and display useful information about distribution units, connections, process objects, measurement data, etc. (Fig. 4).

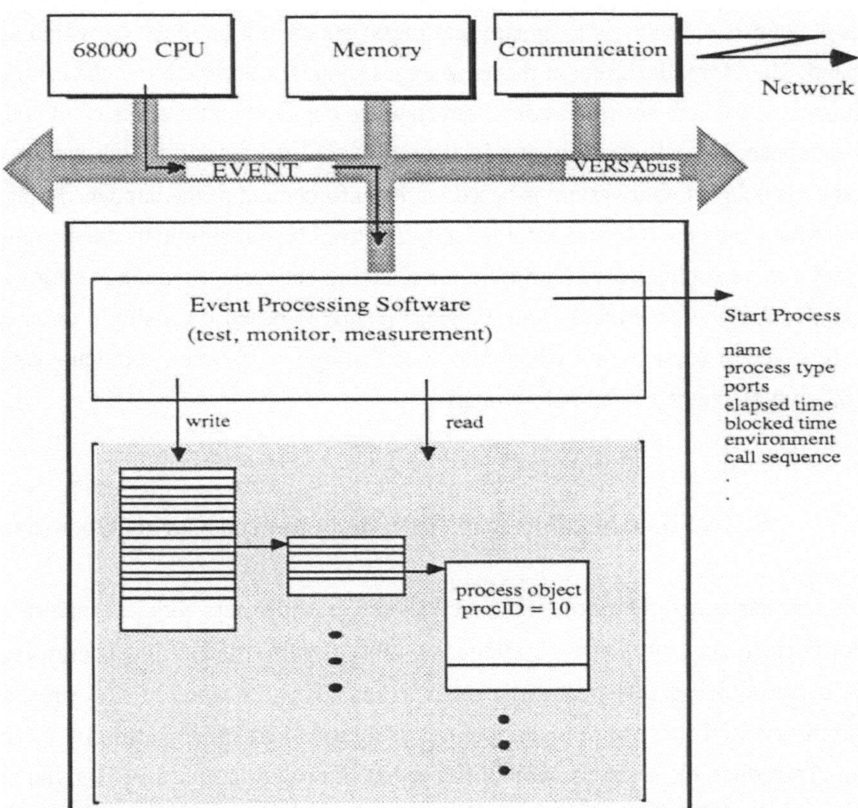

Figure 4: Interpretation of Events

The compiler information serves as a dynamic database which is updated during execution time if objects are generated and deleted and if the interconnection structure is modified. In addition, each local monitoring software counts and stores summaries about individual events in the local database: number of messages sent and received, elapsed and blocked times, idle times, procedure running times, etc. Detailed measurement and monitoring information is evaluated and stored locally in the compiler information data base of each TMP, while the central monitor station can demand these data upon request from the user. The local monitor systems frequently send reduced information to the central station. The compiler information data base of the central test station is updated by information from the individual data bases using a derivation of a global snapshot algorithm [Cha85, Mat87].

In our distributed debugging and monitoring system the central station does not initiate a snapshot algorithm, but the local debug and monitor stations at each node send significant events immediately to the central station. The central station receives concurrent streams of events and evaluates itself a consistent view of the distributed system. To achieve a consistent update of information in the database of the central station, we incorporate a simple mechanism to guarantee that effects are visible in accordance to their partial ordering. The key point when providing a consistent view is to ensure that messages cannot be received which are not sent beforehand. Therefore, the effect of those messages should not be visible in the central database. Only information which ensures a consistent state are depicted on the screen and updated in the central database. No information gets lost, only event information which would violate the consistency is delayed. Our system is based on the enforcement of the happened-before relation of events which can be easily and automatically achieved by our simple mechanism. In [Hab88], we present a more sophisticated algorithm for selecting between ordered and unordered events. We extended Lamport's logical clock concept [Lam78] based on a single counter for each process by a vector presentation which allows to distinguish between simultaneous events and events ordered by the happened-before relation.

5. Real-time Monitoring of Distributed Systems During Operation

The summaries about program execution should provide users with information that allows to detect performance problems, bottlenecks, and abnormal behavior. Therefore, the large amount of monitoring and performance data has to be interpreted and presented in an application-oriented manner that reflects the semantics and organization of the distributed program. To reduce the immense amount of event information, the user is given appropriate abstractions of how the system is functioning.

To process the immense amount of events at each node we use an interrupt-driven software, called Standard Event Processing Software (EPS). A copy of EPS is permanent in EPROMs on each TMP. EPS incorporates EPU driver, I/O driver, communication driver for the TMP, and basic measurement facilities which can be used by higher level monitoring software. To achieve high performance EPS is mostly implemented in Assembler and the language C. The standard software is able to process upto 3000 events per second, for higher event rates a 30.000 entry-deep software buffer is used to delay the processing. With the aid of process events (see Table 1) EPS calculates elapsed times, waiting times in the ready queue, blocked times for each process. In addition, the event "block process <queueID>" informs the monitor software about the block condition allowing to distinguish between several reasons for blocking, such as monitor object queue, condition queue, I/O queue, communication queue, and semaphore queue. Table 2 lists a brief section of raw data collection (event class, event data, event time) when sending a message reliably to another machine. The collected events are transformed into a readable form by indicating object names as listed in the compiler information database. The selected timer precision is 10 µs. The software filtered monitor and procedure calls.

init IO queue	ioID	5750
init com queue	comID	5752
…		
start idle process	idleID	5770
start process	urprocess	5771
start team	team1	5773
start process	sender 1	5774
start process	manager	5775
start process	receiver 1	5776
start process	receiver 2	5777
…		
resign process	urprocess	5801
assign process	receiver 1	5802
block process	monitor obj 2	5937
assign process	sender 1	5938
send message	port 1	5969
ready process	com process 2	6012
block process	semaphore obj 2	6025
assign process	com process 2	6026
block process	semaphore obj 1	6193
assign process	manager	6194
ready process	com process 3	6713
resign process	manager	6794
assign process	com process 3	6795
ready process	sender 1	6802
block process	comID	6820
assign process	sender 1	6821
…		

Table 2: Raw Data Collection at each TMP

During operation, DTM phase 4 software is automatically loaded into TMP memory. Based on time measurements at the process level obtained by EPS the monitoring software provides a hierarchical measurement model that reflects our view of a distributed system. At each level of the model hierarchy, we define performance metrics which are displayed in real-time on the graphic screen. At the next higher level, the process cluster level, the monitoring software calculates elapsed time, ready time, blocked time for each cluster based on the process level results. Information about the machines are computed as idle time, I/O usage, communication system usage, application time, and system time. At the system level, we define metrics, such as evaluated in common based on the next lower level. The user may interactively focus his interest from the highest system level down to the process clusters level and the process level. As an essential feature of the monitoring tool, the measurement data is graphically presented in an application-oriented manner (easy-to-read charts and graphs) that allows users an easy and fast understanding of the depicted information. Users should be able to immediately observe parallel activities on the graphic screen without overwhelming tables of numbers and information which are hard to read and hard to interpret.

The monitoring system updates the graphical display of the monitored system as it dynamically changes. Only useful performance information is displayed in real-time. The immense amount of performance information can be observed when selecting the corresponding command from the menu, but without disturbing the processing and evaluation of the incoming events. Accurate timing information from the running system can be used to detect abnormal behavior, even if the system seems to be running correctly. The performance results can also be used to tune a distributed system.

Another application of the general monitoring tool is the analytic and performance measuring of our distributed operating system, including the communication subsystem. Any useful monitoring and performance information can be extracted by the monitoring system. If the monitoring interests shift to other useful information, the necessary events can be easily inserted into the monitored application code, e.g. measurements in a database system.

6. Experiments with our Tool

The first part of the paper so far has presented the concepts and details of our hybrid monitoring facility. To demonstrate the feasibility of the tool we are being in the process of performing some experiments. Some experiments with the tool demonstrated that the amount of collected events varies from under 100 up to 1500. A burst of events is collected when starting the programs at each node due to initializing queues, starting processes, etc. We do not use procedure level events (enter procedure, leave procedure, enter block, leave block) as standard events in our system, since the rate at which these events occur is too high. For the same reason, in the IPS system B. Miller uses sampling to get timing and counting information at this level. The expected rate of procedure level events is about 3000-6000 events per second. Events of the procedure level and even the statement level (e.g. exec IF statement <lineNo>, exec CASE statement <lineNo>) are optionally inserted by the compiler for debugging and measuring purposes during implementation using DTM phase 1-3 software.

Furthermore, for tuning purposes we measured several critical parts of our software (Table

4). Since our systems comprises an exception mechanism the overhead when calling procedures or monitors is higher than without exception handling. The measurements are performed on a MC68000 machine running at 12.5 MHz clock rate.

procedure enter	80	µs
procedure exit	10	µs
monitor enter	350	µs
monitor exit	250	µs
kernel trap routine	80	µs
reliable port-to-port send	9.1	ms
unreliable multicast send	3-4	ms

Table 4 : Measurement of Critical Program Parts

The reliable port-to-port communication time is an average when sender and receiver are running on different machines. The communication medium achieves a netto transfer rate of 1.1 MBit/sec (the brutto rate is 1.6 MBit/sec). The unreliable multicast communication awaits no acknowledgements, and depends on the location of the receivers.

7. State of Work

A prototype version of the monitor and test software has been available since summer 1986. This prototype has limited graphics features. A first prototype of the test and measurement processor has been under test since October 1986. The first three DTM phases are completed. The fourth DTM phase as described in this paper should be available by March 1988. The software of the central database with the graphic interface has been completed. However, for gaining experiences we have a monitoring facility with limited features that allows us to perform experiments and to get performance data to validate our concept and performance metrics.

A multicomputer simulation system [Wyb87] which simulates different hardware environments, the operating system, the communication subsystem and applications produces the same time-stamped events as our real system. These events are processed by our software at the central station as they were events collected by our TMP hardware. First results showed that the simulation system model behaves almost identical as the real system. Simulation enables us to gain performance and analytic results as an alternative to the TMP hardware and allows us to investigate the influence of many more parameters.

References

[Bat83]   B.Bates, J.C.Wileden: High-level Debugging of Distributed Systems: The Behavioral Abstraction Approach; The Journal of Systems and Software; pp.255-264; Mar. 1983.

[Ber82]   H.K.Berg,M.G.Smith: A Distributed System Experimentation Facility; Proc. of the 3rd International Conf. on Distributed Computing Systems;pp.324-329; Oct. 1982.

[Cha85]   K.M.Chandy, L.Lamport: Distributed Snapshots: Determining Global States of Distributed Systems; ACM Trans. Computer Systems 3(1); pp.63-75; 1985.

[Cur82]   R.Curtis, L.Wittie: BUGNET: A Debugging System for Parallel Programming Environments; IEEE Distributed Computer Systems Conference;pp.394-399; 1982.

[Fer73]   D.Ferrari: Architecture and Instrumentation in a Modular Interactive System; Computer 6 (11); pp. 25-29; Nov. 1973.

[Fer78]   D.Ferrari: Computer Systems Performance Evaluation; Prentice-Hall, Inc., Englewood Cliffs, New Jersey; 1978.

[Fer81]   D.Ferrari, V. Minetti: A Hybrid Measurement Tool for Minicomputers; Experimental Computer Performance and Evaluation; D.Ferrari and M. Spadoni (Eds); North-Holland Publishing Company, 1981.

[Fer83]   D.Ferrari, G.Serazzi, A.Zeigner: Measurement and Tuning of Computer Systems; Prentice-Hall, Inc., Englewood Cliffs, New Jersey; 1983.

[Fro83]   H.Fromm et al.: Experiences with Performance Measurement and Modeling of a Processor Array; IEEE Trans. Computers; 32 (1); pp.15-31; Jan. 1983.

[Gar84]   H.Garcia-Molina et al.: Debugging a Distributed System; IEEE Trans. on Software Eng., Vol. SE-10, No.2; pp. 210-219; Mar. 1984.

[Gor87]   W. Gora, U.Herzog,S.K.Tripathi: Clock Synchronization on the Factory Floor; in: R.Rosenthal (Ed.) : Proc. of the NBS Workshop on Factory Communications; March 1987; National Bureau of Standards, Gaithersburg; 1987.

[Gus84]   R.Gusella, S.Latti: TEMPO- A Network Time Controller for a Distributed Berkeley Unix System; Distributed Processing Tech. Comm. Newsletter, 6 (2); pp.7-15; IEEE; June 1984.

[Hab86]   D.Haban,D.Wybranietz: Hardware Supported Monitoring in Distributed Computing Systems; University of Kaiserslautern; SFB124 Report No. 23/86.

[Hab87]   D.Haban: DTM - A Distributed Test Methodology; in Proc. 6th Symposium on Reliability in Distributed Software and Database Systems; pp.66-73; March 1987.

[Hab88]   D.Haban,W.Weigel: Global Events and Global Breakpoints in Distributed Systems; Proc. of the Hawaii International Conference on System Sciences; Jan 1988.

[Har85]   P.K.Harter (Jr.), D.M.Heimbigner, R.King: IDD: An Interactive Distributed Debugger; In Proceedings of 5th Int. Conf. on Distributed Computing Systems; pp.498-506; May 1985.

[Hof87]   R.Hofmann et al.: Zählmonitor 4: Ein Monitorsystem für das Hardware- und Hybrid-Monitoring von Multiprozessor- und Multicomputer-Systemen; in: U.Herzog, M. Paterok (Hrsg.): 4.GI/ITG-Fachtagung Messung, Modellierung und Bewertung von Rechensystemen; Erlangen, Sept./Okt. 1987; Informatik-Fachberichte 154.

[Ibb78]   R. Ibbett: The Hardware Monitoring of a High Performance Processor; Computer Performance Evaluation; Advanced Book Program Cranfield Institute of Technology, (UK) pp. 274-292; Dec. 78.

[Kol76]   K.W.Kolence, P.J.Kiviat: Software Unit Profiles and Kiviat Figures; ACM Sigmetrics Performance & Evaluation Review; June 1976.

[Kop87]   H.Kopetz, W.Ochsenreiter: Interval Measurements in Distributed Real Time Systems; Proc of the 7th International Conf. on Distributed Computing Systems; Berlin; pp.292-298; Sept. 1987.

[Lam78]   L.Lamport: Time, Clocks and the Ordering of Events in a Distributed System; Commun. ACM 21(7); pp.558-565; 1978.

[Lam82]   L.Lamport, R.Shostak, M.Pease: The Byzantine General Problem; ACM Trans. Prog. Lang. Syst. 4 (3); 1982.

[Lam84]   J.E.Lambert, F.Halsall: Program Debugging and Performance Evaluation Aids for

[Leb85]   R.LeBlanc, A.D.Robbins: Event-Driven Monitoring of Distributed Systems; 5th Int. Conf. on Distributed Computer Systems; Denver; pp.515-522; 1985.

[Leb87]   T.J.LeBlanc, J.B.Mellor-Crummey: Debugging Parallel Programs with Instant Replay; IEEE Trans. Computers 36 (4); April 1987.

[Mar83]   K.Marzullo, S.Owicki: Maintaining the Time in a Distributed System; Proc. of the 2nd ACM Symp. on Princ. of Distributed Computing; 1983.

[Mat87]   F.Mattern: Experiences with a New Distributed Termination Detection Algorithm; Proc. of the 2nd Int. Workshop on Distributed Algorithms; July 8-10, 1987; Amsterdam; Lecture Notes, Springer Verlag.

[Mil84]   B.P.Miller: Performance Characterization of Distributed Programs; Ph.D. Dissertation; Technical Report UCB/CSD 84/197; University of California, Berkeley; May 1984.

[Mil86]   B.P.Miller, C.Macrander,S.Sechrest: A Distributed Programs Monitor for Berkeley UNIX; Software-Practice and Experience 16(2) pp. 183-200; Feb. 1986.

[Mil87]   B.P.Miller, Yang Cui-Qing: IPS -An Interactive and Automatic Performance Tool for Parallel and Distributed Programs; Proc. of the 7th Int. Conf. on Distributed Computing Systems; Berlin; pp.482-489; Sept. 1987.

[Neh87]   J.Nehmer et al.: Key Concepts of the INCAS Multicomputer Project; IEEE Trans. on Software Engineering, 13(8) pp. 913-923; Aug. 1987.

[Seg85]   Z.Segall, L.Rudolph: PIE: A Programming and Instrumentation Environment for Parallel Processing; IEEE Software; pp.22-37; Nov. 1985.

[Smi82]   E.T.Smith: Debugging Technique for Communicating Loosely-Coupled Processes, University of Rochester, Ph.D.; 1982.

[Sno82]   R.Snodgras: Monitoring Distributed Systems, A Relational Approach, Carnegie-Mellon University, Dept. of Computer Science; 1982.

[Svo73]   L.Svobodova: Online System Performance Measurements with Software and Hybrid Monitors; Operating Systems Rev. 7 (4); pp. 45-53; Oct. 1973.

[Svo76]   L. Svobodova: Computer System Measurability; IEEE Computer, June 76

[Svo81]   L.Svobodova: Performance Monitoring in Computer Systems: A Structural Approach; ACM Operating System Review, Vol. 15, No.3; July 81.

[Wul81]   W.A.Wulf et al.: Hydra/C.mmp: An Experimental Computer System; McGraw-Hill; 1981.

[Wyb85]   D.Wybranietz,R.Massar: An Overview of LADY; SFB124 Report 12/85; Univ of Kaiserslautern; 1985.

[Wyb87]   D.Wybranietz: A Simulation System for Multicast Communications with Interactive Facilities; 15th Simula Users Conf., St. Helier, Jersey, Channel Islands; Sept.87.

[Yoy87]   J.Yoyce et al.: Monitoring Distributed Systems; ACM Trans. on Computer Systems; 5 (2); pp. 121- 150; May 1987.

Workload Modeling for Computer Networks

M. Calzarossa [1], *G. Haring* [2], *G. Serazzi* [3]

[1] Istituto di Analisi Numerica CNR,
Dipartimento Informatica e Sistemistica,
Università di Pavia, Italy

[2] Institute for Statistics and Computer Science,
University of Vienna, Austria

[3] Dipartimento Scienze dell'Informazione
Università di Milano, Italy

ABSTRACT

Workload analysis and modeling for distributed systems are getting
very important due to the increasing diffusion of computer networks and
to the evolution of system architectures. The large number of hardware
and software components interacting together makes the performance of
such systems heavily dependent on the characteristics of the load. A layered structure is adopted as a general framework for workload modeling in
computer networks. The various components, such as user terminals, processing nodes, and communication subsystem, are taken into account.
Workload characterization at each layer is described and the fundamental
steps for a global workload modeling procedure are given. An experimental application of the proposed methodology for a local area network is
presented.

1. Introduction

The performance of a computer network, as well as of a single host, is strongly
related to the characteristics of the load submitted by the users. Indeed, in a distributed
environment a potentially large number of components, both local and remote, interacts
together in extremely complex ways. In such a case the performance evaluation is a
multi faced problem.

A computer network can be seen as a functional composition of hardware and software

This work was partially supported by the "Ministero della Pubblica Istruzione" of Italy
(MPI 40%) and by the HUSPI Project.

resources able to process the requests submitted by the users. From the workload analysis view point, its components can be partitioned into three separate groups, namely, *user terminals, processing nodes,* and *communication subsystem.* The terminals are the sources through which the users submit their load. The remaining components are represented by a collection of nodes, in the sequel referred to as processing nodes, at which reside the computing resources, and by the communication subsystem, consisting of switching elements and data communication links connecting together the processing nodes. The job of the communication subsystem is to carry data, e.g., messages, packets, from processing node to processing node(s).

A centralized system is an isolated processing node together with its local terminals and can be seen as a node where the load is generated and completely processed without any interference with the network.

The hierarchical structure of the three groups of hardware components of a computer network is shown in Figure 1.

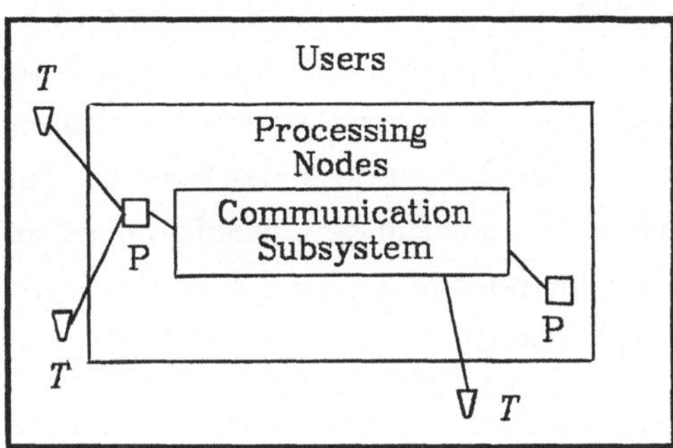

Figure 1 Hierarchical structure of the hardware components of a computer network (T stands for user terminals, and P for processing nodes).

The workload of such a system can be characterized by considering separately the three groups of components previously defined. Indeed, since the load offered from outside is processed and transformed by all the components of the system, the workload analysis must follow a global approach.

The most part of the workload studies performed so far have been dedicated to the components of just one of these groups [Ferr83]. Several papers deal with the workload analysis for centralized systems and attack the problem at different levels of detail, i.e., hardware resources [Agra76, Arti78], software resources [Hari82, Hari83], and external requests [Gave76, Onei80, Calz85].

On the other hand, studies concerning the performance of computer networks use a peculiar description of the load finalized to their objectives. In [Klei76] the results of several studies on the performance of message–switching communication networks are reported. The traffic entering the network is described in terms of a flow of messages satisfying various hypotheses concerning the length and the interarrival time distributions. The performance characteristics of a bus–based local network are investigated in [Shoc80]. An artificial workload is generated and the number of nodes and the load generated per node are varied in a controlled way. Several experiments for the performance evaluation of various architectures of local area networks are described in [Bux83, Bux84] in which symmetrical and asymmetrical traffic of messages has been simulated.

In [Agra86] the problem of workload characterization in distributed environment is approached and the changes in the workload due to the different degree of intelligence in the workstations at the users level are investigated.

With the exception of the paper just described, no efforts have been spent in trying to combine in a global model the workload characterization for all the three groups of components. In our paper we propose a unifying approach to the workload analysis problem in computer networks. A layered structure oriented toward the workload analysis is introduced in Section 2. Section 3 describes the fundamental steps of the methodology and the techniques that can be applied to construct the workload models for the various layers. An experimental application of the proposed approach to a local area network is described in Section 4.

2. The layered structure

The layered structure which corresponds to a logical subdivision of the hardware components of computer networks (see Fig. 1), can also be adopted for the characterization of the workload submitted and/or processed by the various physical units (i.e., terminals, processing nodes, communication subsystem).

Let us remark that the three layers presented in our approach do not correspond to any of the seven layers of the ISO reference model [Tane81]. The use of a layered structure is just a suitable way to schematically represent a distributed system for workload characterization purposes.

In our scheme, the load submitted by the users requires services from the processing nodes and then from the network. Different physical resources are involved at each of these three layers. The *user requests,* the *processing requests,* and the *messages* are the basic components, i.e., the smallest units of work, for the user, processing, and communication layers, respectively.

Figure 2 shows the proposed layered structure for distributed systems. The elements relevant for the workload analysis have been pointed out. The load of a processing node (layer 2) is generated by the users (layer 3), through their requests, and by the communication subsystem (layer 1) in the form of messages. According to our approach, a centralized system can be seen as constituted by only a node (layer 2) and by a user interface, i.e., terminals, (layer 3) (see the heavy box in Figure 2). Possible paths of the load are represented by the dashed lines of Figure 2. The user requests, submitted by terminal T_1, are locally processed by the resources of the node H_1, while the requests of terminal T_n involve either H_1 or the remote processing node H_2. Therefore, these requests cause traffic on the communication subsystem.

To characterize the workload at each layer of the hierarchical structure we adopt *probabilistic graphs.* These models are particularly suitable because of their ability to represent both the static and the dynamic aspects of the load.

Starting at the external layer, layer 3, it is possible to build the *user behavior graphs* [Ferr84], whose nodes represent the user requests and whose arcs are the possible paths. These graphs, one for each user, describe the behavior of the users since they provide a probabilistic description of the sequence of the submitted requests.

Going from layer 3 to layer 2, these graphs are modified since the load of a processing node must be considered as just one sequence of requests arriving from all the users. Therefore, at layer 2, the behavior graphs of all the users connected to a processing node are transformed into one *system behavior graph* which represents the sequence of all the requests ordered according to their arrival time to the processing node.

Some of the requests of a system behavior graph can induce load also on the communication subsystem (layer 1). Indeed, when two or more processing nodes communicate, they induce an inter-net traffic on the local transportation medium, if they are connected on the same network, or an intra-net traffic, if they are on separate but interconnected networks. In our study we will not distinguish among these two types of traffic on the communication subsystem.

The sequence of messages flowing from a processing node to the communication subsystem can be characterized in terms of a *network graph.* In this graph the nodes are the message types, and the arcs represent the possible sequences among them. In such a way both the traffic directly generated by the processing requests and the traffic induced by the high level protocols are considered.

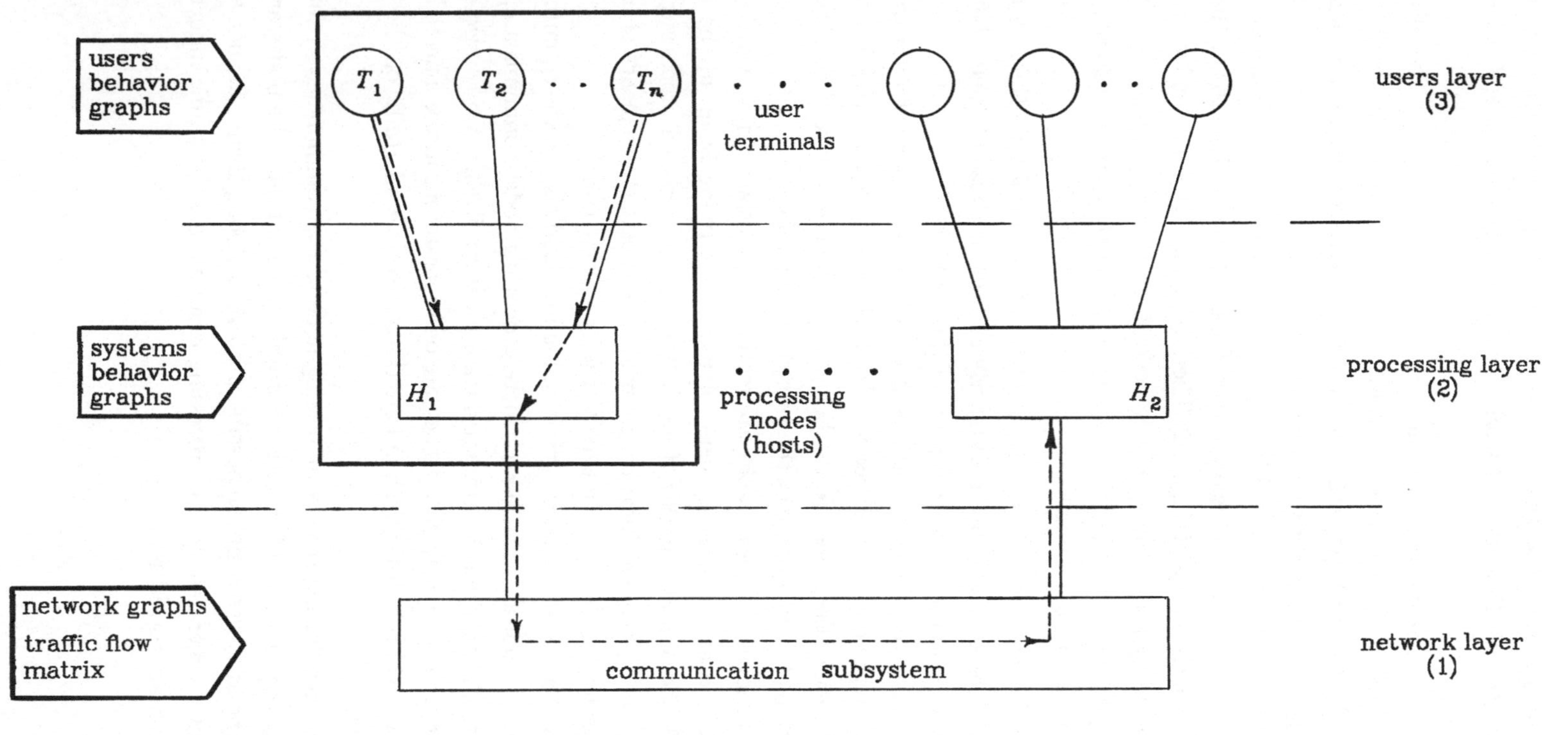

Figure 2 Layered structure of a distributed environment for workload characterization purposes.

Another important aspect of the load of a network is related to the geographical locations of the communicating processing nodes. A *traffic flow matrix* is adopted to characterize the routing of the messages in the network. The type of the study influences the level of detail of the information considered in a matrix (e.g., source and destination addresses, message type).

The number of components involved in the processing of the requests depends on their characteristics. For example, in a centralized system the components to be considered belong to layers 3 and 2, since the requests do not generate load on the network. Furthermore, the number of layers depends on the objectives of the workload characterization. Indeed, the analysis of the user behaviors requires only layer 3 components, while in the study of the performance of a processing node (layer 2) only its hardware and software resources must be considered. The performance evaluation of a communication subsystem usually involves only the components of the network (layer 1).

The workload can be characterized at each of the three layers separately. However, when a network is evaluated in its globality, it is necessary to characterize the workload by taking into account the information of each layer together with the transformations and correlations of the requests among the various layers. In the next section, we propose a methodology to build workload models whose validity encompasses all the three layers.

3. The workload models

The fundamental steps of the proposed workload modeling procedure for distributed systems are:

1) characterization of the user requests in terms of their sequence of submission and their types (layer 3);

2) construction of the corresponding user behavior graphs;

3) characterization of the processing requests in terms of their arrival sequence to the system and their resource consumptions (layer 2);

4a) construction, for each processing node, of the corresponding system behavior graph;

4b) possible use of the information related to the resource consumptions for a more detailed characterization of the user requests at step 2;

5) characterization of the network traffic in terms of the sequence of messages flowing in the network (layer 1);

6) construction of the traffic flow matrix for the global network, and of the network graph for the load generated by each processing node.

According to the proposed hierarchical structure, the characterization of the workload at each of the three layers yields different workload models which reflect the transformations of the requests among the layers and their interrelations. Such a characterization is based on several parameters that can be directly measured from the components of the corresponding layers or derived from the measured ones.

Table 1 summarizes the parameters and the models that can be used to characterize the load of the three layers previously introduced.

layer	charact. level	load component	parameters	
			observed	derived
3	user	request	arrival time (per user) type	arrival rate (per user) interarrival time user behavior graph
2	processing node	request	arrival time (per node) type resources utilized	arrival rate (per node) system behavior graph (per node)
1	commun. subsystem	message	arrival time (per node) type destination node(s)	generation rate (per node) interarrival time (per node) network graph (per node) traffic flow matrix (per network)

Table 1 Typical parameters and models for workload characterization of computer networks.

As already seen, typical workload models of layers 3 and 2 are probabilistic graphs. Their nodes represent the various types of requests, e.g., a user request can be an interactive command, a processing request can be a call to the software module that executes a command. The arcs connecting the nodes of a graph represent the possible paths and associated with them there are the probabilities p_{ij} of going from node i to node j. Therefore, to construct a behavior graph it is necessary to know the type and the

sequence of the requests. This sequence can be derived from their arrival times. At the user layer the arrival times are the instants of time in which the commands are submitted by the user. At the processing node layer, the arrival times correspond to the beginning time of the processing requests, i.e., the times in which their execution starts.
As for layers 3 and 2, probabilistic graphs can also be used to characterize the load at layer 1. In this case, the sequence of the various types of messages arriving at the communication subsystem is modeled by means of the network graphs.

The parameters collected at layer 3 are those related to the sequence and the type of the requests submitted by the users. Therefore, the only models that can be constructed are related to the user behavior graphs and to other statistical descriptors that allow the derivation of parameters such as arrival rate, interarrival time distribution. This is the maximum level of detail that can be reached with the parameters available at the external layer. Due to the presence of other components, namely, the hardware and software resources of the processing nodes, the workload models that can be built at layer 2 have a higher level of detail. Indeed, at this layer, a request is also characterized in terms of its resource consumption. Therefore, in addition to the parameters used for the construction of the system behavior graph, those related to the utilization of the resources can be considered. For example, for each request typical parameters are the CPU time consumed, the number of I/O's to various devices, the number of workfiles, the memory space used, the number of calls to software modules.

The availability of these data allows the use of various techniques to obtain concise representations of the set of the processing requests. Usually, compact models can be constructed through the application of clustering techniques. The characterizing parameters of the requests are used to find classes of homogeneous components. The elements of each class are assumed to be statistically equal to the centroid of the class they belong to. Depending on the objectives of the study, clustering techniques can be applied with different purposes, e.g., for benchmark and kernel construction, for providing the values of the input parameters for analytical and simulation system models.
A possible application of the clustering yields the reduction of the number of nodes of a system behavior graph by grouping together different types of processing requests. In such a way a new graph is derived from the original one by considering as nodes the classes of homogeneous requests and by recomputing the probabilities associated to the arcs according to the new topology.

Usually, the workload characterization of layers 3 and 2 are not performed separately. Indeed, the results derived from layer 2 can be very helpful for a more detailed analysis of layer 3 and viceversa (see step 4b of the procedure).

As already mentioned, the parameters available at layer 3 are very limited and therefore at that level clustering techniques yield poor models. However, when it is possible to include among the parameters characterizing each user request also the parameters related to the resource consumptions, typical of layer 2, a reduction of the user behavior graphs can be pursued as previously described.

The approach described till now does not allow a global characterization of the load of a network. Nevertheless, it provides a complete analysis of a centralized system. Indeed, in distributed environments the communication subsystem plays an important role for the transformation of the workload among the layers.
The processing requests load the network in the form of messages which are routed to the destination host. Several parameters can be used to characterize the traffic on a communication subsystem. A crucial aspect in their selection is the measurability of the data. While the parameters of layers 3 and 2 are usually derived from the log files of each system, layer 1's can require special instrumentations.

The peculiar characteristics of the communication subsystem produce a wide variety of the parameters that may or may not depend on the network architecture. The variables related to topology, physical structure, and protocols of the network have a direct effect on its performance as well as on the load generated. For instance, the error rate and the buffer capacities influence the traffic due to retransmissions; the relative locations of the source and destination nodes affect the load of the communication medium; the acknowledgments of the messages induce new traffic. Usually these parameters are adopted in studies dealing with the performance of the communication subsystem considered in isolation with respect to the other layers.

From the communication subsystem point of view the load is seen as a set of messages flowing on the transportation medium, i.e., arriving to and leaving the medium. The corresponding parameters are derived from the sequence and from the types (e.g., data, control, ack) of the messages that from each processing node are forwarded to the network. This sequence can be characterized in terms of the arrival times of the messages to the communication subsystem. The generation rate and the interarrival time distribution of the messages can be easily derived.

The traffic of the messages among nodes can be modeled by means of a matrix, i.e., the traffic flow matrix, whose entry ij represents the traffic from node i to node j. Several levels of detail can be represented in such a matrix. For example, the entry ij could be the number of times a message goes from source node i to destination node j, or the average number of hops from node i to node j, or the number of retransmission messages from i to j.

Since the number of processing nodes in a distributed environment is typically quite large, the corresponding traffic flow matrix has a very large number of entries. Furthermore, the traffic in a network is usually clustered and only a small portion of the links is highly utilized. Therefore, to manage these matrices, which are very often sparse, the usual numerical techniques are employed. A traffic flow model with a smaller number of components, i.e., messages, than the workload to be modeled can be obtained by applying filtering and scaling techniques. Each entry of the traffic matrix is reduced by a factor whose value is selected according to the objectives of the study.

4. An experimental application

In this section we present an application of the proposed methodology for the workload characterization of a local area network. The application covers the three layers and describes the parameters peculiar of each of them.
The workload considered is submitted by 60 different users to a processing node, that is a VAX 11/780, and then is routed to other local and remote processing nodes through a communication subsystem, namely, an Ethernet local area network. According to the proposed approach, workload models of each layer consists of probabilistic graphs. What one needs to build such graphs are only the type and the arrival sequence of the various requests, that is, interactive commands, processes, and messages.

Following the steps of the procedure described in Section 3, the starting point of workload characterization is the measurement of the data related to the sequence of the interactive command types submitted by the users (step 1). In our case, 113 different commands over a global number of about 4000 have been collected (layer 3). This information combined with the arrival time of the commands allows the construction of 60 user behavior graphs, that is, one for each user (step 2). Figure 3 shows one of these graphs. The number of nodes, i.e., command types, is 11 over a global number of 69 commands submitted. The name of the interactive commands refers to the UNIX environment (4.2 BSD) in which we have done our experiments. The probabilities associated to the outgoing edges of each node, i.e., the probabilities of visiting the various nodes, are reported in Table 2.

At layer 2 the commands submitted by the users are expanded and several software calls are generated by the system itself. As basic workload components we consider the processes, which include either the user commands or the system processes (e.g., the system call to the driver that activates a printer, the calls to the different modules of a compiler). Therefore, the type of the various processes and their beginning times, i.e., the

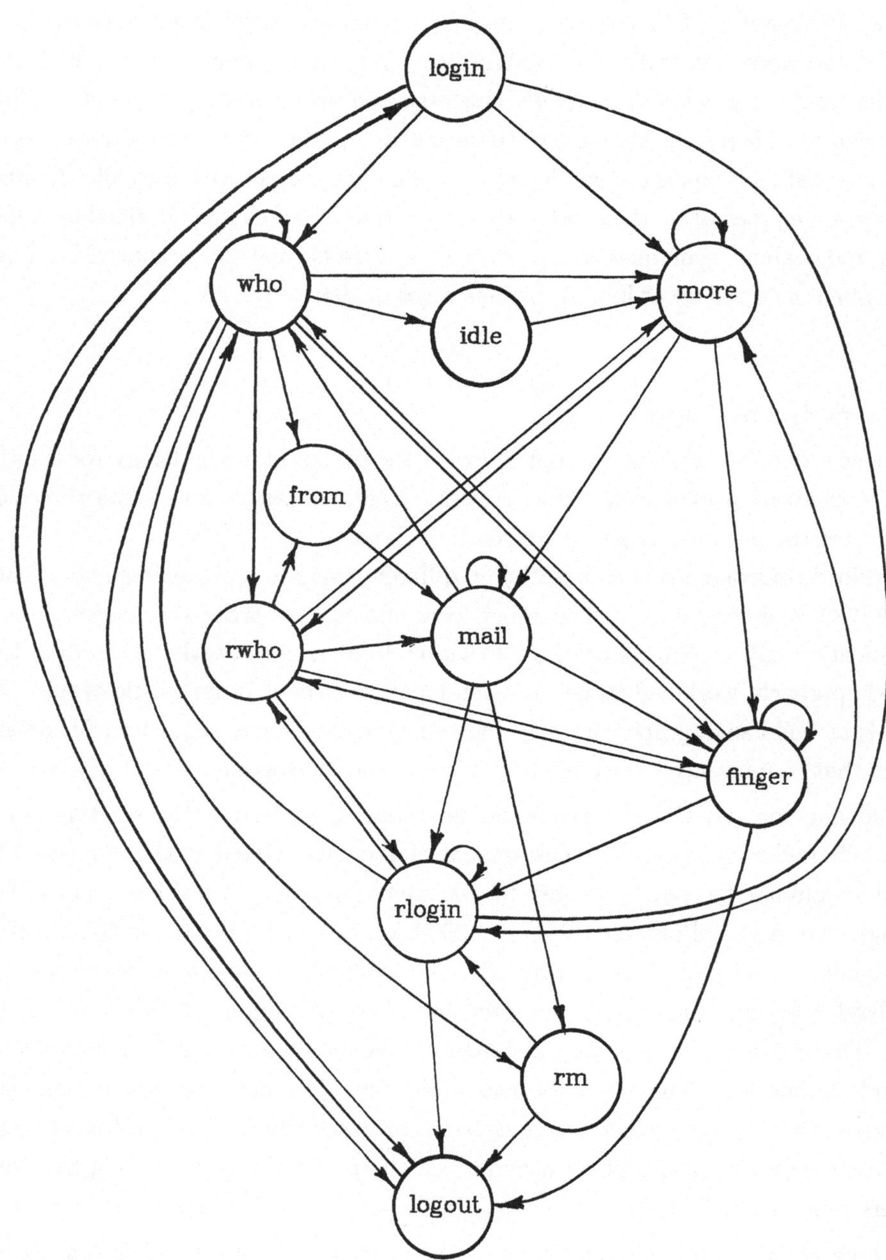

Figure 3 User behavior graph constructed with the data collected in a UNIX environment.

time in which their execution starts, have been derived from the analyzed sequence (step 3). Furthermore, at this layer, one can specialize the characterization of the workload including the resource consumptions of each process. The CPU time consumed, i.e., the user time plus the system time, the number of disk I/O blocks transferred, and the average memory utilization are the parameters considered.

	login	rlogin	more	rwho	from	mail	finger	who	idle	rm	logout
login	0.	0.14	0.14	0.	0.	0.	0.	0.58	0.	0.	0.14
rlogin	0.	0.57	0.07	0.07	0.	0.	0.	0.07	0.	0.	0.22
more	0.	0.	0.22	0.44	0.	0.22	0.12	0.	0.	0.	0.
rwho	0.	0.14	0.44	0.	0.14	0.14	0.14	0.	0.	0.	0.
from	0.	0.	0.	0.	0.	1.	0.	0.	0.	0.	0.
mail	0.	0.29	0.	0.	0.	0.29	0.14	0.14	0.	0.14	0.
finger	0.	0.20	0.	0.20	0.	0.	0.20	0.20	0.	0.	0.20
who	0.	0.	0.13	0.12	0.13	0.	0.13	0.13	0.12	0.12	0.12
idle	0.	0.	1.	0.	0.	0.	0.	0.	0.	0.	0.
rm	0.	0.50	0.	0.	0.	0.	0.	0.	0.	0.	0.50
logout	1.	0.	0.	0.	0.	0.	0.	0.	0.	0.	0.

Table 2 Transition probability matrix associated to the user behavior graph shown in Figure 3.

The data collected at step 3 allows the construction of user behavior graphs (step 4b) which include more detailed parameters. As already mentioned, a typical application of the behavior graphs concerns their ability to reproduce the input sequence of multiclass queueing network simulation models. Because of the quite large number of nodes of the graphs, the simulation models will be not in general very manageable. Therefore, it is necessary to apply some techniques to reduce this number.

A statistical summary concerning the number of nodes in each of the 60 user behavior graphs obtained from the measured data is reported in Table 3.

A meaningful application of the clustering techniques is obtained by considering the resource utilizations among the parameters that characterize each command. In such a way the number of nodes of each user behavior graph is reduced by aggregating together the commands having "similar" resource consumptions.

Figure 4 shows the reduced graph obtained from that of Figure 3 by applying the k-means clustering algorithm [Hart75].

	number of nodes				
	1–5	6–10	11–15	16–20	> 20
number of graphs	15	9	19	8	9
%	25.	15.	31.67	13.33	15.

Table 3 Distribution of the 60 user behavior graphs over the number of nodes (i.e., different command types).

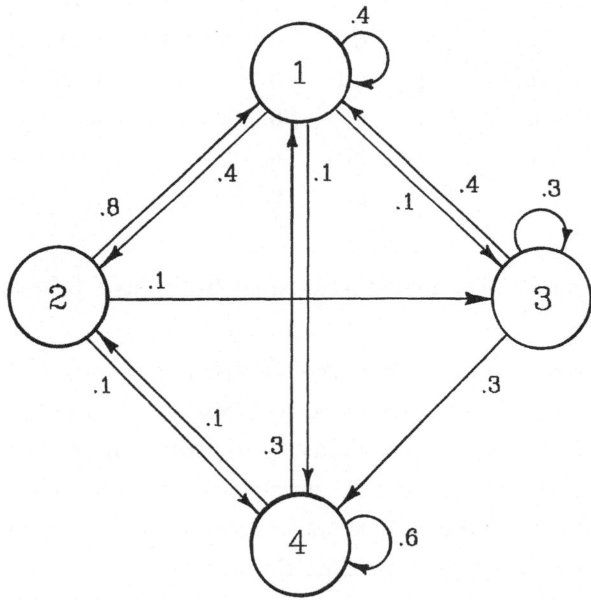

Figure 4 Reduced graph obtained from the user behavior graph shown in Figure 3 by applying a clustering technique.

The number of nodes, i.e., clusters, is equal to 4, which corresponds to about the 36% of the original one. The different nodes are designed by digits which correspond to the identifiers of the four clusters. The probabilities associated to the arcs are recomputed according to the sequence of these identifiers. The clustering technique has been applied to all the user behavior graphs yielding an average reduction of the number of nodes equal to 35%.

A model of layer 2 which is constructed with the parameters collected at step 3 is the system behavior graph (step 4a). It is obtained by merging together and chronologically ordering the commands of all the 60 user behavior graphs and the different system calls of the processing node. The analyzed sequence is composed of 173 different types of processes over a global number of 6465 processes. Therefore, the number of nodes of the system behavior graph is equal to 173. The clustering technique permitted the reduction of such a large number to 40, that corresponds to the 23% of the original number of nodes.

From the analysis of the user commands we discovered that some of them require service only from the local processing node (namely the VAX 11/780), and some from other processing nodes (e.g., VAX 11/750, SUN 3 workstations). Therefore, the requests considered in the latter case produce traffic of messages on the network.

The number of processing nodes connected to the local area network considered is equal to 7. The traffic of messages flowing in the network has been measured (step 5). In particular, a traffic flow matrix was constructed (step 6). Its entries represent the number of times a message goes from a source to a destination node. In this case, we considered as valid just the addresses of the processing nodes of the local area network. Indeed, one of the 7 nodes is a gateway. Since the messages going to other networks are always routed through this node, their destination is assumed to be the gateway. The proportion of traffic among the various nodes is not uniform. For example, about 70% of the total traffic of messages is exchanged among just three processing nodes. Therefore, a filtering of such a matrix allows to reduce the number of nodes from 7 to 3. Knowing the source and the destination nodes it is also possible to obtain the resource utilizations of the various requests on the remote processing nodes by correlating the information provided at each step. For instance, this is the case of a remote login.

Through the application of the procedure we have obtained workload models peculiar of each layer whose validity can be assessed separately. Nevertheless, the domain of validity of these models is the entire local area network because they take into account the transformation of the load among the layers.

5. Conclusions

The performance of both local area and wide area computer networks are influenced by the characteristics of the requests to be processed. The most part of performance evaluation problems concerning design, tuning, and selection of computer networks, requires adequate workload models to be implemented. The proposed methodology for workload characterization and modeling is based on a layered structure of the network, consisting of user terminals, processing nodes, and communication subsystem. Depending on the objective of the studies, the described procedure allows the construction of workload models at each layer separately, and/or for the whole system.

The experimental application presented is based on a local area network used in a scientific environment. The same approach could be easily applied to other environments with different architectures and applications.

References

[Agra76]   Agrawala, A.K., Mohr, J.M. and Bryant, R.M. An approach to the workload characterization problem, *Computer,* 1976, pp.18–32.

[Agra86]   Agrawala, A.K. and Thareja, A.K. Workload characterization in distributed environments, in: Serazzi, G. Ed., *Workload Characterization of Computer Systems and Computer Networks,* North–Holland, 1986, pp. 1–9.

[Arti78]   Artis, H.P. Capacity planning for MVS computer systems, in: Ferrari, D. Ed., *Performance of Computer Installations,* North–Holland, 1978, pp. 25–35.

[Bux83]   Bux, W., and Schlatter, M. An approximate method for the performance analysis of buffer insertion rings, *IEEE Trans. on Communications,* **COM-31,** 1, 1983, pp. 50–55.

[Bux84]   Bux, W. Performance issues in local–area networks, *IBM Systems Journal,* **23,** 4, 1984, pp. 351–374.

[Calz85]   Calzarossa, M., and Serazzi, G. A characterization of the variation in time of workload arrival patterns, *IEEE Trans. on Computers,* **C-34,** 2, 1985, pp. 156–162.

[Ferr83]   Ferrari. D., Serazzi, G., and Zeigner, A. *Measurement and Tuning of Computer Systems.* Prentice Hall, 1983.

[Ferr84]   Ferrari. D. On the foundations of artificial workload design, *Proc. 1984 ACM SIGMETRICS Conf. on Measurement and Modeling of Computer Systems,* Cambridge, MA, 1984, pp. 8–14.

[Gave76]   Gaver, D.P., Lavenberg, S.S., and Price, Jr., T.G. Exploratory analysis of access path length data for a data base management system, *IBM J. Res. Develop.,* **20,** 1976, pp. 449–464.

[Hari82]   Haring, G. On state–dependent workload characterization of software resources, *Proc. 1982 ACM SIGMETRICS Conf. on Measurement and Modeling of*

Computer Systems Seattle, WA, 1982, pp. 51–57.

[Hari83]   Haring, G. On stochastic models of interactive workloads, in: Agrawala, A.K. and Tripathi, S.K., Eds. *Performance'83*, North–Holland, 1983, pp. 133–152.

[Hart75]   Hartigan, J.A. *Clustering Algorithms*. John Wiley, 1975.

[Klei76]   Kleinrock, L. *Queueing Systems, Vol. II: Computer Applications*. John Wiley, 1976.

[Lewi76]   Lewis, P.A., and Shedler, G.S. Statistical analysis of non–stationary series of events in a data base system, *IBM J. Res. Develop.*, **20**, 1976, pp. 465–482.

[Onei80]   O'Neill, P., and O'Neill, A. Performance statistics of a time sharing network at a small University, *Comm. ACM*, **23**, 1980, pp. 10–13.

[Shoc80]   Shoch, J.F., and Hupp, J.A. Measured performance of an Ethernet local network, *Comm. of the ACM*, **23**, 12, 1980, pp. 711–721.

[Tane81]   Tanenbaum, A.S. *Computer Networks*. Prentice–Hall, 1981.

Automatische Codegenerierung für Protokolle in der ISO-Syntax ASN.1

W. Gora; R. Speyerer

Universität Erlangen-Nürnberg
Informatik 7
Martensstr. 3
8520 Erlangen, F.R.G.

Zusammenfassung:

Umfang und Komplexität von Rechnernetzen und Kommunikationssystemen sind in den letzten Jahren ständig gestiegen. Um sowohl den Aufwand für die Entwicklung solcher Systeme als auch für den Betrieb und die Administration in tragbaren Grenzen zu halten, ist der Einsatz unterstützender Hilfsmittel nötig. Im folgenden wird die Konzeption und Realisierung eines Compilers vorgestellt, der die Verarbeitung von Protokollen erlaubt, die in der von der internationalen Standardisierungsorganisation (ISO) definierten Syntax *Abstract Syntax Notation One* (ASN.1) beschrieben sind (z.B. ACSE, RS 511). Zunächst wird ASN.1 vorgestellt und auf die Grenzen und Einschränkungen dieser Notation eingegangen. Der anschließend beschriebene ASN.1-Compiler ermöglicht außer der syntaktischen und semantischen Überprüfung eines in dieser Notation beschriebenen Protokolls auch die automatische Erzeugung von flexiblen Schnittstellen für die Programmiersprache C. Darüberhinaus wird, zur späteren Auswertung durch Netzmanagement-Funktionen, eine dynamische Meßwert-Aufzeichnung der über diese Schnittstellen ausgetauschten Informationen unterstützt.

1. Einleitung und Motivation

In den letzten Jahren hat sich - insbesondere auch in den internationalen Standardisierungs-gremien - zunehmend die Auffassung durchgesetzt, Kommunikationsdienste und -protokolle nicht nur in natürlicher Sprache abzufassen, sondern auch mittels formaler Beschreibungs-techniken zu spezifizieren. Vorteile eines solchen Vorgehens bestehen unter anderem darin, daß die Konsistenz des Protokolls bereits beim Entwurf überprüft werden kann, sowie ein Konformitätsvergleich der Implementierung mit der Protokollspezifikation möglich ist. Weiterhin kann mit geeigneten Werkzeugen bzw. Compilern auch eine automatische Erzeugung von Kommunikationssoftware aufgrund der formalen Spezifikation erreicht werden.

Die für die konventionelle Software-Erstellung entwickelten Methoden und Werkzeuge eignen sich nicht immer für den Entwurf von Kommunikationssoftware, da sich diese in einigen Aspekten von konventioneller Software unterscheidet. Kommunikationssoftware ist insbesondere charakterisiert durch

- hohe Anforderungen bezüglich Realzeitverhalten, Zuverlässigkeit, Laufzeit- und Speichereffizienz, sowie

- Anpaßbarkeit an zukünftige Entwicklungen in Technologie und Standardisierung.

Nicht nur beim Entwurf von Kommunikationssystemen und Rechnernetzen sind entsprechende Hilfsmittel erforderlich, auch der Betrieb und die Administration müssen durch geeignete Maßnahmen unterstützt werden. Ein Hilfsmittel hierzu ist die Erfassung der zwischen den einzelnen Komponenten des Systems ausgetauschten Daten sowie der internen Abläufe innerhalb der einzelnen Komponenten. Die Auswertung dieser Daten kann eingesetzt werden, um beispielsweise Engpässe und Blockierungssituationen aufzudecken oder die Fehlersuche und -lokalisierung bei sporadisch auftretenden Fehlern zu unterstützen.

Da die anfallenden Datenmengen sehr groß werden können, ist es nötig, geeignete Maßnahmen zur Filterung und Selektion dieser Datenbestände zur Verfügung zu stellen, so daß entweder nur die interessierenden Daten aufgezeichnet werden oder eine Auswahl der interessierenden Informationen nach bestimmten Selektionskriterien aus dem gesamten Datenbestand möglich ist. Da Datenaufzeichnung auf der Basis von Software-Methoden den zeitlichen Ablauf der Kommunikation in nicht unerheblichem Maß beeinflussen kann, sollte diese Erfassung dynamisch und unter Angabe von Triggerbedingungen für bestimmte Komponenten zu aktivieren bzw. zu deaktivieren sein.

Auf der Grundlage dieser Anforderungen wurde an der Universität Erlangen ein Compiler zur automatischen Codegenerierung und Meßwerterfassung für Protokolle in der ISO-Syntax ASN.1 [ISO8824] [ISO8825] entwickelt. Der ASN.1-Compiler wird im PAP-Projekt (Projekt für flexibel automatisierte Produktionssysteme) an der Universität Erlangen-Nürnberg zur automatischen Generierung von MAP-Kommunikationssoftware (*Manufacturing Automation Protocol*) [MAP86] [Gora87a] eingesetzt. Im Rahmen des PAP-Projektes, an dem mehrere Lehrstühle der Fertigungstechnik und der Informatik, sowie Industrieunternehmen beteiligt sind, wurde seit 1985 eine hochflexible rechnergesteuerte CIM-Pilotanlage aufgebaut, in der als Kommunikationsbasis die MAP-Protokolle verwendet werden.

Das entwickelte Werkzeug erzeugt aus der Datenbeschreibungssprache ASN.1 Prozeduren und Datenstrukturen in der Programmiersprache C, die die in [ISO8825] festgelegten Kodierungs- und Dekodierungsregeln realisieren. Diese Kodierungsregeln werden als *Basic Encoding Rules for ASN.1* bezeichnet. Die in der CCITT-Empfehlung

X.409 [CCIT84] festgelegte Notation zur Beschreibung der bei Nachrichtenübermittlungssystemen (*Message Handling Systems*) verwendeten Protokolldateneinheiten entspricht im wesentlichen der ASN.1-Notation der ISO.

2. Abstract Syntax Notation One

2.1 Grundlagen

Die Aufgaben, die die Darstellungsschicht im ISO/OSI-Referenzmodell für die Kommunikation offener Systeme [ISO7498] erbringt, lassen sich in drei Klassen aufteilen:

    (1) Verhandlung der zu benutzenden Transfersyntax

    (2) Auswahl einer Transfersyntax für die Benutzung

    (3) Umwandlung der Daten in eine Transfersyntax und umgekehrt.

Die Funktionen der Verhandlung und Auswahl der Transfersyntax werden von den Diensten und Protokollen der Darstellungsschicht unterstützt, wohingegen die Umwandlung der Transfersyntax innerhalb einer Protokolleinheit stattfindet und keinen Einfluß auf den Entwurf des Protokolls der Darstellungsschicht hat.

Die Verhandlung einer Transfersyntax zwischen zwei Protokolleinheiten der Darstellungsschicht findet dann statt, wenn ein Benutzer der Darstellungsschicht eine abstrakte Syntax spezifiziert, für die die Transfersyntax bestimmt werden muß. Das Ergebnis einer erfolgreichen Verhandlung ist die Zuordnung einer kompatiblen Transfersyntax zu einer abstrakten Syntax, wie beispielsweise ASN.1. Eine solche Zuordnung wird auch als *Darstellungskontext* bezeichnet.

2.2 Sprachelemente

Im folgenden können nur überblicksartig die wichtigsten Sprachelemente von ASN.1 vorgestellt werden, für detailliertere Erläuterungen sei auf das Normenpapier [ISO8824] oder auf [Gora87b] verwiesen.

ASN.1 erlaubt es, Typen zur Beschreibung von Protokolldateneinheiten sowie Instanzen dieser Protokolldateneinheiten zu definieren. Eine Instanz eines *Typs* wird im folgenden auch als *Wert* bezeichnet. Die Definition von Typen in ASN.1 erfolgt analog zu einigen höheren Programmiersprachen dadurch, daß eine Anzahl von einfachen Typen definiert werden, aus denen dann durch von der Sprache zur Verfügung gestellte Konstruktoren zusammengesetzte Typen definiert werden können.

Der Instanz eines ASN.1-Typs entspricht bei Programmiersprachen die interne Darstellung eines Wertes eines Typs. Während bei Programmiersprachen aus

Portabilitätsgründen normalerweise die interne Repräsentierung vor dem Benutzer verborgen wird, ist diese bei ASN.1 in Form der Kodierungsregeln ein wichtiger Bestandteil. Um die Repräsentierung eines Wertes korrekt interpretieren zu können, ist es nötig den Typ dieses Wertes zu kennen.

Jedem Typ, der in ASN.1 definiert wird, wird eine Kennzeichnung zugewiesen, die im folgenden auch als *Tag* bezeichnet wird. Dieser Tag wird als Paar *[Klasse, Nummer innerhalb der Klasse]* dargestellt und bei der Dekodierung ausgewertet.

2.2.1 Aufbau der ASN.1-Transfersyntax

Die Kodierung einer Instanz eines Typs gemäß den ASN.1-Kodierungregeln besteht aus den folgenden Teilen:

- der Kodierung des dem Typ der kodierten Instanz zugeordneten Tag,

- einer Komponente, die die Länge des nachfolgenden Inhalts angibt, bzw. eine Identifikation dafür, daß die Länge des Inhalts nicht angegeben ist und der Inhalt durch eine spezielle Oktettfolge abgeschlossen ist,

- dem eigentlichen Inhalt, der typabhängig ist und

- einer Komponente, die den Inhalt abschließt, falls die Länge nicht angegeben wurde.

2.2.2 Aufbau der ASN.1-Syntax

ASN.1-Definitionen für ein bestimmtes Protokoll werden normalerweise zu einem *Modul* zusammengefaßt. Ein Modul besteht aus einem Modulkopf, der die Modulreferenz enthält und einer Folge von *Typdefinitionen* und *Wertdefinitionen*. Typdefinitionen stellen normalerweise eine Beschreibung der in diesem Protokoll verwendeten Protokolldateneinheiten dar, während Wertdefinitionen Instanzen solcher Protokolldateneinheiten darstellen. Eine Typdefinition besteht aus einer Typreferenz und dem ASN.1-Typ, der dieser Typreferenz zugeordnet wird, während eine Wertdefinition aus einer Wertreferenz, dem Typ des zu dieser Wertreferenz zugeordneten Wertes und dem Wert selbst besteht. Eine Wertdefinition kann auch zur Kennzeichnung bestimmter Instanzen von PDUs (*protocol data unit*), die innerhalb eines Protokolls eine spezielle Bedeutung haben, benutzt werden.

2.2.2.1 Einfache ASN.1-Typen

ASN.1 stellt dem Benutzer mehrere einfache Typen zur Verfügung, aus denen mit Hilfe der Konstruktionsmechanismen komplexere Typen erzeugt werden können. Zur Repräsentierung von Wahrheitswerten dient in ASN.1 der Typ *BOOLEAN*, der den Wert *FALSE* oder den Wert *TRUE* annehmen kann.

```
ElectronicMail DEFINITIONS ::=
BEGIN
        MailAddress ::= SEQUENCE
        {
                user IA5String,
                host IA5String,
                domainIA5String
        }
        myAddress MailAddress ::=
                { user "gora", host "faui78", domain "UUCP" }
END
```

Abbildung 1. Beispiel eines ASN.1-Moduls

Die Darstellung ganzzahliger Werte erfolgt mit dem Typ *INTEGER*. Haben Konstanten dieses Typs innerhalb eines Protokolls eine spezielle Bedeutung, können sie mit einem Namen versehen werden, der in der Wertnotation für diesen Typ anstelle einer Zahl verwendet werden kann.

```
first INTEGER ::= 1
ErrorTypeId ::= INTEGER
{
        success                 (0),
        warning                 (1),
        unrecoverableError      (99)
}
err ErrorTypeId ::= warning
```

Abbildung 2. Beispiele für einfache ASN.1-Typen

Der Typ *BIT STRING* dient zur Darstellung von Werten, die eine Folge von Bits darstellen, während Oktettfolgen (Byte-Zeichenketten) durch den Typ *OCTET STRING* dargestellt werden können. Die Wertnotation für einen Bitstring oder einen Oktettstring kann entweder aus einem Binärstring oder einem Hexadezimalstring bestehen. Weitere einfache ASN.1-Typen sind die Typen *ANY* und *NULL*. Beide Typen erfüllen eine Platzhalterfunktion für vorgesehene Erweiterungen in Protokolldefinitionen.

2.2.2.2 Zusammengesetzte ASN.1-Typen

Besteht eine Protokolldateneinheit aus einer Folge mehrerer Komponenten, die verschiedene Typen besitzen, kann diese PDU durch einen ASN.1 *SEQUENCE*-Typ dargestellt werden, falls die Reihenfolge der Komponenten relevant ist, ansonsten durch einen *SET*-Typ. Bei beiden Konstruktionsverfahren werden die einzelnen Komponententypen in der Definition des neuen Typs mit angegeben. Einzelne Komponenten können mit Namen versehen werden, um die Bedeutung dieser Komponente auszudrücken; sind Komponenten optional kann dies mit *OPTIONAL* angegeben werden, sind Komponenten optional und besitzen darüberhinaus noch eine Voreinstellung kann dies mit *DEFAULT* angegeben werden. Die Wertnotation für diesen Typ besteht aus der Folge der Wertnotationen der einzelnen Komponenten.

```
FileInfo ::= SEQUENCE
{
        name IA5String,
        rights AccessRights,
        created UTCtime,
        version INTEGER DEFAULT 1,
}
```

Abbildung 3. Beispiel für den ASN.1-Typ *SEQUENCE*

Kann eine Protokolldateneinheit alternativ aus mehreren unterschiedlichen Typen bestehen, so kann diese PDU durch den ASN.1-Typ *CHOICE* dargestellt werden. Die möglichen alternativen Typen müssen bei der Definition des Typs durch Aufzählung angegeben werden.

2.2.2.3 Vordefinierte ASN.1-Typen

Analog zu Programmiersprachen, die normalerweise Typen oder auch Funktionen mit einer vordefinierten Bedeutung belegen, gibt es auch in ASN.1 vordefinierte Typen, wie beispielsweise zur Darstellung spezieller Zeichensätze (wie *IA5String*) und zur Darstellung von Zeitinformation (zum Beispiel *UTCTime*).

2.2.3 Makroerweiterung von ASN.1

In ASN.1 existiert die Möglichkeit, die ASN.1-Notation durch die Definition von Makros zu erweitern. Die Art der Makrodefinition unterscheidet sich aber wesentlich von den in Assemblersprachen oder einigen höheren Programmiersprachen vorhandenen Möglichkeiten, die im wesentlichen einer einfachen Textersetzung entsprechen. Durch die Definition von Makros kann der Benutzer der ASN.1-Notation die *zulässige Syntax* der Sprache für Typ- und Wertnotation *erweitern*. Dies geschieht durch die Angabe von Produktionen, die gewissermaßen die in der ASN.1-Norm angegebene Grammatik erweitern. Eine Makrodefinition besteht aus den folgenden Teilen:

1. Vollständige Angabe der Syntax für alle von diesem Makro unterstützten Typen

2. Vollständige Angabe der Syntax eines Wertes dieser obigen Typen.

3. Angabe des resultierenden Typs und des resultierenden Werts für alle Vorkommen der Makronotation, ausgedrückt als der Wert eines Standard-ASN.1-Typs.

```
FLOATINGPOINT MACRO ::=
BEGIN
    TYPE NOTATION  ::= < type ::= OCTET STRING >
    VALUE NOTATION ::= value ( VALUE FloatValue )


    FloatValue ::= Mantissa Exponent
    Mantissa   ::= Sign number "." number
    Exponent   ::= Precision Sign number | empty
    Precision  ::= "e" | "E"
    Sign       ::= "+" | "-" | empty
END
```

Abbildung 4. Beispiel eines ASN.1-Makros

Mit dem Basis-Sprachumfang von ASN.1 können derzeit keine Gleitpunktzahlen ausgedrückt werden. Abbildung 4 zeigt die Definition eines ASN.1-Makros, mit dem Gleitpunktzahlen, wie beispielsweise "2.0E-02" oder "-0.123E2", dargestellt werden können.

Es ist möglich, ASN.1 Moduln zu definieren, die aufgrund der definierten Makros die Syntaxanalyse eines *DEFAULT*-Wertes beliebig komplex werden lassen können. Welche Probleme sich daraus auf die automatische Verarbeitung der ASN.1-Notation ergeben, wird im nächsten Kapitel näher erläutert.

2.3 Grenzen und Einschränkungen von ASN.1

Ein Nachteil von ASN.1 besteht darin, daß keine Möglichkeit vorgesehen wurde, mit den Mitteln der Notation Angaben über den zulässigen Wertebereich bei *INTEGER*, die maximal zulässige Länge von *BIT STRING*-Typen oder *OCTET STRING*-Typen zu machen. In der ASN.1-Norm wird vielfach empfohlen, solche Angaben in der Form eines Kommentars zu notieren. Dies mag für die Benutzung dieser Notation durch den Menschen eine adäquate Möglichkeit darstellen, für die hier ins Auge gefaßte automatische Übersetzung erweist sich diese Möglichkeit als ungeeignet.

Ein weiterer Nachteil von ASN.1 besteht in dem Fehlen eines Typs zur Darstellung von Gleitpunktzahlen, obwohl hier entsprechende systemunabhängige Darstellungen definiert sind. Weiterhin deckt ASN.1 nur einen Teilaspekt des Protokollentwurfs ab, nämlich die Beschreibung der verwendeten Datenstrukturen und deren Repräsentierung. Andere Aspekte des Protokollentwurfs wie Festlegung der Dienstschnittstellen oder Spezifikation des prozeduralen Ablaufs bleiben unberücksichtigt.

3. Konzept und Realisierung des ASN.1-Compilers

3.1 Anforderungen

Der hier beschriebene Compiler für die ISO-Notation ASN.1 wurde unter Berücksichtigung der nachfolgenden funktionellen Anforderungen konzipiert:

- Syntaktische und semantische Überprüfung eines in ASN.1 beschriebenen Protokolls

- Automatische Generierung von Datenstrukturen und Prozeduren in der Programmiersprache C zur Realisierung der *Basic Encoding Rules*

- Flexible Erfassung von Meßdaten für die anschließende Auswertung durch ein Netzmanagement-System

Für die genaue Ausarbeitung der Anforderungen und der anschließenden Realisierung sei auf [Spey87] verwiesen.

3.2 Struktur des Compilers

Der Erlanger ASN.1-Compiler wurde mit den Software-Werkzeugen *LEX* [Lesk78] und *YACC* [John78] unter dem Betriebssystem XENIX realisert. Zielsprache für die Code-Erzeugung ist die Programmiersprache C [Kern78a], die im Rahmen des PAP-Projektes an der Universität Erlangen vorrangig eingesetzt wird. Mit Hilfe der aufgeführten Werkzeuge konnte der Aufwand auf etwa 1750 zusätzlich zu schreibende Zeilen Programmcode zur Erstellung des ASN.1-Compilers beschränkt werden. Das Compiler-Werkzeug *YACC* erzeugt anschließend aus diesen 1750 Zeilen insgesamt 11 000 Zeilen C-Quellcode.

Die Definition von ASN.1 erlaubt im Gegensatz zu den meisten höhreren Programmiersprachen beliebige Vorwärtsreferenzen, das heißt, es ist in ASN.1 möglich, sich bei der Definition eines Typs auf Typen zu beziehen, die im Quelltext erst nach dieser Typdefinition auftauchen. Die semantische Analyse für ASN.1 kann daher nicht in einem Lauf durchgeführt werden, wie dies zum Beispiel bei Programmiersprachen wie Pascal möglich ist, die eine explizite Deklaration von Vorwärtsreferenzen fordern.

Die syntaktische und semantische Analyse von ASN.1 wird deshalb in zwei Läufen durchgeführt. Der erste Lauf besteht aus den Phasen lexikalische Analyse und Syntaxanalyse, wobei einige Funktionen der semantischen Analyse - soweit dies möglich ist -

bereits während der Syntaxanalyse durchgeführt werden. Innerhalb der Syntaxanalyse wird ein der Eingabe entsprechender Strukturbaum aufgebaut, der von den Prozeduren zur Attributauswertung im zweiten Lauf traversiert wird.

Der zweite Lauf gliedert sich auf in eine Phase, in der die gegenseitigen Abhängigkeiten zwischen den einzelnen ASN.1-Definitionen analysiert werden und eine Phase, in der die Korrektheit jeder einzelnen ASN.1-Definition überprüft wird.

Die Generierung von C-Code wird im dritten Lauf vorgenommen, der sich in die Phasen Interpretation von Compiler-Direktiven und Codegenerierung aufteilt.

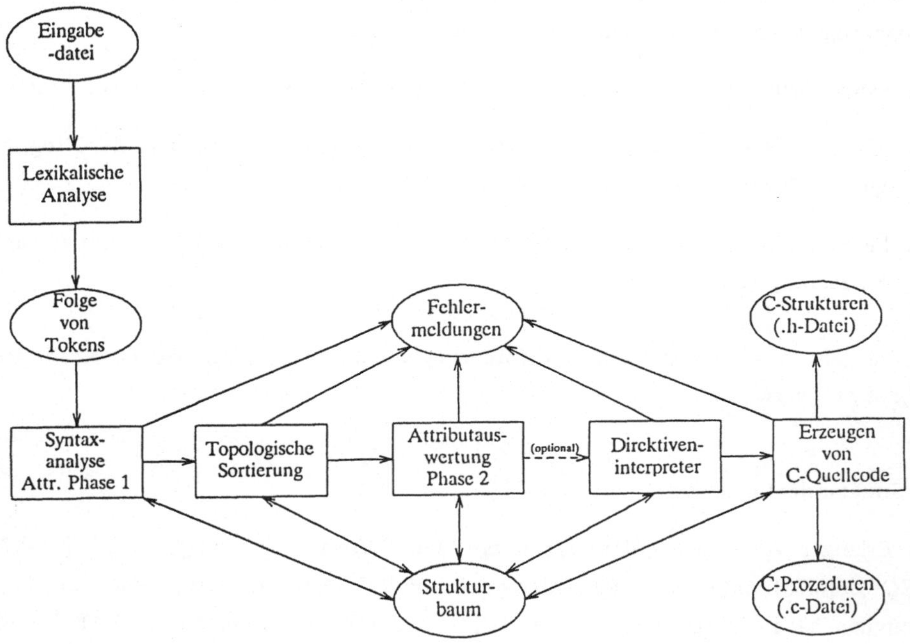

Abbildung 5. Aufbau des ASN.1-Compilers

Der Austausch von Daten zwischen den einzelnen Funktionen erfolgt (bis auf die lexikalische Analyse) über den Strukturbaum als gemeinsam verwendete Datenstruktur, die durch eine Symboltabelle ergänzt wird. Die Aufteilung der Funktionen auf die unterschiedlichen Phasen und Läufe, sowie der Datenfluß zwischen diesen Funktionen ist aus Abbildung 5 ersichtlich.

Die Eingabe für den Compiler besteht aus einer Datei, die drei Abschnitte enthält, die durch die Zeichenfolge "%%" getrennt werden. Das Format der Eingabe für den Compiler ist an XENIX/UNIX-Werkzeugen orientiert. Der erste Abschnitt dieser Datei dient zur Spezifikation von Optionen für die Übersetzung der ASN.1-Definitionen in C-Code, die nicht in der Kommandozeile angegeben werden können, wie beispielsweise die Wortlänge des Zielrechners.

Der zweite Abschnitt dieser Datei enthält eine oder mehrere ASN.1-Moduldefinitionen, die der Grammatik aus [ISO8824] entsprechen müssen, sowie in ASN.1-Kommentare eingebettete Compiler-Direktiven, die die Codegenerierung beeinflussen. In Abschnitt drei können Regeln für die Erfassung der Meßdaten angegeben werden.

3.3 Compiler-Direktiven und Regeln

Durch die Angabe von Compiler-Direktiven bei ASN.1-Definitionen können sowohl die Repräsentation von ASN.1-Typen durch C-Datenstrukturen als auch bestimmte Eigenschaften der Kodierungs-/Dekodierungsprozeduren beeinflusst werden. Diese Compiler-Direktiven werden in Form spezieller ASN.1-Kommentare bei den jeweilig zu beeinflußenden ASN.1-Sprachelementen angegeben. Der Vorteil dieser Vorgehensweise besteht darin, daß eine Überprüfung auf syntaktische Korrektheit auch mit Compiler-Direktiven möglich ist.

```
FileInfo ::= --{ register TRUE}--  SEQUENCE
{
            name --{ inline TRUE, len max 15 }--
                              IA5String,

            rights AccessRights,
            created UTCtime,
            version   --{   c-int   long   }--   INTEGER
                              DEFAULT 1,

}
```

Abbildung 6. Beispiel für Compiler-Direktiven

Abbildung 6 zeigt einige Beispiele für derartige Direktiven. Durch die *register*-Anweisung wird erreicht, daß den einzelnen Komponenten der Sequenz *FileInfo* die C-Anweisung *register* vorangestellt wird. Dadurch werden häufig benötigte Komponenten ausgezeichnet, wodurch der C-Compiler einen effizienteren Code erzeugen kann. Mit Hilfe von *inline* kann für häufig auftretende PDU-Typen der default-mäßig generierte Prozeduraufruf durch die Inline-Expandierung des Prozedurrumpfes ersetzt werden.

Bei vielen Protokollen ist für bestimmte Datentypen wie *OCTET STRING* eine maximale Länge in Form eines Kommentars angegeben. Mit Hilfe der *len*-Direktive wird diese Information dem ASN.1-Compiler übergeben. Der ASN.1-Typ *INTEGER* kann in C durch die Typen *long* oder *int* repräsentiert werden. Der Benutzer kann über die *c-int*-Anweisung dem Compiler die Art der C-Repräsentation mitteilen.

Da die Erfassung von Meßdaten die Effizienz der Kodierung und Dekodierung nachteilig beeinflussen kann und andererseits bei der Erfassung die Daten für alle Aufrufe der Kodierungs-/Dekodierungsprozeduren sehr große Datenmengen anfallen, muß eine Möglichkeit vorhanden sein, die Erfassung von bestimmten Kriterien abhängig zu machen. Die Bedingungen für Regeln zur Meßdatenerfassung bestehen aus den drei folgenden Komponenten:

- Angaben der C-Prozeduren, für die Meßdaten erfaßt werden sollen

- Zeitintervalle, auf die die Erfassung von Meßdaten beschränkt werden soll

- Einschränkungen der Erfassung auf bestimmte Werte übergebener Daten

Im Anweisungsteil einer Regel für die Meßdatenerfassung können Angaben über Art und Umfang der aufzuzeichnenden Daten gemacht werden. Die zu erfassenden Meßdaten gliedern sich auf in

- die an der Benutzerschnittstelle übergebenen Daten und

- für den Kodierungs-/Dekodierungsvorgang charakteristische Parameter.

Ein Beispiel für eine Regel ist in Abbildung 7 dargestellt. Dort werden Meßdaten in Form der absoluten Zeit und der ASN.1-Codierung dann aufgezeichnet, wenn die Prozedur "encode" aufgerufen wird und die gesamte Kodierungszeit größer als 200 Millisekunden beträgt.

```
Rule_1:    IF PROC = "encode" AND TIME.USED > "200ms"
           THEN RECORD ABS_TIME, ENCODING;
```

Abbildung 7. Beispiel für eine Regel zur Meßdatenerfassung

Zu den Parametern für den Umwandlungsvorgang zwischen interner Darstellung und ASN.1-Kodierung gehören beispielsweise ein Zeitstempel, die Anzahl der Aufrufe der einzelnen Umwandlungsprozeduren, die benötigte Umwandlungszeit, sowie Informationen, daß beispielsweise ein unzulässiger Parameter übergeben wurde oder daß Fehler bei der Kodierung bzw. Dekodierung erkannt wurden.

Der vom Compiler erzeugte Code für die Meßdatenerfassung wird noch durch die Möglichkeit ergänzt, diese durch Prozeduraufrufe in den Benutzerroutinen zu deaktivieren bzw. zu reaktivieren. Dies ermöglicht es zum Beispiel, innerhalb von Benutzerroutinen die Systemauslastung zu bestimmen und bei Übersteigen eines bestimmten Schwellwerts die Erfassung von Meßdaten zu deaktivieren.

Wie effizient die Erfassung von Meßdaten vorgenommen werden kann, ist auch von dem gewählten Format der Datenaufzeichnung abhängig. Um den zusätzlichen Aufwand für die Erfassung (und damit die zusätzlich benötigte Zeit) auf ein Minimum zu reduzieren, sollten die anfallenden Daten soweit möglich ohne Konvertierung aufgezeichnet werden. Andererseits ist es auch von Vorteil, wenn die Meßdaten systemunabhängig aufgezeichnet werden, da hiermit die Meßdaten zwischen verschiedenen Systemen (zum Beispiel für administrative Zwecke) ausgetauscht werden können.

Beide Forderungen liessen sich dadurch am einfachsten erfüllen, daß als Format der Meßdaten die ASN.1-Kodierung der übergebenen Daten sowie der charakteristischen Parameter gewählt wurde. Dies vereinfacht auch die Nachbereitung der Meßspuren erheblich, da hierfür vom Compiler generierte Dekodierungsprozeduren eingesetzt werden können.

3.4 Erzeugung eines ausführbaren Programms

Um ein ausführbares Programm zu erzeugen, muß die Beschreibung eines Protokolls in ASN.1 vorliegen, das zusammen mit den Compiler-Direktiven und Regeln die Eingabe für den ASN.1-Compiler bildet. Diese Angaben für die Codegenerierung sind optional, fehlen sie, werden bei der Codegenerierung entsprechende Voreinstellungen verwendet. Sind bei der syntaktischen und semantischen Überprüfung keine Fehler aufgetreten, wird C-Code generiert, ansonsten erfolgt eine Ausgabe der aufgetretenen Fehler.

Der erzeugte Quellcode besteht aus zwei Quelldateien für jeden ASN.1-Modul. Eine Quelldatei enthält die den ASN.1-Typdefinitionen entsprechenden Datenstrukturen, die andere Kodierungs- und Dekodierungsprozeduren sowie Variablendeklarationen für ASN.1-Wertdefinitionen. Diese Quelldateien bilden zusammen mit der ASN.1-Bibliothek, die Hilfsfunktionen zur Verfügung stellt, und den Benutzerroutinen, die die Kodierungs-/Dekodierungsprozeduren aufrufen, die Eingabe für den C-Compiler und den Binder, die daraus ein ausführbares Programm erzeugen.

Falls für die in den Benutzerroutinen aufgerufenen Kodierungs-/Dekodierungsprozeduren Aufzeichnung von Meßdaten erfolgt und diese Aufzeichnung für den jeweiligen ASN.1-Datenstrom nicht deaktiviert ist, wird eine Meßspur erzeugt, die nach dem Ablauf des Benutzerprogramms durch entsprechende Programme ausgewertet werden kann.

4. Grenzen der automatischen Verarbeitung

Einige Aspekte der ASN.1-Notation lassen sich kaum oder nur mit großer Mühe formalisieren und können mit bestehenden Compilerbau-Werkzeugen nicht verarbeitet werden [Aho86] [Wait85]. ASN.1 erlaubt beispielsweise die Definition von Makros, die die zulässige Syntax der Sprache erweitern. Für die Syntaxanalyse hat dies die Auswirkung, daß der verwendete Algorithmus zur Syntaxanalyse dynamisch angepaßt werden müßte, was bei dem verwendeten Parsergenerator *YACC* nicht realisierbar ist.

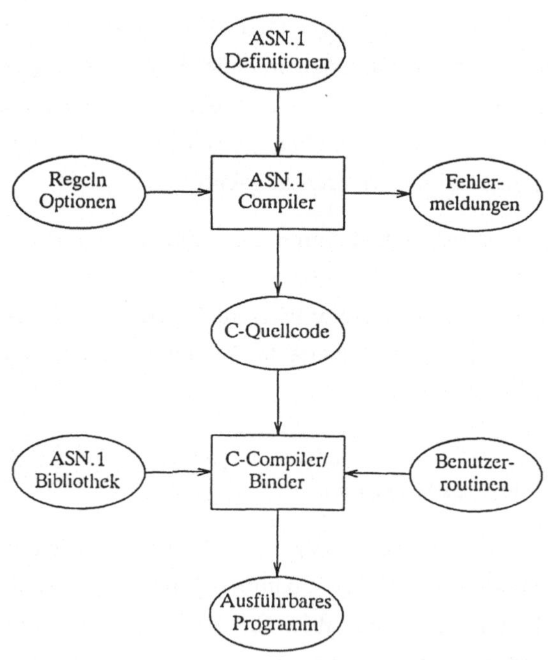

Abbildung 8. Erzeugung eines ausführbaren Programms mit dem ASN.1-Compiler

Die Erzeugung einer *YACC*-Grammatik aus den in dem Makro definierten Produktionen und der ASN.1-Basisnotation wäre zwar möglich, der automatische Aufruf des Parsergenerators und die Erzeugung eines neuen Parsers ist allerdings in der Praxis nicht durchführbar, da durch das Hinzufügen neuer Produktionen zu einer Grammatik Konflikte entstehen können, die manuell durch Umformulieren der Produktionen beseitigt werden müssen. Gelingt dies nicht, müssen gegebenenfalls Produktionen zusammengefaßt werden und Teile der Syntaxanalyse in die semantische Analyse verlagert werden, was zu einem vergrößerten Aufwand führt.

Eine weitere Schwierigkeit liegt darin, daß bei einigen Protokolldefinitionen in ASN.1-Notation Restriktionen, die eine semantisch falsche Definition wieder zulässig machen, nur als Kommentar, d.h. in natürlicher Sprache, formuliert sind. Ein Beispiel hierfür findet sich in *Manufacturing Message Service for Bidirectional Transfer of Digitally Encoded Information* (siehe hierzu auch [ISO9506]), wo folgende (verkürzt dargestellte) Definition erfolgt:

```
OpArgument ::= CHOICE
{
    modified [APPLICATION 0] IMPLICIT SEQUENCE ...
    argument ANY                 -- tag not [APPLICATION 0]
}
```

Der ASN.1-Compiler würde bei dieser Definition eine Fehlermeldung ausgeben, da laut der Semantikdefinition von ASN.1 alle Alternativen eines *CHOICE*-Typs verschiedene Tags haben müssen, der Typ *ANY* jedoch einen nicht definierten Tag besitzt.

Wie aus den MMS-Definitionen hervorgeht, ist die zweite Alternative des *CHOICE*-Typs durch einen *CHOICE*-Typ zu ersetzen (dessen Alternativen einen anderen Tag als [APPLICATION 0] haben), so daß daraus folgende gültige Definition gemacht werden kann:

```
OpArgument ::= CHOICE
{
    modified [APPLICATION 0] IMPLICIT SEQUENCE
    argument CHOICE
    {
        ...            -- Auflistung der zulässigen Alternativen
    }
}
```

Dies ist jedoch nicht aus der ASN.1-Definition ersichtlich, die obige Ersetzung muß also durch den Benutzer des Compilers durchgeführt werden.

An einigen Details der Definition von ASN.1 ist weiterhin erkennbar, daß diese Notation nicht unbedingt im Hinblick auf eine automatische Verarbeitung entworfen wurde. Beispielsweise wird in [ISO8825] vorgeschlagen, Einschränkungen der Länge von Oktettstrings oder Einschränkungen der zulässigen Wertebereiche bei vordefinierten Typen durch Kommentare zu notieren. Hier sollte eine Erweiterung von ASN.1 erwogen werden, die es ermöglicht, diese zusätzlichen Informationen in der Sprache selbst auszudrücken.

5. Bisherige Ergebnisse

Der ASN.1-Compiler wird im Rahmen des PAP-Projektes für die automatische Generierung von Kommunikatonssoftware für den Bereich der automatisierten Fertigung verwendet. Hierbei werden die MAP-Protokolle verwendet, von denen ACSE (*Association Control Service Elements*) [ISO8650], sowie die fertigungstechnischen Anwendungsprotokolle RS 511 [ISO9506] in ASN.1 definiert sind.

Am Beispiel ACSE wurde eine manuelle Implementierung mit der automatisch erzeugten hinsichtlich Korrektheit und Leistungsfähigkeit verglichen. Hierbei ergaben sich, daß bei der manuellen Implementierung von einigen (vereinfachenden) Annahmen ausgegangen worden war, die nicht norm-konform waren, jedoch bei einem ausgedehnten Test nicht entdeckt worden waren.

Hinsichtlich der Leistungsfähigkeit wurde unter anderem die Kodierung- und Dekodierung des *A_Associate_Request* von ACSE untersucht, die Ergebnisse hierzu sind in Abbildung 9 aufgeführt. Hierbei werden die manuellen Kodierungs- (*encode*) und Dekodierungsprozeduren (*decode*) mit den automatisch erzeugten (*enc_APDU* bzw. *dec_APDU*) bezüglich der benötigten CPU-Zeit auf einem Intel 310-Rechner unter XENIX verglichen.

Meß-reihe	Kodierungszeit (ms)		Verhältnis	Dekodierungszeit (ms)		Verhältnis
	encode	*enc_APDU*		*decode*	*dec_APDU*	
1	16.92	4.90	3.45	1.76	6.62	0.27
2	17.12	5.12	3.34	2.04	6.82	0.30
3	17.62	5.38	3.27	2.20	7.26	0.32
4	18.28	5.76	3.17	2.42	7.18	0.34
5	19.08	5.84	3.26	2.64	7.44	0.35

Abbildung 9. Zeitvergleich zwischen automatisch und manuell erstellten Kodierungsprozeduren

Im Fall der Kodierung war der automatisch erzeugte Code um den Faktor 3-4 schneller, während sich bei der Dekodierung genau das umgekehrte Ergebnis einstellte. Etwa 40 % des Zeitgewinns im manuellen Code ließ sich dabei aber auf die obig erwähnten Einschränkungen zurückführen. Aufgrund weiterer Vergleiche wurden bereits Optimierungen bezüglich der Code-Generierung vorgenommen, so daß die neue Version des ASN.1-Compiler einen insgesamt effizienteren Code im Vergleich zu vielen manuellen Implementierungen erzeugt.

6. Ausblick

Im Rahmen momentaner Entwicklungsarbeiten wird der Compiler an die von der CCITT vorgeschlagenen Erweiterungen [CCIT87] angepaßt, die einige der oben erwähnten Nachteile von ASN.1 beheben sollen. Ziel laufender Forschungsarbeiten ist es, eine umfassende Entwicklungsumgebung für Kommunikationssoftware zu erstellen, in der der vorgestellte ASN.1-Compiler als ein Teil integriert werden soll. Weitere noch zu untersuchende Aspekte sind beispielsweise die automatische Erzeugung von Code für den prozeduralen Ablauf eines Protokolls oder die Automatisierung des Testvorgangs.

Die im Rahmen der dynamischen Meßdatenerfassung aufgezeichneten Informationen sollen von einem universellen Netzmanagement-System ausgewert und anschließend zur Leistungsbewertung herangezogen werden. Auf dieser Basis ist es dann möglich, Optimierungen im Netz bezüglich der verwendeten Kommunikationsprotokolle oder von Hard- und Software-Komponenten vorzunehmen.

Referenzen:

[Aho86]   Aho, A. V.; Sethi, R.; Ullman, J. D.: "Compilers - Principles, Techniques and Tools", Addison Wesley, Reading, 1986

[CCIT84]   Comité Consultatif Internationale des Télégraphique et Téléphonique: "Draft Recommendation X.409 - Message Handling Systems: Presentation Transfer Syntax and Notation", 1984

[CCIT87]   Comité Consultatif Internationale des Télégraphique et Téléphonique: "Near-term Extensions to ASN.1", April 1987

[Effe86]   Effelsberg, W.; Fleischmann, A.: "Das ISO-Referenzmodell für offene Systeme und seine sieben Schichten", Informatik Spektrum, No. 9, S. 280-299, 1986

[Gora87a]   Gora, W.: "Anwendungsfunktionen und -protokolle in MAP", in "Automatisierungssystem MAP", Bauer, M. (Hrsg.), Weidler-Verlag, Berlin, 1987, S. 78-97

[Gora87b]   Gora, W.; Speyerer, R.: "Abstract Syntax Notation One", Datacom-Verlag, Pulheim, 1987

[ISO7498]   Norm DIN/ISO 7498: "Information Processing System - Open Systems Interconnection: Basic Reference Model", November 1983

[ISO8650]   ISO DIS 8650 "Association Control Service Elements Protocol Specification", Part 2, 1987

[ISO8824]   ISO IS 8824: "Specification of Abstract Syntax Notation One (ASN.1)", May 1987

[ISO8825]   ISO IS 8825: "Specification of Basic Encoding Rules for Abstract Syntax Notation One (ASN.1)", May 1987

[ISO9506]   ISO TC184/SC5/WG2 (Draft 5): "Manufacturing Message Service for Bidirectional Transfer of Digitally Encoded Information", Part 1: Service Definition, Part 2: Protocol Definition, June 1986

[John78]   Johnson, S. C.: "YACC: Yet Another Compiler Compiler", in [Kern78b]

[Kern78a]   Kernighan, B. W.; Ritchie, D. M.: "The C Programming Language", Prentice-Hall, Englewood Cliffs, 1978

[Kern78b]   Kernighan, B. W.; McIllroy D. M.: "UNIX Programmer's Manual", Bell Laboratories, Murray Hill,

[Lesk78]   Lesk, M.; Schmidt, E.: "Lex - A Lexical Analyzer Generator", in [Kern78b]

[MAP86]   General Motors: MAP Specification, Version 2.1.A and 2.2, August 1986

[Spey87]   Speyerer, R.: "Schnittstellengenerierung und dynamische Datenerfassung für Protokolle in der ISO-Syntax ASN.1", Diplomarbeit am IMMD VII, Universität Erlangen, Februar 1987

[Wait85]   Waite, W. M.; Goos, G.: "Compiler Construction", Springer-Verlag, Berlin et al., 1985

MICROPROCESSOR FEATURES A LA CARTE

Edward M. McCreight
Xerox Palo Alto Research Center
3333 Coyote Hill Road
Palo Alto, CA 94304 USA

Ontogeny recapitulates phylogeny. This is the biologist's observation that the fetal development of an individual of a species mimics the evolutionary development of the species itself. In his book *The Selfish Gene*, Dawkins [Da76] makes the intriguing proposition that human ideas share many of the characteristics of genes, and that ideas themselves might be considered a life form. The two notions together suggest that we listen for an echo of the development of the whole field of computer science in the recent rapid development of the youngest individual in that field: the microcomputer.

This echo can certainly be found in software. The earliest microcomputers of the mid-70's were first programmed in machine language, as were the mainframe computers of the mid-50's. Basic came soon afterward for microcomputers, representing an evolutionary reversal over the Fortran and Algol families for the mainframes. In the late 70's microcomputer operating systems appeared, patterned after the mainframe disk operating systems of the mid-60's. Finally now in the mid-80's microcomputers do timesharing and support nearly all important computer languages. I recall my own early impressions that microcomputer hackers were rediscovering many of the "classic" ideas of computer science, and adding some new ideas of their own. While I was not generally impressed by their scholarship, I admired their energy.

The echo can also be found in hardware. In 1971 Intel introduced the first microprocessor, with a four-bit data word, sixteen registers, 60,000 instructions per second, and 2300 transistors. This machine could hardly be compared in power with the minicomputers of the day, but it was similar in size and performance to the IBM 1401, an early transistorized computer of the 1960's. When Motorola introduced the 68000 microprocessor in 1979, with about 68000 transistors and 0.5 MIPS, the microprocessor was beginning to overtake the minicomputer.

Today's technology enables memory designers to pack more than a million transistors per chip. The packing density of logic is typically a factor of two to four less than that, but still processor architects and designers are confronting Gordon Moore's question, first asked in the 1970's: What, besides memories, will we build with a million transistors per chip?

A basic 32-bit processor needs about 50,000 transistors. On even a quarter-million transistor chip, this leaves plenty of space for decoration. Architects have begun to fill this space with features, most of which appeared in mainframes of the '60's and '70's: large microcode stores, concurrent execution pipelines, caches, floating-point units, and so on. The purpose of these added features is increased performance.

The remainder of this paper presents the constraints that a microprocessor architect faces in incorporating performance-enhancing features, and then discusses the nature, costs, and benefits of a selection of these features that are starting to appear in microprocessors.

DESIGN CONSTRAINTS

The predominance of microcoded machines, and the falling cost of microstore, led many computer designers in the late 1970's immoderately to add feature after feature to their machine languages. But the Reduced Instruction Set Computer (RISC) reformation of the early 1980's has returned us to the moderate thought that the set of features in a computer is a balance between cost and performance. The cost of a feature is sometimes subtle but nearly always present. "Performance" here means accomplishing the user's job in minimal time.

Today, when the great majority of all processors sold are single chips, the most obvious feature-induced costs are those directly related to the fabrication of the chips: the silicon area involved, the sophistication of the processing, the die yield, the number of pins, and the package involved. Other indirect costs are more subtle. High-power chips require large power supplies, good cooling, and high thermal-conductivity packaging. Chips that must switch many fast low-impedance outputs simultaneously require low-inductance grounding systems to control "ground bounce".

In fact, adding a feature to a processor can reduce its performance. Added features frequently participate directly in a processor's longest logical path. Even when they do not, they physically enlarge the processor chip so that wiring delay may increase in other unrelated parts of the machine. In either case the processor's cycle time is prolonged. Of course when a feature can be used successfully, fewer processor cycles are required, but the longer time every other processor cycle eats away at these savings. A general rule of thumb has been to determine a processor's basic cycle time by one's best implementation of the most common 90% of instructions executed during benchmarking, and then to evaluate new architectural features by balancing the instructions or cycles that they save against their degradation of the basic cycle time.

Another expensive resource is chip I/O pins. Designers of high-performance processors typically want as many of these as possible. However as integrated circuit feature sizes have shrunk year after year, bonding pad area has not kept pace. One result is that many large chips today are "pad-limited", meaning that their area is determined not by their internal circuitry, but rather by their perimeter of bonding pads. A number of alternative interconnect technologies have appeared, including multiple concentric pad rings, or solder-plated bonding pads for face-down bonding, but these technologies are still rather expensive. The costs of testers and test fixtures for wafers and packaged parts also rise dramatically with pin count.

In principle, all I/O pins should be doing useful work in every machine cycle. Where this is not possible, the architect may be able to multiplex several functions onto one bus without seriously degrading average performance. This principle led the 8086 designers to multiplex address and data on the same pins, because the two logical buses were never both used in the same machine cycle.

Unfortunately this principle fails to distinguish between output and input pins, although in fact a switching low-impedance output pin presents greater electrical difficulties than an input pin. So another challenge to the architect is to minimize the number of simultaneously switching output pins.

Features are added to improve performance. But how is performance to be measured? Like the drunk looking for his lost keys under a streetlight rather than where they were lost because the lighting is better under the streetlight, many of us use synthetic benchmarks because they are readily available and because ratings for many processors are published. But synthetic benchmarks present a distorted picture at best. For example, by now compiler optimization has improved to the point where many loops in such classic synthetic benchmarks as Dhrystone are recognized as pointless and eliminated. It is difficult but ultimately rewarding to abstract a representative sample of user computation, and to benchmark it on all the systems to be compared. The results can differ substantially from the "nearest" synthetic benchmark, sometimes by as much as a factor of two. Because systems include compilers and memory hierarchies (even disks) as well as processors, one must be cautious in drawing inferences about processors by measuring systems that contain them.

INSTRUCTION SETS

Much has been written contrasting RISC (Reduced Instruction Set Computer) with CISC (Complex Instruction Set Computer), and yet the distinction is still not clear. One humorist has defined a RISC processor as any processor designed after 1982. My own definition is this: a RISC is a microcoded machine whose microcode is fetched from a very large microstore that also contains its data. Average access to this large store is accelerated by an interposed cache memory. Compilers produce this microcode directly.

One key point apparent from this definition is that the instruction set of a RISC processor is a temporary interface of technological convenience, whereas the instruction set of a CISC processor is a long-lived interface that is typically maintained across a family of processors of varying performance. This point in turn reveals some relative advantages and drawbacks of the two kinds of processor.

RISC processors do have a speed advantage over CISC processors. At any given moment a RISC processor can be designed to run most benchmarks considerably faster than a CISC processor of equal cost. The RISC processor's instruction set can be tailored to the best hardware and compiler technology available. This speed advantage is becoming clear even to companies famous for their CISC processors.

On the other hand, within a family CISC processors have a software portability advantage over RISC processors. In principle, enlightened customers maintain portable software in high-level languages like C to eliminate instruction set dependency. Unfortunately, porting from one instruction set to another is not yet a completely automatic process. It always requires access to high-level language source code, and often substantial understanding of that code as well. The third-party software industry seldom allows source code access, does not immediately port to every new instruction set, and usually regards a change of instruction set as sufficient cause to demand a new license fee. Until these (largely non-technological) barriers fall, CISC machines will continue to sell well.

ON-CHIP CACHES

Standard processors access memory for two purposes: to fetch instructions, and to manipulate data. The characteristics of these two kinds of access are considerably different. Instruction accesses are always reads, most often to sequential addresses. Data accesses are typically two-thirds reads and one-third writes, and do not usually exhibit locality as strong as instruction accesses. Depending on a wide variety of factors, including the number of internal data registers, the compactness of the binary instruction set, the compiler, and the benchmark algorithm being measured, instruction accesses typically outnumber data accesses by factors from two to ten.

Instruction caches

These differences strongly suggest that on-chip instruction caches would outperform on-chip data caches occupying the same area. Horowitz [Ho85] [Ag87] has said that his view of the ideal RISC processor is the smallest possible kernel processor attached to the largest possible on-chip instruction cache.

Two interesting variations of the instruction cache have recently emerged. The first is the decoded instruction cache. In designing an instruction set, compact binary code and small, fast instruction decoders are usually conflicting goals. RISC processors usually resolve this conflict in favor of small, fast instruction decoders, while CISC processors usually resolve it the other way. The CRISP [Be87] [Di87] processor has a compact variable-length binary instruction representation in memory, but instructions are represented in decoded form in its on-chip instruction cache. This means that the delay penalty of decoding the compact form of instructions is incurred only on an instruction cache miss, instead of every time an instruction is executed. This decoded format also includes two successor addresses, so branch instructions in main memory are folded into the cached decoded representations of their predecessor instructions.

The second instruction cache variation is the branch target cache of the AMD 29000. The 29000 has separate paths to memory for instructions and data, sharing a common address bus, but allowing sequential burst accesses on both paths concurrently. During a long serial burst of instructions the address bus is available for data references, and instruction bandwidth from off-chip is adequate, so the 29000 then derives little benefit from having an on-chip instruction cache. The benefit comes when a control transfer instruction is executed. Then the processor can execute instructions from its on-chip instruction cache while waiting for the off-chip instruction source to be redirected. This observation led the 29000 designers to enable refilling of the instruction cache when a control transfer instruction is executed, and to disable it at most four instructions later. Thus the 29000's instruction cache is filled only with targets of control transfer instructions, and enough immediate successors to overlap off-chip access time. This restriction improves the effectiveness of a small instruction cache considerably. Hennessy [He87] reports that is reduces the average cost of a branch instruction to 1.25 machine cycles. However the branch target cache does occupy about twenty percent of the processor die area.

Data caches

After instruction caching, the next obvious idea is data caching. The arguments above suggest that data caching is not as rewarding as instruction caching. For this reason, most RISC processors do not implement general data caching. Instead many include a large number of data registers, and some include extra machinery to assist the compiler in assigning frame variables and procedure call parameters to these registers.

The CRISP processor does this to an extreme. Nearly all operands are named by their memory addresses, and the processor checks at the last moment whether a memory address lies in the range currently being shadowed by the data registers.

Somewhat simpler is the overlapping register windows scheme introduced in the Berkeley RISC [Pa85], variations of which appear in the Xerox Dragon and the Sun SPARC, for example. This scheme allows simple compilers and loaders to pass parameters and access local variables very efficiently, but it typically requires a large number of registers, and process switching must spill/reload these registers to memory.

Even simpler is the direct/indexed register address scheme of the AMD 29000. The 29000 has a large number of registers, and a register address can be formed either as an instruction literal or as the sum of the contents of register 0 and an instruction literal. This allows a somewhat less efficient software implementation of register windows, but it allows the machine to be used as a fixed-register processor as well.

And finally simplest of all are the fixed-register machines, like the MIPS [He84]. Efficient use of these machines depends on modern compiler and loader technology to assign many variables to few registers with as few dynamic conflicts as possible, to minimize spill/reload operations to memory [Wa87]. There is still a diversity of opinion over how effective these software-only techniques will be in dealing with the late procedure binding that is characteristic of object-oriented programming.

ADDRESS MAPS

Virtual memory is a feature that microprocessors have only recently adopted from their mainframe ancestors. Wide address buses, large physical memories, fast hard disks, and multiprogramming together make virtual memory a very useful system feature, and most 32-bit microprocessor systems implement some kind of virtual memory. But there is no agreement on where to implement it.

Some processors, such as the Intel 80386, the Motorola 68030, and the AMD 29000, implement an internal translation lookaside buffer (TLB) to translate the program's logical addresses into physical addresses. This TLB is generally designed to require one pipeline stage, and to be large enough that most map references hit in the TLB. When a TLB miss occurs, CISC processors typically attempt to reload the TLB automatically, while RISC processors typically trap to a machine language handler.

Other processors, such as the Sun SPARC, issue logical addresses from the processor chip, and expect logical-to-physical mapping to take place in an off-chip cache. For speed, this cache is usually accessed by virtual address. This can be a sensible solution if performance requires an off-chip cache anyway, although a virtual cache is generally more complex than a physical cache if virtual address synonyms or multi-cache consistency are involved.

CONTROL TRANSFER

Control transfer instructions pose a serious performance problem to the designer of a high-performance deeply-pipelined processor. This is especially true of conditional control transfers, because uncertainty about their final outcome persists longer. The problem cannot simply be ignored, because in typical applications twenty percent of instructions are control transfers, and if they are implemented in the most straightforward way, they can account for nearly fifty percent of execution time.

A modern memory system can generally supply instructions at adequate stream bandwidth if the data path is wide enough. The problem caused by control transfers is that they (sometimes) invalidate the contents of the instruction fetch pipeline that forms the instruction address, sends it to the instruction memory, accesses that memory, and decodes the result. Except for control transfers this pipeline could be very deep without loss of performance. In typical modern machines it is only two or three cycles deep, because of control transfers.

Two approaches to reducing the performance penalty of control transfers have met with some success. The first is to employ an instruction cache or a branch target cache as discussed previously. The second is to define the processor's instruction set such that control transfers invalidate as little of the pipeline as possible. This "delayed branch" defines a control transfer to take effect only after the instruction serially following the control transfer has been executed. Delayed branch was part of the MIPS design, and has been common in microcoded machines. It introduces some complexity in machine design and trap handling, because two program counter values must be saved and restored by the trap handling code.

With delayed branch, a common instruction is executed in all paths after a conditional control transfer. Ideally this instruction is useful on all paths. Usually this instruction is useful on at least one path and harmless on the others. In the worst case, a No-Op instruction must be used: harmless on all paths, but useful on none. "Delay slot scheduling," or deciding what instruction should follow a control transfer, is done by the compiler. The MIPS project results show that a good compiler for a typical high-level language fills only twenty percent of delay slots with No-Ops.

DATA PIPELINE

The typical data path of a modern microprocessor fetches two values from a register bank, operates on those values in a functional unit implemented in one or more pipeline stages, and stores the result back into the register bank. The pipeline is the key "new" idea, borrowed from the mainframes of the '60's. This idea allows several instructions to be in states of partial execution at the same moment in time, thereby allowing the rate of instruction execution to be substantially faster than that predicted by the transit time of a single instruction through the execution unit.

There is no free lunch. Pipelining introduces the possibility of resource conflicts among pipeline stages. The Stanford MIPS processor took an extreme position on pipeline resource conflicts by requiring compilers to avoid all of them. Less extreme positions have been taken by most other RISC processors, which dynamically recognize the most common impending conflicts, and avoid them by bubble introduction or result forwarding. A pipeline bubble is introduced by allowing the pipeline downstream of the bubble point to advance, while freezing the pipeline upstream of that point. Bubble introduction is typically used to cope with an uncertain delay in the data memory.

Result forwarding is most commonly used to permit the result of one instruction to be used as an operand of the next. Its use can be automatically invoked, for example by comparing the operand register numbers of an instruction at the issue point with the result register numbers of all instructions that have not yet returned the result to the register. Or it can be invoked by the compiler, by assigning pseudo-register numbers to data pipeline stages.

In a simple linear pipeline of only a few stages, read-before-write conflicts can be detected by matching an instruction's input register numbers against output register numbers deeper in the pipeline. As pipeline scheduling gets more complex, processor designers are beginning to use scoreboarding, a technique introduced in the CDC 6600, to decide whether an instruction can enter its execution pipeline. This technique logically attaches a "store pending" bit to every machine register. An operation is allowed to proceed only when no store is pending on any of its input registers.

One important question about an architecture is how "precise" its traps are: for example, for page faults or floating point exceptions. A precise trap implements the model that all instructions before the one causing the trap execute completely, and then the problem is noticed and the trap executed before any other instructions are fetched. This allows the trapping instruction simply to be restarted when the problem is corrected. Precise traps are a system programmer's dream, and a hardware designer's nightmare. Nearly all CISC processors try to implement precise traps. Most RISC processors implement common traps, like register window overflow/underflow, more or less precisely. For others they exchange processor pipeline state with a shadow pipeline. This shadow pipeline can then be dissected and rebuilt by system software: a hardware designer's dream, and a system programmer's nightmare.

FUNCTION UNITS

The simplest functional unit is an integer arithmetic-logic unit (ALU) that can do a one-bit shift. Only a few microprocessors are this Spartan. Most incorporate greater functionality in their data paths.

For example, many modern 32-bit microprocessors include a general *barrel* shifter (*32 -> 32*) or a *funnel* shifter (*64 -> 32*). A few include a general bitfield extract-insert unit, which is a general shifter in tandem with a masker. A funnel shifter or extract-insert unit requires three input values. One of these values is typically supplied as an instruction literal or a special register.

Most commercial microprocessors address memory at a granularity of one byte, and yet most have 32-bit data paths available. For historical reasons these processors are sometimes required to deal with 16- or 8-bit data buses, and to deal with code that does short and misaligned memory operations. To make this as efficient as possible (the other alternative would be to trap), many processors incorporate a byte extract-insert unit in their bus interface logic.

Some microprocessors get an early start on memory references by requiring that a data memory address originate in a register. Others use the ALU (or a separate adder) to form data memory addresses as the sum of a register and an instruction literal. These latter processors can frequently save an instruction on record-field accesses. On the other hand, the adder typically moves memory reference one pipeline stage deeper within the processor. The combination of this adder and an internal TLB is seldom seen in a RISC processor because the two functional units must follow each other in the pipeline. Some RISC designers also argue that the adder is less beneficial than it might appear, because modern compilers that optimize over large blocks can compute record-field addresses once and then re-use them several times.

Type tags are important in languages like Lisp and Smalltalk with late binding. These tags are used for error checking and to discriminate generic operations. Steenkiste [St97] and others have shown that a very modest tag-checking unit added to a RISC data path can improve the performance of Lisp benchmarks by about ten percent.

Until recently, floating point was either implemented in machine code, in microcode, or in a separate floating point coprocessor chip, depending on the speed required. Now a few microprocessors are beginning to appear with hardware floating point units on-chip, typically occupying one-quarter to one-half of the active die area. These floating point units are typically several pipeline stages deeper than the integer ALU's on the same chip, so they introduce pipeline scheduling problems.

MULTIPROCESSOR SUPPORT

Microprocessor salesmen are beginning to understand what memory chip salesmen have known for nearly two decades: an excellent way to increase sales is to persuade system designers to include several per system. For many ambitious applications, sufficient performance is more easily achieved with multiple moderate-speed processors than with a single very-high-speed processor. What features make a microprocessor suitable in a multiprocessor?

Today's multiprocessors fall into several different categories according to the model of multiprocessing that they implement. At one extreme is a massive group of SIMD (single instruction stream, multiple data streams) single-bit processors interconnected by a message switching network. The Connection Machine falls in this category. Unfortunately such processors are typically uninteresting except as part of a massive group.

Another extreme model is the shared-memory MIMD (multiple instruction streams, multiple data streams) multiprocessor. This model assumes that all processors connect to the same memory, usually through caches to achieve acceptable performance. The key feature required of a processor in this model is some way to demand an atomic memory update.

The simplest of these atomic updating operations is test-and-set. This operation is attractive because it does not distort the typical processor-to-memory interface very much: it behaves as a read with a side effect in memory. Other operations such as conditional store {ATOMIC if ((a = *b) == c) *b = d; } [At87] and fetch-and-add [Go82] can result in fewer bus transactions, but they complicate the processor-to-memory interface and the memory system itself.

A key question is how often such atomic transactions must occur, and what purpose they serve.

One example is the Xerox Cedar language and operating system, which together implement a synthesis of Lisp and Ada features, including multiprocessor support. The most frequent atomic operation is "reference-counted assign", a pointer assignment operation that ensures that record reference counts are accurate, so that when a count drops to zero, its record can be automatically garbage-collected. This operation typically occurs from two to ten thousand times per second, and is implemented efficiently by fetch-and-add or conditional store, and less so by test-and-set.

A multiprocessor model lying somewhere between the two mentioned above is the message-passing model implemented in multiprocessors by Meiko (using Inmos Transputers) and NCube. Each processor in these systems implements a set of DMA-fed serial input/output ports. The Inmos processor implements four of these ports, while the NCube processor implements eleven. The reason for the difference is the interconnect topology that the architects planned: the Inmos machine is usually interconnected in a planar pattern, while the NCube machine is wired as a hypercube. About one-fifth of the silicon area of the NCube processor chip is devoted to these serial ports.

REFERENCES

[Ag87] A. Agarwal, P. Chow, M. Horowitz, J. A. A. Salz, and J. Hennessy. On-chip instruction caches for high performance processors, *Proceedings of Stanford Conference on Advanced Research in VLSI*, 1-24, March, 1987.

[At87] R. Atkinson and E. McCreight. The Dragon processor. *Proceedings of Second Int'l Conf. on Arch. Support for Programming Languages and Operating Systems (ASPLOS II)* (ISBN 0-8186-0805-6): 65-71, October 1987.

[Be87] A. D. Berenbaum, D. R. Ditzel, and H. R. McLellan. Architectural innovations in the CRISP microprocessor. *Proceedings of Spring COMPCON* (ISBN 0-8186-0764-5): 91-95, February, 1987.

[Da76] R. Dawkins. *The Selfish Gene.* (ISBN 0-19-520000-4) Oxford University Press, 1976.

[Di87] D. R. Ditzel and H. R. McLellan. Branch folding in the CRISP microprocessor: reducing branch delay to zero. *Proceedings of 14th Int'l Symp. on Computer Architecture,* (ISBN 0-8166-0776-9): 2-9, June, 1987.

[He84] Hennessy, J. L. VLSI processor architecture. *IEEE Transactions on Computers,* C-33(12): 1221-1246, December, 1984.

[He87] Hennessy, J. L. RISC architectures: principles & examples. ASPLOS-II tutorial notes, Palo Alto, October, 1987. Available from Prof. John Hennessy, Center for Integrated Systems, Stanford University, Palo Alto, CA.

[Ho85] M. Horowitz. MIPS-X, public lecture, Xerox Palo Alto Research Center, 1985.

[Go82] A. Gottlieb, R. Grishman, C. P. Kruskal, K. P. McAuliffe, L. Rudolph, and M. Snir. The

NYU Ultracomputer - designing an MIMD shared memory parallel computer. *Proceedings of 9th Int'l Symp. on Computer Architecture*: 27-42, 1982.

[Pa85] D. Patterson. Reduced instruction set computers. *Comm. ACM*, 28(1): 8-21, January, 1985.

[St87] P. Steenkiste and John Hennessy. Tags and type checking in Lisp: hardware and software approaches. *Proceedings of ASPLOS II* (see [At87] above): 50-59.

[Wa87] D. W. Wall. Global register allocation at link time. *Proceedings of SIGPLAN '86 Symp. on Compiler Construction* (ISBN 0-89791-197-0): 264-275, Palo Alto, July, 1986.

Validation in Top Down Design Including Test Pattern Generation

Reinhard Reisig

Universität GH Paderborn, FB 17
Warburgerstr. 100, D-4790 Paderborn

Abstract

Presented is a system combining the validation of algorithmic and RT hardware models with test pattern generation for production test. The used validation techniques are based on simulations of test executions on the modeled hardware. Therefor the system includes tools automatically determining the quality of executed tests for validation and evaluating results of simulation runs. The test pattern generation is similar to Levendels and Menons technique /1/, however it intensively uses presupposed controllability and observability as for instance guaranteed by a scan path. It is integrated into the validation tools and thoroughly utilizes the data they produce. So this test pattern generation causes only neglectable additional costs. An experimental application of the system produced good results.

1. Introduction

The first steps in a top down design process for complex hardware usually consist of the development of an informal specification, its first abstract implementation by an algorithmic hardware model and the transformation of the algorithmic model into a register transfer hardware model. Since the specification is informal, its development and its implementation by the algorithmic model have to be executed manually. The transformation to the RT model is often done manually, too, especially if very good results are required, i.e. a small and fast hardware implementation of the specification. So the correctness of the hardware models has to be validated. Usually that is done using reviewing and techniques which simulate tests of the modeled hardware.

By slight modifications causing only neglectable additional costs such techniques can be expanded to also determine test patterns for the production test of the hardware. A system realizing this concept is presented here.

From correctness validation point of view this system validates the algorithmic model using a technique which is known from the area of software testing as a structural technique /2,3/. For the validation of the RT model, it forces the user to execute a review, since it requires special input data describing some details of the transformation to the RT model. This data then is used for automatically comparing the simulation runs which are executed using the algorithmic and the RT hardware model and which are based on the same test cases.

From test pattern generation point of view the system is similar to functional techniques like /1,4,5,6,7/, since it uses a behavioural description of the hardware. However it is not a functional technique. It intensively uses the control structure of the algorithmic model which sharply reflects the structure of those parts of the

---

This technique has been developed as a part of the project TESUS ("Testverfahren für elektronische Schaltungen und Systeme", BMFT-Förderungskennzeichen 413-5839ITS 8501/7).

hardware that control the execution of the algorithm. It is not possible to use this abstract hardware model based only on the algorithmic hardware model. So the system presented here additionally uses data from the register transfer hardware model.

An application of the technique starts with determining the quality of tests that are used for the validation of the algorithmic hardware model. So test cases that are not sufficient for design validation are identified. The executions of the tests are considered as sequences of "algorithmic" states. The state transitions between them are classified. From each class one state transition is selected. Based on the RT hardware model the same tests are executed again to validate the consistence of the two models. These executions are considered as sequences of RT states. For each reached algorithmic state it is tried to identify a reached RT state that models the same hardware state as the algorithmic state does. By doing this the consistence between the two models is validated automatically.

Since so the RT realizations of the AM states are known, of course the RT state transitions realizing the selected AM state transitions are known, too. For these RT state transitions the values on the input and output lines and in the memory elements and their changes versus time exactly are recorded from the RT test protocol. So these records completely describe selected test situations and how the circuit has to react in these situations. Therefore they can be used as test patterns if the hardware is controllable and observable as for instance guaranteed by a scan path.

This technique in the following will be named TIDV ("Test Pattern Generation included in Design Validation").

The basic ideas given in this paper already have been presented in /8/, however there they have been described from hardware testing point of view, not from hardware design point of view as done here.

This paper is structured in the following way. In chapter 2 restrictions are described that limit the area in which TIDV can be applied. In chapter 3 used notations and formalisms are explained. Chapter 4 then presents the details of·TIDV and chapter 5 an experimental application of this technique.

2. Restrictions for Using TIDV

Arbitrarily chosen state transitions occurring during RT tests are to be used as test patterns. So it must be possible to put the hardware into the start state of such a state transition and to exactly observe its end state. Therefore the test patterns obtained using TIDV only can be used if the hardware reachs an "observing state" every time a register has been written. In an observing state the values of all hardware registers have to be observable exactly and changeable into each state occurring during tests. That for instance can be guaranteed by a scan path.

TIDV uses techniques which systematically only handle the control structure and its implementation, the controller. Therefore other techniques have to be used for validating the correctness of the executed operations and its implementation, the data path, as well as for generating test patterns for these parts.

3. Used Notations and Formalisms

3.1. Notations for the Design Process

In this paper the following abbreviated terms are used to simplify and make clear the discussion about the top down design process:

- AM: algorithmic hardware model, i.e. a model of the developed hardware formally similar to Pascal programs.

- AM-test: validation of the AM versus specification done by AM based simulation of test execution

- RTM: register transfer hardware model, reached by transformation of the AM, using primitives like adders, multiplexers, and-gates, and registers (here generally used as name for memories and flipflops, too)

- RTM-test: validation of the transformation of AM to RTM done by RTM based simulation of the execution of the same test already used for the AM-test

3.2. Formalisms for Describing Hardware Models

3.2.1. Describing AM by structured CAP nets

An AM here is assumed to be given as a structured CAP net. This formalism is especially suitable for explaining the concepts of TIDV, since it emphasizes the algorithms control structure and since it is capable of modeling procedures and concurrency. An AM given in another formalism easily can be translated into an structured CAP net.

Formally a CAP net is a timed interpreted Petri net with a heterogeneous transition set:

Definition 1:

$PG=(P,T,E)$ is a Petri net graph $:\Leftrightarrow$

P is a finite set of "places"

and T is a finite set of "p-transitions"

(They usually are called "transitions". The 'p' is used here to avoid misunderstandings.)

and $E\subseteq P\times T\cup T\times P$

and $P\cap T=\varnothing$

and (for all $x\in P\cup T$ exists $y\in P\cup T$ with $(x,y)\in E$ or $(y,x)\in E$).

Definition 2:

$PN=(PG,m_0,R)$ is a Petri net $:\Leftrightarrow$

$PG=(P,T,E)$ is a Petri net graph

and $m_0\in M=\{m|m:P\rightarrow I\!N\}$ is an initial "marking"

and $R:T\rightarrow\{f_T|f_T:M\rightarrow M\}$.

The "firing rule" $R(t)$ of a p-transition t generally is a partial function.

The way Petri nets are looked at is to watch the sequences of markings reachable by firing p-transitions when starting with m_0. The firing of a p-transition means that by using a firing rule a new marking is determined from an old marking.

Structured CAP nets ("SCN") are Petri nets built up only out of p-transitions of special kinds in special structures. These are demonstrated by the example given in Fig. 1. (Places are modeled by circles, p-transitions by boxes, members of E by edges and the marking m by m(p) points in the circle modeling the place p. A predecessor / successor of a node x is a node y with $(y,x)\in E$ / $(x,y)\in E$. A place p "gets marked / demarked" means $m(p):=m(p)+1$ / $m(p):=m(p)-1$. p "is marked" means $m(p)>0$.)

p-transitions of the types "or" (in Fig.1: $t_2,t_3,t_4,t_6,t_8,t_{10},t_{11}$) and "if" ($t_5$) fire if at least one of their predecessors is marked. Then one marked predecessor gets demarked and one successor gets marked. Related to if-type p-transitions this successor is determined by the actual value of an 'attached condition. Attached to or-type

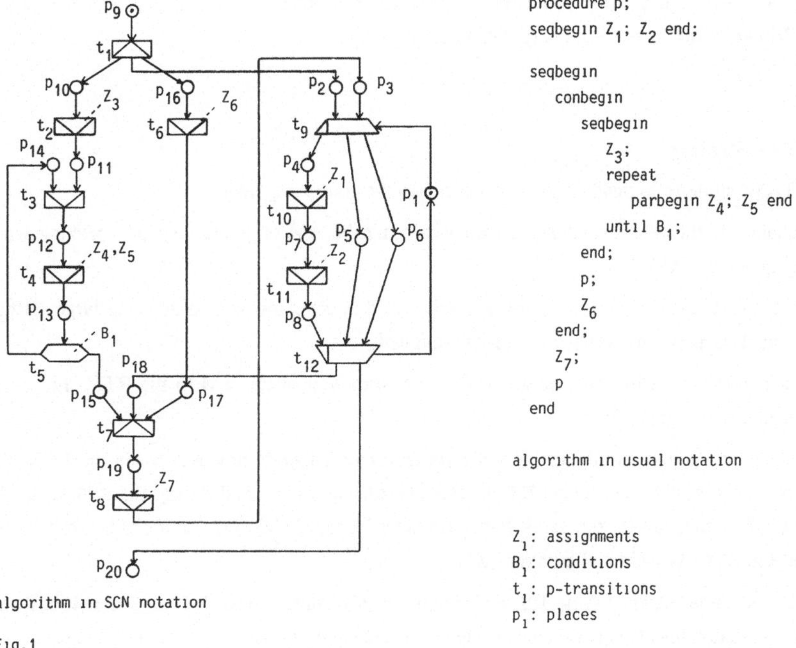

Fig.1

p-transitions can be assignments. They are executed each time the p-transition fires. Or-type and if-type p-transitions are used to model sequential algorithm parts.

And-type p-transitions (t_1, t_7) fire if all their predecessors are marked. Then all predecessors get demarked and all the successors get marked. They are used to model concurrent algorithm parts.

A prochead-type p-transition (t_9) fires if the semaphore place (p_1) and at least one call place (p_2, p_3) is marked. Then the semaphore place and one marked call place get demarked and the body-input place (p_4) and according to the demarked call place one of the call-memory places (p_5, p_6) get marked. The firing rule of a procend-type p-transition (t_{12}) is analogous. Prochead-type and procend-type p-transitions are used to model procedures.

In the initial marking only the input place and all the semaphore places of a SCN are marked. During execution of the algorithm the marked places indicate the algorithm part or parts actually being executed.

3.2.2. Describing a RTM

TIDV primarily considers the controller of a RTM. So it uses only special information from RTMs: the register set, the set of controller states and the possible transitions between these states. So an RTM here is only assumed to include the set of registers of the hardware and a finite state machine (FSM) /9/ modeling the hardware controller. The set of registers is partitioned into the data path registers and the controller registers. The latter are used to hold the actual controller state - i.e. the state of the controller FSM. The values hold in all registers build the system state.

The RTM of a hardware including several controllers working concurrently may include a FSM for each of the controllers. They, however, are considered to be a single FSM. Its state set is the cross product of the state sets of the FSMs it is consisting of.

Hardware models notated in usual RT formalisms (for instance DDL /10/, KARL /11/, or the proper subset of CAP /12/) can be interpreted the way demanded here.

4. The TIDV Strategy

The TIDV strategy logically can be divided into the following steps:

1. The quality of the AM-tests executed for validating the AM is determined by checking whether they completely cover the AM structure.

2. From the AM state transitions some are selected that are supposed to detect a large portion of controller single stuck at faults when used for production test.

3. The user gives some information about the transformation of the AM to the RTM. For doing so he has to review this transformation.

4. The same tests already used for the AM-tests are executed again however based on the RTM to validate the transformation of the AM to the RTM. For the AM states reached during the AM-tests those RTM states are identified that model the same hardware state in the RTM-tests. Doing this the transformation of the AM to the RTM is validated automatically.

5. Using this identification of the RT realizations of AM states those RT state transitions are identified and thereby selected, too, that realize on RT level the AM state transitions selected in step 2.

6. From the RT state transitions executed during the RTM-tests and selected in step 5 test patterns are deduced. That is done by filtering the following data out of the RTM-test protocol: the values on the input and output lines and in the memory elements and their changes versus time occurring during RT state transitions.

These steps are explained more detailed in the following chapters.

4.1. Determination of Test Quality (step 1)

An AM is software. So the techniques /2,3,13/ developed generally for software tests are appropriate for AMs, too. Theses techniques can be divided into two classes:

The functional techniques are based on the specification of the software that has to be tested. So for being executed automatically theses techniques require specifications notated in a formalized way. For AMs such specifications usually are not given. Therefore they are not used in TIDV. However, they of course can be used additionally.

The structural techniques are based only on the software itself. So they do not have the problem described above. Their basic concept is to cover for each component of the hardware each way it can be executed. They are used in TIDV.

The AM is formulated as a SCN. So according to the structural testing techniques the AM-tests have to cover each p-transition and each way it can fire. (For instance if-type and prochead-type p-transitions can fire on several ways since a firing if-type p-transition marks one of two successors and a prochead-type p-transition can fire only when at least one of several call places is marked.) So for the determination of the quality of the AM-tests it is checked whether each p-transition and each way it can fire is covered.

Each assignment in an AM is attached to an or-type p-transition and it is executed each time the p-transition fires. During production test it has to be checked whether the hardware parts realizing this work correctly. Therefore each assignment at least once has to be executed such that this execution can be observed, i.e. such that the value in the determination variable gets changed. Since the test patterns for the production test are derived from the AM-tests these tests therefor have to include such an execution for each assignment. So when the quality of the AM-tests is determined, this additionally is checked.

The AM-test itself is thereby supported, too, since an assignment that cannot be executed in the way demanded is redundant and good AMs should not include such assignments.

4.2. Selection of State Transitions During AM-test (step 2)

The execution of AM-tests is to be looked at as sequences of state transitions. The AM is formulated as an SCN. So it is natural to consider the firing of a p-transition to be an AM state transition. Doing so promises high precision for looking at controllers, since these hardware parts control the execution of assignments and therefore can be considered as implementation of the SCN places and p-transitions.

Selected should be AM state transitions supposed to be able to detect a large portion of controller single stuck-at faults. Therefore the RT realizations of the selected AM state transitions should execute every possible state transition of the RTM controller at least once. To reach this by selection of AM state transitions - i.e. firing p-transitions - one firing is selected for each p-transition and each way it can fire.

It has to be tested whether the initiation of the execution of assignments works correctly. As described above therefor observable executions of the assignments should be used. So during the selection of firings a firing of an or-type p-transitions only may be selected if assignments that are attached to it are executed in an observable way. I.e. the execution must change the value in the destination register.

Good AM-tests enable such a selection since they include all the necessary firings of p-transitions.

Several p-transitions may fire concurrently. So the interpretation of the expression "AM state transition" chosen here is not consistent with the meaning of "state transition" known from FSMs. But looking at each of some concurrent SCN parts separately makes them regardable as FSMs.

4.3. Validation of AM to RTM Transformation and Identification of the RT Level Realization of Selected AM State (steps 3 to 5)

For easy understanding the technique used here is described firstly only for AM without concurrency and procedures. Later it is expanded to AM including such constructs.

4.3.1. AM Including neither Concurrency nor Procedures

Using different description levels a hardware's AM and RTM both describe the algorithm executed by the hardware. So they explain the used assignments and their order of execution. From AM point of view this is controlled by the SCN net graph, from RTM point of view by the hardware's controller. So the SCN net graph and the state transition graph of the RTM controller have very similar structure if they both well model the hardware. This can be used for validating the transformation from AM to RTM. However for instance refinements and optimizations included in the RTM but not in the AM may occur. So differences between the SCN net graph and the state transition graph of the RT controller are possible.

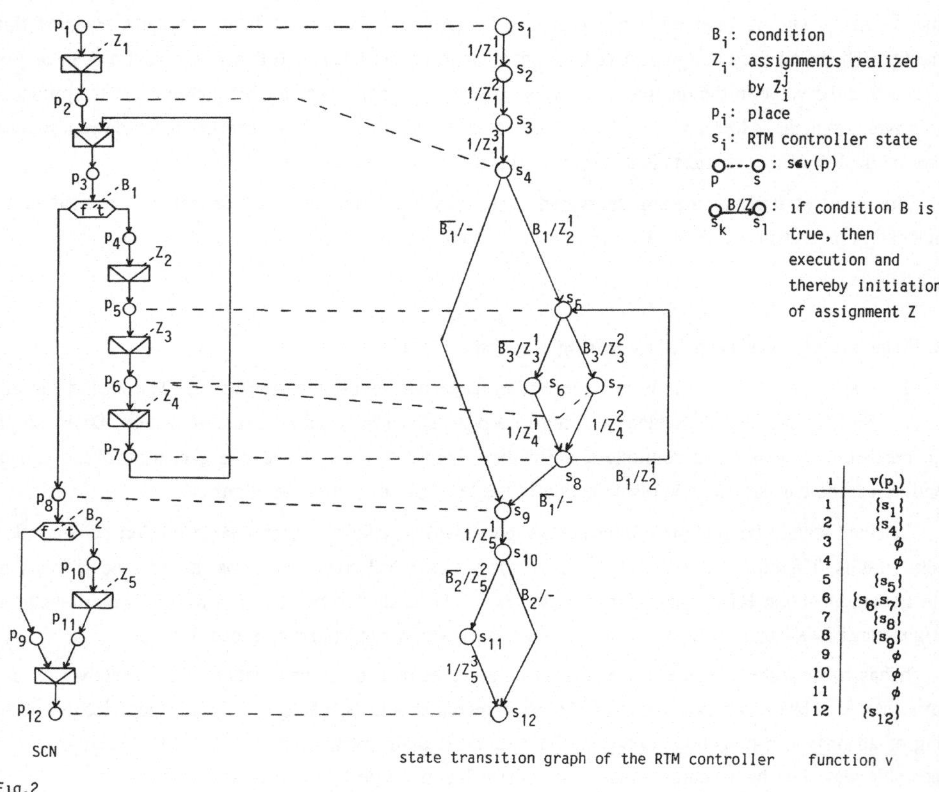

i	$v(p_i)$
1	$\{s_1\}$
2	$\{s_4\}$
3	ϕ
4	ϕ
5	$\{s_5\}$
6	$\{s_6, s_7\}$
7	$\{s_8\}$
8	$\{s_9\}$
9	ϕ
10	ϕ
11	ϕ
12	$\{s_{12}\}$

Fig.2

In spite of this it must be possible to identify the RT level realizations of selected AM state transitions. So a description of the transformation from AM to RTM is necessary. For the possible differences between AM and RTM and the arbitrary way of coding variable values this description can not be generated automatically. Logically it can be considered as an incomplete specification of the transformation. So it easily can be given by the designer executing this transformation and therefore anyhow needing this information. Moreover he thus is forced to make a review of this transformation. The description here is assumed to be a function 'v':

$$v : P \to 2^S$$

(P is the set of SCN places. S is the state set of the RTM controller FSM.) Let $p \in P$, then v(p) is a set of RTM controller states. $s \in v(p)$ means s to model - i.e. be part of - a system state modeled in the SCN by the marking m with m(p)>0. (In the SCNs including neither concurrency nor procedures always exactly one place is marked.) If the RTM controller states modeled this way by a marked place p are not recognizable, then v(p)=∅. Fig. 2 gives an example for a transformation description v. A RTM controller state s is said to be a RTM coding of p if $s \in v(p)$.

Using the function v the RT level realizations of states reached during the AM tests and thereby the validation of the AM to RTM transformation is possible. It is executed using the following steps:

1. During the AM-tests the order in which the places are marked is recorded as sequence of places. For SCN loops places can appear several times in this "marking sequence". In it each pair of successing elements (places) symbolizes a firing of a p-transition. If such a firing is selected its pair of elements is flagged by an attached '#'.

2. During RTM-tests the reached RTM controller states are compared with the states expected according to the marking sequence interpreted using the function v. Thereby pairs (p,s) are built consisting of a marking sequence element p and a reached RTM controller state s. s and p have to model the same system state. So $s \in v(p)$ is necessary but not sufficient for building the pair (p,s).

The first pair is (p_0, s_0) with p_0 being the SCN input place and s_0 being the initial state of the RTM controller FSM. p_0 is always the first element of the marking sequence. s_0 is always the first controller state reached during RTM-test. The pair (p_2, s_2) successing an arbitrary pair (p_1, s_1) is always determined in the following way: p_2 is the first marking sequence element after p_1 with known RTM codings $(v(p_2) \neq \varnothing)$. s_2 is the first controller state reached after leaving s_1 and being a RTM coding of p_2 $(s_2 \in v(p_2))$.

The sequence of controller state transitions between s_1 and s_2 is considered to be the RTM realization of all AM state transitions recorded in the marking sequence between p_1 and p_2. Using only v a more precise identification of their realization is not possible. The AM transition from p_1 to p_2 as well as the RTM transition from s_1 to s_2 in the following will be named "abstract state transition".

If in step 1 at least one of the AM state transitions between p_1 and p_2 has been selected and therefore flagged with '#' then all the RTM controller state transitions executed between s_1 and s_2 are selected, too. So test pattern will be derived from them.

An example for this technique is given in Fig. 3.

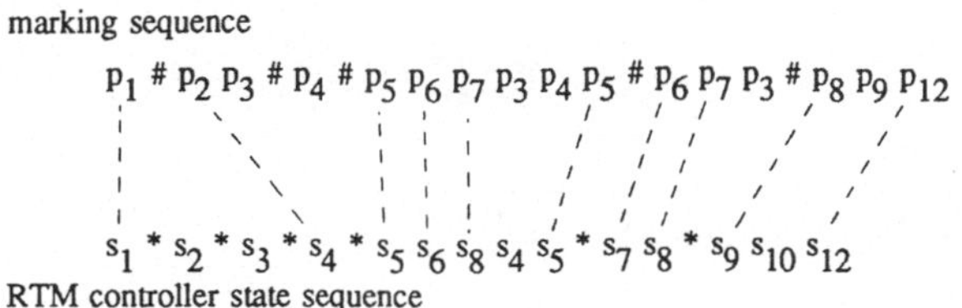

Executing twice the loop in the SCN in Fig. 2 can produce the marking sequence shown. Correspondingly executing twice the loop in the RTM controller state transition graph in Fig. 2 can produce the RTM controller state sequence shown. From both result the built pairs (┊). Some state transitions of the marking sequence are assumed to be selected (#). The state transitions of the RTM controller state sequence selected thereby are flagged with '*'.

Fig. 3

If v correctly describes a correct transformation from AM to RTM it is always possible to build a pair for each marking sequence element p with $v(p) \neq \varnothing$. Therefore the pair building validates the correctness of v and if v is correct moreover the transformation itself. This validation is even very precise since the used AM-tests and RTM-tests have to hold the quality standard described above. So the transformation of all AM parts is validated and it even can be executed completely automatically if v is given.

4.3.2. AM Including Concurrency but no Procedures

As without concurrency the transformation from AM to RTM is described by a function $v: P \rightarrow 2^S$. Two extreme situations typically occurring here are the following:

- Two concurrent algorithm parts A and B are realized by two separate controllers with state sets S_A and S_B. A state $s \in S_A$ codes a place p of A. Then $v(p) = \{s\} \times S_B$.

- The concurrency is realized completely sequentialized. Then $|v(p)| = 1$ for all places p of A and B can be true.

Fig. 4 gives an example for a SCN including concurrent parts.

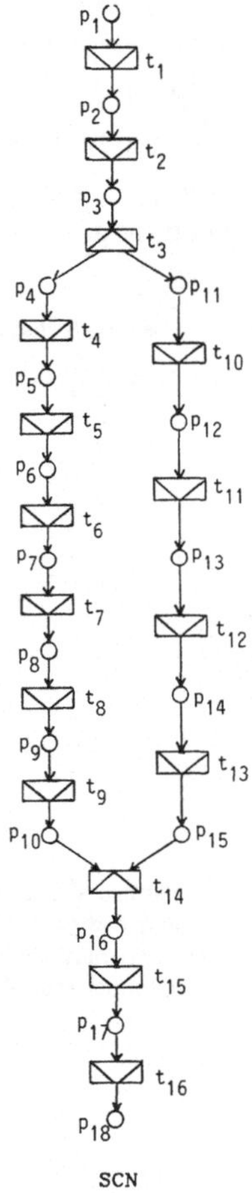

i	$v(p_i)$
1	$\{r_1\} \times S \times T$
2	$\{r_2\} \times S \times T$
3	ϕ
4	ϕ
5	$\{r_3\} \times \{s_4\} \times T$
6	$\{r_3\} \times \{s_8\} \times T$
7	ϕ
8	ϕ
9	$\{r_3\} \times \{s_{13}\} \times T$
10	ϕ
11	$\{r_3\} \times S \times \{t_2\}$
12	$\{r_3\} \times S \times \{t_4\}$
13	$\{r_3\} \times S \times \{t_7\}$
14	ϕ
15	$\{r_3\} \times S \times \{t_{15}\}$
16	ϕ
17	$\{r_6\} \times S \times T$
18	$\{r_7\} \times S \times T$

function v

SCN

Fig.4

The strategy described above for the identification of RT level realizations of selected AM state transitions can be expanded systematically to also handling concurrency: AM-test is no longer used for deriving a marking sequence but a marking graph. This directed graph includes a node for each time a place gets marked and additionally for each time an and-type p-transition fires. So it can be looked at as a part of the occurrence graph of the CAP-net which, however, is supplemented by nodes for p-transitions. Its edges symbolize the causality between the events modeled by the nodes. So this graph is acyclic. For a selected AM state transition the edge or - for firing p-transitions - node representing it in the marking graph is again flagged with '#'. Analogous to the handling of SCN without concurrency during RTM-tests the reached RTM controller states are compared with the states expected according to the marking graph and the function v. By executing this comparison pairs are built like in the sequential case (4.3.1). Thereby the reached RTM controller states still build a sequence not a general directed graph since all the controllers the hardware includes are considered as one single controller. The pairs now consist of marking graph nodes representing places getting marked and reached RTM controller states modeling the same system state. Here, however, because of concurrency a place p getting marked generally only codes a part of the controller state, but $s \in v(p)$ codes it completely by the way of considering RTM controllers mentioned above. An example for this technique gives Fig. 5.

Executing the SCN in Fig. 4 produces the following marking graph. The following RTM controller state sequence can be produced by execution of a RTM that is a refinement of the SCN in Fig.4 as described by the function v given in Fig.4, too. From both the built pairs (┊) result. Some state transitions of the marking graph are assumed to be selected (#). The state transitions of the RTM controller state sequence selected thereby are flagged with '*'.

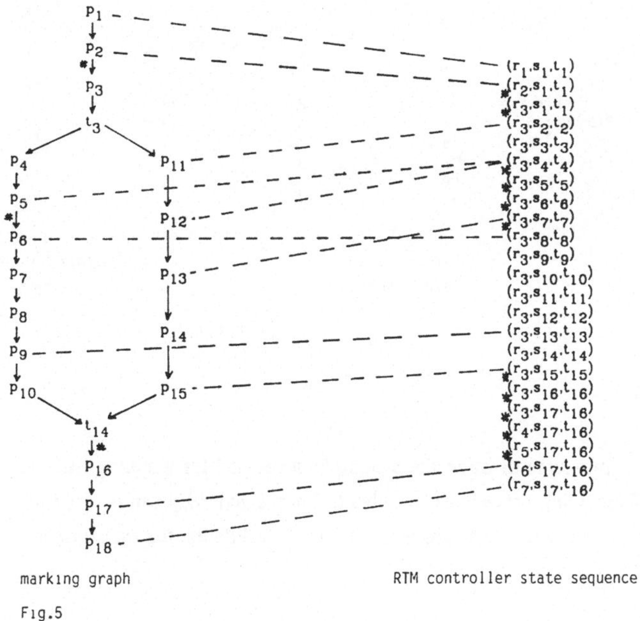

Fig.5

A firing of an and-type p-transition and sometimes also neighbouring ones now always is part of several abstract state transitions. (For instance in Fig. 5 a firing of t_2 always is part of abstract state transitions from p_2 getting marked to p_5 getting marked and from p_2 getting marked to p_{11} getting marked.) Let f be such a firing selected during AM-test for test pattern obtainment. Then that abstract state transition is determined that includes f and that has the shortest RTM level realization. The RTM controller state transitions of this abstract state transition now are selected for test pattern obtainment. For they are f's RTM level realization most exactly identifiable using v.

The marking graph nodes for the and-type p-transitions are needed for efficiently implementing this technique.

4.3.3. AM Including Concurrency and Procedures

The technique developed until now can be made suitable also for SCN including procedures by simple systematic expansion. Thereby the semaphore places (for instance p_1 in Fig.1) can be ignored. Each call-memory place (p_5,p_6 in Fig.1), however, has to be modeled in the marking graph each time it gets marked. A node representing it has to be successor of the node representing the respective call place and predecessor of the node representing the body-input place. The function v now is defined also for call places. As it does for other places it gives the sets of their possible RTM codings for these places, too. This handling of call-memory places is necessary for making identifyable the call place a procedure actually is executed for. Ignoring the call-memory places would make impossible this if a procedure is called several times concurrently. Fig. 6 gives an example for using this technique.

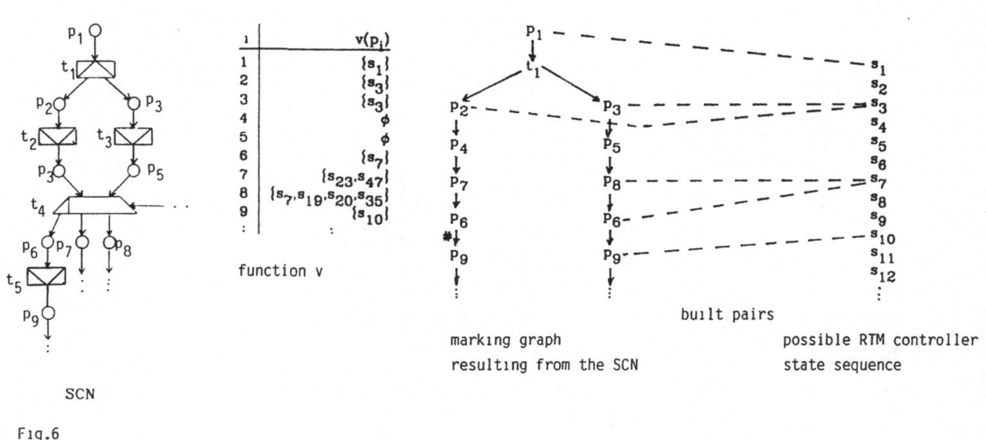

Fig.6

In other respects there are no problems in using the technique developed for handling SCN not including procedures also for handling SCN including procedures. So this technique generally can be used for identifying the RT realizations of states reached during the AM tests and thereby for validating the transformation from AM to RTM.

4.4. Deduction of Test Patterns from Selected RTM State Transitions (step 6)

The RTM-test protocol is a table including a column for each line and each register of the RTM and a line for each clocking time. Therein the respective actual value of each register and line is given. So each RTM state transition is represented by a transition from a table line ("starting line") to the next one ("destination line"). So to deduce a test pattern for a selected RTM state transition the values of the input lines and the registers only have to be read from the starting line and analogous the values of the registers and the output lines from its destination line.

During production test the values read from the starting line can be written into the registers. This is possible because of the demanded hardware controllability. Giving the values also read from the starting line to the input lines now makes the selected RTM state transition be executed during the next system clocking. The correct execution of this transition can be checked by comparing the values expected according to the destination line with the values really resulting from the transition in the hardware registers and on its output lines. The values in its registers can be read for the demanded observability. A controller computing a wrong next controller state thereby can be directly identified observing the resulting values in the registers. A controller computing a wrong control word causes the execution of wrong actions in the data path. So a data path register or an output line receives a wrong value. This can be observed and so the fault can be recognized, too.

5. Experimental Application of the TIDV Technique

To test whether the TIDV concepts can be used as described above the technique was applied to the design of a simple processor. It had to be designed especially for this purpose since no documents originating from a top down design process as assumed here were available. To obtain fair results this hardware development has been carried out independently from TIDV. Because of the great complexity of such developments only a small processor was designed. This was done based on the IAS processor proposed by J. von Neumann /14/.

Handling this design process according to TIDV it was shown that this technique as described here is applicable for both design validation and test pattern generation. Thereby the test pattern generator determined 85 test patterns. They are capable of detecting 96% (i.e. 376 out of 392) of the controller stuck-at faults of a controller gate level model. (This results if the lines from the controller to the data path controlling the execution of the operations are considered to be directly observable.)

6. Conclusion

Presented was a technique for combined design validation and test pattern generation. This technique is especially suitable for handling controllers. It is based on a top down hardware design and on controllability and observability as guaranteed for instance by a scan path.

At first it determines the quality of tests for the validation of algorithmic hardware models thus indicating whether the used test sets are sufficient for this purpose. Special parts of the execution of these tests are selected for later use for deduction of test patterns. The designer who transforms the algorithmic to a RT model gives some data describing this transformation. The correctness of the RT model is validated using tests based on the same test cases that already have been used for validating the algorithmic model. Using the designer given transformation data pairs are built each consisting of a state reached during the algorithmic test and of a state reached during RT test. The two states of each pair model the same hardware state on the two different description levels. Carrying out this pair building the transformation is validated automatically.

Using the pairs those parts of the RT tests are identified that realize on RT level the parts of the algorithmic tests that have been selected for later use for deduction of test patterns. Thus knowing theses parts of the RT tests then very easily test patterns can be deduced from them by simply looking into the RT test protocol.

So this technique combines the design validation of the algorithmic and the RT model with the generation of test patterns for the production test.

References

/1/   Y.H.Levendel, P.R.Menon: "Test Generation Algorithms for Computer Hardware Description Languages", IEEE Trans. on Computers, vol.C-31, pp.577-588, July 1982

/2/   W.R.Adrion, M.A.Branstad, J.C.Cherniavsky: "Validation, Verification, and Testing of Computer Software", Computing Surveys, vol.14, June 1982

/3/   G.J.Myers: "The Art of Software Testing", Wiley 1979

/4/   S.M.Thatte,J.A.Abraham: "Test Generation for Microprocessors", IEEE Trans. on Computers, vol.C-29, pp.429-441, June 1980

/5/   Ch.Robach, G.Saucier: "Microprocessor functional testing", Proc. International Test Conference, IEEE 1980

/6/   M.A.Annaratone, M.G.Sami: "An approach to functional testing of microprocessors", Proc. 12th Fault Tolerant Computing Symposium, 1982, pp.158-164

/7/   S.Y.H.Su, Tonysheng Lin: "Functional Testing Techniques for Digital LSI/VLSI-Systems", Proc. 21st Design Automation Conference, IEEE 1984, pp.517-528

/8/   R.Reisig: "Test Pattern Obtainment from Algorithmic Descriptions", Proc. 3rd Fault Tolerant Computing Systems, F.Belli, W.Görke (edts.), GI/ITG/GMA, 1987, pp.129-140

/9/   J.H.Hopcroft, J.D.Ullman: "Introduction to Automata Theory, Languages, and Computation", Addison-Wesley, 1979

/10/   J.R.Duley, D.L.Dietmeyer: "A Digital System Design Language (DDL)", IEEE Trans. on Computers, vol.C-17, pp.850-861, Sept.1968

/11/   R.Hartenstein: "Fundamentals of Structured Hardware Design", North Holland 1977

/12/   R.Dachauer, F.J.Rammig, K.Gröning, K.D.Lewke: "The CAP/DSDL System: Simulator and case study", 10th Int.Conf. on CHDL, M.Breuer, R.Hartenstein (edts.), IFIP, 1981, pp.213-217

/13/   W.E.Howden: "Reliability of the Path Analysis Testing Strategie", IEEE Trans. on Software-Engineering, vol. SE-2, Sept.1976

/14/   J.P.Hayes: "Computer Architecture and Organization", McGraw-Hill, 1978

SAMP: A General Purpose Processor Based on a Self-Timed VLIW Structure

Lothar Nowak

Institut für Informatik und Praktische Mathematik, Universität Kiel,
Olshausenstr. 40-60, D-2300 Kiel, W. Germany

Abstract

A high-performance, general purpose processor has been designed, using various technology independent methods to improve performance. Its structure offers a large degree of parallelism and is adjusted to the application. A novel control unit, which asynchronously controls instruction execution by tokens, állows the evaluation of very complex expressions without any reference to clock cycles. The main memory communicates via 4 ports with the processor and avoids a bottleneck in accessing data. The processor performance is measured and compared with several commercial systems.

Introduction

In high-performance processor design, a lot of effort has gone into getting faster technology; but less time was spent examining solutions at the architectural or structural level. In most designs the processor specification is given by the definition of the instruction set. But there is a gap between application and performed instructions. This gap can introduce a severe loss of performance, often reduced by emulation of missing instructions at the microprogram level. To overcome this problem, instruction set and register- transfer structure should be well fitted to the application the processor is designed for. This can be achieved by a high level processor specification: typical parts of the application specify the RT-structure, rather than an unsuited instruction set. An application driven design guarantees an efficient solution in terms of execution time and hardware costs.

Several authors published high-performance, parallel machines [HTO80,TSK83,Fis84, McD83]. Nicolau and Fisher [NiF84] showed that high speedup is possible for special types of programs. But what about general purpose applications,and most interesting, the efficiency of those structures ? To examine this processor class, we designed a general purpose processor. The result is **SAMP** (**s**elf-timed, **a**synchronous, **m**icro-programmed, **p**arallel), which is constructed completely in TTL-technology. The following sections will describe SAMP's design, structure and performance.

Design Methods and Design Aids

How can the application given demands entered into the design process ? We used a method, introduced by G.Zimmermann as the **MIMOLA design method** [Zim76, Zim80]. In a first step the application is inspected: typical and frequently used parts are chosen. These parts are described as a set of programs forming the **design specification**. They define a hardware structure. A direct mapping from the corresponding dataflow graphs into hardware is possible: all operators and variables can be associated with functional units or memory cells, respectively. The edges of the dataflow graphs define connections between the modules used. A **Connection-Graph** can be constructed, covering all dataflow graphs of the design specification. It defines the highest performance but most expensive solution to the given problem.

The resulting hardware can be reduced by the designer in an iterative process: expensive, but rarely used resources (modules or connections) should be removed. Then the program is compiled for the reduced hardware and the resulting runtime and resource utilizations are estimated. This process can be iterated until an acceptable design is found.

All required design steps are supported by the MIMOLA design system: hardware synthesis, detection of parallelism, retargetable microcode generation, simulation, automatic test generation and performance evaluation are available parts of the MIMOLA design system [Mar85]. It should be stated, that a new version for hardware synthesis is now available [Mar86], generating comparable results to the more hand-crafted design method used here.

The Design Specification

The design of a general purpose processor required identifying often used application problems, for which the processor had to be optimized. We chose the kernel of an operating system and some frequently used PASCAL statements for modelling the demands given by that processor class. These programs had to be written in the MIMOLA language and formed the **design specification** (MIMOLA is quite similar to PASCAL, but extended by some constructs to allow expressing parallelism and referencing hardware). The first synthesis step generated the fastest but most complex hardware structure, which was reduced in an iterative process until an optimal value for the cost-runtime product was found.

The Register-Transfer-Structure

The resulting structure offers a large degree of parallelism. SAMP contains two 4-port memories (**Sm,Sr**), which allow 8 read or write operations in parallel. With two ALUs (**Balu0,Balu1**) and two address adders (**Bplus2,Bplus4**) very complex instructions can be evaluated in one cycle. To use this parallelism efficiently, the length of basic program blocks (straight lines of code without any entry or exit except at the top or bottom) becomes a critical factor. These basic blocks can be lengthened by special control constructs beside the conditional jump: SAMP is able to **conditionally** load results of expressions (load-on-condition).

The condition is generated by two comparators at the ALU outputs (**Acmp0, Acmp1**) and a special logic unit (**Bbit**). This unit selects a test result or performs a boolean function of both comparator outputs. To handle more complex terms, the result can be stored in a special one bit register (**Rcc**) for further use. The conditional load operations and the conditional jump are controllable by the output of Bbit: all 4 memory input ports are able to perform the load-on-condition-true and the load-on-condition-false operation; the jump-on-condition-true and the jump-on-condition-false are both possible. By that approach the number of branches is reduced and the length of basic blocks is increased. An overview of SAMP's structure is given below.

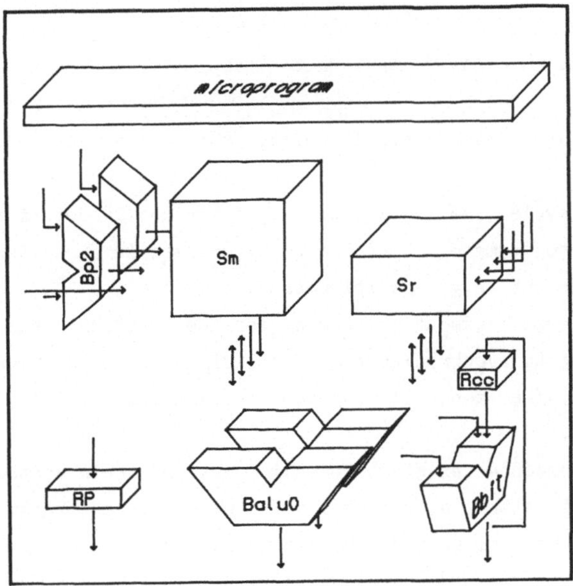

Fig.1: SAMP: Overview

The Asynchronous Control Unit

SAMP is asynchronously controlled by tokens, which accompany all data. The SAMP register-transfer modules are supplied with special interfaces acting like petri-net transitions: the module operation is activated only if all arguments are valid, indicated by their tokens. After completion of the operation an output token is produced indicating that the output is valid. Since an instruction is completed if all writeable modules have completed their operation (all results are written), a new instruction can be started, if all registers and memories have sent a complete-token to the controller. A (simplified) example for token generation is given in fig. 2. Tokens are represented by a high level on token line. The module operation time is modelled by a delay line, which allow a fast token reset, needed at startup of each instruction.

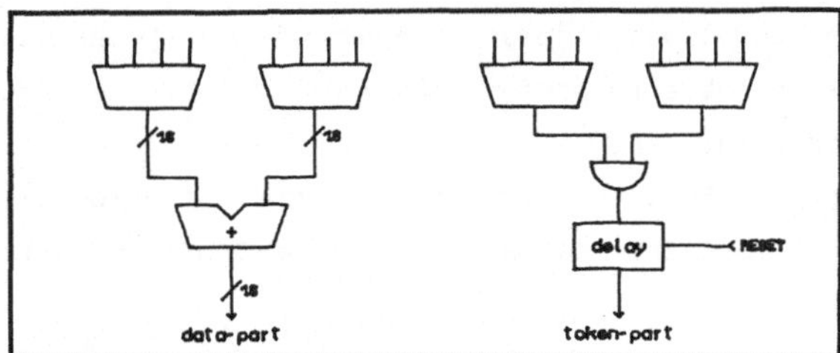

Fig.2: Asynchronous Control Unit: Example for a Dyadic Operator

Compared with conventional control units, there are some advantages of this approach.

- The instruction cycle time is variable and individually determined. No worst-case assumptions have to be made. Performance increases in cases, where the execution time is data dependent (e.g. multiplication).
- Modules of different execution speed can be combined easily. No additional hardware is needed to synchronize e.g. a division and an addition operation in the same instruction. The access to slow memories is automatically controlled by the data-valid tokens.
- A strong correspondence exists between modules and their control unit parts. The only common part is the accumulation of the complete-tokens, forcing the next program step. The control unit can be decentralized.

The most interesting applications of asynchronous control units could be found in the world of VLSI: due to the clock skew on large chips, synchronous designs will become unfeasible in the future. The present approach is a cheap alternative to realizations of self-timing published so far [Bar81,BiT75, Sei79].

The Multiport Memories

SAMP uses two 4 port memories: a small register bank (**Sr**), constructed by a tricky duplication of commercially available multiport memories with common address, and the main memory (**Sm**). This memory is organized in an interleaved manner: 5 ports (one port is reserved for communication with the host computer) are connected via a crossbar switch with 8 (extendable to 16) memory banks. If no bank conflict occures, all 5 ports can access their banks in parallel, otherwise conflict resolution must be done. All functions are asynchronously controlled by tokens.

Due to the high expense of the crossbar switch, the number of banks has to be kept small. On the other hand, a large number of banks will reduce bank conflicts. Some tradeoffs have to be made. We studied the probability of conflicts as function of the number of ports and banks in a combinatorial analysis. Then a cost model for that kind of memory was evaluated and combined with the results of the combinatorial analysis. The resulting cost- access-time product, as a function of the number of banks and the access time of the memory chips, is shown in fig. 3. It can be seen that best solutions are in the range of 8 to 16 banks. For a detailed description of the memory organization and the mathematical analysis see [Now86].

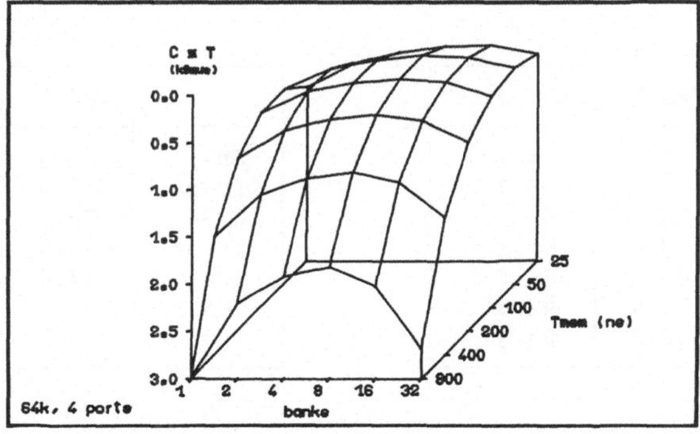

Fig.3: Cost-Access-Time Product of a Multiport Memory

Construction and Test

SAMP is constructed of standard TTL circuits. It is an experimental system, which allows easy changes in hardware structure. Each module is located on a separate board together with its input multiplexers, control unit part and corresponding microinstruction slice (this can be done due to the horizontal instruction format).

This was advantageously used in the construction and test phase: SAMP worked, even when some modules were missing. So module after module could be added on to the system. The stepwise construction was supported by the automatic test generation system (part of the MSS) [Krü86], as well as by the retargetable code generator: for each phase self-test programs could be generated, adjusted to the hardware under construction.

Results

Our interests are focussed on two important questions: what is the performance and what is the efficiency of such parallel structures ? If structures are to be cost-efficient, a high resource utilization is required. The module utilizations of SAMP are shown in fig. 4. It can be seen that most modules are needed in more than 50% of the instructions, a factor which is often not reached by classical (non-parallel) processors at their microinstruction level. The need for multiport memories in parallel machines is obvious if we look at fig. 5. There the probability for concurrent uses of several ports is shown: e.g. in 35.2% of all instructions 2 output ports of the main memory Sm are needed. 7.1% (6.5%) of all instructions need 4 ports of Sm (Sr).

	PASCAL	oper.syst.
Sm-p1	17.0	24.1
Sm-p2	61.7	33.0
Sm-p3	65.5	53.5
Sm-p4	83.8	60.2
Balu0	86.2	52.6
Balu1	75.4	42.6
Bbit	27.2	26.3

	PASCAL	oper.syst.
Sr-p1	74.3	40.1
Sr-p2	79.9	43.9
Sr-p3	79.6	74.2
Sr-p4	34.6	37.8
Idata0	37.4	55.6
Idata1	41.1	66.4
IData2	54.8	33.0

Fig.4: Module Utilizations for Different Programs (in %)

# Ports	Sm:out	Sm:in	Sm	Sr:out	Sr:in	Sr
1	63.5	51.8	89.7	78.1	44.7	93.8
2	35.2	16.4	56.4	31.4	23.5	56.6
3	3.7	-	17.7	14.4	-	36.8
4	0.0	-	7.1	1.2	-	6.5

Fig.5: Probabilities of Concurrent Port Usages (in %)

To measure SAMP's performance, we chose some well known PASCAL programs, and compiled them (including a PASCAL runtime system) using the retargetable microcode generator. We measured SAMP's runtimes on the real hardware and compared them with the runtimes of other processors. The programs we used for comparison are:

FAC   : factorial function
SUM   : the same as FAC but multiplication replaced by addition
ACKER : Ackermann's function
MERGE : the example 'mergesort' from N.Wirth [Wir75]
KNAPS : an algorithm solving the knapsack problem
POST : the example 'postfix' from the PASCAL report [JeW75]
TRAV : the example 'traversal' from the PASCAL report

The processors, SAMP is compared with, are:
SIEMENS 7760 (the instruction set is comparable to IBM 370),
VAX-11/750,
some other (only for comparison of Ackermann's function).

Fig. 6 shows a comparison of runtimes for different PASCAL programs. It can be seen that SAMP offers a speedup of about a factor of 3.4 compared to a SIEMENS 7760, and a factor of 7.1 compared to a VAX-11/750. It should be stated that both processors cost at least as much as SAMP (the central unit of the SIEMENS processor is constructed from ECL-circuits). The codelengths (measured in bits) are comparable, even though the instruction word of SAMP has a width of 131 bits. The SIEMENS code is only about 20% denser, the VAX code about 30%. These results are confirmed by an analysis of single PASCAL statements: relative codelengths are in the range of 0.32 (set-operation) to 1.36 (procedure-call), while speedups varies from 1.8 (FOR-loop) to 12.6 (set-operation).

program	argument(s)	runtime [ms]			speedup against	
		SIEMENS	VAX	SAMP	SIEMENS	VAX
FAC	fac(8)	0.155	0.409	0.073	2.1	5.6
SUM	sum(1000)	20.9	48.2	6.00	3.5	8.0
ACKER	F(3,7)	14300	41300	4570	3.1	9.0
MERGE	10 values	0.835	1.270	0.305	2.7	4.2
KNAPS	...	438	720	114	3.8	6.3
POST	(a+b)*(c+d)*(e+f)	1.175	1.96	0.245	4.8	8.0
TRAV	...	1.344	3.38	0.389	3.5	8.7

Fig.6: Runtimes for Different PASCAL Programs

A comparison with other processors could be done on the basis of runtimes given for the Ackermann's function in literature [Kro80,PaS82]. The results are shown in fig. 7. Note, that the results for F(3,6) base on comparisons between assembler coded systems and the non-optimized PASCAL code at SAMP. The difference between PASCAL and C runtimes is about a factor of 2 [Pat82].

	system	processor	time [s]	speedup
1	CHILL-Firmware-Interpreter	AMD 2903	0.42	6
	PASCAL-Microengine	WD 9000	2.4	34
	DEC LSI 11/2	LSI 11/2	8	114
2	CHILL-Firmware-Interpreter	AMD 2903	5.7	5.0
	PASCAL-Microengine	WD 9000	25	22.1
	Test-Kit (2MHz-Version!)	XC 68000	12	10.6
	upgraded to 10MHz-Version		2.4?	2.1?
	RISC1	RISC1	3.2	2.8
	Z8002	Z8002	8.96	7.9
	VAX-11/780		5.12	4.5

Fig.7: Runtimes for Ackermann's Function on Different Processors
1: F(3,4) PASCAL/CHILL, 2: F(3,6) Assembler/C

The runtimes for operating system routines could not be measured directly, they were evaluated by the MSS. A comparison between SAMP and MODCOMP/II (the minicomputer, the operating system was written for) showed a speedup of 11.4. SAMP was evaluated to cost about 2.1 times as much as the MODCOMP. Therefore the cost-runtime product of SAMP is about a factor of 5 better than that of the MODCOMP/II.

Conclusion

A high-performance, general purpose processor (**SAMP**) was presented. Its design combines several non-classical methods to improve performance. A large degree of parallelism could be reached by a VLIW (very large instruction word) structure combined with extended features for handling conditions. SAMP contains two 4 port memories (including the main memory) and several arithmetic logic units. Very complex instructions or several assignments can be executed in one cycle due to the asynchronous control unit. Since this control unit and the module instruction word slices have been decentralized, SAMP can be called a self-timed system.

Design and test have been supported by the MIMOLA design system. The retargetable microcode generator and the implementation of a PASCAL runtime system allow programming SAMP in PASCAL. All performance improvements, e.g. of about a factor of 3.4 in comparison to a SIEMENS 7760 (a much more expensive processor than SAMP), are confirmed by measurements at the real hardware. A remarkable result is, that even for general purpose applications parallel VLIW structures are useful and efficient.

References

[Bar81]   E.E.Barton: A Non-Metric Design Methodology for VLSI,in: J.P.Gray (editor) VLSI 81, Academic Press, 1981, p.25

[BiT75]   R.Bisiani, F.Tisato: A Multi-Microprocessor System as a Set of Cooperating Processes, Proc.Euromicro Workshop, Nice, 1975, in: R.Hartenstein, R.Zaks (editors): Micro-Architecture of Computer Systems, North-Holl., p.9

[Fis84]   J.A.Fisher: The VLIW Machine: A Multiprocessor for Compiling Scientific Code, Computer, Vol.17, (Jul84), p.45

[HTO80]   H.Hagiwara, S.Tomita, S.Oyanagi et al.: A Dynamically Microprogrammable Computer with Low-Level Parallelism, IEEE, Vol. C-29,7(1980), p.577

[JeW75]   K.Jensen, N.Wirth: PASCAL User Manual and Report, Springer, Berlin, 1975

[Kro80]   A.Kroneberg: Ein Firmware-Interpreter für blockorientierte Programmier-sprachen, in: K.-H.Hauer, C.Seeger (editors): Berichte des German Chapter of the ACM, Band 6: Hardware für Software, Teubner, Stuttgart, 1980, p.124

[Krü86]   G.Krüger: Automatic Generation of Self-Test Programs - A New Feature of the MIMOLA Design System, Proc. 23rd Design Automation Conf., 1986, p.378

[Mar85]   P.Marwedel: The MIMOLA Design System: A Design System Which Spans Several Levels, in: W.K.Giloi, B.D.Shriver (editors): Methodologies for Computer System Design, North Holl., 1985, p.223

[Mar86]   P. Marwedel: A New Synthesis Algorithm for the MIMOLA Software System, Proc. 23rd Design Automation Conf., 1986, p.271

[McD83]   C.E.McDowell: A Simple Architecture for Low Level Parallelism, Proc. IEEE
          Conf.Parallel Processes, 1983, p.472

[NiF84]   A.Nicolau, J.A.Fisher: Measuring the Parallelism Available for Very Long
          Instruction Word Architectures, IEEE, Vol.C-33, (Nov84), p.968

[Now86]   L.Nowak: SAMP: Entwurf und Realisierung eines neuartigen Rechnerkonzeptes,
          Ph.D.-thesis, University Kiel, 1986

[PaS82]   D.A.Patterson, C.H.Sequin: A VLSI RISC, Computer, Vol.15, 9(Sep82), p.8

[Pat82]   D.A.Patterson: A Performance Evaluation of the Intel 80286, ACM, Comp.
          Arch. News, Vol.10, 5(Sep82), p.16

[Sei79]   C.L.Seitz: Self-Timed Systems, in: C.Mead, L.Conway : Introduction to VLSI
          Systems, Addison-Wesley, 1979 , p.236

[TSK83]   S.Tomita, K.Shibayama, T.Kitamura et al.: A User Microprogrammable Local
          Host Computer with Low-Level Parallelism, Proc.10th ACM Symp.Comp.Arch.,
          ACM Sigarch, Vol.11, 3(1983), p.151

[Wir75]   N. Wirth: Algorithmen und Datenstrukturen, Teubner, Stuttgart, 1975

[Zim76]   G.Zimmermann: Eine Methode zum Entwurf von Digitalrechnern mit der
          Programmiersprache MIMOLA, Informatik Fachberichte, Vol.6, 1976, p.465

[Zim80]   G.Zimmermann: MDS - The MIMOLA Design Method, Journal of Digital Systems,
          Vol.4, 3(1980), p.337

Gezielte Erzeugung von Zugriffskonflikten zu Testzwecken

Jürgen Hülsemann

Institut für Rechnerentwurf und Fehlertoleranz
Universität Karlsruhe
Zirkel 2, 7500 Karlsruhe

Zusammenfassung
Es wird ein funktionelles Testverfahren vorgestellt, mit dem die Auflösung von Zugriffskonflikten in Mehrrechnersystemen überprüft werden kann. Dazu werden die verschiedenen Zugriffskonflikttypen systematisch erzeugt und die dabei transferierten Testdaten mit Sollmustern verglichen. Die gezielte Erzeugung der Zugriffskonflikte wird durch schrittweises Verschieben der Zeitpunkte der Zugriffswunschanmeldung erreicht.

1.   Motivation

Fehlertolerantes Verhalten von Rechensystemen basiert in vielen Fällen auf einer Kombination von Rekonfiguration und Fehlerbehebung. Dazu ist ein dreischrittiges Vorgehen notwendig:

1.   Der Ausfall einer Einheit muß erkannt und lokalisiert werden (Fehlererkennung und Fehlerlokalisierung).

2.   Die fehlerhafte Einheit muß ausgegliedert und die vom Ausfall betroffenen Aufgaben müssen neu verteilt werden (Rekonfiguration).

3.   Die durch den Ausfall unterbrochenen Aufgaben müssen mit konsistenten Daten fortgesetzt werden (Fehlerbehebung und Wiederanlauf).

Eine zentrale Stelle nehmen dabei die Fehlererkennung und die Fehlerlokalisierung ein, da darauf die weiteren Verfahrensschritte aufbauen. Das Schwergewicht liegt auf der Fehlererkennung, da nur zuvor erkannte Fehler auch lokalisiert werden können. Ziel der Fehlerlokalisierung im Betrieb von fehlertoleranten Systemen ist die Zuordnung der erkannten Fehler zu der kleinsten ersetzbaren Einheit.

Zur Fehlererkennung in Rechensystemen werden vielfach Selbsttestverfahren eingesetzt. Diese sind meist nach der "Start-Small"-Strategie aufgebaut, d. h., sie beginnen mit einem Minimum an Funktionen, dem Testkern, und testen nach und nach alle weiteren Funktionen. Dabei stehen immer die schon getesteten Funktionen für den weiteren Test zur Verfügung. Da am Anfang nicht sichergestellt werden kann, daß der Testkern fehlerfrei ist, wird oft eine Zusatzhardware zu seiner Überwachung vorgesehen.

Bei einem Selbsttest nach der "Start-Small"-Strategie werden die einzelnen Einheiten in folgender Reihenfolge überprüft:

- Prozessorselbsttest
- Festwertspeichertest
- Schreib-/Lesespeichertest
- Test der Ein-/Ausgabe (soweit möglich)

Für den Test von Mehrrechnersystemen wird diese Strategie um den Test des Kommunikationssystems und das anschließende Bilden der Systemzustandsinformation als Grundlage für die Rekonfiguration erweitert.

Das vorgestellte Verfahren behandelt einen Teilaspekt des Tests des Kommunikationssystems, und zwar den Test der Auflösung von Zugriffskonflikten; diese treten bei gleichzeitigem Zugriff mehrerer Rechner auf das Kommunikationssystem auf und müssen von der Zugriffsvergabehardware aufgelöst werden. Um zu zeigen, in welchen Systemen das Verfahren angewendet werden kann, wird im folgenden zuerst eine Abgrenzung der betrachteten Kommunikationssysteme aufgrund von Hardwareeigenschaften vorgenommen.

Die ersten beiden Eigenschaften betreffen die Prozessoren. Diese steuern ihre Zugriffe auf das Kommunikationssystem selbst, d. h., es ist keine zusätzliche Hardwareschicht vorhanden, die die Steuerung der Zugriffe vornimmt. Weiterhin muß das Zugriffsverhalten auf das Kommunikationssystem programmgesteuert beeinflußbar sein. Die nächsten beiden Eigenschaften betreffen das Kommunikationssystem. Wenn mehrere Zugriffe verschiedener Rechner auf das Kommunikationssystem vorliegen, werden diese sequentiell bearbeitet. Für diese Zugriffe wird das Kommunikationssystem dem zugreifenden Rechner exklusiv und ununterbrochen zugeordnet. In die Klasse der durch diese Eigenschaften abgegrenzten Mehrrechnersysteme fallen beispielsweise Systeme, die durch gemeinsame parallele Busse oder Mehrtorspeicher verbunden sind.

Fehler bei der Zugriffskonfliktauflösung sind problematisch, weil sie im Betrieb auch bei permanentem Vorliegen transient erscheinen, da Zugriffskonflikte sporadisch auftreten, und zwar nur bei gleichzeitigem Zugriff mehrerer Rechner. Aus dem Einsatz des Verfahrens bei der Systemdiagnose von Mehrrechnersystemen ergibt sich als Konsequenz, daß der Test in der Betriebsumgebung stattfindet. Als weitere Randbedingung soll keine spezielle Zusatzhardware für den Test vorgesehen werden.

Das Verfahren wird als funktionelles Testverfahren implementiert, d. h., die korrekte Auflösung der Zugriffskonflikte wird durch ihre systematische Erzeugung getestet. Schwierig ist diese Erzeugung der Zugriffskonflikte, da auf funktioneller Ebene eine Beeinflussung des Zugriffsverhaltens auf das gemeinsame Betriebsmittel nur durch die Auswahl der Befehle möglich ist, der Zugriff auf das gemeinsame Betriebsmittel jedoch nur einen Teil des Befehls bildet. Die Zeitfenster, die erreicht werden müssen, damit die Zugriffskonflikte auftreten, werden aber durch diese Zugriffe selbst festgelegt. Erschwerend kommt hinzu, daß das Auftreten von Zugriffskonflikten auf der funktionellen Ebene nicht erkannt werden kann. Die Zugriffe auf das Kommunikationssystem werden sequentiell abgearbeitet; dadurch verlängern sich nur die Zugriffsdauern auf das Kommunikationssystem. Diese Verlängerung ist auf der Ebene der Programmausführung jedoch nicht erkennbar. Nachteilig ist weiterhin, daß die Funktion Zugriffskonfliktauflösung Teil der Ausführung der Zugriffe auf das gemeinsame Betriebsmittel ist und nicht getrennt aktiviert werden kann.

Die Fehlererkennung wird durch Beobachten der Auswirkungen erreicht, d. h., es wird ein Vergleich der Testdaten mit Solldaten durchgeführt und zusätzlich das Ansprechen der Zeitüberwachung ausgewertet, die garantiert, daß im Fehlerfall ein Blockieren des gesamten Systems durch Überwachung der Buszyklen vermieden wird.

2. Modellbildung

Bei der Modellierung von Kommunikationssystemen (siehe Bild 1) werden drei Elementetypen berücksichtigt: aktive Einheiten (aE), gemeinsame Betriebsmittel (gBM) und ein Schalterelement (ZV).

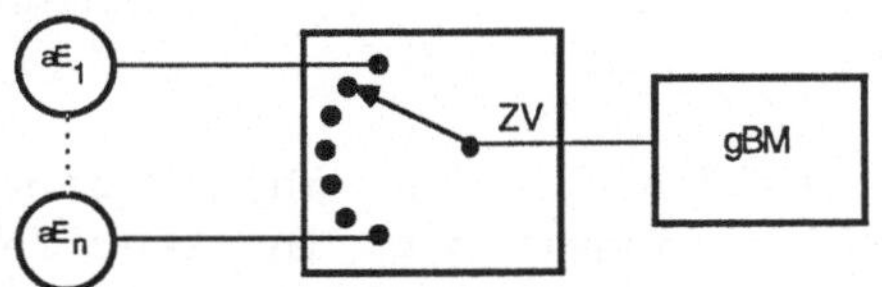

Bild 1: Modell für Kommunikationssysteme

Eine *aktive Einheit* kann selbständig die Steuerung von Informationstransfers - jedoch ohne Zugriffsvergabe - ausführen. Aktive Einheiten werden im wesentlichen durch Prozessoren repräsentiert. Ein *gemeinsames Betriebsmittel* ist ein Betriebsmittel, auf das von mehreren aktiven Einheiten zugegriffen werden kann. Beispiele von gemeinsamen Betriebsmitteln sind gemeinsame Speicher oder globale Busse in Mehrrechnersystemen.

Das Schalterelement steuert die Zugriffsvergabe der aktiven Einheiten auf die gemeinsamen Betriebsmittel. Die Aufgaben der Zugriffsvergabe sind Zugriffsauswahl und -vergabe sowie Verzögerung weiterer Zugriffswünsche, während ein Zugriff bearbeitet wird. Da die verschiedenen Funktionen nicht gleichzeitig ausgeführt werden, wird zur Beschreibung der Zugriffsvergabeeinheit ein Automatengraph eingeführt (Bild 2).

Im Zustand 1 dieses Automatengraphen wird kein Zugriff ausgeführt. Bei Vorliegen eines oder mehrerer Zugriffswünsche geht das Steuerwerk in den Zustand 2, der mit der Zugriffszuteilung wieder verlassen wird. Im Zustand 3 wird der Zugriff ausgeführt. Wenn am Zugriffsende weitere Zugriffswünsche vorliegen, erfolgt die nächste Zugriffszuteilung im Zustand

2, andernfalls wird im Zustand 1 auf weitere Zugriffswünsche gewartet.

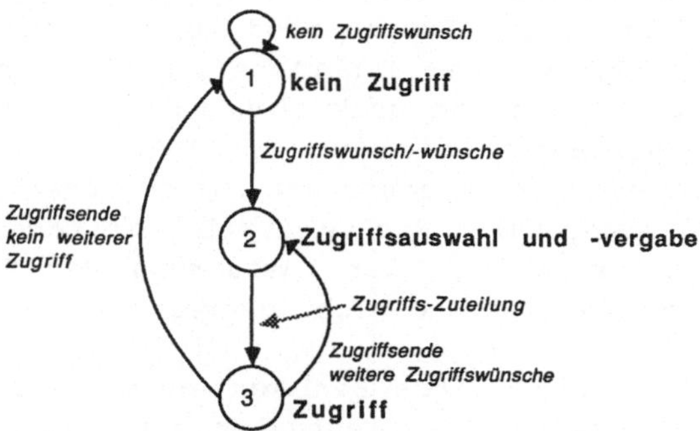

Bild 2: Automatengraph der Zugriffsvergabeeinheit

Der Automatengraph erhebt nicht den Anspruch einer genauen Nachbildung der Zugriffsvergabeeinheit, sondern er berücksichtigt die aus der Sicht der Zugriffsvergabe wesentlichen Zustände. Das Modell geht davon aus, daß Zugriffsvergabe und Informationstransfer nicht überlappend, sondern sequentiell ausgeführt werden.

Jeder *Zugriff auf ein gemeinsames Betriebsmittel* setzt sich aus zwei Phasen zusammen: einer Vergabephase, die von der Anforderung des Zugriffs bis zu der Zuteilung reicht, und einer Zugriffsphase, in der der Informationstransfer abgewickelt wird.

Ein *Zugriffskonflikt* tritt auf, wenn während einem laufenden Zugriff, d. h., während eine aktive Einheit sich in einer der zwei Zugriffsphasen befindet, eine oder mehrere weitere aktive Einheiten den Zugriff auf das gemeinsame Betriebsmittel beantragen.

3. Fehlermodell für Kommunikationssysteme

Im Fehlermodell werden zwei Fehlergruppen unterschieden, Fehler, die mit der Speicherfunktion des Kommunikationssystems zusammenhängen (Speicherzellenauswahl, Datenspeicherung und Datentransfer), und solche, die aus der Zugriffsvergabeeinheit resultieren. Fehler bei der Speicherzellenauswahl und der Datenspeicherung werden nicht näher betrachtet; ihre Testmöglichkeiten wurden bereits in·vielen Arbeiten untersucht z. B. in /ABA83/. Bezüglich des Datentransfers wird das Fehlermodell von /THA80/ herangezogen, wobei zusätzlich Fehler der Zugriffsvergabeeinheit berücksichtigt werden.

3.1. Der Datentransfer

- Eine beliebige Anzahl von Datenleitungen ist ständig 0 (st0) oder ständig 1 (st1).
- Es liegt ein Kurzschluß zwischen zwei beliebigen Datenleitungen vor.

- Zusätzlich zum Fehlermodell von /THA80/ wird der Fehler betrachtet, daß sich ein zufälliger Wert auf den Datenleitungen einstellt. Damit lassen sich dann auch Effekte beschreiben, die bei gleichzeitigem Zugriff mehrerer aktiver Einheiten auf ein gemeinsames Betriebsmittel auftreten.

3.2. Die Zugriffsvergabeeinheit

Bei den bisher mit Selbsttestprogrammen überprüften Einheiten waren nur Aktivitäten einer Einheit zur Überprüfung der Funktion erforderlich. Im Fall der Zugriffsvergabeeinheiten sind Zugriffe von mehreren aktiven Einheiten zu koordinieren, um so die gewünschten Zugriffskonflikte zu erzeugen. Deshalb müssen die Zeitbedingungen nicht nur im Modell sondern auch im Fehlermodell der Zugriffsvergabeeinheit berücksichtigt werden.

Bei dem Fehlermodell für die Zugriffsvergabeeinheit lassen sich zwei Fehlerklassen unterscheiden: Die erste enthält die Fehler, die bei dem Zugriff einer aktiven Einheit auf das gemeinsame Betriebsmittel auftreten, und die zweite die Fehler, die mit dem Auftreten von Zugriffskonflikten zusammenhängen.

Bei den Fehlern der ersten Klasse ist das Fehlermodell an das Fehlermodell für die Registerauswahl aus /THA80/ angelehnt. Diese sind:

a) Das Anmelden eines Zugriffswunsches wird nicht erkannt bzw. es erfolgt keine Zugriffszuteilung.

b) Der Zugriffswunsch einer aktiven Einheit i wird erkannt, aber die aktive Einheit j erhält die Zugriffszuteilung, obwohl sie keinen Zugriffswunsch angemeldet hat.

c) der Zugriffswunsch der aktiven Einheit i wird erkannt und die aktiven Einheiten i und j erhalten die Zugriffszuteilung.

Die Ursache der Fehler der zweiten Fehlerklasse liegt in der fehlerhaften Auflösung von Zugriffskonflikten. Dabei sind entsprechend der Modellierung der Zugriffsvergabeeinheit Fehler bei der Zugriffsauswahl und -vergabe sowie bei der Verzögerung weiterer Zugriffswünsche zu betrachten. Da die Fehler nur unter bestimmten Zeitbedingungen auftreten, resultieren aus den verschiedenen Fehlerarten Zugriffskonflikttypen, die zur Überprüfung der jeweiligen Fehlerart erzeugt werden müssen. Es werden folgende Fehlerarten unterschieden:

d) Es liegen Zugriffswünsche von zwei aktiven Einheiten beim Übergang in den Zustand 2 der Zugriffsvergabeeinheit vor (Zugriffskonflikttyp 1). Aufgrund von Fehlern erhalten beide oder keine aktive Einheit die Zugriffszuteilung. Bild 3 zeigt das Zeitverhalten. (Punktiert ist die Zugriffsvergabephase, quer schraffiert die Wartephase und schräg schraffiert die Zugriffsphase. Die Pfeile markieren den

Zeitpunkt der Anmeldung des Zugriffswunsches.)

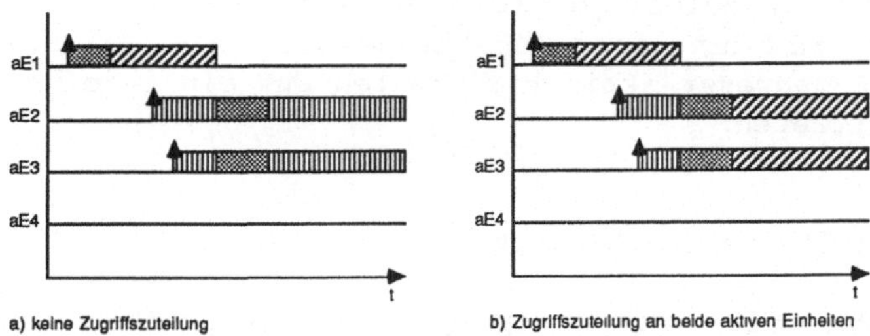

Bild 3: Zeitverhalten bei Fehlertyp d

e) Bei dem Zugriffskonflikttyp 2 meldet eine weitere aktive Einheit
    ihren Zugriffswunsch in der Zugriffsauswahl- und -vergabephase (Zu-
    stand 2 der Zugriffsvergabeeinheit) an. Im Fehlerfall erhalten beide
    oder keine aktive Einheit die Zugriffszuteilung. Gegenüber dem Zu-
    griffskonflikttyp 1 sind zusätzlich Laufzeitprobleme zu betrachten.

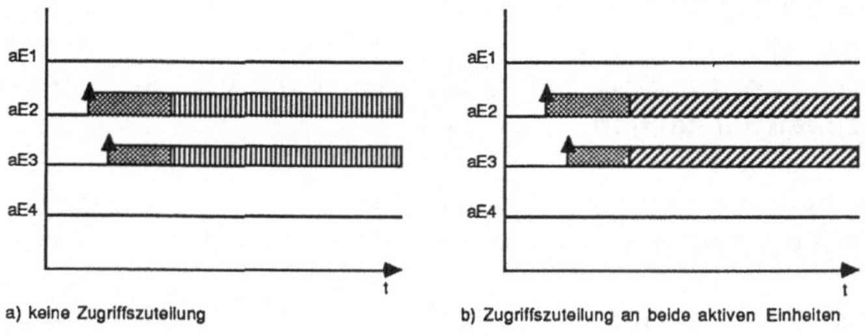

Bild 4: Zeitverhalten bei dem Fehlertyp e

f) Während sich der Zugriff der aktiven Einheit i in der Zugriffsphase
    befindet, meldet die aktive Einheit j ihren Zugriffswunsch an (Zu-
    griffskonflikttyp 3). Im Fehlerfall erhält die aktive Einheit j die
    Zugriffszuteilung vor der Beendigung des Zugriffs der Einheit i.

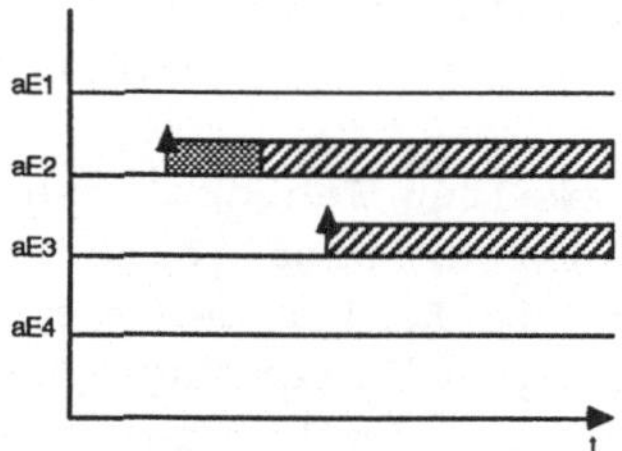

Bild 5: Zeitverhalten im Fehlerfall f

Auf funktioneller Ebene zeigen sich die beschriebenen Fehler als

-   Verfälschung von Daten und/oder Adressen
-   Zugriffszeitüberschreitung.

Um Fehler der Zugriffsvergabeeinheit, die auf einer fehlerhaften Auflösung der Zugriffskonflikte beruhen, von den Fehlern mit anderer Ursache
zu unterscheiden, wird der Test in zwei Stufen unterteilt: In der ersten

Phase wird der Datenaustausch und die Steuerung ohne Zugriffskonflikte durch Ausführen der Zugriffe mit entsprechenden Testdaten durchgeführt. In der zweiten Phase wird die Auflösung der Zugriffskonflikte durch ihre systematische Erzeugung und Überprüfung der geschriebenen bzw. gelesenen Informationen getestet.

4. Systematisches Erzeugen von Zugriffskonflikten

Im folgenden wird ein Synchronisationsverfahren beschrieben, mit dem die gewünschten Zugriffskonflikte gezielt erzeugt werden können. Dazu werden die aktiven Einheiten zuerst auf Zugriffsebene in eine definierte Zugriffsreihenfolge gebracht. Mit dieser Basis können anschließend durch definiertes Ändern des zeitlichen Abstandes zum nächsten Zugriff der einzelnen aktiven Einheiten die Zugriffskonflikte erzeugt werden. Zur Bestimmung der dazu notwendigen Programme müssen folgende Zeiten bekannt sein: die Befehlsausführungszeiten, die Zugriffszeiten auf den Speicher und die Zugriffszeiten auf das gemeinsame Betriebsmittel, dessen Zugriffskonfliktauflösung getestet werden soll. Anhand dieser Informationen kann die Zeit zwischen zwei Zugriffen eines Rechners auf das gemeinsame Betriebsmittel gezielt beeinflußt werden. Die kleinste Zeiteinheit, in der auf diesem Weg die Zeit zwischen 2 Zugriffen geändert werden kann, beträgt ein ganzzahliges Vielfaches des Prozessortaktes. Z. B. sind für den MC68000-Prozessor bei Ausnutzen des NOP-Befehls 4 Prozessortakte erreichbar, wenn kein Wartetakt beim Befehlslesen notwendig ist, bzw. 2 Prozessortakte, wenn Ausführungszeiten verschiedener Befehle ausgenutzt werden. Ein Prozessortakt ist möglich, wenn bei Speicherzugriffen zusätzliche Wartetakte notwendig sind. Die hier benötigten Zeitinformationen sind im Normalfall in Datenblättern oder technischen Informationen der Rechnersysteme aufgeführt. Wenn sie nicht zur Verfügung stehen, lassen sie sich auch durch Messungen ermitteln.

4.1 Das Prinzip der Zugriffssynchronisation

Das Prinzip zur Synchronisation der aktiven Einheiten auf Zugriffsebene sei an einem Beispiel für 2 aktive Einheiten erläutert: Beide aktiven Einheiten führen Programmschleifen aus, in denen sie auf das gemeinsame Betriebsmittel zugreifen. Diese Schleifen haben eine geringfügig verschiedene Länge; dadurch bedingt, verschieben sich die Zugriffe der aktiven Einheiten zueinander und zwar wandert der Zugriff in der längeren Schleife auf den in der kürzeren zu. Wenn die Differenz der beiden Schleifenlängen kleiner als die Zugriffszeit auf das gemeinsame Betriebsmittel ist, wird nach einigen Schleifendurchläufen ein Zustand erreicht, in dem die kürzere Schleife bei jedem Durchlauf auf die Dauer der längeren Schleife verlängert wird, da die Zugriffe auf das gemeinsame Betriebsmittel nur sequentiell abgearbeitet werden können. Dieser Zustand wird als Zugriffssynchronisation bezeichnet. Das Zeitverhalten ist in Bild 6 dargestellt. Dabei bedeutet T_{ZGB} die Dauer des Zugriffs auf das gemeinsame Betriebsmittel, die sich aus der Zugriffsvergabephase T_{ZV} und

und der Zugriffsphase T_Z zusammensetzt und T_{G1} bzw. T_{G2} sind die Schleifenausführungszeiten der aktiven Einheit 1 bzw. 2 im unverzögerten Fall. Alle Zeiten werden in Zeiteinheiten (ZE) angegeben, die ganzzahligen Vielfachen einer Grundeinheit z. B. Prozessortakten entsprechen.

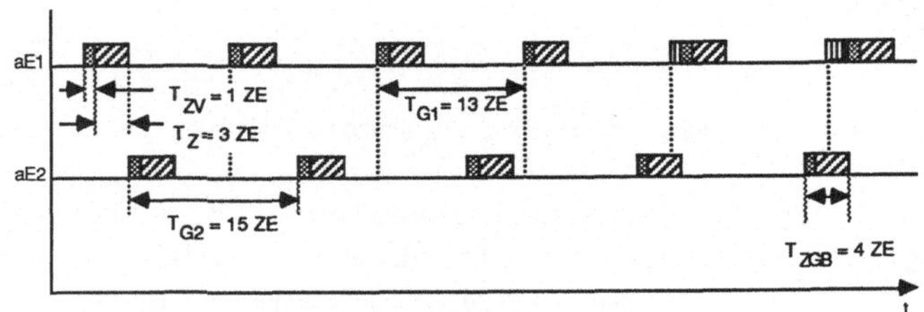

Bild 6: Zugriffsverhalten der aktiven Einheiten

Wenn die Zugriffszeit auf das gemeinsame Betriebsmittel kleiner ist als die Schleifenlängendifferenz, dann wird der Zugriff auf das gemeinsame Betriebsmittel von der längeren Schleife übersprungen und es stellt sich kein definierter Zustand ein. Voraussetzung für das Verfahren ist folglich, daß die kleinste einstellbare Zeitdifferenz zwischen den Schleifen kleiner sein muß als die Zugriffszeit auf das gemeinsame Betriebsmittel:

$$T_{Diff} < T_Z$$

Da diese Betrachtungen im Bereich von Buszyklen stattfinden, muß während dieser Zeit ein externer Einfluß auf das Zugriffszeitverhalten des Busses unterbunden werden. Für diese Tests müssen deshalb einerseits die Unterbrechungen gesperrt werden, da diese den Programmablauf und damit die Aufeinanderfolge der Zugriffe auf das gemeinsame Betriebsmittel verändern, und andererseits dürfen auch keine DMA-Speicherzugriffe ausgeführt werden, da diese die Zeitdauer von Speicherzugriffen wesentlich verändern. Durch beides würde das Protokoll derart gestört, daß keine definierte Erzeugung der Zugriffskonflikte mehr möglich wäre.

Bei der Verallgemeinerung dieses Prinzips von 2 auf N aktive Einheiten erweist sich die gegenseitige Beeinflussung der aktiven Einheiten als Schwierigkeit. So kann beispielsweise die Synchronisation zwischen 2 aktiven Einheiten durch den Zugriff einer dritten aktiven Einheit wieder vollständig verloren gehen, wenn die dritte aktive Einheit den Zugriff der ersten und zweiten aktiven Einheit soweit verzögert, daß in der folgenden Zugriffsvergabephase die Zugriffswünsche beider aktiver Einheiten vorliegen und dann die Zugriffsreihenfolge durch die Priorität festgelegt wird.

4.2 Erweiterung des Zugriffssynchronisationsverfahren auf N aktive Einheiten

Das hier vorgeschlagene Verfahren für N aktive Einheiten zeichnet sich dadurch aus, daß eine vorher festgelegte Zugriffsreihenfolge der aktiven Einheiten erreicht wird, ohne daß irgendwelche Kenntnisse über die Realisierung der Zugriffsvergabe und der damit verbundenen Prioritätsvergabe notwendig sind. Das Verfahren sieht im einzelnen 4 Phasen vor.

In der ersten Phase greifen alle aktiven Einheiten in beliebiger Reihenfolge auf das gemeinsame Betriebsmittel zu. Die zweite Phase beginnt mit einem Startsignal. Daraufhin ändern alle aktiven Einheiten ihre Schleifenlänge derart, daß zu Beginn der dritten Phase nur die aktiven Einheiten 1 und 2 zugreifen. Wenn diese nach dem oben beschriebenen Verfahren spätestens zugriffssynchronisiert sind, erfolgt der nächste Zugriff der aktiven Einheit 3 usw., bis schließlich alle aktiven Einheiten zugriffssynchronisiert sind. In der vierten Phase werden die Zugriffe aller beteiligten aktiven Einheiten in definierter Reihenfolge direkt nacheinander ausgeführt. Bild 7 gibt einen Überblick über den gesamten Ablauf.

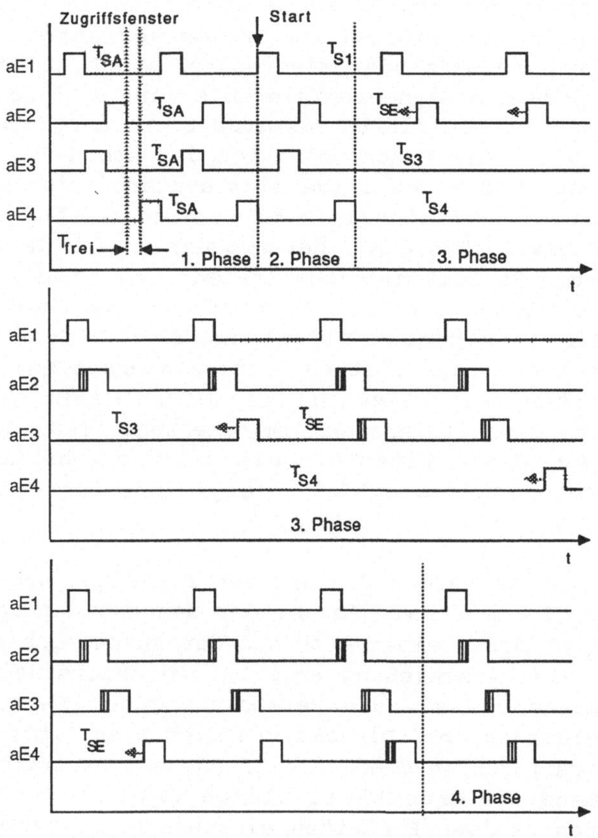

Bild 7: Gesamtübersicht des Zugriffssynchronisationsverfahrens

In der ersten Phase greifen alle aktiven Einheiten in einer Schleife auf das gemeinsame Betriebsmittel zu; deren Dauer, die Anfangsschleifenlänge T_{SA}, setzt sich aus den Zugriffszeiten aller aktiven Einheiten auf das gemeinsame Betriebsmittel und einer zusätzlichen zugriffsfreien Zeit T_{frei} zusammen. In dieser Phase greifen also alle aktiven Einheiten in beliebiger Reihenfolge nacheinander auf das gemeinsame Betriebsmittel zu, ohne daß dieses einen Engpaß darstellt. Andernfalls würde sich die Priorität der einzelnen Einheiten auf das Verfahren auswirken und somit zu einer Abhängigkeit von der Realisierung der Zugriffsvergabeeinheit führen.

Nach einem Startsignal am Anfang der zweiten Phase ändern alle aktiven Einheiten ihre Schleifenlänge. Die aktiven Einheiten 1 und 2 führen nach der Änderung schon ihre Endschleifen aus, während die restlichen aktiven Einheiten einmalig ihre jeweilige Zwischenschleife ausführen. Die Dauer der Schleife T_{S1}, auf die die aktive Einheit 1 in der zweiten Phase ihre Schleifenlänge ändert, setzt sich aus der Anfangsschleifendauer und der Zeit für die Verschiebung des Zugriffsfensters für die N-te aktive Einheit zusammen. Das Zugriffsfenster ist dabei die Zeit zwischen zwei Zugriffen der ersten aktiven Einheit in der Anfangsschleife. In diesem Fenster greifen in der ersten Phase alle anderen aktiven Einheiten auf das gemeinsame Betriebsmittel zu. In dem Verfahren werden die aktiven Einheiten einzeln nacheinander einsynchronisiert. Dieses Zugriffsfenster muß dabei für jede einzusynchronisierende aktive Einheit um die Zugriffsdauer der schon synchronisierten aktiven Einheiten nach hinten verschoben werden, damit nicht die Synchronisation der schon synchronisierten aktiven Einheiten durch die jeweilige einzusynchronisierende Einheit gestört werden kann. Die aktive Einheit 2 führt nach der Änderung ihrer Schleifenlänge die Schleife T_{SE} aus, deren Dauer gleich der Schleifenlänge T_{S1} vermindert um die Schleifenlängendifferenz ist. Um diese Schleifenlängendifferenz verschieben sich die Zugriffe der aktiven Einheiten jeweils zueinander. Die Zwischenschleifenlänge der aktiven Einheit 3 wird so berechnet, daß sie in der dritten Phase das erste Mal zugreift, wenn die aktiven Einheiten 1 und 2 zugriffssynchronisiert sind. Dabei muß die Verschiebung des Zugriffsfensters um eine Zugriffsdauer aufgrund der Synchronisation von den aktiven Einheiten 1 und 2 berücksichtigt werden. Analog berechnet sich die Schleifenlänge für alle weiteren aktiven Einheiten.

In der dritten Phase werden die aktiven Einheiten nacheinander zugriffssynchronisiert. Die maximale Anzahl der dazu notwendigen Schleifendurchläufe ergibt sich dabei einerseits aus der Anfangsschleifendauer, aus der sich die maximale Verschiebung ergibt, und andererseits aus der Schleifenlängendifferenz, da sie die Verschiebung der Zugriffe zueinander pro Schleifendurchlauf angibt. Die aktiven Einheiten 3 bis N (bei insgesamt N aktiven Einheiten) führen dabei die in Phase 2 erläuterte Schleife einmal und anschließend die Endschleifenlänge T_{SE} aus, um sich mit den schon synchronisierten aktiven Einheiten einzusynchronisieren.

In der vierten Phase liegt die Zugriffssynchronisation der aktiven Einheiten in der gewünschten Reihenfolge vor und kann zur gezielten Erzeugung der oben klassifizierten Zugriffskonflikte herangezogen werden.

4.3 Formeln zur Berechnung der Schleifenlängen

Mit den in diesem Unterkapitel angegebenen Formeln werden für die einzelnen aktiven Einheiten die Schleifenausführungszeiten T_{Si} der verschiedenen Phasen berechnet. Die Zeiten in den Formeln verwenden als Dimension die Periodendauer des Prozessortaktes (PT), d. h. die einzelnen Zeiten berechnen sich als ganzzahlige Vielfache dieser Periodendauer.

Die Anfangsschleife T_{SA} wird von allen aktiven Einheiten in der ersten Phase ausgeführt. Ihre Länge setzt sich aus der Summe der Zugriffszeiten aller aktiven Einheiten auf das gemeinsame Betriebsmittel zuzüglich einer zugriffsfreien Zeit T_{frei} mit $T_{frei} \geq 1$ PT zusammen. Dadurch wird sichergestellt, daß alle aktiven Einheiten genau einen Zugriff auf das gemeinsame Betriebsmittel ausführen, bevor eine aktive Einheit zum zweiten Mal zugreift. Außerdem kann das gemeinsame Betriebsmittel wegen der zugriffsfreien Zeit nicht zum Engpaß werden.

$$T_{SA} = \sum_{i=1}^{N} T_{ZGBi} + T_{frei}$$

Die Scheifenlänge T_{S1} der aktiven Einheit 1 in der zweiten Phase setzt sich aus der Anfangsschleifenlänge T_{SA} sowie der Zeit für die Verschiebung des Zugriffsfensters für die N-te aktive Einheit und der zugriffsfreien Zeit T_{frei} vermindert um eine Schleifenlängendifferenz T_{Diff} zusammen. Durch die zugriffsfreie Zeit wird sichergestellt, daß bei Hinzukommen der N-ten aktiven Einheit in der dritten Phase des Verfahrens deren Zugriff keinen Einfluß auf den Zugriff der aktiven Einheit 1 bei dem folgenden Schleifendurchlauf hat und somit nicht die Synchronisation der synchronisierten aktiven Einheiten stört.

Die Synchronisation von 2 aktiven Einheiten stellt einen Sonderfall dar. Dort ist keine Verschiebung des Zugriffsfensters erforderlich. Damit verbunden muß die Anfangsschleifenlänge T_{SA} nicht zur Schleifenlänge T_{S1} verlängert werden. Folglich führt in diesem Fall die aktive Einheit 1 in der zweiten und den folgenden Phasen weiterhin die Anfangsschleife T_{SA} aus. Es gilt also:

$$\text{für } N>2 \qquad T_{S1} = T_{SA} + \sum_{i=2}^{N-1} T_{ZGBi} - T_{Diff} + T_{frei}$$

$$\text{für } N=2 \qquad T_{S1} = T_{SA}$$

Für die Schleifenlängendifferenz T_{Diff} gilt, daß sie die in Abschnitt 4.1 hergeleitete Grundvoraussetzung des Zugriffssynchronisationsverfahrens erfüllen muß, d. h., sie muß kleiner sein als die kürzeste der Zugriffsphasen der Zugriffe der beteiligten aktiven Einheiten T_{ZMIN}, also:

$$T_{Diff} < T_{ZMIN}$$

Die Endschleifenlänge T_{SE} ergibt sich aus der Schleifenlänge T_{S1} vermindert um die Schleifenlängendifferenz T_{Diff}. Eine Schleife dieser Länge wird von allen aktiven Einheiten außer der aktiven Einheit 1 ausgeführt, von der aktiven Einheit 2 nach dem Startsignal und von allen anderen aktiven Einheiten nach der einmaligen Ausführung der Zwischenschleife. Aufgrund der Schleifenlängendifferenz T_{Diff} verschiebt sich der Zugriff der jeweiligen zu synchronisierenden aktiven Einheit auf die Zugriffe der schon synchronisierten aktiven Einheiten bei jedem Schleifendurchlauf um T_{Diff}, bis auch sie zugriffssynchronisiert ist.

$$T_{SE} = T_{S1} - T_{Diff}$$

Im nächsten Schritt kann nun die Anzahl von Schleifendurchläufen n berechnet werden, bis die jeweilige aktive Einheit mit den schon zugriffssynchronisierten aktiven Einheiten zugriffssynchronisiert ist. Sie ergibt sich aus dem maximalen Abstand zwischen den Zugriffen der beiden aktiven Einheiten in der ersten Phase und der Schleifenlängendifferenz. Der maximale Abstand hängt dabei von der Dauer der Anfangsschleife ab. Die genaue Größe berechnet sich als Differenz aus der Anfangsschleifenlänge T_{SA} und den Zugriffszeiten der beiden betreffenden aktiven Einheiten. Da alle aktiven Einheiten die Anfangsschleife ausführen und ihnen bei ihrem ersten Zugriff in der Phase drei wieder dieses Zugriffsfenster zur Verfügung steht, ist der maximale Abstand für alle aktiven Einheiten nahezu gleich. Unterschiede resultieren ggf. aus unterschiedlichen Zugriffszeiten der aktiven Einheiten auf das gemeinsame Betriebsmittel. Zur Vereinfachung der Berechnung wird in diesem Fall eine gemeinsame Abschätzung der oberen Grenze für alle aktiven Einheiten vorgenommen. Folglich ist statt der Zugriffszeit der betreffenden aktiven Einheit immer die kürzeste Zugriffszeit T_{ZGBmin} zu berücksichtigen. Für die aktiven Einheiten 2 bis N gilt:

$$n = (T_{SA} - T_{ZGB1} - T_{ZGBmin}) \; / \; T_{Diff}$$

Die Zugriffssynchronisation ist prinzipiell schon erreicht, wenn der Zugriff der zu synchronisierenden aktiven Einheit durch die schon zugriffssynchronisierten aktiven Einheiten verzögert wird, unabhängig davon, wie groß die Verzögerung ist. Diese Verzögerung kann beispielsweise bei einer Schleifenlängendifferenz von. T_{Diff} = 4 Taktperioden bei dem ersten Zugriff im synchronisierten Zustand zwischen einer und vier Taktperioden liegen, bei allen weiteren Zugriffen wird sie immer T_{Diff} = 4 Taktperioden betragen. Daraus ergibt sich als Konsequenz, daß die Anzahl der Schleifendurchläufe bis zur Zugriffssynchronisation immer auf die nächst kleinere ganze Zahl abgerundet werden kann.

Die Zwischenschleife T_{Si} wird von den aktiven Einheiten 3 bis N nach dem Erkennen des Startsignals, also beim Übergang von der Phase 2 in die Phase 3, ausgeführt. Ihre jeweilige Dauer setzt sich aus folgenden Zeiten zusammen:

- der Zeit zur Synchronisation der aktiven Einheiten 1 bis i-1:
  (i-2) n T_{S1} (Zur Synchronisation jeder aktiven Einheit sind jeweils n Schleifendurchläufe mit der Dauer T_{S1} notwendig.)

- der Zeit zur Verschiebung des Zugriffsfensters für die Einheit i:

$$\sum_{j=2}^{i-1} T_{ZGBj}$$

- und einer Schleifenlänge T_{S1}, die dadurch bedingt ist, daß die aktive Einheit 1 das Startsignal gibt und alle anderen aktiven Einheiten erst danach ihre Schleifenlängen ändern können: T_{S1}
- vermindert um eine Schleifenlängendifferenz T_{Diff}, da die aktive Einheit i bei ihrem Zugriff schon ein T_{Diff} auf die synchronisierten Einheiten zuwandern kann: $-T_{Diff}$

$$T_{Si} = (i-2) \; n \; T_{S1} + \sum_{j=2}^{i-1} T_{ZGBj} + T_{S1} - T_{Diff}$$

Bei der Umsetzung der berechneten Zeiten für die Schleifenlängen in Maschinensprache können Fälle auftreten, in denen die gewünschten Zeiten nicht exakt mit dem gegebenen Befehlssatz realisierbar sind. Bei den dann notwendigen Modifikationen der berechneten Zeiten muß berücksichtigt werden, daß der Wert für die Schleifenlängendifferenz ein Maximalwert, die Werte für die verschiedenen Programmschleifen dagegen Minimalwerte darstellen. Bei der Änderung eines dieser Werte ist eine Neuberechnung aller von ihm abhängigen Werte erforderlich.

4.4 Grenze des Verfahrens

Bisher wurde davon ausgegangen, daß die Zugriffszeiten auf das gemeinsame Betriebsmittel konstant sind. Diese Annahme ist nicht immer erfüllt, z. B. können in Systemen nicht vorhersehbare Zugriffsverlängerungen durch die Wiederauffrischung der Information in dynamischen Speicherbausteinen des gemeinsamen Betriebsmittels verursacht werden. In diesen Fällen lassen sich mit dem Verfahren nicht mehr N aktive Einheiten sondern nur noch eine von der Zugriffsdauer und der Dauer der Zugriffsverlängerungen abhängige Anzahl von aktiven Einheiten zugriffssynchronisieren. Eine genaue Beschreibung dieser Einflüsse ist in /HUEL87/ zu finden.

Die Größe der von hinzukommenden Zugriffswünschen erreichbaren Zeitfenster und damit eine weitere Grenze des Verfahrens wird einerseits durch die Unabhängigkeit der Prozessortakte, die in der Mehrzahl der Mehrrechnersysteme vorliegt, und andererseits durch die kleinstmögliche Schleifenlängendifferenz vorgegeben. Aufgrund der Unabhängigkeit der Prozessortakte liegen die Taktflanken beliebig zueinander, d. h. im schlimmsten Fall liegen sie fast einen Takt auseinander, wenn man einen der Takte als Bezug verwendet. Damit ergibt sich, daß das Fenster mindestens einen Prozessortakt groß sein muß. Die zweite Abhängigkeit ist durch die kleinste mögliche Schleifenlängendifferenz bedingt. Das Fenster muß deshalb, unabhängig von den Betrachtungen bezüglich der Unabhängigkeit der Takte, mindestens so groß sein, wie die kleinste Schleifenlängendifferenz. Ein Beispiel soll dies verdeutlichen: Die minimale Schleifenlängendifferenz

sei zwei Prozessortakte. Daraus folgt, daß von weiteren Rechnern nur
jeder zweite Takt des Bezugsrechners erreicht werden kann. Deshalb muß
das Zeitfenster in diesen Fällen mindestens zwei Prozessortakte lang
sein, d. h. so lang, wie die minimale Schleifenlängendifferenz.

Nach den Überlegungen zur Größe der in jedem Fall erreichbaren Zeitfenster wird nun untersucht, welche Größe die zur Verfügung stehenden Zeitfenster bei den verschiedenen Zugriffskonflikttypen haben. Wenn die Zugriffsphase auf das gemeinsame Betriebsmittel größer ist als die Schleifenlängendifferenz, und diese Bedingung ist durch die Voraussetzung erfüllt, lassen sich ohne Schwierigkeiten die Zugriffskonflikte des Typs 3
(Erreichen der Zugriffsphase) erzeugen. Auch die Erzeugung des Zugriffs-
konflikttyps 1 (Vorliegen mehrerer Zugriffswünsche in der Zugriffsvergabephase) ist unproblematisch, da die Betrachtungen auf Zugriffsvergabeeinheiten mit sequentieller Abfolge von Zugriffsvergabe- und Zugriffsphase beschränkt wurden. Damit steht auch bei dem Zugriffskonflikttyp 1
ein Zeitfenster mit der Dauer der Zugriffsphase zur Verfügung. Kritisch
ist der Zugriffskonflikttyp 2 (Anmelden eines weiteren Zugriffswunsches
in der Zugriffsvergabephase). In Bild 8 ist die Situation dargestellt,
daß die Zugriffsvergabeeinheit und die aktiven Einheiten über getrennte
Takte verfügen. Das Zugriffsvergabefenster wird dabei durch den Takt der
Zugriffsvergabeeinheit festgelegt. Man sieht, daß hier die Zugriffsvergabephase durch die zweite aktive Einheit nicht immer erreicht wird.

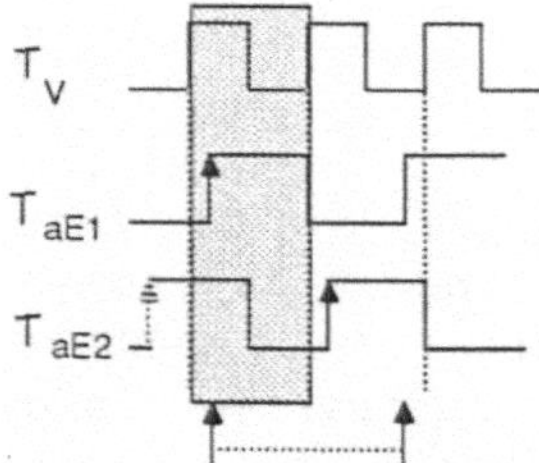

Bild 8: Zeitfenster bei Vergabetakt und zwei unabhängigen Takten

Auch in diesen Fällen lassen sich die Zugriffskonflikte gezielt erzeugen,
jedoch muß dann die Drift der Prozessortakte herangezogen werden, um die
Verschiebungen der Zeitpunkte der Zugriffswunschanmeldung zueinander um
Bruchteile von Prozessortakten zu erhalten (siehe /HUEL87/).

5.   Schlußbetrachtung

Mit dem vorgestellten Verfahren ist es möglich, die Auflösung von Zugriffskonflikten zu testen. Dazu werden die verschiedenen Zugriffskonflikttypen gezielt erzeugt und die bei diesen Zugriffen transferierten
Testdaten mit Sollmustern verglichen. Auf diesem Weg ist es möglich,
Zugriffsvergabeeinheiten auf das Vorliegen der modellierten Fehler zu
überprüfen.

Das Verfahren zeichnet sich durch folgende Vorteile aus:

- Die verschiedenen Zugriffskonflikttypen werden systematisch erzeugt.
- Es können Maximalzeiten angegeben werden, bis die verschiedenen Zugriffskonflikte aufgetreten sind.
- Das Verfahren ist durch ein einfaches Assemblerprogramm zu implementieren (ca. 30 Befehle).
- Es ist keine Zusatzhardware erforderlich.
- Das Verfahren kann nachträglich in bestehende Systeme integriert werden.
- Das Verfahren ist auch zur Entwurfsvalidierung von Zugriffsvergabeeinheiten einsetzbar.

Neben der Anwendung bei der Systemdiagnose liegen weitere Einsatzbereiche des Verfahrens in der Prototypentestphase und in der Inbetriebnahmephase von Mehrrechnersystemen.

Eine ausführliche Darstellung der hier behandelten Problematik ist in /HUEL87/ enthalten.

6.   Literaturverzeichnis

/ABA83/   Abadir, M.S.; Reghbati, H. K.
             Functional Testing of Semiconductor Random Access Memories
             ACM Computing Surveys, Sept. 1983, Nr. 3, S. 175 - 198

/GOER84/   Görke, W.
             Fehlertoleranz in Rechnersystemen
             Vorlesungsskript SS 1984, Institut für Informatik IV
             Universität Karlsruhe

/HUEL87/   Hülsemann, J.
             Funktioneller Test der Auflösung von Zugriffskonflikten in
             Mehrrechnersystemen
             Dissertation, Fakultät für Informatik, Universität Karlsruhe,
             1987, im Druck

/THA80/   Thatte, S. M.; Abraham, J. A.
             Test Generation for Microprocessors
             IEEE Transactions on Computers, Vol. C-29,   Nr. 6
             June 1980, S. 429-441